합격치트키 ▶ 저자직강 무료특강

SMAT Module C

서비스 운영전략

박문각

한진영 편저

무료특강
핵심 키워드 총정리+
모의고사 1회

이론➕문제
핵심이론+실전문제+
모의고사 수록

실무능력
서비스 사례로
실무능력 UP

핵심용어
핵심 키워드 총정리

빠른 합격이 만드는 슈퍼 스펙!!

박문각 자격증

Preface ｜ 이 책의 머리말

"서비스는 수행하는 일이 아니라 살아가는 태도이며, 그 태도는 직업을 넘어 인생의 방향을 결정합니다."

현대의 기업들은 이제 고객을 단순한 소비자로 바라보지 않습니다. 고객은 기업의 성장을 견인하고 미래 가치를 창출하는 핵심 주체로 인식되고 있으며, 이에 따라 고객 중심 경영은 선택이 아닌 생존을 위한 필수 전략으로 자리 잡았습니다.

그러나 오랜 기간 현장에서 실행되어 오고 있는 고객 만족 경영 방식에는 분명한 한계가 존재합니다.
과거의 고객 만족은 직원의 희생과 헌신을 기반으로 형성되는 경우가 많으며, 이러한 방식은 일시적인 성과를 만들어낼 수는 있지만, 지속 가능한 성장 구조로 발전하지 못하는 문제를 내포하고 있습니다.
이제 서비스는 한 개인의 역량이나 친절에 의존하는 단계를 넘어 '고객-기업-종업원'이 함께 가치를 창출하고 성장할 수 있는 구조적 시스템으로 재편되어야 합니다. 어느 한쪽만을 위한 만족은 오래 지속될 수 없으며, 감정에만 의존한 친절 역시 곧 구조적 한계에 부딪히게 됩니다.

"서비스는 감정의 영역이 아니라 구조의 영역이며, 구조는 태도에서 시삭됩니다."
앞으로의 서비스 경쟁력은 일시적인 친절이나 개인의 센스에서 비롯되는 것이 아니라, 분석 가능한 지표, 설계 가능한 시스템, 실행 가능한 전략에서 비롯되어야 합니다.
즉, '현장의 경험'은 '경영의 언어'로 진화해야 하며, 그럴 때 비로소 서비스는 하나의 산업으로 성장할 수 있습니다.

"SMAT의 역할은 서비스 역량을 눈에 보이는 기준으로 만들어 주는 데 있습니다."
이러한 필요성을 바탕으로 탄생한 것이 바로 SMAT(서비스경영자격)입니다.
SMAT는 서비스 직무에 요구되는 실제 역량을 기반으로 구성된 국가공인 서비스 자격 제도로서, 실제 현장에서 적용 가능한 전문성을 객관적으로 측정하고 인증할 수 있는 체계를 갖추고 있습니다.

SMAT 시험은 다음의 세 가지 모듈로 구성되어 있습니다.
모듈 A(비즈니스 커뮤니케이션), 모듈 B(서비스 마케팅·세일즈), 모듈 C(서비스 운영전략)는 단순한 지식을 평가하는 것이 아니라 직무 수행 능력 전반을 진단하고 검증할 수 있도록 설계되어 있습니다. SMAT는 이러한 체계를 통해 서비스의 가치를 사회적으로 공유 가능한 언어, 즉 공적 기준으로 정착시키는 중요한 역할을 수행하고 있습니다.

본 교재는 단순한 시험 대비용을 넘어 현장에서 즉시 활용할 수 있는 '서비스 기준서이자 실무형 교재'가 되도록 구성되어 있습니다.
2026년 최신판은 "이론이 실무로 이어질 수 있도록 균형있게 설계하는 것"을 목표로 합니다.

2026년 최신판의 핵심 방향은 현장성과 전문성의 결합이며, 이를 위해 기존의 단순 이론 중심 구성에서 벗어나 실제 사례 분석, 시나리오 기반 사고 훈련, 문제 해결 중심의 학습 구조를 강화하였습니다. 특히 서비스 관련 용어와 개념을 보다 쉽게 이해할 수 있도록 다양한 사례와 현장 중심 설명을 보완하고, 실무에서 바로 적용할 수 있는 예시와 상황별 안내를 풍부하게 제시하여 학습자가 용어의 의미뿐 아니라 실제 활용 방식까지 자연스럽게 익힐 수 있도록 돕고 있습니다.

또한 본 교재는 서비스 직무를 처음 시작하는 초급 학습자부터 강사·관리자 단계로 진입하려는 실무자까지 각자의 수준에 맞는 학습 경로를 스스로 설계할 수 있도록 구성되어 있습니다. 학습자가 자신의 현재 역량을 진단하고, 향후 성장을 위한 구체적인 로드맵을 설정할 수 있도록 지원하는 실천형 학습 교재를 지향하고 있습니다.

지난 25년 동안 저는 다양한 현장에서 서비스를 수행했고, 서비스를 가르치며 살아왔습니다.
호텔에서, 국빈 서비스 현장에서, 여러 대학과 기업 현장을 거치며 서비스는 단순한 친절이 아니라 사람을 이해하는 방식이며 관계의 본질을 다루는 일이라는 것을 깨닫게 되었습니다.

"서비스는 누군가를 일시적으로 감동시키는 기술이 아니라, 다시 만나고 싶은 사람과 관계를 설계해 가는 과정입니다."
서비스는 직업이기 이전에 하나의 태도였으며, 그 태도는 하루의 사소한 행동을 바꾸고 관계를 움직이며 결국 삶의 방향을 변화시키는 힘이 되었습니다.
이 교재가 서비스라는 길을 선택하신 모든 분들께, 자신의 가능성을 증명하고 앞으로의 방향성을 설계할 수 있는 확신의 언어가 되기를 진심으로 바랍니다.

오랜 시간 자격증 연구와 교재 집필을 함께해 주신 강은미 연구원, 수많은 교육 현장을 열어 주고 지켜주신 BTMS(주)의 동료들, 신뢰를 바탕으로 협력해 주신 ㈜에듀스파박문각과 한국생산성본부 관계자분들, 그리고 언제나 성실하게 현장에서 배움을 증명해 주신 신구대학교 호텔경영학과 교수님과 학생들, 조미라 연구원, 구한별 연구원께 이 지면을 빌려 깊은 감사의 마음을 전합니다.

이 교재는 단순한 시험 대비용 학습서가 아닙니다. 여러분의 서비스가 누군가의 하루를 변화시키고, 여러분의 생각이 누군가의 미래를 설계할 수 있다는 가능성을 보여주는 지도가 되기를 희망합니다. 서비스는 감정의 문제가 아니라 태도의 문제이며, 태도는 결국 미래를 설계하는 힘이라고 믿습니다.
2026 SMAT 최신판이 여러분의 새로운 도전과 출발을 위한 '첫 문장'이 되기를 바랍니다.

저자 **하진영** 드림

Guide | SMAT 시험 ①

서비스 산업의 전문가를 양성하는
실무형 국가공인 자격시험입니다

국내 **'최초'**
서비스 경영 분야
국가공인 자격

국내 **'최대'**
자격 주관기관인
한국생산성본부
시행

국내 **'최다'**
서비스 자격분야
응시인원

- 산업계 및 교육계에서 서비스 산업의 핵심 인재 역량을 위한 실무형 국가공인 자격
- 학점 인정 및 고교생활기록부 등재 가능
- NCS에 의거하여 개발된 자격시험으로, 직무분야 중심의 출제를 통한 높은 실무 활용성

시험안내

구분	정기 시험	상시 시험
접수 방법	KPC자격 홈페이지(https://license.kpc.or.kr)	전국의 각 지역센터(28개)
시행	연 8회 (짝수달 둘째 주 토요일 및 5월/11월 넷째 주 토요일)	월 1회
인원	개인 및 단체(2인 이상)	기관 및 학교 단위 단체(30인 이상)
응시료	1개 Module 24,000원 2개 Module 44,000원 3개 Module 62,000원 (인터넷 결제 수수료 1,000원 별도)	
시험 시간	• 모듈별 70분간 진행 • Module A: 09:00~10:10(70분) Module B: 10:30~11:40(70분) Module C: 12:00~13:10(70분)	
문제 형식	• PBT 방식 • 모듈별 50문항으로 5개 유형(일반형, O/X유형, 연결형, 사례형, 통합형)으로 객관식 • 각 문항당 2점	
합격 기준	100점 만점 총 70점 이상 합격	

2026년 정기 시험일정

회차	시험일	온라인 원서 접수	방문 접수	수험표 공고	합격자공고
제1회	2. 7.	1. 1. ~ 1. 7.	1. 7. ~ 1. 7.	1. 28. ~ 2. 7.	2. 26. ~ 3. 5.
제2회	4. 11.	3. 5. ~ 3. 11.	3. 11. ~ 3. 11.	4. 1. ~ 4. 11.	4. 30. ~ 5. 7.
제3회	5. 30.	4. 23. ~ 4. 29.	4. 29. ~ 4. 29.	5. 19. ~ 5. 30.	6. 19. ~ 6. 26.
제4회	6. 13.	5. 7. ~ 5. 13.	5. 13. ~ 5. 13.	6. 2. ~ 6. 13.	7. 2. ~ 7. 9.
제5회	8. 8.	7. 2. ~ 7. 8.	7. 8. ~ 7. 8.	7. 29. ~ 8. 8.	8. 27. ~ 9. 3.
제6회	10. 17.	9. 10. ~ 9. 16.	9. 16. ~ 9. 16.	10. 6. ~ 10. 17.	11. 5. ~ 11. 12.
제7회	11. 28.	10. 22. ~ 10. 28.	10. 28. ~ 10. 28.	11. 18. ~ 11. 28.	12. 18. ~ 12. 28.
제8회	12. 12.	11. 5. ~ 11. 11.	11. 11. ~ 11. 11.	12. 2. ~ 12. 12.	12. 31. ~ 1. 7.

- 위 일정은 사정에 따라 변경될 수 있으니, 사전에 반드시 KPC자격 홈페이지(https://license.kpc.or.kr/)에서 확인하시기 바랍니다.
- 방문 접수는 온라인 원서 접수 기간 내 해당 지역센터에 문의 바랍니다.

학점 인정 및 고교생활기록부 등재

등급	학점	전공필수 학점으로 인정되는 전공	
		전문학사	학사
1급(컨설턴트)	10학점	경영, 관광경영	경영학, 관광경영학, 호텔경영학
2급(관리자)	6학점	경영, 관광경영	–
위에 언급된 전공 외에는 일반선택 학점으로 인정			

* 고등학교 재학 중 자격 취득 시, 고교생활기록부에 등재 가능

Guide | SMAT 시험 ②

시험 구조

Module 

비즈니스 커뮤니케이션

고객 접점에서 올바른 비즈니스 매너와 이미지를 바탕으로, 고객심리를 이해하고 고객과 소통할 수 있는 현장 커뮤니케이션 실무자 양성

Module 

서비스 마케팅·세일즈

서비스 현장에서 CRM 및 상담 역량을 바탕으로, 서비스 유통관리 및 코칭·멘토링을 통해 세일즈를 높일 수 있는 서비스 마케팅 관리자 양성

Module 

서비스 운영전략

서비스 현장에서 CSM 및 HRM에 대한 이해를 바탕으로, 우수한 서비스 프로세스를 설계하고 공급·수요를 관리할 수 있는 서비스 운영전략 관리자 양성

자격 등급 기준

3급 실무자

1개 Module 취득
"서비스 산업 신입사원"

2급 관리자

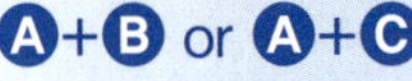

2개 Module 취득
"직무별 특성화 인재"

1급 컨설턴트

3개 Module 취득
"프로페셔널, 전문가"

출제 범위

모듈	과목	출제 범위
Module A 비즈니스 커뮤니케이션	**비즈니스 매너/에티켓*****	매너와 에티켓의 이해, 비즈니스 응대, 전화 응대 매너, 글로벌 매너 등
	이미지 메이킹***	이미지의 개념, 이미지 메이킹 주요 이론, 상황별 이미지 메이킹, 인상/표정 및 상황별 제스처, Voice 이미지 등
	고객 심리의 이해	고객에 대한 이해, 고객 분류 및 계층론, 고객 심리의 이해, 고객의 성격 유형에 대한 이해, 고객의 구매 의사 결정 과정 등
	고객 커뮤니케이션	커뮤니케이션의 이해, 효과적인 커뮤니케이션 기법/스킬, 감성 커뮤니케이션, 설득과 협상 등
	회의 기획/의전 실무	회의 운영 기획/실무, 의전 운영 기획/실무, 프레젠테이션, MICE의 이해 등
Module B 서비스 마케팅· 세일즈	**서비스 세일즈 및 고객 상담*****	서비스 세일즈의 이해, 서비스 세일즈 전략 분석, 고객 상담 전략, 고객 유형별 상담 기법, MOT 분석 및 관리 등
	고객관계관리(CRM)	고객 관계 이해, 고객 획득-유지-충성-이탈-회복 프로세스, CRM 시스템, 고객 집집 및 고객 경험 관리, 고객 포트폴리오 관리 등
	VOC 분석/관리 및 컴플레인 처리***	VOC 관리 시스템 이해, VOC 분석/관리법 습득, 컴플레인 개념 이해, 컴플레인 대응 원칙 숙지, 컴플레인 해결 방법 익히기 등
	서비스 유통 관리	서비스 구매 과정의 물리적 환경, 서비스 유통 채널 유형, 서비스 유통 시간/장소 관리, 전자적 유통 경로 관리, 서비스 채널 관리 전략 등
	코칭/교육 훈련 및 멘토링/동기 부여	성인 학습의 이해, 교육 훈련의 종류 및 방법, 서비스 코칭의 이해/실행, 정서적 노동의 이해 및 동기 부여, 서비스 멘토링 실행 등
Module C 서비스 운영전략	서비스 산업 개론	유형별 서비스의 이해, 서비스업의 특성 이해, 서비스 경제 시대 이해, 서비스 패러독스, 서비스 비즈니스 모델 이해 등
	서비스 프로세스 설계 및 품질 관리***	서비스 품질 측정 모형 이해, 서비스 GAP 진단, 서비스 R&D 분석, 서비스 프로세스 모델링, 서비스 프로세스 개선 방안 수립 등
	서비스 공급 및 수요 관리	서비스 수요 예측 기법 이해, 대기 행렬 모형, 서비스 가격/수율 관리, 서비스 고객 기대 관리, 서비스 공급 능력 계획 수립 등
	서비스 인적자원관리	인적자원관리의 이해, 서비스 인력 선발, 직무 분석/평가 및 보상, 노사 관계 관리, 서비스 인력 노동 생산성 제고 등
	고객만족경영 전략***	경영 전략 주요 이론, 서비스 지향 조직 이해, 고객 만족의 평가 지표 분석, 고객만족도 향상 전략 수립 등

* ★★★: 각 모듈별로 중요도가 높은 과목

* 과목별 10문항(10% 이내에서 변동 가능)으로 총 50문항

Guide | SMAT 시험 ③

5가지 유형

과목별 10문항
(±10% 내외 변동 가능)

총 50문항

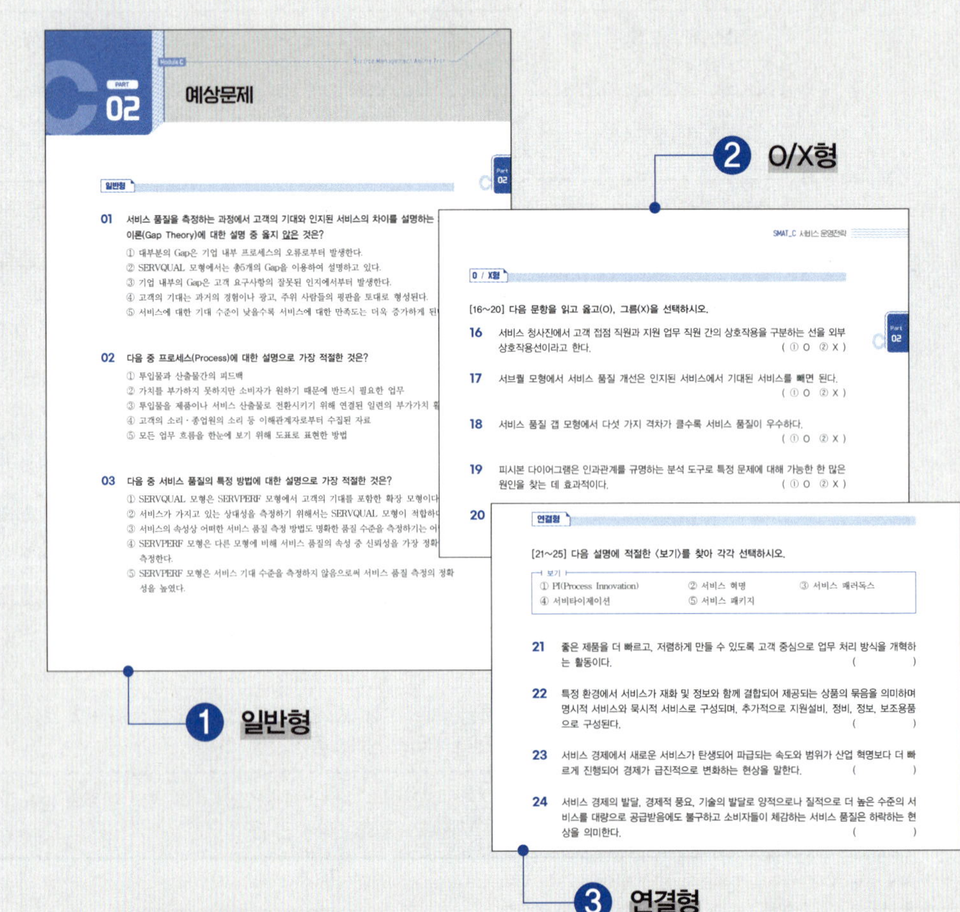

① 일반형

② O/X형

③ 연결형

❶ 일반형 5지선다 객관식 유형

❷ O/X형 주어진 문장의 옳고 그름을 판단하는 유형

❸ 연결형 각 설명에 적절한 용어를 보기에서 찾는 유형

❹ 사례형 제시된 비즈니스 사례를 바탕으로 1개의 문제를 푸는 5지선다 객관식 유형

❺ 통합형 제시된 비즈니스 사례를 바탕으로 2개의 문제를 푸는 5지선다 객관식 유형

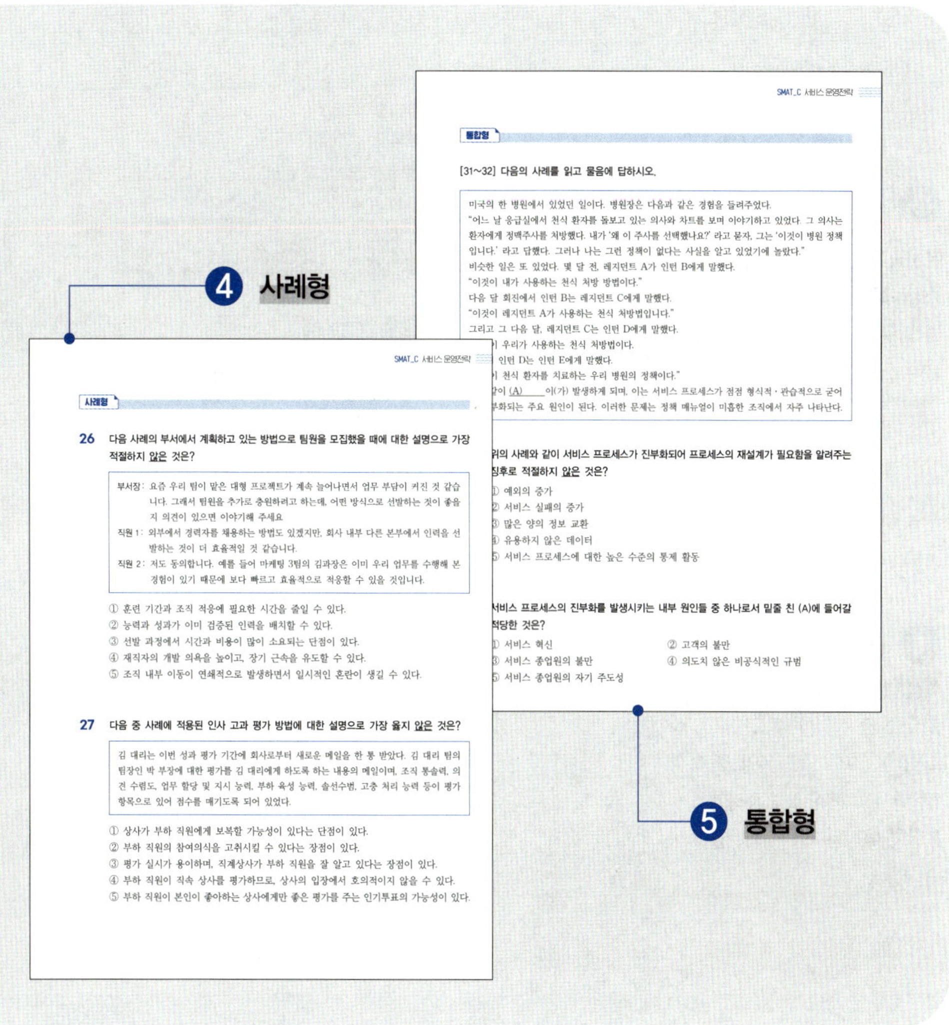

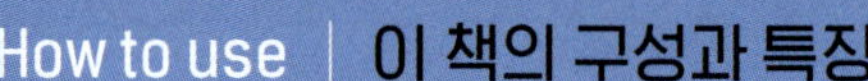

How to use | 이 책의 구성과 특징

1

실제 시험에 빈번히 출제되는 내용을 분석하여 ☆, ☆☆, ☆☆☆로 중요도를 표시하였습니다.

2

본문과 관련된 내용을 'Key Insight'로 정리하여 배경지식을 넓힐 수 있도록 구성하였습니다.

3

핵심 내용을 제대로 이해했는지 스스로 점검할 수 있도록 파트별로 실제 시험과 동일하게 일반형, O/X형, 연결형 사례형, 통합형 예상문제를 수록하였습니다.

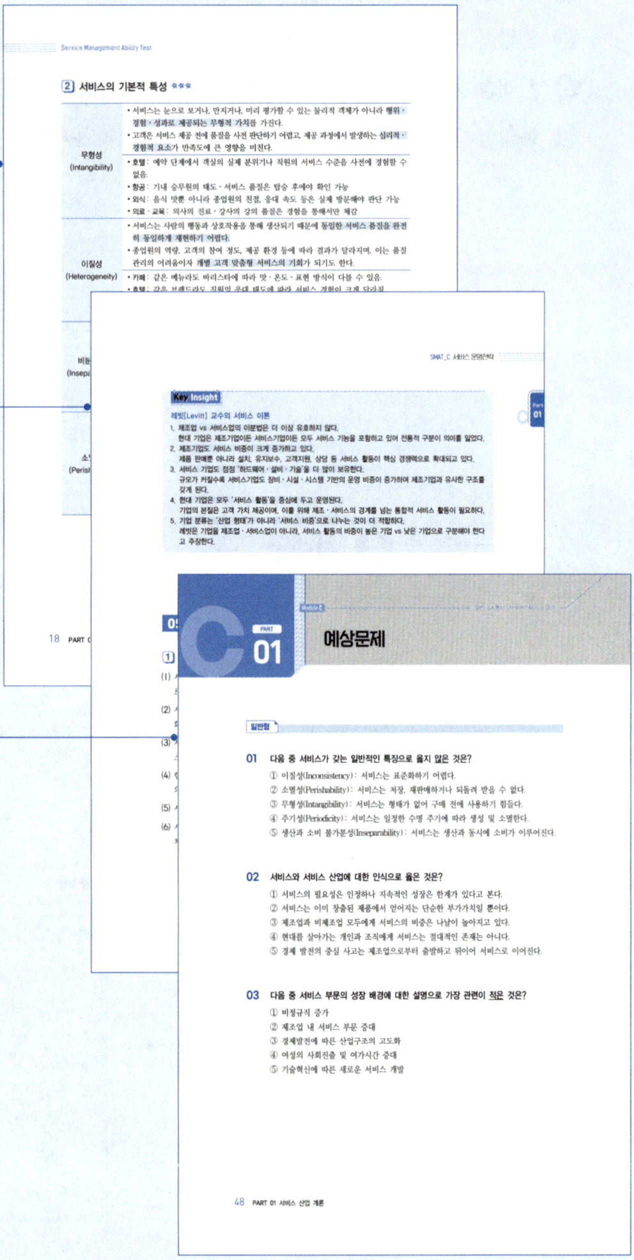

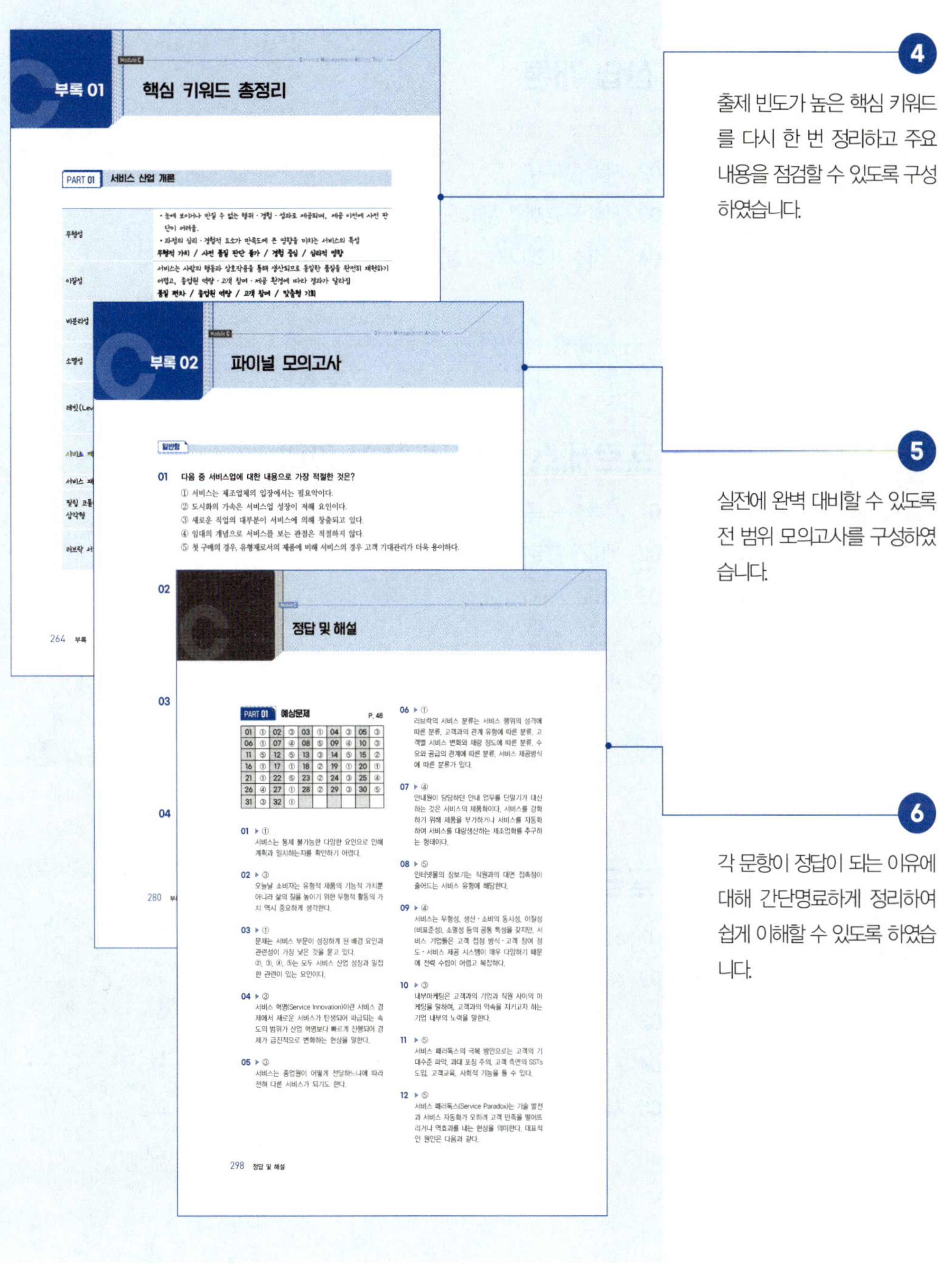

4

출제 빈도가 높은 핵심 키워드를 다시 한 번 정리하고 주요 내용을 점검할 수 있도록 구성하였습니다.

5

실전에 완벽 대비할 수 있도록 전 범위 모의고사를 구성하였습니다.

6

각 문항이 정답이 되는 이유에 대해 간단명료하게 정리하여 쉽게 이해할 수 있도록 하였습니다.

Contents | 이 책의 차례

SMAT
Module C
서비스 운영전략

01

서비스 산업 개론

Part 01. 서비스 산업 개론
- 본 파트에서는 서비스 산업 전반의 정의와 특징을 이해합니다.
- 서비스 분류 체계를 통해 산업의 구조적 특성과 차이를 구분해야 합니다.
- 서비스 경제 비중 확대와 서비스 패러독스의 의미를 학습합니다.
- 또한 서비스 비즈니스 모델의 변화와 유형을 이해하는 것이 핵심입니다.
- 산업 흐름 분석 능력이 필요하므로 배경 이론을 정교하게 정리해야 합니다.

Chapter
01 서비스 산업의 이해

01 서비스의 이해

1 서비스의 의미

(1) 서비스란 고객의 욕구 충족을 목적으로 사람·설비·시설 등을 활용해 제공되는 모든 행위, 과정, 성과를 말한다. 이는 단순한 '친절한 행동'이 아니라 고객 가치를 창출하기 위한 목적 지향적 활동이다.

(2) 제조업이 유형적 재화를 생산하여 효용을 제공한다면, 서비스업은 무형적 가치와 경험을 창조하는 생산적 활동으로 이해할 수 있다. 고객은 서비스 제공 과정에서 발생하는 경험·편익·심리적 만족을 소비한다는 점에서 제품과 구별된다.

(3) 경제학적 관점에서 서비스란, 생산자와 소비자 간 상호작용을 통해 제공되며, 형태가 없고 저장이 불가능하며, 생산과 소비가 동시에 이루어지는 경제 활동을 의미한다. 서비스는 부가가치 창출의 주요 원천으로 국가 경제 구조 변화에서도 핵심적인 역할을 담당한다.

2 서비스의 경제학적 정의

애덤 스미스 (Adam Smith)	• 법관, 교사, 연예인 등과 같은 서비스 노동은 형태가 남지 않고 자본을 축적하지 못한다고 보아 비생산적 노동으로 규정하였다. • 생산적 노동은 상품에 구현되어 부를 창출하는 노동이라고 보았으며, 서비스는 이에 해당하지 않는다고 보았다.
세이 (J. B. Say)	• 부의 본질은 효용이라고 주장하며, 생산은 물질을 만드는 것이 아니라 효용을 창조하는 과정이라고 보았다. • '무형적인 것은 부가 될 수 없다.'는 애덤 스미스의 견해에 반대하고, 서비스 역시 효용을 만들기 때문에 생산 활동으로 인정하였다.
마셜 (A. Marshall)	• 인간은 물질적 물체를 '창조'하는 것이 아니라, 물질의 형태와 구조를 바꿔 효용을 높이는 것이라고 설명했다. • 따라서 서비스든 제품이든 핵심은 욕구 충족을 위한 효용 창출이며, 서비스도 생산 활동의 한 형태로 이해할 수 있다고 보았다.

3 서비스의 경영학적 정의

활동론적 정의	AMA (미국마케팅협회)	서비스는 판매를 위해 제공되거나 제품과 함께 제공되는 활동·효익·만족이다.
	Stanton(스탠턴)	서비스는 소비자의 욕구를 충족시키는 무형의 활동이며, 제품 판매와 독립적으로 존재할 수 있다.
	Blois(블루아)	서비스는 재화의 물리적 변화없이 편익과 만족을 제공하는 활동이다.
속성론적 정의	Rathmell(라스멜)	서비스는 무형재이다.
	Judd(주드)	서비스는 소유권 이전이 없는 재산이다.
	Shostack(쇼스택)	서비스는 단순한 무형재가 아니라, 무형·유형 요소가 결합된 활동으로 보아야 한다.
봉사론적 정의	Levitt(레빗)	서비스는 인간이 제공하는 봉사에 기반하지만, 현대 서비스는 기계화·표준화·시스템화를 통해 인간 노동에서 분리되며, 생산성 향상이 핵심이라고 보았다.
인간 상호 관계론적 정의	Kotler(코틀러)	서비스는 무형적 활동으로, 종업원과 고객의 상호작용 속에서 문제 해결을 제공하는 과정이라고 정의한다.

02 서비스의 정의와 속성

1 서비스의 중요성

(1) '서비스'란 유형적 재화 이외에 제공되는 모든 경제적 활동으로, 제공자가 고객에게 전달하는 무형의 혜택·경험·성과를 포함한다. 이는 단순한 '행위'가 아니라 고객 가치 창출을 위한 포괄적 활동이다.

(2) 사회·문화적 변화와 디지털 전환으로 인해 신생 직업의 대부분은 서비스 산업에서 발생하고 있으며, 서비스 부문의 경제적·사회적 비중은 지속적으로 확대되고 있다.

(3) 현대 소비자는 제품의 기능뿐 아니라 제품과 연계된 경험, 브랜드 이미지, 무형적 서비스 가치를 중시하며, 소비 의사결정에서도 서비스 품질이 중요한 기준이 되고 있다.

(4) 서비스는 현대인의 일상생활 전반에 깊이 스며들어 있으며, 교통·의료·교육·유통·관광 등 다양한 분야에서 서비스 없이 생활하는 것이 거의 불가능한 환경이 되었다.

(5) 기업은 고품질 서비스 제공을 통해 고객만족과 재이용률을 높이고, 경쟁사와의 차별적 가치를 확보함으로써 지속 가능한 경쟁력을 구축할 수 있다.

2 서비스의 기본적 특성 ✿✿✿

무형성 (Intangibility)	• 서비스는 눈으로 보거나, 만지거나, 미리 평가할 수 있는 물리적 객체가 아니라 행위·경험·성과로 제공되는 무형적 가치를 가진다. • 고객은 서비스 제공 전에 품질을 사전 판단하기 어렵고, 제공 과정에서 발생하는 심리적·경험적 요소가 만족도에 큰 영향을 미친다.
	• 호텔 : 예약 단계에서 객실의 실제 분위기나 직원의 서비스 수준을 사전에 경험할 수 없음. • 항공 : 기내 승무원의 태도·서비스 품질은 탑승 후에야 확인 가능 • 외식 : 음식 맛뿐 아니라 종업원의 친절, 응대 속도 등은 실제 방문해야 판단 가능 • 의료·교육 : 의사의 진료·강사의 강의 품질은 경험을 통해서만 체감
이질성 (Heterogeneity)	• 서비스는 사람의 행동과 상호작용을 통해 생산되기 때문에 동일한 서비스 품질을 완전히 동일하게 재현하기 어렵다. • 종업원의 역량, 고객의 참여 정도, 제공 환경 등에 따라 결과가 달라지며, 이는 품질 관리의 어려움이자 개별 고객 맞춤형 서비스의 기회가 되기도 한다.
	• 카페 : 같은 메뉴라도 바리스타에 따라 맛·온도·표현 방식이 다를 수 있음. • 호텔 : 같은 브랜드라도 직원의 응대 태도에 따라 서비스 경험이 크게 달라짐. • 관광가이드 : 설명 방식 유머·해석 깊이에 따라 만족도가 달라짐. • 병원 : 같은 진료라 해도 의사의 설명 스타일·소통 방식이 다름.
비분리성 (Inseparability)	• 서비스는 생산과 소비가 동시에 발생하며, 고객이 생산 과정에 직접 참여한다. • 고객의 태도·반응은 서비스 결과에 직접적인 영향을 미치고, 종업원의 역량과 고객·종업원 간 상호작용은 서비스 품질을 결정하는 핵심 요소가 된다.
	• 미용실 : 고객의 요청·설명·반응이 결과에 직접 반영됨. • 레스토랑 : 고객의 요구(조리 요청·취향)는 즉시 생산과정에 반영됨. • 헬스PT : 트레이너의 지도와 고객의 참여 수준이 동시에 결과(운동효과)에 영향 • 병원 진료 : 환자의 설명(증상 전달)과 의사의 질문·진단이 동시에 이루어짐.
소멸성 (Perishability)	• 서비스는 저장·보관·재판매가 불가능하며, 제공 시점이 지나면 가치가 사라진다. • 판매되지 않은 좌석, 비어 있는 객실, 미사용 예약처럼 시간이 경과하면 자동으로 서비스 능력이 소멸된다. 따라서 기업은 수요 예측·예약 시스템·가격 정책 등을 통해 서비스 제공능력을 체계적으로 관리해야 한다.
	• 항공 : 비행 후 남은 빈 좌석은 재판매 불가능 → 수익 기회 소멸 • 호텔 : 당일 빈 객실은 다음 날로 이월 불가 → 수익 손실 발생 • 공연·여행상품 : 일정이 지나면 전부 소멸, 재고로 보관 불가 • 학원·PT·예약 서비스 : 미사용 시간대는 다시 판매할 수 없음.

3 서비스의 기본적 특성에 따른 문제점과 대응 전략 ✿✿✿

구분	특징	대응 전략
무형성 (Intangibility)	• 서비스는 눈으로 보거나 만지거나, 사전에 평가하기 어려운 무형적 가치이다. • 전시·보관·특허화가 어렵고, 품질을 사전 검증하기도 제한적이다. • 고객은 '경험 이전'보다 '경험 이후' 평가에 크게 의존하게 된다.	• 유형적 단서 제공 : 성형외과 시뮬레이션, 호텔 객실 360° VR, 음식 사진, 시연 영상 등 • 기업 이미지·브랜드 강화 : 일관된 브랜드 아이덴티티, 신뢰 기반 커뮤니케이션 구축 • 구전·리뷰 관리 강화 : 후기 시스템, SNS 리뷰 유도, 고객 추천 프로그램 운영 • 서비스 프로세스의 시각화 : 서비스 절차·성과 보증체계 안내를 통해 신뢰도 제고
이질성 (Heterogeneity)	• 서비스는 사람의 상호작용에 의해 제공되므로 완전히 동일한 품질 재현이 어렵다. • 표준화하기 어렵다. • 종업원의 태도·상황·환경에 따라 서비스 결과가 다르게 나타난다. • 품질 변동이 크기 때문에 품질 관리기 끼다롭디.	• 서비스 표준화 : 매뉴얼, 서비스 시나리오, 응대 기준 등 설계 • 개별화 전략 : VIP 고객 응대, 취향 기반 추천 맞춤형 서비스 제공 • 직원 선발·교육 강화 : 서비스 적합성을 고려한 채용, 상황별 교육, Role-Playing • 사전 교육 및 정보 제공 : 고객이 서비스 과정·규칙을 이해하도록 안내해 변동성 최소화 • 서비스 품질 모니터링 : 미스터리 쇼퍼, VOC분석, 실시간 피드백 시스템 적용
비분리성 (Inseparability)	• 서비스는 생산과 소비가 동시에 발생하며 고객이 직접 개입한다. • 집중화된 대량 생산이 어려움이 있다. • 종업원과 고객의 상호작용이 서비스 품질을 결정한다. • 대량생산이 어렵고, 제공 장소와 인적 요소가 필수적이다.	• 직원 - 고객 상호작용 관리 : 친절 응대, 커뮤니케이션 훈련, 감정노동 관리 • 고객 참여 가이드 제공 : 단계별 이용 절차·주의사항 안내, 고객 역할 명확화 • 서비스 라인업 확장 : 오프라인 + 온라인 서비스 병행, 비대면 서비스 도입 • 복수 점포·네트워크 구축 : 지점 확대, 지역별 서비스 접근성 강화 • 직원 역량 강화 및 권한 부여 : 상황별 재량권 부여 (현장 대응력 향상), 의사결정 속도 개선
소멸성 (Perishability)	• 서비스는 저장·보관·재판매가 불가능하며 공급 능력은 시간과 함께 소멸된다. • 재고로 보관하기 곤란하다. • 제공 시기·시간이 지나면 가치가 자동 소멸 • 수요 변동에 대한 대응이 필수적이다.	• 예약·배정 시스템 운영 : 항공·호텔 예약, 시간대별 사전 배정으로 공급 관리 • 수요 예측 및 탄력적 가격 전략 : 비수기 가격 인하, 성수기 프리미엄, 시간대별 할인 • 프로모션 및 촉진 강화 ; 수요 저하기 : 패키지, 쿠폰, 단기 이벤트로 수요 창출 • 서비스 용량 조정 : 직원 탄력 배치, 파트타임 활용, 자동화 도구 도입 • 직원의 멀티 스킬 강화 : 한 직원이 다양한 업무 수행 → 수요 변화에 빠른 대응 가능

03 서비스 산업의 개념

1 서비스 산업의 정의

(1) 서비스 산업이란 물리적 제품이 아닌 무형의 서비스를 제공하여 고객에게 가치를 창출하는 산업을 말한다.

(2) 고객의 욕구를 충족시키거나 문제를 해결하는 행위·경험·지원 활동을 통해 경제적 부가가치를 창출하는 것이 특징이다.

(3) 서비스 산업은 사람·제품·정보 등을 투입하여 이를 가공한 뒤 다시 서비스 형태로 산출하는 생산 활동을 수행하는 기업과 조직을 의미한다.

2 서비스 산업의 특징

(1) 서비스 산업은 노동집약적 성격이 강해 인건비 비중이 높고, 인적 자원이 서비스 품질을 크게 좌우한다.

(2) 서비스 혁신은 무형적 특성 때문에 특허로 보호하기 어려워, 진입장벽이 낮고 경쟁이 치열해진다.

(3) 서비스는 생산과 소비가 동시에 이루어지므로 규모의 경제 실현이 제한적이고, 대량 생산에 따른 비용 절감효과를 기대하기 어렵다.

(4) 서비스는 사전에 생산하여 재고로 보관할 수 없기 때문에 계획적·효율적 생산 활동이 어렵다.

(5) 고객의 이용 패턴과 환경 변화에 따라 수요 변동성이 크며, 이에 대한 탄력적 대응이 요구된다.

(6) 서비스 산업은 내부 직원의 만족이 외부 고객 경험에 직접 영향을 미치므로 내부 고객 만족이 곧 외부고객 만족으로 이어지는 구조를 가진다.

3 서비스 산업의 발전배경

(1) 소비자의 욕구가 개성화·다양화·전문화되면서, 이를 충족시키기 위한 서비스 수요가 크게 증가하였다.

(2) 소득 증가에 따른 교육 수준 향상, 여가활동 확대, 문화적 욕구 증대 등 의식 변화가 소비를 확장시켰다.

(3) 새로운 서비스는 사람·상품·지식·네트워크를 결합하여 다양한 연계 서비스와 새로운 시장을 창출하였다.

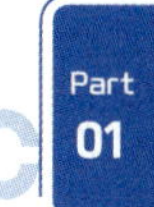

⑷ 서비스업의 고용 규모와 부가가치가 확대되면서 경제 구조의 중심축이 제조업에서 서비스 산업으로 이동하였다.

⑸ 기술 혁신과 정보화는 서비스의 효율성·접근성·품질을 높이며 서비스 산업 성장에 결정적 역할을 하였다.

⑹ 산업구조 고도화로 생산 공정이 세분화되면서, 기업 활동에서 전문 서비스에 대한 수요가 증가하였다.

⑺ 제조업 성장의 한계 속에서 선진국들은 국가 경쟁력 강화를 위해 서비스 산업 육성과 지원 정책을 적극적으로 추진하였다.

4 서비스 산업의 환경 변화 ✿

인구통계학적 환경	• 출생률 감소와 인구 성장 둔화로 서비스 수요 구조가 변화 • 가구 형태의 다양화(맞벌이·1인 가구 등)와 자녀 수 감소는 새로운 서비스 시장을 확대 • 평균 수명 증가, 생활 주기 변화, 교육 수준 향상은 생애주기별 전문 서비스의 필요성 높임.
경제적 환경	• 가계 소득 증가로 교육·의료·여가·오락·교통 등 서비스 소비지출이 확대되고 있음. • 경제의 선진화와 산업 구조 고도화는 서비스 산업 중심의 경제로 전환을 가속화 • 맞벌이 가구 증가, 생활 패턴 변화, 정부 정책 등은 서비스 이용량을 지속적으로 증가시키는 요인
사회적 환경	• 출생부터 사망까지 생애주기별 서비스 수요가 꾸준히 증가 • 복잡해진 사회 문제에 대응하기 위해 다양한 전문 서비스·컨설팅 사업이 등장 • 개인의 가치관 변화와 활동 중심의 라이프 스타일 확산으로 새로운 서비스 형태가 나타남. • 서비스는 개성화·전문화·편의화·고급화 되는 경향을 보이며, 도시화는 서비스 산업의 성장을 촉진 • 현대 사회에서 서비스는 삶의 질과 직결되는 핵심 활동 영역으로 자리 잡음.
기술적 환경	• 첨단 장비와 자동화 기술은 서비스 제공의 일관성·정확성·효율성을 높임. • 정보통신기술(ICT)의 발전은 비대면 서비스, 플랫폼 기반 서비스 등 신종 서비스 산업을 창출 • 디지털 전환(DX)은 서비스 생산성 향상과 맞춤형 서비스 제공을 가능
법률적 환경	• 규제 완화 및 제도 개선은 서비스 산업의 진입 기회를 확대하고 경쟁을 촉진 • 법적 환경 변화는 기업이 마케팅 활동과 서비스 운영을 보다 적극적으로 전개할 수 있도록 지원 • 새로운 법·제도는 서비스 품질 보호, 소비자 권익 강화 등 산업의 건전한 발전을 견인
자연적 환경	• 서비스 시설이 위치한 자연적·지리적 조건은 서비스 품질과 고객 경험에 큰 영향을 미침. ex 온천 호텔, 스키장, 리조트, 골프장, 관광 호텔 등 • 친환경 패러다임의 확산은 에너지·자원 관리 중심의 지속가능 서비스 경영을 요구

04 ▶ 서비스 산업의 변화

1 전통적 서비스 산업 vs 현대적 서비스 산업 특징 비교

구분	전통적 서비스업의 특징	현대적 서비스 산업의 특징
생산 방식	노동집약적이며 종업원의 수작업·대면 중심	자동화·디지털화로 노동집약 서비스가 기계·시스템 기반으로 전환
운영 규모	소규모 점포 중심, 지역 단위에서 운영	대규모 서비스 기업으로 성장, 글로벌 시장까지 확장
시장 범위	지역적 범위 내에서 제한된 서비스 제공	국가·지역 경계를 넘어 다양한 시장에서 서비스 제공
성장 제약	자본·설비 부족 등 성장 제한 요인 많음.	인프라·투자 확대 가능, 간접 부문과 조직 구조가 복합적으로 확장
서비스 형태	특정 인적 서비스 중심(개인 기술 의존)	생산 시스템·장비·플랫폼을 활용한 대규모 서비스 제공 가능
자본·설비 수준	대규모 자본 유치가 어렵고 보유 설비도 제한적	다양한 장비·설비·기계 등 하드웨어를 대규모로 보유·활용

2 서비스 기업의 거대화를 촉진시킨 요인 ✿

(1) 세계화와 글로벌 경영의 확산으로 서비스 기업의 활동 영역이 국가를 넘어 국제 시장으로 확대되었다.

(2) 인적·물적 자원의 국가 간 이동 증가로 글로벌 서비스 운영 및 해외 진출이 용이해졌다.

(3) 인터넷과 디지털 기술 발전은 정보 흐름은 촉진하여 서비스 기획·운영·고객관리의 효율성을 크게 높였다.

(4) 세계 시장의 확대로 고객 기반과 수요가 증가하면서 서비스 기업 규모의 경제가 가능해졌다.

(5) 규제 완화 및 제도 개편으로 서비스 산업의 진입 장벽이 낮아지고, 기업의 확장 전략이 촉진되었다.

Key Insight

레빗[Levitt] 교수의 서비스 이론

1. 제조업 vs 서비스업의 이분법은 더 이상 유효하지 않다.
   현대 기업은 제조기업이든 서비스기업이든 모두 서비스 기능을 포함하고 있어 전통적 구분이 의미를 잃었다.
2. 제조기업도 서비스 비중이 크게 증가하고 있다.
   제품 판매뿐 아니라 설치, 유지보수, 고객지원, 상담 등 서비스 활동이 핵심 경쟁력으로 확대되고 있다.
3. 서비스 기업도 점점 '하드웨어 · 설비 · 기술'을 더 많이 보유한다.
   규모가 커질수록 서비스기업도 장비 · 시설 · 시스템 기반의 운영 비중이 증가하여 제조기업과 유사한 구조를 갖게 된다.
4. 현대 기업은 모두 '서비스 활동'을 중심에 두고 운영된다.
   기업의 본질은 고객 가치 제공이며, 이를 위해 제조 · 서비스의 경계를 넘는 통합적 서비스 활동이 필요하다.
5. 기업 분류는 '산업 형태'가 아니라 '서비스 비중'으로 나누는 것이 더 적합하다.
   레빗은 기업을 제조업 · 서비스업이 아니라, 서비스 활동의 비중이 높은 기업 vs 낮은 기업으로 구분해야 한다고 주장한다.

05 서비스 패키지(Service Package)

1 서비스 패키지의 개념 ✿

(1) 서비스 패키지란 특정 환경에서 서비스 · 재화 · 정보가 결합되어 고객에게 하나의 결합된 가치로 제공되는 상품의 묶음을 의미한다.

(2) 서비스는 무형적 특성이 강해 고객에게 제공 내용을 명확히 설명하기 어렵기 때문에 이를 구조화 · 표준화한 형태가 서비스 패키지 개념으로 발전하였다.

(3) 서비스 경영자는 고객이 기대하는 서비스 패키지를 파악하고, 그 기대와 일치하는 일관된 서비스 경험을 제공해야 한다.

(4) 현대 소비자는 제품 자체보다, 제품에 포함된 부가서비스 · 지원서비스까지 고려한 패키지 형태의 구매를 선호하는 경향이 강화되고 있다.

(5) 서비스 패키지는 일반적으로 핵심서비스와 부가서비스로 구성된다.

(6) 서비스 패키지를 개발할 때는 각 요소가 상호의존적 · 보완적 관계에 있다는 점을 고려하여, 전체 패키지를 통합적으로 설계 · 관리해야 한다.

2 서비스 패키지의 구성 요소

구성요소	정의	대표 사례
서비스 경험	고객이 서비스 패키지를 통해 실제로 체험하는 전체적 서비스 경험	호텔 체크인~체크아웃까지의 전 과정 경험 / 환자 진료 프로세스 전체 / 항공여행 전체 여정
명시적 서비스	고객이 오감으로 인지할 수 있는 핵심 서비스의 실체적 부분	호텔 객실·침구·식사 / 항공의 좌석, 기내식 / 레스토랑 음식 맛·온도 / 병원 진료·시술
묵시적 서비스	외관·분위기·감정 등 고객이 심리적으로 느끼는 감성적·심리적·서비스 품질	직원의 친절·미소·전문성 / 호텔 로비 분위기 / 레스토랑 음악·조명 / 의료진의 신뢰감
정보	맞춤 서비스 제공을 위해 필요한 고객 정보·안내·절차·설명	예약 정보 / 체크인 안내 / 병원 진단서·주의사항 / 항공 탑승 절차 / 앱 기반 개인화 정보 제공
지원 설비	서비스 제공에 반드시 필요한 물리적 시설·장비	호텔 건물·수영장·헬스장 / 항공기·공항 시설 / 외식업 주방·홀 / 병원 검사장비 진료실
보조용품	서비스 이용 과정에서 고객이 사용·소비·구매하는 물품	호텔 어메니티·객실 내 생수 / 레스토랑 식기류·냅킨 / 병원의 검사 키트·약품 / 항공기 담요·헤드폰

06 필립 코틀러의 서비스 마케팅 삼각형(Service Marketing Triangle) ☆☆

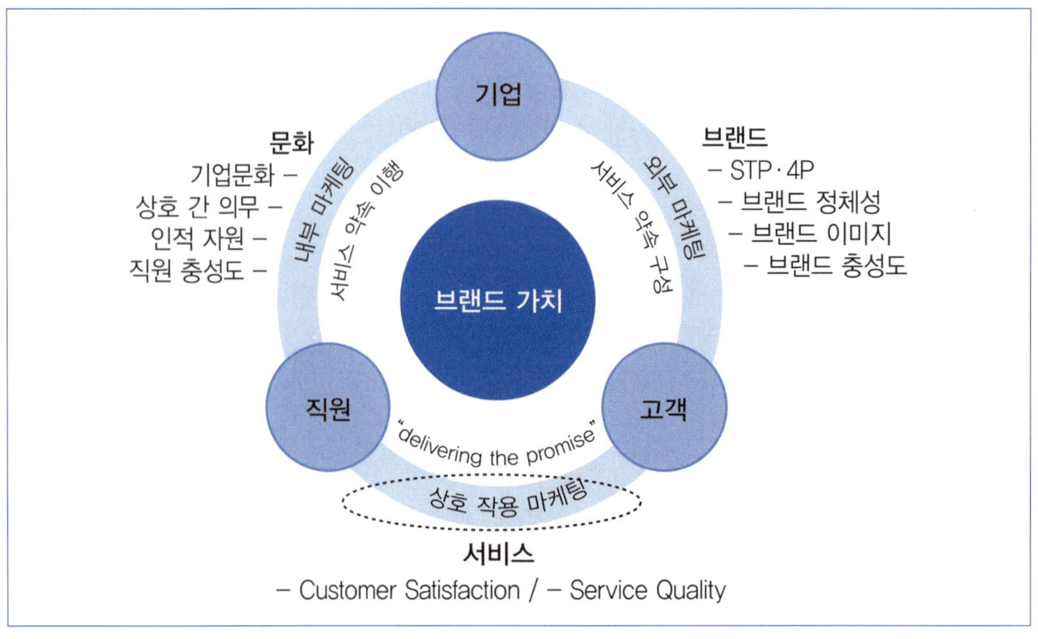

※ 출처 : 'Service Marketing Triangle' by Philip Kotler, 1994

구분		내용
내부적 마케팅	내용	• 기업과 종업원 간에 이루어지는 마케팅 활동으로, 직원이 만족해야 고객이 만족한다는 관점에 기반 • 내부 마케팅은 외부 마케팅보다 우선적으로 수행 • 우수한 서비스 품질 제공에 위해 직원 교육·훈련·동기부여·조직문화 형성 등을 우선적으로 수행 • 내부 구성원을 '내부 고객'으로 보고, 직원의 직무 만족과 서비스 역량 강화를 목표
	사례	• 호텔·항공사의 서비스 교육, 친절 교육, 브랜드 가치 교육 • 우수 직원 포상제도, 직원 복지 확대, 내부 소통 프로그램 • 서비스 매뉴얼·역할극(Role-play) 교육 운영
외부적 마케팅	내용	• 기업과 고객 간에 이루어지는 일반적인 마케팅 활동 • 고객의 욕구를 조사하고, 서비스를 설계·디자인·약속하여 시장에 제공하는 모든 행동을 의미 • 서비스 산업에서도 CBO(Chief Brand Officer)는 외부 고객의 기대를 파악해 서비스 품질을 약속
	사례	• 고객 조사(리서치), 서비스 패키지 설계 • 광고, 홍보, 브랜드 캠페인, 프로모션 • 가격 전략, 홈페이지·앱을 통한 서비스 안내
상호 작용적 마케팅	내용	• 종업원과 고객 간의 직접 접촉 과정에서 이루어지는 고객 접점 마케팅 • 서비스 제공의 실제 순간, 즉 고객과 직원의 상호작용 속에서 서비스 품질이 결정되는 과정을 의미 • 직원은 기업이 약속한 서비스를 고객에게 실제로 전달·실행하는 역할을 수행
	사례	• 호텔 프런트의 체크인 응대, 레스토랑 종사원의 서비스 경험 • 은행 창구 직원의 상담, 콜센터 상담 품질 • 병원 간호사의 안내·설명, 항공 승무원의 기내 서비스

Chapter 02

서비스 분류

01 서비스 유형의 분류

1 서비스 유형 분류의 필요성

(1) 서비스 유형에 따라 경영 방식이 달라지기 때문에, 서비스 특성에 맞는 운영 전략 관리 방법을 적용할 필요가 있다.

(2) 서비스 유형 분류는 기업이 효율적으로 서비스 운영을 계획·관리할 수 있도록 도와주며, 인력·시설·프로세스 설계에 중요한 기준이 된다.

(3) 서비스 유형에 대한 체계적 분류는 서비스 개선과 새로운 서비스 개발에 활용되어, 고객 요구에 맞는 차별화된 서비스 설계를 가능하게 한다.

2 서비스의 대상과 행위에 따른 분류

🔷 서비스의 차원별 분류

	모리스(Morris)와 존스턴(Johnston)은 서비스를 프로세스로 정의하였다. 프로세스는 투입물을 처리하여 산출물로 전환하는 활동이라고 보았다. 이들은 관리적 관점에서 3가지 투입 요소 유형을 기준으로 서비스를 다음과 같이 분류하였다.	
일차원적 서비스 분류 체계 (투입 요소 기반 분류)	고객 처리 서비스	고객 자체가 서비스 프로세스의 주요 투입요소인 경우 ex 병원 진료, 미용실, 교육서비스, 호텔 체크인
	소유물 처리 서비스	고객의 소유물이 서비스 프로세스의 투입요소가 되는 경우 ex 세탁소, 수리센터, 자동차 정비, 물류 배송
	정보 처리 서비스	정보·데이터가 서비스 생산의 중심이 되는 경우 ex 은행 거래, 보험 서비스, 통신서비스, IT기반 서비스
이차원적 서비스 분류 체계 (속성에 따른 분류)	서비스업은 분류 기준에 따라 여러 가지로 구분할 수 있으나, 서비스 제공의 주체와 서비스 행위의 성격에 따른 분류가 일반적이다.	
	서비스 제공 주체에 따른 분류	개인 제공 서비스 / 기업·조직 제공 서비스 / 공공기관 서비스 등
	서비스 행위의 성격에 따른 분류	• 고첩촉 vs 저접촉 서비스 • 고객 참여도 수준(높음 / 낮음) • 서비스 전달 방식(대면 / 비대면 / 온라인 / 오프라인) • 서비스 맞춤화 수준(표준화 / 개별화)

🔷 서비스의 유형별 분류 ✿

서비스 대상	서비스 행위 유형	설명	대표 사례
사람	신체에 대한 유형적 서비스	사람의 신체·건강·일상활동에 직접적 영향을 주는 유형적 행위	여객 운송, 병원, 건강관리, 미용, 이발, 식당, 술집, 장례 서비스
사물	유형물에 대한 유형적 서비스	고객의 소유물·재산을 대상으로 제공되는 물리적 처리 서비스	화물 운송, 수리·정비, 보관 세탁, 택배, 조경
사람	정신에 대한 무형적 서비스	고객의 정신·감정·지식·감성에 영향을 주는 무형적 활동	광고, PR, 엔터테인먼트, 방송, 교육, 예술 공연
사물(무형자산)	무형 자산에 대한 서비스	정보·지식·데이터 등 무형 자산을 처리하거나 관리하는 서비스	인터넷 서비스, 회계, 은행·증권·보험, 법률 서비스, 데이터 처리

③ 러브락(Lovelock)의 서비스 분류

러브락은 서비스를 서비스가 작용하는 대상(사람 / 사물)과 서비스가 제공되는 방식(유형 / 무형)을 기준으로 분류하였다. 즉, 서비스의 본질적 속성과 소비 형태 중심의 실무적 분류 체계를 제시한 것이다.

(1) 러브락의 서비스 분류

① 서비스의 작용 대상
  ㉠ 사람
  ㉡ 사물
② 서비스의 작용 형태
  ㉠ 유형적 활동
  ㉡ 무형적 활동

(2) 러브락의 4대 서비스 유형 ✿✿

1. 서비스 행위의 성격에 따른 분류

→ 서비스가 '누구(무엇)'을 대상으로, '어떤 방식'으로 작용하는가?

→ 사람에게 직접 하는지? 사물에 하는지?

→ 손으로 직접 해주는지? 지식·정보로 도와주는지?

서비스의 직접 대상	유형적 서비스(손으로 하는 서비스)	무형적 서비스(생각·지식으로 하는 서비스)
사람	의료, 호텔 서비스, 여객 운송처럼 사람의 몸이나 이동에 직접 작용	광고, 컨설팅, 교육처럼 사람의 마음·지식을 변화시키는 서비스
사물	화물 운송, 기계 수리처럼 고객이 가진 물건에 직접 작용	은행, 법률 서비스처럼 사물과 관련된 정보·권리를 다루는 서비스

2. 고객과 서비스 조직의 관계 유형에 따른 분류

→ 서비스가 계속적 관계인지 / 필요할 때만 쓰는 관계인지?

→ 회원 vs 비회원

→ 계속 이용 vs 가끔 이용

관계 유형	서비스 제공 방식	예시
회원 관계 (계속적 / 정기적 사용)	장기간 가입해서 계속 이용	은행 계좌, 휴대폰 가입, 보험
	필요할 때만 이용(간헐적)	국제 전화, 정기 승차권, 연극 회원
비회원 관계 (가입없이 이용)	계속 제공되지만 등록 필요 없음.	라디오 방송, 경찰 서비스, 무료 고속도로
	필요할 때만 이용	렌터카, 우편 서비스, 유료 고속도로

3. 서비스의 변화(맞춤형) 정도 & 종업원의 재량 정도에 따른 분류

→ 고객에 따라 서비스를 얼마나 바꿀 수 있는지?

→ 직원이 얼마나 재량을 발휘할 수 있는가?

→ 고객별 맞춤 가능성이 높을수록 → 서비스 변화↑

→ 직원의 전문성과 재량이 높을수록 → 개인화된 서비스↑

관계 유형	변화 가능성	예시
고객 요구에 따라 서비스가 변하는 정도	장기간 가입해서 계속 이용	은행 계좌, 휴대폰 가입, 보험
	필요할 때만 이용(간헐적)	국제 전화, 정기 승차권, 연극 회원
	재량 정도	예시
종업원이 가지는 재량(판단의 폭)	높음.	의료, 법률, 개인 교습 등 전문 서비스
	낮음.	대중교통, 영화관, 패스트푸드, 일반 레스토랑

4. 수요와 공급의 관계에 따른 분류

→ 수요가 들쑥날쑥한가?

→ 그 수요를 공급이 감당할 수 있는가?

→ 성수기(피크)에도 공급이 충분한지가 핵심

→ 호텔·식당처럼 바쁠 때 못 받아주는 경우 → "공급 부족형"

수요 변동성	공급 능력	예시
변동 많음	피크(성수기)에도 충분히 공급 가능	전기, 전화, 소방
	피크 시간에는 공급이 부족	회계법인, 항공 / 철도, 호텔, 식당, 극장
변동 적음	기본적으로 공급 여유 있음.	보험, 법률, 은행, 세탁

5. 서비스 제공 방식에 따른 분류

→ 서비스가 어디에서, 누가 누구에게 찾아가는 방식인지에 대한 분류
→ 고객이 가는가?, 기업이 오는가?, 아예 비대면인가?
→ 실제 서비스 라인의 흐름을 떠올리면 이해가 빨라짐.

서비스 지점 형태	고객 이동 방식	예시
단일 지점	고객이 업체로 감.	극장, 미용실
	업체가 고객에게 감.	잔디 관리, 방역 서비스, 택시
	떨어져서 거래	신용카드 승인, 지역 방송
복수 지점	고객이 업체로 감.	버스, 패스트푸드, 프랜차이즈 레스토랑
	업체가 고객에게 감.	우편 배달, 긴급 자동차 수리
	떨어져서 거래	방송 네트워크, 전화 회사

4 호로비츠(Horovitz, J.)의 서비스 분류

호로비츠는 서비스가 고객과 얼마나 자주, 얼마나 깊이 상호작용하는지를 기준으로 서비스를 분류하였다. 즉, 서비스의 난이도·일관성·관리 방식이 상호작용의 정도에 따라 달라진다는 관점이다.

(1) 호로비츠의 서비스 분류 기준

1. 상호작용의 밀도

→ 종업원과 고객이 얼마나 깊이 소통하고 관계를 맺는가?
  • 고객과 직원 간 직접적인 접촉 정도
  • 대화의 길이, 맞춤형 요구의 수준, 감정노동의 정도 등과 관련
  • 상호작용이 높을수록 → 서비스 품질 관리가 더 어려움.
→ 예시
  • 밀도 높음: 의료 상담, 헤어 스타일링, 컨설팅, 고급 식당
  • 밀도 낮음: 패스트푸드, ATM 서비스, 무인 매장

2. 서비스 접점의 빈도와 지속 시간

→ 고객이 서비스와 얼마나 자주 만나고, 한 번 만났을 때 얼마나 오래 접촉하는가?
  • 접점의 빈도: 고객과 만나는 횟수
  • 접점의 지속 시간: 한 번 만났을 때의 시간 길이
  • 접점이 잦고 오래 지속될수록
    → 서비스의 일관성 유지가 어려워짐.
    → 직원 역량·매뉴얼·프로세스 관리가 중요해짐.
→ 예시
  • 빈도·시간 모두 길다: 장기 치료, 학원 수강, 퍼스널 트레이닝
  • 빈도는 높지만 시간은 짧다: 커피전문점, 편의점
  • 빈도는 낮고 시간도 짧다: 고속도로

분류 기준	의미	상호작용이 높거나 많을 때의 특징	예시
상호작용의 밀도	고객과 직원의 소통·접촉의 깊이	고객 맞춤형 요구 ↑ → 직원 역량 중요	의료, 상담, 헤어샵
종업원이 가지는 재량(판단의 폭)	서비스와 만나는 횟수와 한 번의 길이	일관성 유지 어려움. → 직원 역량 중요	학원, PT, 고급 레스토랑

(2) 호로비츠의 서비스 유형 분류표 ☆☆☆

접점의 빈도와 지속 시간

		낮음	높음
상호작용의 밀도	낮음	**일반화된 서비스(유쾌함과 즐거움)** • 패스트푸드 • 택배 서비스	**안정적인 서비스(거래에서 조언)** • 호텔 • 레스토랑
	높음	**개인화된 서비스(즉각적 대응과 순발력)** • 유지·보수 • 문제에 대한 상담	**사려 깊은 서비스(관계 능력과 전문성)** • 법률 서비스 • 컨설팅 서비스 • 전문 교육 서비스

(3) 호로비츠의 서비스 유형의 특성 ☆☆☆

구분	내용	사례
일반화된 서비스	고객과의 접촉이 짧고 단순하며, 서비스가 표준화되어 있는 유형 • 고객과의 상호작용이 피상적이고 기능 중심이다. • 고객의 요구가 단순하고 예측 가능하므로 복잡한 고객 분석이 필요 없다. • 직원에게 높은 숙련도나 깊은 지식이 요구되지 않는다. • 서비스 절차가 표준화되어 있어 매뉴얼 중심 운영이 효과적이다. • 서비스 접점 분위기는 가볍고 친근한 환경이 적합하다.	• 패스트푸드(정해진 메뉴, 짧은 응대) • 편의점 계산 / 간단 문의 • 지하철·버스 이용 • 무인 키오스크 주문
안정적인 서비스	언제 어디서나 동일한 품질과 태도로 제공되는 서비스 • 핵심은 일관성이다. • 고객이 어떤 직원에게 문의해도 동일한 정보와 태도를 제공해야 한다. • 주로 거래 조언(안내, 정보 제공) 중심의 상호작용이 이루어진다. • 서비스 매뉴얼뿐 아니라 직원 간 지식 공유가 중요하다. • 서비스 실패는 주로 "직원마다 다르게 설명하는 경우"에서 발생한다.	• 은행 창구 응대(대출·계좌 안내가 동일해야 함.) • 통신사 고객센터(요금제·혜택·설명의 일관성 필요) • 프랜차이즈 호텔 체크인 서비스 • 병원 접수·수납 안내

개인화된 서비스	고객의 개별 요구에 맞춘 맞춤형 서비스 제공 • 고객 접점 시간이 짧거나 빈도가 낮아도, 고객은 자신의 문제를 개별적으로 해결해 주길 기대한다. • 직원은 고객의 말을 경청하고 적절한 반응을 보일 소통 능력이 필요하다. • 전문적 질문이 들어올 경우 즉시 전문가 연결(컨설턴트, 전문가 상담)이 필요하다. • 고객의 요구가 독특하거나 복잡하므로 표준화된 절차보다 유연한 대응이 중요하다.	• 맞춤형 여행 상담 • 뷰티 컨설팅, 퍼스널 쇼퍼 서비스 • VIP 고객 응대(백화점·호텔) • 병원 전문센터 예약 상담(개별 의료 고민)
사려 깊은 서비스	고객과 지속적으로 만나며, 관계 기반의 전문적 서비스를 제공하는 유형 • 고객과의 지속적 관계를 기반으로 한다. • 직원은 고객의 생활·선호·상황을 이해하고 관계 중심 서비스를 제공한다. • 문제 해결 능력뿐 아니라 감성적 배려와 소통 능력이 중요하다. • 반복 접점에서 고객의 변화를 파악하고, 이를 토대로 장기적 관계를 확장한다. • 위계적 지시보다 수평적·파트너십 기반 상호작용이 적합하다.	• 개인 자산관리사(PB)의 장기 자산 상담 • 주치의 기반의 개인 건강 관리 • 부동산 컨설턴트(고객 상황·투자 성향에 맞춰 지속상담) • B2B 기업의 전담 AE(Account Executive) 서비스

전체 비교표

유형	핵심 특성	직원 역할	고객 요구 수준	주요 산업 사례
일반화된 서비스	단순·표준화, 짧은 상호작용	매뉴얼 중심	낮음.	패스트푸드, 편의점 대중교통
안정적 서비스	일관성·정확한 정보 제공	동일한 안내·응대	중간	은행, 통신, 병원 접수
개인화된 서비스	개별 맞춤 대응, 유연성 필요	경청·문제 해결 초기 대응	높음.	맞춤여행, VIP 응대 뷰티 컨설팅
사려 깊은 서비스	관계 중심 장기적 신뢰 기반	전문지식 + 감성적 배려	매우 높음.	PB자산관리, 주치의, B2B AE

⑷ 호로비츠의 서비스 유형별 서비스 자원 관리 전략과 선택 ✿

구분	일반화된 서비스	안정적인 서비스	개인화된 서비스	사려 깊은 서비스
접점 분위기	밝고 에너지 넘치는 분위기, 친근함 강조	정중하고 신뢰감 있는 분위기	고객 요구에 빠르게 반응하는 역동적 분위기	배려·전문성이 느껴지는 차분한 분위기
선발 기준	밝고 정직한 태도, 친화력, 기본 서비스 역량, 초·중급 직무 경험자	기본적인 전문 지식·기술 보유, 일관성 있는 태도, 성실함	숙련된 기술, 실무 경험, 빠른 판단력과 대응능력	높은 전문성, 대화·소통 능력, 인간관계 능력, 비즈니스 감각
훈련	• 제품·서비스·회사 이해 중심의 기본 역량 훈련 • 표준 운영 절차(OJT) 중심 • 명확한 역할·책임 교육	• 회사 문화·서비스 품질·업무 지식중심 교육 • 현장 관리자는 코치 역할 수행 • 질문·상담에 대한 대응 역량 강화	• 목표 기반 성과 훈련 • 멘토링 제도 강화 • 새로운 지식·기술을 신속히 습득하는 교육	• 전문성 향상 프로그램 운영 • 멘토링 및 고급 역량 개발 • 우수 직원 대상 차등 보상 제도
경력개발계획	다양한 직무 경험을 제공하기 위해 직무 로테이션 실시	체계적 내부 승진 경로 제공, 전문 담당자로 성장	• 고객 정보 분석 기반의 전문 경험 축적 • 특정 분야 전문가로 육성	내부 승진, 파트너십 모델 확대, 성과 공유 제도
동기 부여	활기찬 조직 분위기, 자유로운 아이디어 제안 가능, 긍정적 팀 분위기 강화	내부 직원 만족 강화, 성장 기회 제공, 안정적 경력 설계 지원	개인 실적 기반 보상 강화, 전문가로서 인정 받는 문화 조성	• 높은 자율성과 책임 부여, 도전적 과제 제공 • 지속적 학습·교육
조직 지원	매뉴얼 기반 지원, 기본 업무 흐름 보장	복잡한 고객 문제 해결 시 지원 제공	개인 상담 및 전문 지원 시스템 제공	고객 이슈 외의 개인적·업무적 어려움까지 폭넓게 지원
임파워먼트	업무 범위 내 제한적 권한 부여	행동 규정 내 단계별 권한 차등 부여	직무 관련 높은 수준의 권한과 자율성 제공	고객 중심 의사결정이 가능한 완전한 임파워먼트

5 싱글맨(J. Singleman)의 서비스 기능에 의한 분류

싱글맨은 서비스 산업을 국가 경제의 기능적 역할에 따라 네 가지로 분류하였다. 이 분류는 서비스가 고용 구조·국민 소득·산업 간 연계성에 어떤 영향을 미치는지를 분석하는 데 활용된다.

기능별 분류	설명	주요 서비스 사례
유통 서비스	상품과 정보를 한 지점에서 다른 지점으로 이동·전달하는 기능을 수행하는 서비스	운송(물류, 항공·철도·해운), 통신 서비스, 무역·도매·소매 유통 서비스
생산자 서비스	기업의 생산 활동을 지원하고, 경제 운영에 필요한 전문적 기능을 제공하는 서비스	금융 서비스(은행·보험·증권), 기업경영 서비스(컨설팅), 법률·세무·회계, 부동산 서비스
사회적 서비스	국민의 기본적인 복지, 안전, 교육, 공익을 위한 서비스	의료·보건, 교육(학교·직업훈련), 우편, 사회복지, 공공서비스, 비영리기관 서비스
개인 서비스	개인의 삶의 질 향상과 여가·편의를 위한 서비스	숙박, 외식·식음료(F&B), 여행 서비스, 차량·제품 정비, 가사·용역 서비스

6 크리스토퍼(Christopher)의 거래 프로세스별 서비스 분류 ✿

크리스토퍼는 고객이 기업과 거래하는 과정 전반을 3단계 프로세스로 보고, 각 단계에서 요구되는 서비스 기능을 분류하였다. 즉 거래 전(Pre-transaction) → 거래 중(Transaction) → 거래 후(Post-transaction) 세 단계로 나누어 서비스 품질과 고객 만족을 체계적으로 관리할 수 있도록 제시한 분류이다.

구분	내용	사례
거래 전 서비스	고객이 구매를 결정하기 전, 거래를 시작하기 위한 조건을 만들어주는 서비스 • 고객이 상품·서비스를 이해하고 접근할 수 있도록 사전 정보를 제공 • 구매 의사결정에 영향을 주는 신뢰·편의·접근성을 높임. • 고객과의 관계를 형성하는 초기 단계	• 서비스 정책 및 이용 조건 안내 • 가격·혜택 정보 제공 • 상담센터 운영, 웹사이트·챗봇 상담 • 매장 접근성(위치, 주차, 영업시간) • 예약 시스템 제공 • FAQ, 안내 매뉴얼 제공
거래 중 서비스 (현장 서비스)	고객이 실제로 서비스·상품을 이용하는 과정에서 제공되는 서비스 → 고객 경험 품질을 좌우하는 핵심 단계 • 고객과의 직접 접점에서 발생하는 서비스 • 편리성, 속도, 정확성, 친절성 등이 핵심 품질 요인 • 사용 경험의 만족이 향후 재구매를 결정함.	• 주문·결제·배송 서비스 • 콜센터 상담, 현장 응대 • 대기시간 관리 • 제품 조립·설치 과정 지원 • 문제 상황 발생 시 즉각적 응대(즉시 복구 서비스) • 서비스 퍼포먼스(친절, 정확한 절차, 서비스 분위기)

거래 후 서비스	구매 후 고객이 지속적으로 만족할 수 있도록 제공하는 사후 지원 서비스 → 고객 유지와 관계 강화 단계	
	• 고객 불만을 관리하고 문제를 해결하여 충성도 강화 • 서비스 실패가 발생했을 때 회복 역할을 담당 • 재구매와 장기 관계 형성의 핵심	• A/S 및 유지 보수 • 반품 · 교환 제도 • 보증 서비스(Guarantee) • VOC 접수 및 처리 시스템 • 해피콜(만족도 점검 전화) • 멤버십 혜택, 고객 감사 프로그램 • 장기 고객 관리(포인트 · 리워드)

02 서비스 유형별 분류 매트릭스 작성 및 활용

기업은 고객이 느끼는 서비스를 총체적 경험으로 이해해야 하지만, 경영자는 서비스의 효과성, 효율성, 성과 향상을 위해 서비스를 유형별로 분류하고 핵심 자원 관리 포인트를 도출해야 한다. 이때 활용되는 것이 서비스 유형별 분류 매트릭스이다.

1 고객의 참여 정도

(1) 고객 참여 정도는 서비스 유형별로 차이가 있으나, 서비스 자원 관리 전략을 결정하는 핵심 변수이다. 서비스가 생산 · 제공되는 과정에서 고객이 얼마나 적극적으로 참여하는지는 서비스 운영 방식, 직원 역량 요구 수준, 프로세스 설계 등 전반에 큰 영향을 미친다.

(2) 고객 참여도가 높을수록 고객의 개별적 요구가 증가하며, 이는 서비스의 표준화 수준에 직접적인 영향을 준다. 고객이 서비스 생산 과정에 많이 개입할수록 서비스는 보다 맞춤형 형태로 요구되고, 표준화된 절차만으로는 대응하기 어려워지며, 직원의 재량과 전문성, 유연한 대응 능력이 중요해진다. 반대로 고객 참여도가 낮은 서비스는 서비스 절차를 표준화 · 자동화하기 쉽고, 인력보다 매뉴얼 · 시스템 기반 운영이 효과적이다.

구분	고객참여수준 낮음	고객참여수준 중간	고객참여수준 높음
특징	• 서비스 전달 과정에 고객이 존재하기만 하면 됨. • 고객의 개입은 거의 없음.	서비스 생산·전달 과정에 고객의 일부 참여가 필요	• 고객이 서비스 생산의 핵심요소로 참여 • 서비스 공동 생산(Co-production) 발생
표준화 정도	고도로 표준화된 서비스	표준화된 서비스와 고객화 서비스의 중간 형태	고객 개별 요구 반영이 큰 개인화 서비스
서비스 제공 조건	특정 고객의 구매 여부와 무관하게 제공 가능	고객의 선택적 구매가 있을 때 제공	고객의 구매와 적극적 참여가 있어야 서비스 완성
사례	• 지하철 운행 • 공공도서관 열람 • 공항 면세점 쇼핑 • 공연장 안내 서비스	• 피부과 진료 • 치과 스케일링 • 호텔 조식 뷔페 이용 • 여행사 패키지상품 이용	• 맞춤형 PT(퍼스널 트레이닝) • 1:1 코칭 프로그램(진로·리더십) • 맞춤형 영양 상담 프로그램 • 웨딩 플래너와의 맞춤형 웨딩설계

2 수요 변동성

(1) 서비스는 계절·요일·시간대 등 외부 요인에 따라 수요가 크게 달라져 일정하게 유지되기 어렵다.

(2) 수요 변동성의 크기는 서비스 제공 능력과 운영 체계를 예측·설계하는데 핵심적인 기준이 된다.

(3) 서비스는 시간이 지나면 저장되지 않고 소멸하므로 제공 기회를 놓치면 그 용량은 회복할 수 없는 손실이 된다.

3 정보 기술의 활용 정도

(1) 정보·커뮤니케이션 기술의 활용 수준은 서비스의 성격과 구조에 따라 크게 달라진다.

(2) 특히 고객과 제공자가 물리적으로 분리될 수 있는 서비스일수록 정보 기술 활용도가 높아지는 경향이 있다.

(3) 예를 들어 원격 교육이나 원격 진료처럼 비대면 제공이 가능한 서비스는 정보 기술 의존성이 매우 높다.

4 부가 서비스 영역의 확장 가능성

(1) 고객의 기대 수준이 높아지고 경쟁이 치열해질수록 기업은 부가 서비스를 확대하여 더 넓고 다양한 가치 경험을 제공하려는 경향이 강해진다.

(2) 제품 사용 과정에서 발생하는 고객 요구를 충족하기 위해 서비스는 기술 지원, 실시간 상담, 위치 기반 서비스 등 다양한 분야까지 확장되고 있다.

5 고객 접촉도에 따른 접점 관리

(1) 서비스 제공 과정에서 고객과의 상호작용 빈도에 따라 서비스는 고접촉 서비스와 저접촉 서비스로 구분된다.

(2) 고객 접촉도는 어떤 접점을 얼마나 운영해야 하는지를 결정하므로 인력·시설 등 자원 배치의 핵심 기준이 된다.

(3) 업무 효율성을 높이기 위해 고객 접촉이 필수적인 영역은 접촉을 강화하고, 그렇지 않은 영역은 접촉을 줄이는 전략이 사용된다.

(4) 고객과의 관계가 장기적으로 발전할수록 전문 인력이 고객 중심으로 세밀한 관리를 수행하는 방식으로 서비스가 운영된다.

(5) 상호작용과 고객 접촉도가 높은 서비스일수록 제공 인력의 전문성이 중요하며, 고객과 직원 간 수평적 관계 형성이 요구된다.

(6) 반대로 접촉도가 낮은 서비스에서는 표준화된 절차와 명확한 상하 체계가 일관된 서비스 품질을 유지하는 데 필요하다.

Chapter 03 서비스 경제와 서비스 패러독스

01 서비스 경제

1 서비스 경제의 의미 ✿

(1) 서비스 경제란 제조업·농업·광업 등 1·2차 산업보다 서비스 부문이 경제 활동의 중심이 되는 경제 구조를 의미하며, 전체 노동력의 절반 이상이 서비스 산업에 종사할 때 이를 서비스 경제라고 정의한다.

(2) OECD를 포함한 대부분의 선진국에서는 서비스 산업이 국내총생산(GDP)의 80% 이상을 차지하며, 국가 경쟁력의 핵심 영역으로 자리 잡고 있다.

(3) 국가가 발전할수록 산업 구조가 제조업 중심에서 서비스 중심으로 이동하는 '서비스 경제화'가 더욱 가속화되며, 이러한 변화는 미래 사회에서도 지속될 것으로 전망된다.

(4) 특히 서비스 산업의 비중이 확대되는 과정에서 서비스 품질, 전문성, 기술 융합 수준이 고도화되는 현상이 나타나고 있다.

(5) 서비스 경제는 기술혁신·고객 니즈 변화에 따라 새로운 서비스가 빠르게 생성되고 확산되는 변동성이 높으며, 이러한 급격한 산업 구조 변화를 '서비스 혁명(Service Revolution)'이라고 부른다.

Key Insight

서비스 혁명이란 새로운 서비스가 폭발적으로 생성·확산되며 사회와 경제 구조를 산업혁명보다 빠른 속도로 변화시키는 현상을 의미한다. 산업혁명이 '물질적 풍요'를 창출했다면, 서비스 혁명은 고객 경험의 효용과 만족을 비약적으로 확대시키며 가치 중심 경제로의 전환을 가속화한다.

2 서비스 경제의 성장 이유

(1) 소비 지출이 서비스 중심으로 이동하고 자본·기술 집약적 사업 구조가 강화되면서 서비스 부문의 지출 비중이 지속적으로 확대되고 있다.

(2) 정보기술의 발달로 전통적 서비스 방식을 대처하는 새로운 형태의 서비스가 등장하며 서비스 산업의 성장 속도를 가속화하고 있다.

⑶ 라이프스타일 변화에 따른 소비자의 욕구 다양화 · 고급화가 진행되면서 새로운 서비스 수요가 꾸준히 발생하고 있다.

⑷ 기업 간 경쟁이 심화됨에 따라 경영 효율성 · 전문성을 높이기 위한 다양한 비즈니스 서비스의 중요성이 커지고 있다.

⑸ 여성의 경제 활동 참여가 증가하면서 가사노동이 외부 서비스를 대체되어 서비스 시장이 확장되고 있다.

⑹ 현대인의 삶이 복잡해질수록 전문 기관에 의한 문제 해결 서비스 이용이 증가하고 있다.

3 서비스 경제 학자들의 주장

⑴ 리들(Riddle)의 의견

① 『서비스 주도의 경제 성장(service-led growth)』에서 서비스 경제 전반에 유기적으로 연결되어 사회 시스템을 유지하는 기반 역할을 한다고 주장하였다.

② 또한 그는 서비스를 여러 범주로 구분하고, 이들 간의 상호작용이 국가 경제 성장에 중요한 동력을 제공한다고 설명하며 서비스가 경제 구조의 주도적 위치에 있음을 강조하였다.

🔷 서비스 경제 주체에 따른 분류

구분	정의	주요 사례
사업 서비스	기업의 경영 활동을 지원하는 전문 서비스	회계 · 세무 서비스, HR 아웃소싱, IT컨설팅, 디지털 마케팅, 특허 · 법률 자문, 클라우드 관리 서비스
유통 서비스	상품의 거래 · 유통을 담당하는 서비스	이커머스 플랫폼(쿠팡 · 네이버쇼핑), 풀필먼트 서비스, 콜드 체인 물류, 백화점 · 편의점 유통
사회 기간 서비스	사회 · 경제 활동을 유지하는 기반 서비스	도시철도, 항공 교통, 5G · 광대역 통신망, 스마트시티 인프라, 전력 · 수도공급
사회 서비스	국민의 복지 · 삶의 질을 지원하는 공공적 서비스	종합병원, 정신건강센터, 평생교육기관, 공공 보건소, 사회복지관, 노인 돌봄 서비스
개인 서비스	개인의 일상 · 편의를 직접 지원하는 서비스	프리미엄 외식, 호텔 · 리조트, 가사 · 정리수납 서비스, 반려동물 케어, 퍼스널 트레이닝, 뷰티 스파
공공 행정 서비스	국가 운영과 공공 행정 제공서비스	정부 부처 행동, 국세 · 민원 서비스, 스마트 행정(온라인 민원처리), 국방 · 치안 서비스

* 풀필먼트서비스 : 온라인 주문이 들어온 뒤, 상품을 보관 → 포장 → 배송 → 반품 처리까지 전체 과정을 대신 수행해주는 물류 · 운영 서비스

* 콜드 체인 물류 : 저온(냉장 · 냉동) 상태를 끊김 없이 유지하면서 생산 → 보관 → 운송 → 유통 → 소비까지 이어지는 물류시스템

(2) 다니엘 벨(Bell, D.)의 의견 ✿

① 다니엘 벨은 인류 사회의 발전 단계를 전기 산업 사회 → 산업사회 → 후기 산업 사회로 구분하며, 사회가 서비스 중심 구조로 전환되는 과정을 설명하였다.

② 그는 후기 산업 사회가 제조 중심의 산업 구조를 넘어 서비스가 핵심적 가치와 기능을 담당하는 '서비스 경제 사회'의 특징을 지닌다고 주장하였다.

구분	전기 산업 사회	산업 사회	후기 산업 사회
경제 구조	1차 산업(농업·어업·광업)	2차 산업(제조업·공업)	3차 산업(서비스업·지식산업)
주요 직업	농부, 어부, 광부 등 미숙련 노동 중심	기술자, 반숙련 노동자, 엔지니어	전문가, 과학자, 연구자 등 고숙련 지식 노동 중심
핵심 기술 요소	자연자원 채집·노동력 의존	기계화·대량생산을 통한 생산력 향상	지식·정보·기술 혁신 기반의 지식생산
사회 운영 원리	토지·자원 의존, 생산성 제한	효율성·생산성 극대화	가치 창출·지식 활용 중심의 경제 구조
경제 가치의 중심	생존과 기본 생산	대량 생산·산업 성장	서비스·지식·경험 기반의 고부가가치 창출

Key Insight

후기 산업 사회의 특징

① 운송·통신·유틸리티 등 사회 기반 서비스가 산업 발전과 재화 유통을 지원하기 위해 크게 확대된다.

② 대량 소비 구조와 인구 증가로 금융·부동산·보험·도소매 유통업 등 서비스 산업의 비중에 경제 전반에서 더욱 강화된다.

③ 국민 소득이 증가함에 따라 식료품 지출 비중은 감소하고, 자동차·가전 등 내구재 중심의 소비가 확대되는 경향이 나타난다.

④ 교육, 헬스케어, 레저, 여행, 외식, 오락 등 개인 서비스 분야가 빠르게 산업화되며 고부가가치 서비스 산업으로 성장한다.

후기 산업화의 진행으로 인해 전환된 패러다임

① 경제 활동의 중심이 '재화의 생산'에서 '서비스의 수행'으로 이동한다.

② 하이테크 중심의 제조사회에서 인간의 경험·감성·관계가 중시되는 하이터치형 서비스 사회로 전환된다.

③ 산업화 시대의 제조 우위에서 지식·정보 활용을 핵심 가치로 하는 서비스 우위(how to use)로 변화한다.

02 서비스 패러독스

1 서비스 패러독스의 정의 ✿✿

(1) 서비스 경제의 성장과 기술 발전으로 서비스가 양적으로 확대되고 질적으로 고도화되었음에도, 소비자가 체감하는 서비스 품질은 오히려 낮아지는 현상을 '서비스 패러독스'라고 한다.

(2) 서비스 공급이 증가하면 자연스럽게 만족도가 높아질 것처럼 보이지만, 실제로는 기대 수준이 더욱 상승하면서 소비자의 만족감은 낮아지는 역설적 결과가 나타난다.

(3) 한국소비자원 자료에서도 제품 관련 불만은 1990년대 말 대비 12% 감소한 반면, 서비스 관련 불만은 86% 증가한 것으로 나타나 서비스 패러독스가 현실적으로 심화되고 있음을 보여준다.

2 서비스 패러독스의 발생 원인 ✿✿

구분	발생원인	설명	사례
기대측면	고객 인식 변화	서비스 품질이 전반적으로 향상되면서 고객이 높은 수준의 서비스를 '기본'으로 인식하게 되며 기대 수준이 지속적으로 상승	배달앱 평균 배송시간이 줄어들자 조금만 늦어도 불만 제기 증가
	경쟁적 서비스 환경	경쟁 기업들이 모두 높은 기능적 서비스를 제공하면서 서비스 간 차별성이 약화되고, 고객이 특별한 가치를 느끼기 어려움.	항공사들의 기본 서비스가 유사해지면서 고객이 작은 실수도 부정적으로 평가
성과측면	서비스의 기계화	키오스트·모바일 체크인 등 셀프 서비스 기술 도입이 늘어나면서 고객·직원이 복잡한 시스템을 이해해야 하는 부담 증가	노년층 고객이 병원 키오스크 사용에 어려움. → 불만 증가
	서비스의 획일화	표준화된 절차 중심 운영으로 고객 개인의 상황·감정이 반영되지 않아 개별성·유연성이 약함.	패스트푸드 매장의 매뉴얼 중심 응대 → 특수 요청 처리 어려움.
	경험·숙련 인력 확보 어려움	숙련 인력 부족으로 서비스 품질이 불안정해지고, 신규 직원 반복 투입 → 서비스 품질 하락 악순환 발생	호텔 프런트의 잦은 직원 교체 → 응대 품질 편차 증가
	서비스의 인간성 상실	고객·직원을 시스템의 한 요소로만 바라보는 구조가 강화되면서 인간적 배려 공감이 약화	병원 접수창구에서 기계적 질문 응대만 반복하여 고객 불만 발생
	효율성과 규모의 경제 중심 운영	비용 절감·속도 개선 중심 운영이 강화되면서 고객 경험의 세밀한 부분이 희생되고 고객 만족 하락	콜센터 평균 통화 시간 단축을 목표로 한 운영 → 고객 문제 미해결 증가

③ 서비스 패러독스의 극복 방안

(1) 발생 원인에 대한 극복 방안 ☆☆

발생 원인	극복 방안	설명
기대 수준 상승	기대 수준 관리	고객의 기대를 조사·분석하여 실제 제공 가능한 수준과 일치시키고, 기대와 실제 경험의 간극을 줄인다.
	과대 포장 지양	서비스의 능력을 과장해 잘못된 기대를 유발하지 않도록 실제 제공 가치에 기반한 정확한 약속을 고객에게 전달한다.
SST 도입 증가로 인한 기계화 문제	고객 중심 SST 설계	비용 절감 중심이 아닌 고객 편의 중심으로 SST를 도입하며, UI·UX를 직관적으로 설계해 사용 부담을 낮춘다.
	고객 학습 지원	자동화 서비스 이용 시 필요한 지식·절차를 안내하며 고객이 새로운 시스템을 쉽게 학습할 수 있도록 돕는다.
서비스 획일화·효율성만 강조	사회적 기능 강화	서비스가 제공하는 기능적 가치뿐 아니라 사회적 가치·감성적 가치를 함께 고려해 고객의 체감 품질을 높인다.
인간적 상호작용의 약화	서비스의 인간성 회복	직원과 고객 간의 존중·배려·공감이 반영되는 상호작용을 강화하여 서비스 관계의 질을 향상시킨다.
숙련 인력 부족의 문제	전문성 강화 및 지속 교육	직원의 전문성을 높이고 지속 교육을 제공하여 서비스 품질의 안성성과 일관성을 유지한다.

(2) 서비스 패러독스 해결을 위한 서비스에 대한 재인식 ☆

구분	핵심 개념	설명
S	Sincerity·Speed·Smile	서비스에는 성의 있는 태도, 신속한 응대, 진심 어린 미소가 기본적으로 갖춰져야 한다.
E	Energy	서비스 제공 과정은 활기와 에너지가 느껴져야 하며, 이는 고객 경험에 긍정적 영향을 준다.
R	Revolutionary	서비스는 고객에게 신선한 경험을 제공할 수 있도록 혁신적이어야 한다.
V	Vaule	서비스는 고객과 제공자 모두에게 실질적 가치를 제공할 때 의미가 있다.
I	Impressive	고객에게 기쁨과 감동을 전달하는 인상적 경험을 만들어야 진정한 서비스가 된다.
C	Communication	서비스는 일방적 전달이 아니라 고객과의 상호 커뮤니케이션을 통해 완성된다.
E	Entertainment	서비스에는 따뜻한 환대와 감성적 만족이 포함되어야 하며 즐거움을 주는 경험이 중요하다.

* SST(Self Service Technology) : 셀프서비스 기술

* UI(User Interface) : 사용자 인터페이스

* UX(User Experience) : 사용자 경험

Chapter 04 서비스 비즈니스 모델의 이해

01 서비스 생태계에서 비즈니스 환경의 이해

1 서비스 생태계의 패러다임 ✿

서비스 생태계는 전통적인 경제 시스템보다 훨씬 높은 개방성과 유연성을 요구하며, 다양한 참여자들이 연결되고 상호작용하는 구조 속에서 가치가 공동으로 창출되는 특징을 지닌다.

◈ 전통적 경영 시스템 vs 서비스 중심 경영 시스템

구분	전통적인 관점의 경영 시스템	서비스 중심 경영 시스템
가치 중심	우수한 제품 생산 자체를 목표로 함.	고객 가치·경험을 중심으로 설계
핵심 활동	제품 품질과 생산 효율의 향상을 최우선으로 함.	고객 요구 정보·지식의 통합을 통해 서비스 가치 창출
성공 기준	좋은 제품을 만들어 시장에 공급하는 것	고객에게 선택되고 지속적으로 이용되는 제품과 서비스
기준 시각	기업 내부의 생산성 기준	고객 관점의 효용·경험을 기준으로 평가
방향성	생산 → 공급 중심	고객 선택 → 가치·경험 중심

2 바람직한 서비스 비즈니스 모델 ✿

(1) 서비스 비즈니스 모델은 개방적이고 유연한 서비스 생태계 환경에 적합하도록 설계되어야 한다.

(2) 고객과 사회가 필요로 하는 존재 가치를 제공하는 서비스를 개발하고 운영해야 한다.

(3) 가치 있는 서비스는 고객의 사용 경험을 확장하고, 새로운 경험을 지속적으로 창출할 수 있어야 한다.

(4) 서비스 비즈니스는 사회적 가치 향상과 지속 가능한 발전에 기여하는 방향으로 운영되어야 한다.

(5) 이러한 가치와 방향성을 종합적으로 구현할 수 있는 비즈니스 모델이 구축되는 것이 바람직하다.

3 서비스 비즈니스 모델에서 집중할 주요 요소

요소	핵심 내용	구체 설명	사례
제공물	고객 문제 해결 중심의 서비스 제공 가치	고객의 라이프스타일·사용 행태를 이해하여 어떤 가치를 제공하는지 분석하고, 서비스가 고객의 문제를 어떻게 해결하는지 정의	• 넷플릭스 추천 알고리즘 • 카카오페이 간편결제 • 배달앱 라스트 마일 서비스
자원	서비스 생산·전달에 필요한 모든 자원	기업·고객·이해관계자가 보유한 역량, 지식, 기술, 조직, 프로세스 등 모든 자원이 서비스 제공 과정에서 결핍	• 스타벅스 데이터 기반 운영 • 아마존 물류 시스템 • 병원의 전문 의료 인력
고객관계	수평적·자발적 관계 기반 가치 공동창출	기업−고객뿐 아니라, 고객−고객, 고객−사회, 기업−사회 등 다층적 관계가 형성되고 협업 중심 구조가 확대	• 에어비앤비 이용자 커뮤니티, 호텔 멤버십 프로그램 • 인스타 리뷰 커뮤니티
수익모델	확장된 수익 구조 운영 방식	가격관리·수익관리·서비스 번들링 등 다양한 모델 도입하여 가치 창출 방식 확대	항공사 수화물 좌석 옵션 요금, 통신사 결합상품, 구동형 서비스(OTT 등)
사고방식	서비스 혁신을 이끄는 사고·정서 기반	서비스 혁신의 핵심은 지식·학습·배려·정서·관계를 이해하는 '서비스 지향 사고'이며, 합리성과 감성의 균형 중요	• 애플 사용자 경험 중심 설계 • 호텔 호스피탈리티 가치 • 헬스 케어 환자 경험 설계

4 서비스 비즈니스 모델 성과 평가 주요 요소

성과 요소	핵심 내용	세부 내용	주요 시사점
고객이 원하는 성과 기반 가치	고객이 원하는 결과 중심의 가치 제공 여부	서비스는 고객의 문제를 해결하고 기대하는 성과를 달성하도록 설계되어야 하며, 고객의 다양한 문제 상황에 대응할 수 있도록 정교한 서비스 제공이 필요	고객의 성과를 중심으로 서비스 품질을 평가해야 함.
효과적인 가치 전달	협업·전문성을 통한 가치 확장	고도화된 기술, 다양한 비즈니스 파트너와의 협력, 서비스 생태계 기반 협업 등을 통해 보다 높은 수준의 가치를 전달해야 함.	단일 기업이 아닌 파트너 네트워크 기반 가치 전달
책임과 의무의 전개	서비스 성과와 약속을 책임지는 의무	서비스 약속을 지키는 것은 기본적 책무이며, 고객에게 제공되는 서비스 과정에서 발생할 수 있는 위험을 측정·관리할 책임이 서비스 제공자에게 있음.	서비스 위험 관리 책임이 서비스 기업의 필수 요소

02 서비스 경제 환경에서의 기업 생존 전략

1 제조업에서 서비스업으로 전환 ✿✿

(1) 경제 패러다임이 제조 중심에서 서비스 중심으로 이동함에 따라 기존 제조기업도 성장의 한계와 경쟁 압력을 인식하고 서비스 기반 비즈니스로 전환하는 움직임이 강화되고 있다.

(2) 서비스업으로의 전환은 단순히 산업 영역을 확장하는 수준을 넘어 기업의 조직 구조, 비즈니스 프로세스, 직원의 수행 방식과 마인드 등 전반적인 경영 체계가 서비스 중심으로 재설계되는 광범위한 변화가 요구된다.

(3) 예를 들어 GM은 전통적인 자동차 제조 기업에서 차량 제조 중심의 비즈니스 구조를 넘어, 차량 데이터 기반의 커넥티드 서비스와 구독형 모빌리티 서비스를 제공하는 서비스 기업으로 전화하고 있다.

🔷 제조업과 서비스업의 비교

비교항목	제조 사회의 인식	서비스 사회의 인식
가치의 흐름	생산 → 판매 중심(공급 우선)	판매 → 생산, 고객 가치 기반(수요 우선)
사업 목표	우수한 제품 생산	우수한 고객 가치 창조
수익 원천	자본·노동의 생산성	서비스 품질·경험 가치
고객 인식	소모적·대체 가능한 존재	장기적 관계 구축이 필요한 핵심 대상
종업원의 역할	지시·통제의 대상	서비스 품질 관리자·권한의 주체
업무 의미	주어진 작업의 완료	고객 중심의 고품질 결과 산출
평가 기준	작업 완성·기술 효율 중심	고객 만족과 경험 품질 중심
보상 구조	객관적·규정 중심 보상	심리·감정·개인 요소가 반영된 보상
관리 방식	관리자 중심 감독	관리자는 격려자·지원자 역할
원가 개념	구체적·사전적 원가 중심	추상적·사전·사후 원가 모두 고려
품질 평가 기준	내부 기준 중심(기술적)	외부 기준 중심(고객 경험)
조직 구조	업무 통제형 구조	서비스 접점 지원형 구조

2 경영 패러다임을 서비스 경영 방식으로 전환

(1) 가치 흐름의 차이 전환

구분	제조업 가치 흐름(PO)	서비스업 가치 흐름(PI)
흐름 방식	생산 후 판매(Product-Out) 방식	요청 후 생산(Product-in)방식
공급 운영	생산 중심 공급 / 재고 전략 기반	수요 중심 공급 / 재고 최소화
운영 원리	공급이 시장을 형성	시장 요구가 공급을 결정
자원 운영	생산량 기반 자원 운영	자원 유휴화·최소화를 목표
특성	공급 우선, 생산 최적화	수요 우선, 고객 가치 최적화

(2) 서비스 운영 방식의 주요 패러다임들

① 제품 교환가치를 중심으로 하던 경영 방식에서, 사용 가치와 고객 경험이 중심이 되는 가치관으로 전환된다.

② 유형적 자산·제품 제공 중심에서, 무형적 가치와 경험 제공 중심으로 비즈니스 구조가 이동한다.

③ 조직과 고객이 함께 결과를 만들어내는 자율성과 참여가 중요해진다.

④ 업무 시간이나 절차보다 성과 자체를 중시하는 ROWE(Result Only Work Environment) 방식이 확산된다.

⑤ 환경 변화에 빠르게 대응할 수 있도록 경영 의사 결정에서 유연성과 융통성이 강조된다.

⑥ 부서 간 기능적 경계가 약화되고, 시장 지향성·고객 지향성에 따라 협업 중심의 조직 운영이 중요해진다.

⑦ 수요 기반 생산에 적합한 서비스 운영 및 생산관리 시스템이 요구된다.

⑧ PI(Product In) 기반의 서비스 수행 능력을 보유한 인적·물적 자원이 핵심 경쟁력이 된다.

⑨ 단기 고객 확보 중심에서 장기적 관계 구축과 고객 육성을 중시하는 방향으로 전환된다.

(3) PI(Product In) 방식의 활용

구분	핵심 개념	설명	기대효과
JIT(Just In Time) 적시 공급 시스템	필요한 시점에 필요한만큼 생산·공급	시장이 요구하는 제품을 필요한 시기에 필요한 양만큼 공급하는 방식	• 안전 재고 최소화 • 비용 절감 • 과잉 공급 방지
유연 생산 시스템	생산 라인의 다변화 및 유연화	하나의 생산 라인에서 다양한 제품을 생산할 수 있도록 유연성을 확보하여 수요 변화에 즉각 대응	수요가 많은 제품 확대, 수요가 적은 제품 축소, 생산 자원 유휴화 감소

3 융합 상품(PSS, Product-Service System, 제품-서비스 통합 시스템)

(1) 융합 상품의 발생 이유

핵심 개념	설명	의미	사례
수익을 위한 노력	제품 단독 판매만으로는 수익 한계가 존재하므로, 융합 상품을 통해 새로운 수익 구조 확보를 시도	제조 수익 → 서비스 수익으로 전환	자동차 + 내비게이션 서비스, 프린터 + 토너 구독
새로운 상품 개발	기존 제품을 결합하거나 서비스 요소를 첨가하여 신상품을 개발	제품 중심에서 서비스 중심 가치 창출	스마트워치(시계 + 헬스케어), 스마트TV(방송 + 인터넷)
새로운 가치 창조	여러 제품·기능을 결합하여 기존 제품이 제공하지 못한 신규 가치 창출	제품 성능보다 경험가치를 중시하는 패러다임	스마트홈(가전 + IoT + AI)
혁신 추구	융합 상품 개발은 서비스 혁신·기술혁신과 연결	산업 경계를 넘어선 혁신 촉발	스마트폰(전화기 + 카메라 + 센서 + 컴퓨터)
새로운 가치 사슬	제조 중심 가치사슬의 한계를 벗어나 서비스 중심의 가치사슬로 재편	제조 기업 → 서비스 플랫폼 기업 전환	자동차 제조 → 모빌리티 서비스

(2) 융합 상품의 형태 ☆☆☆

융합 유형	핵심 개념	설명	대표 사례
제품 + 제품 융합	복수 제품 기능의 결합	개별 제품 기능을 하나의 장치에 통합하여 편의성·효율성 증대	• 복합기(프린터 + 복사기 + 팩스 + 스캐너) • 스마트 워치(시계 + 센서 + 헬스)
서비스 + 서비스 융합	서로 다른 서비스 결합	서비스간 결합을 통해 새로운 서비스 경험·가치를 창출	의료관광(의료 + 관광), 실버타운(생활 + 의료), 복합문화공간(문화 + 커뮤니티)
제품 + 서비스 융합	제품과 서비스의 통합	제품 사용과정에 필요한 서비스가 결합되어 고객가치 확장	• 아이팟 + 아이튠스, 비행기 엔진 + 정비서비스 • 자동차 + 모빌리티 서비스
제품의 서비스화	제품 기능을 서비스로 제공	제품 판매에서 벗어나 제품을 서비스로 제공하여 지속적 관계 형성	• 정수기 렌탈, 엘리베이터 유지보수 • 자동차 예측 정비 서비스
서비스의 제품화	서비스의 제조업화	서비스 과정 일부를 제품·자동화 기술로 전환하여 대량 생산·표준화	키오스크, 터치패드, 농촌 체험마을 → 관광 상품화

서비타이젠이션(Servitization)

- 서비타이제이션은 제품과 서비스를 결합하거나, 서비스 자체를 상품화하거나, 기존 신규 서비스를 통합하여 제공하는 모든 융합적 비즈니스 현상을 포괄하는 개념이다.
- 즉, 단순히 제품의 서비스화를 의미하는 것이 아니라, 복합적 제공 방식과 토털 솔루션을 통해 고객 문제를 해결하려는 비즈니스 수행 방식으로 확대되는 것을 의미한다.
- 서비타이제이션은 제조기업이 고객지향성 · 서비스지향성 · 시장지향성을 강화하기 위한 전략적 전환 과정에서 등장한 핵심 개념으로 이해된다.
- 기업이 제공할 수 있는 제품 중심 관점에서 벗어나, 시장 고객이 원하는 가치와 경험을 제공하기 위한 협업 기반 혁신으로 발전하는 특징을 지닌다.

(3) 융합 상품의 실패 원인

실패 원인	핵심 의미	설명	사례
제공자의 목적만 고려	고객 필요 무시	기업의 내부 목표(판매 · 확장)에 집중하여 고객 문제 해결과 무관한 융합 상품 개발	복합기능 TV 리모컨 – 고객은 필요 없음.
기업 내부 자원 중심 개발	여유 지원 활용	기업이 보유한 기술이나 설비를 활용하기 위한 융합은 시장 요구와 연결되지 않아 가치 부족	기업 로고만 바꾼 카드 서비스(제휴 효과 미미)
비용 절감 중심 융합	원가 중심 발상	비용 절감 효과만을 추구하는 단순한 기능 결합은 고객 경험의 향상을 이끌지 못함.	콜센터 자동화만 강화 → 고객 불만 증가
가치 확장 없는 기능 추가	차별화 실패	서비스 제공량만 늘리고 고객 가치 확장을 고려하지 않은 융합은 오히려 복잡성 증가와 불편 초래	앱 기능 과다추가(슈퍼앱 실패), 리모콘 기능 과다

(4) 융합 상품의 성공 조건 ✿

성공 조건	핵심 의미	설명	사례
사용가치 중심 개발	고객이 실제 사용하는 가치에 초점	기술 결합보다 고객의 사용 경험의 문제를 해결하는 가치가 중심이 되어야 함.	스마트워치(헬스 모니터링), 모바일 결제
고객 혜택 증가	실질적 편익 강화	단순히 기능을 결합하는 것이 아니라 고객의 시간 · 비용 · 노력 감소 등 체감 혜택을 증가시키는 방향이어야 함.	배달앱 + 결제 + 포인트 연계
토털 솔류션 제공	완결적 해결 제공	고객 문제 해결 전 과정을 포괄하는 토털 솔루션으로 결합할 때 가치가 극대화	홈 IoT(가전 + 보안 + AI연동)
이종업종 · 협업 기반 창의적 접근	업종 간 융합 시너지	기업 내부 자원에 한정하지 않고 다른 산업 · 플랫폼과의 협업을 통해 새로운 융합 가치를 창출	금융 + 모빌리티(보험 + 차량데이터), 의료 + IT(원격진료)

PART

01 예상문제

일반형

01 다음 중 서비스가 갖는 일반적인 특징으로 옳지 <u>않은</u> 것은?

① 이질성(Inconsistency) : 서비스는 표준화하기 어렵다.
② 소멸성(Perishability) : 서비스는 저장, 재판매하거나 되돌려 받을 수 없다.
③ 무형성(Intangibility) : 서비스는 형태가 없어 구매 전에 사용하기 힘들다.
④ 주기성(Periodicity) : 서비스는 일정한 수명 주기에 따라 생성 및 소멸한다.
⑤ 생산과 소비 불가분성(Inseparability) : 서비스는 생산과 동시에 소비가 이루어진다.

02 서비스와 서비스 산업에 대한 인식으로 옳은 것은?

① 서비스의 필요성은 인정하나 지속적인 성장은 한계가 있다고 본다.
② 서비스는 이미 창출된 제품에서 얻어지는 단순한 부가가치일 뿐이다.
③ 제조업과 비제조업 모두에게 서비스의 비중은 나날이 높아지고 있다.
④ 현대를 살아가는 개인과 조직에게 서비스는 절대적인 존재는 아니다.
⑤ 경제 발전의 중심 사고는 제조업으로부터 출발하고 뒤이어 서비스로 이어진다.

03 다음 중 서비스 부문의 성장 배경에 대한 설명으로 가장 관련이 <u>적은</u> 것은?

① 비정규직 증가
② 제조업 내 서비스 부문 증대
③ 경제발전에 따른 산업구조의 고도화
④ 여성의 사회진출 및 여가시간 증대
⑤ 기술혁신에 따른 새로운 서비스 개발

04 서비스 경제에 대한 설명으로 옳은 것은?

① 서비스 경제 시대에서는 생산성과 효율성을 중요하게 여긴다.

② 서비스 부문의 급격한 성장은 사회의 원동력을 수행에서 생산으로 전환시켰다.

③ 새로운 서비스가 보급되는 속도가 매우 빠르며 이러한 급진적 변혁을 서비스 혁명이라고 한다.

④ 전체 고용인구에서 서비스 부문 종사자의 비중이 70% 이상이 되면 '서비스 경제'에 진입하였다고 할 수 있다.

⑤ 서비스 경제 시대에서는 새로운 지식과 정보를 강조하는 제조 우위(how to make)의 중요성이 증가할 것이다.

05 '서비스는 대부분 행위에 의해 생산되는 성과이기 때문에 똑같은 서비스란 존재하기 어렵다'는 문장은 서비스의 어떤 속성을 직접 표현한 것인가?

① 무형성(Intangibility)　　　　　② 소멸성(Perishability)

③ 이질성(Heterogeneity)　　　　　④ 비분리성(Inseparability)

⑤ 즉시성(Extemporaneity)

06 러브락(Lovelock)의 서비스 분류 형태로 옳지 <u>않은</u> 것은?

① 서비스 속성에 따른 분류

② 고객과의 관계에 따른 분류

③ 서비스 전달 방법에 따른 분류

④ 수요와 공급의 관계에 따른 분류

⑤ 고객별 서비스의 변화와 관계에 따른 분류

07 기업들의 제품, 서비스 개발 방식과 관련하여 증가하고 있는 융합상품에 대한 설명으로 가장 적절한 것은?

① 프린터 복합기의 경우, 서비스 + 서비스 융합상품의 대표적인 예라 할 수 있다.

② 강연 내용을 CD로 제작, 판매하는 것은 서비스와 서비스의 융합이라 할 수 있다.

③ 비데 판매회사에서 제품을 판매하는 대신 렌탈서비스로 전환하는 방식은 서비스의 제품화이다.

④ 안내원이 하고 있던 관광 안내 업무를 단말기가 대신하도록 하는 것은 서비스의 제품화에 해당한다.

⑤ 기업들이 하나의 제품 또는 서비스가 아닌, 융합상품을 제공하는 것은 상품의 개발이 고객 혜택보다는 기업 중심으로 전환되었기 때문이다.

08 다양한 서비스 유형에 대한 다음의 설명 중 적절하지 <u>않은</u> 것은?

① 일반적인 택배 서비스의 경우 일정 수준의 표준화된 매뉴얼이 있으며, 고객과의 상호작용밀도가 높지 않은 편이다.

② 백화점에서 회원카드를 발급하고 회원들에게 할인 쿠폰 서비스 등을 제공하는 것은 고객의 충성도를 높이기 위한 방안 중 하나이다.

③ 법률 서비스의 경우, 서비스를 제공하는 직원은 고객과의 인간관계를 유지하는 능력, 문제를 해결할 수 있는 전문적 능력 등이 중요하다.

④ 서비스에서 여러 가지 옵션을 고객이 개별적으로 선택할 수 있는 고객 참여도가 높은 서비스의 경우, 일반적으로 표준화된 서비스를 제공하기 어렵다.

⑤ 인터넷몰(mall)을 통한 장보기는 기존 오프라인 마트 이용 시와 비교할 때, 직원의 고객 응대를 더 중요하게 만들고 있다.

09 서비스의 특성에 대한 설명으로 적절하지 <u>않은</u> 것은?

① 서비스의 형태는 다양하지만 공통적으로 무형성, 생산과 소비의 동시성이라는 특성을 가지고 있다.

② 서비스 기업은 대부분 선진국 경제에서 압도적으로 많은 비율을 차지하고, 규모 또한 계속 증가하고 있다.

③ 서비스는 경제의 중추적 역할을 하고 있으며, 농수산업 및 제조 부문의 생산 활동을 촉진하고 이를 지원하고 있다.

④ 서비스 기업은 다양성과 상이한 고객 관계에도 불구하고, 서비스 특성이 유사하기 때문에 일반적으로 서비스 전략 수립이 용이하다.

⑤ 서비스는 거래 개념으로부터 고객을 개별적으로 참여시키고 연계시킴으로써 부가가치를 창출하는 경험 기반의 관계 개념으로 변화하고 있다.

10 필립 코틀러(Philip Kotler)의 서비스 마케팅 삼각형(Service Marketing Triangle)에서 소속 기업과 종업원 사이에 형성되는 중요한 마케팅 관계는?

① 통합 마케팅   ② 관계 마케팅
③ 내부적 마케팅   ④ 외부적 마케팅
⑤ 상호작용적 마케팅

11 다음 중 서비스 패러독스의 극복 방안에 대한 서술 중 적절하지 <u>않은</u> 것은?

① 고객의 기대 수준을 파악하고 관리할 필요가 있다.

② 고객에게 자동화와 기계화에 대한 적절한 학습을 제공해야 한다.

③ SST(Self-Service Technology)를 도입할 때 고객 측면을 고려해야 한다.

④ 서비스에 대한 지나친 과대 포장은 고객의 잘못된 기대를 형성하게 하므로, 제공 가능한 범위내의 서비스를 약속해야 한다.

⑤ 인간은 이성적 동물이므로 서비스 제공 과정의 감성적인 면만을 고려한 것이 아니라, 합리적 기능에 대한 고려도 해야 한다.

12 서비스 패러독스의 발생 원인에 대한 설명으로 가장 적절하지 <u>않은</u> 것은?

① 고객이 기술진보를 따라잡지 못함

② 서비스 표준화로 서비스의 개별성 상실

③ 셀프서비스 기술을 통한 서비스의 기계화

④ 충분한 교육을 받지 못한 직원이 접점서비스 시행

⑤ 언세나 조금씩 신선하고 혁신적인 요소가 부가되는 서비스 제공

13 호로비츠(Horovitz, J.)의 분류에 따른 유형별 서비스 중 '사려 깊은 서비스'와 거리가 <u>먼</u> 것은?

① 접점의 분위기에서는 '사려 깊은 전문성'이 매우 중요하다.

② 실적에 따른 개인 보상, 인정과 우호성 등의 요소가 중요한 동기부여 요인이 된다.

③ 완전한 임파워먼트, 주도적 업무수행, 독립적 의사결정, 도전과 지속적인 교육 등에 대한 지원이 필요하다.

④ 이 분야의 종사자는 전문성, 대화 능력, 인간관계 능력, 비즈니스 마인드 등의 자질이 더 뛰어날 필요가 있다.

⑤ 반복적으로 고객을 접하면서 고객의 문제를 효과적으로 해결해주는 자세와, 고객의 상황에 대한 배려를 통해 비즈니스 기회를 확대할 수 있다.

14 다음 중 효용에 따른 서비스 분류와 예시가 가장 적절하게 연결된 보기는?

① 편의적 효용 – 가사 도우미, 간병인
② 장소적 효용 – 온라인 송금, 전자우편
③ 경제적 효용 – 보험, 복권
④ 심리적 효용 – 인터넷 보험, 할인매장
⑤ 시간적 효용 – 이삿짐 센터, 항공 서비스

15 서비스 패키지에 대한 설명으로 가장 적절한 것은?

① 서비스 패키지는 특정 환경에서 재화들의 결합으로 제공되는 상품의 묶음을 의미한다.
② 서비스 패키지는 지원 설비, 명시적 서비스, 묵시적 서비스, 정보, 보조용품 등으로 구성된다.
③ 부대 서비스를 이용하기 위해서 촉진 서비스가 필요한 경우에는 핵심 서비스가 부대서비스의 이용을 촉진시킬 수 있다.
④ 서비스 경영자들은 다양한 고객의 니즈를 충족시키기 위해 가능한 모든 요소를 서비스 패키지에 포함시키는 것이 중요하다.
⑤ 서비스의 이질성 때문에 서비스 경영자가 서비스가 무엇인지 명확하게 설명하기 어려워 이를 보완하기 위해 서비스 패키지를 개발하게 되었다.

O / X형

[16~20] 다음 문항을 읽고 옳고(O), 그름(X)을 선택하시오.

16 제조업자는 제품의 수명주기가 성숙기로 접어들어 판매 수익이 작아지는 경우에 제품에 새로운 서비스를 묶어 수입 증대 전략을 활용할 수 있다. 이를 제품의 서비스화(Servitization) 혹은 제품–서비스(Product–Service)라고 한다.　　　(① O ② X)

17 서비스의 유형 중 패스트푸드와 같이 일반화된 서비스는 대부분 서비스 생산의 행위가 표준화되어 있고, 메뉴얼이 잘 정비되어 있어야 한다.　　　(① O ② X)

18 경제의 서비스화와 관련해서 후크스(1968)는 GNP의 70% 이상이 서비스 부문에서 창출되는 경제를 '서비스 경제'라고 정의하였다.　　　(① O ② X)

19 장비 커뮤니케이션 기술의 발전은 서비스의 제품화를 촉진시키는 중요한 촉매제 역할을 수행하고 있다.　　　　　　　　　　　　　　　　　　　　　(① O　② X)

20 고객의 혜택을 중심으로 융합상품을 개발하는 방법 중 의료관광은 서비스의 융합에 해당한다.　　　　　　　　　　　　　　　　　　　　　(① O　② X)

연결형

[21~25] 다음 설명에 적절한 〈보기〉를 찾아 각각 선택하시오.

┤ 보기 ├
① PI(Process Innovation)　　　② 서비스 혁명　　　③ 서비스 패러독스
④ 서비타이제이션　　　　　　　⑤ 서비스 패키지

21 좋은 제품을 더 빠르고, 저렴하게 만들 수 있도록 고객 중심으로 업무 처리 방식을 개혁하는 활동이다.　　　　　　　　　　　　　　　　　　　　　　(　　　　　　)

22 특정 환경에서 서비스가 재화 및 정보와 함께 결합되어 제공되는 상품의 묶음을 의미하며 명시적 서비스와 묵시적 서비스로 구성되며, 추가적으로 지원설비, 정비, 정보, 보조용품으로 구성된다.　　　　　　　　　　　　　　　　　　　　　(　　　　　　)

23 서비스 경제에서 새로운 서비스가 탄생되어 파급되는 속도와 범위가 산업 혁명보다 더 빠르게 진행되어 경제가 급진적으로 변화하는 현상을 말한다.　　(　　　　　　)

24 서비스 경제의 발달, 경제적 풍요, 기술의 발달로 양적으로나 질적으로 더 높은 수준의 서비스를 대량으로 공급받음에도 불구하고 소비자들이 체감하는 서비스 품질은 하락하는 현상을 의미한다.　　　　　　　　　　　　　　　　　　　(　　　　　　)

25 제품과 서비스의 결합, 서비스의 상품화, 그리고 기존 서비스와 신규 서비스의 결합 현상을 포괄하는 개념이다.　　　　　　　　　　　　　　　　　　　(　　　　　　)

26 다음의 상황에 처한 서비스 종사자에게 가장 필요한 두 가지는?

> 연인 사이인 이용감 군과 나미인 양은 유명한 면 요리점 K를 방문했다.
> 이 요리점은 '고객이 원하는 최선을 제공하라'는 오래된 문화를 가지고 있다.
>
> 두 사람은 가능한 한 다양한 면 요리를 맛보고 싶어, 서로 다른 4가지 면 요리를 주문하면서 다음과 같이 요청했다.
> "각 면 요리를 1인분의 절반씩만 접시에 담아 주시고, 남은 절반은 포장해 주세요."
> 그러나 종업원 B는 그러한 형태의 주문은 받을 수 없다고 말하며 접수를 거절했다. 한편 조리원 C는 시간이 다소 걸리기는 하지만, 요청대로 제공하는 것이 기술적으로는 전혀 문제 없다는 사실을 알고 있었다. 그럼에도 불구하고 주문을 접수하는 사람이 종업원 B였기 때문에 별다른 의견을 제기하지 않고 그대로 따랐다.

① 규정준수, 표준화된 서비스
② 서비스의 균질화, 예외적 서비스 지양
③ 일사 분란한 관리체계, 조리업무의 효율성
④ 임파워먼트(Empowerment), 종사원 사기관리
⑤ 고객지향적 기업문화의 체득, 고객입장에서 생각하기

27 다음에서 사원 2가 주장하는 '제품 − 서비스 통합전략'의 사례로 가장 적절하지 <u>않은</u> 것은?

> 부　장 : 우리 제품의 수명주기가 성숙기를 지나면서 매출액이 점점 감소하는데, 좋은 대책
> 　　　　이 없을까요?
> 사원 1 : 기존 제품을 대폭 개선한 신제품을 개발하는 것이 좋을 것 같습니다.
> 부　장 : 구체적인 아이디어가 있습니까?
> 사원 1 : 아직 뚜렷한 아이디어는 없어서, 앞으로 더 고민해 보겠습니다.
> 사원 2 : 요즘 산업 전반에 서비스의 비중이 커지고 있습니다.
> 　　　　우리도 새로운 서비스 상품을 함께 제공해 보는 것은 어떨까요?
> 부　장 : 제조업을 그만두고 서비스업으로 전환하자는 말입니까?
> 사원 2 : 아닙니다. 기존에 우리가 판매하던 제품에 서비스를 결합해 패키지 형태로 제공하
> 　　　　자는 뜻입니다.
> 부　장 : 그렇게 하면 무엇이 달라집니까?
> 사원 2 : 서비스라는 편리성을 더해 새로운 부가가치를 창출할 수 있고, 기존 제품의 매출
> 　　　　증대에도 도움이 될 것입니다.
> 부　장 : 실제 사례가 있습니까?
> 사원 2 : 예, 여러 산업에서 이미 많이 활용되고 있는 것으로 알고 있습니다.

① 고속 철도　　　　　　　　　　　② 학습지 교사
③ 레고 교육센터　　　　　　　　　④ 정수기 사후관리
⑤ 자동차 할부판매

28 다음은 서비스의 기본적 특징 중 어떤 특성을 가장 많이 염두에 둔 대화인가?

> H호텔 관계자 : 예약이 전혀 없는 다음 한 주의 손실을 최소화 할 수 있는 좋은 방안이 있으
> 　　　　　　　면 제안해 주시기 바랍니다.
> H호텔 지배인 : 빈 방으로 한 주를 그냥 보낼 바에는 차라리 유지 보수에 필요한 비용이 상쇄
> 　　　　　　　되는 선에서 저렴하게 단체 투숙객을 받는 건 어떻겠습니까?

① 무형성　　　　　　　　　　　　② 소멸성
③ 일회성　　　　　　　　　　　　④ 이질성
⑤ 비분리성

29 서울 호텔 서비스 패키지 사례에서 언급된 서비스 패키지 구성요소로 적절하지 <u>않은</u> 것은?

> 서울 호텔은 럭셔리한 휴식을 경험할 수 있는 '스위트의 품격' 패키지를 10월 1일부터 12월 15일까지 선보인다. '스위트의 품격' 패키지라는 이름 그대로 고급스럽고 클래식한 인테리어가 돋보이는 스위트룸에서 1박을 시작으로 서울 호텔의 품격 높은 서비스를 선사한다. 전 스위트 객실에서 별도의 추가 비용 없이 즐길 수 있는 아름다운 한강 전망과 웰컴 와인 및 와인 셋업이 제공된다. 패키지 이용객은 프라이빗 체크인 / 체크아웃을 비롯해, 콘티넨탈 조식, 와인, 샴페인 및 리큐어 등의 음료와 카나페를 즐길 수 있는 해피아워, 무료 사우나 이용 등으로 구성된 클럽 라운지 전용 혜택을 누릴 수 있다. 또한, 호텔 내 레스토랑 한 곳에서 사용할 수 있는 10만원 상당의 레스토랑 크레딧, 24시간 체육관 및 실내 수영장, 와이파이 이용 혜택도 함께 제공된다.

① 지원설비
② 보조용품
③ 정보
④ 명시적 서비스
⑤ 묵시적 서비스

30 점원과 손님의 대화처럼 미리 준비된 음식을 제공하는 유형의 서비스를 관리하는 경영자의 주요 해결과제에 해당하는 것은?

> 점원: 어떤 걸로 주문하시겠습니까?
> 손님: 채소김밥을 주문할 건데요. 햄과 어묵은 빼고 대신 계란을 더 넣어주실 수 있나요?
> 점원: 잠시만 기다리세요. 주방에 물어보고 오겠습니다.
> 손님: 네.
> 점원: 점심시간이라 미리 김밥을 다 말아놓았기 때문에 손님의 요청을 받아들이기 어렵다고 합니다.
> 손님: 그럼, 그냥 채소김밥 1줄 주세요.

① 품질유지
② 비용 상승 억제
③ 표준화된 운영절차
④ 종업원의 충성도 획득
⑤ 프로세스 내 고객개입에 대한 반응

통합형

[31~32] 다음의 사례를 읽고 물음에 답하시오.

소비자들이 널리 이용하고 있는 인터넷 쇼핑몰은 대표적인 무점포 유통 산업이다. 인터넷과 정보통신기술의 발달과 함께 급속히 성장했으며, 모바일 확산과 맞물려 소셜커머스로 발전하고 있다. 최근에는 해외 직접구매까지 활성화되면서 국내 유통 구조 전반에도 큰 변화를 가져오고 있다.
특히 소비자가 온라인을 통해 해외에서 물품을 직접 구매해 배송받는 이른바 '해외직구'는 빠른 증가세를 보이고 있다. 한국은행의 '최근 해외직구 동향 및 시사점' 자료에 따르면, 올해 상반기 해외직구 규모는 727만 6천 건, 7,538억 원으로 전년 동기 대비 건수 45.7%, 금액은 48.5% 증가했다. 이는 같은 기간 민간소비 370조 원의 0.2%에 해당하는 수준이다.
해외직구는 신발, 의류, 건강식품 등 국내보다 가격 차이가 큰 품목을 중심으로 확대되어 왔으며, 연간 금액 역시 1조 원을 넘어 지속적으로 증가하고 있다. 이처럼 인터넷 쇼핑과 해외직구의 확산은 소비 방식뿐 아니라 유통 구조 전반에 의미 있는 변화를 일으키고 있다.

31 위 글에서 살펴본 바와 같이 인터넷 쇼핑은 다양한 분야에서 활용되고 있다. 인터넷 쇼핑과 같은 분야가 지속해서 발전하고 있는 이유는 서비스의 성격 중 어떤 점을 극복했기 때문인가?

① 변동성 　　　　　　　② 소멸성
③ 동시성 　　　　　　　④ 무형성
⑤ 촉진제품

32 직접 대면하지 않고 서비스가 진행된다는 점에서 인터넷 서비스는 다양한 영역으로 확장될 수 있었다. 그러나 여러 사건, 사고가 발생하면서 소비자 보호를 위한 법적 장치가 필요하다는 의견이 제기되고 있다. 이러한 인터넷 쇼핑의 특성을 고려할 때, 서비스 품질 요소 가운데 가장 중점적으로 다루어야 할 것은 무엇인가?

① 신뢰성 　　　　　　　② 유형성
③ 확신성 　　　　　　　④ 공감성
⑤ 대응성

SMAT
Module C
서비스 운영전략

서비스 프로세스 설계 및 품질 관리

Part 02. 서비스 프로세스 설계 및 품질 관리

- 서비스 제공 구조를 이해하기 위해 프로세스 모델과 매트릭스를 학습합니다.
- 서비스 프로세스 개선, 운영 혁신, R&D 전략이 중요한 학습 영역입니다.
- 서비스 품질의 개념과 구성요소를 이해하여 실무 적용이 가능해야 합니다.
- SERVQUAL 등 품질측정모형을 통해 품질을 분석·평가하는 능력이 필요합니다.
- 품질 관리는 고객가치 창출 핵심요소이므로 문제 풀이 연습이 중요합니다.

Chapter 01

서비스 프로세스 매트릭스 / 모델

01 서비스 프로세스

1 서비스 프로세스의 정의 ✿✿

(1) 서비스 프로세스는 서비스 목적을 달성하기 위해 수행되는 일련의 단계와 절차를 의미하며, 고객에게 제공되는 가치가 프로세스를 통해 생성된다는 관점에 이해된다.

(2) 즉, 서비스 프로세스는 단순한 작업 흐름이 아니라 고객 만족·문제 해결·경험 향상·가치 창출이 연속적으로 '가치의 흐름'으로 해석되어야 한다.

(3) 따라서 서비스 프로세스는 목표를 달성할 수 있는 적절한 작업 흐름과 절차를 설계하고, 환경 변화나 목표·수단의 변화에 따라 지속적으로 개선·재설계되어야 한다.

2 서비스 프로세스의 중요성 ✿✿

(1) 서비스는 고객과의 상호작용을 통해 제공되기 때문에, 프로세스 설계는 결과 품질뿐 아니라 과정 품질과 고객 경험 전반에 전반적 영향을 미친다.

(2) 서비스 프로세스가 적절히 설계되지 않으면 고객 불만이 발생할 가능성이 높아지고, 이는 서비스 품질 저하로 이어질 수 있다.

(3) 서비스 프로세스는 직원의 업무 수행 방식과 생산성에 결정적 영향을 미치므로, 직원의 역할과 고객의 역할이 동시에 고려되어야 한다.

(4) 각 단계와 절차에는 고객 요소와 고객 가치가 반영되어야 하며, 프로세스의 흐름과 순서 배열은 고객 경험 및 최종 결과를 좌우한다.

(5) 또한 비효율적으로 설계된 프로세스는 내부 직원의 성과 감소를 유발하고, 이는 외부 고객에게 제공되는 서비스 품질 저하로 연결될 수 있다.

3 가치 흐름에 따른 서비스 프로세스 설계 단계

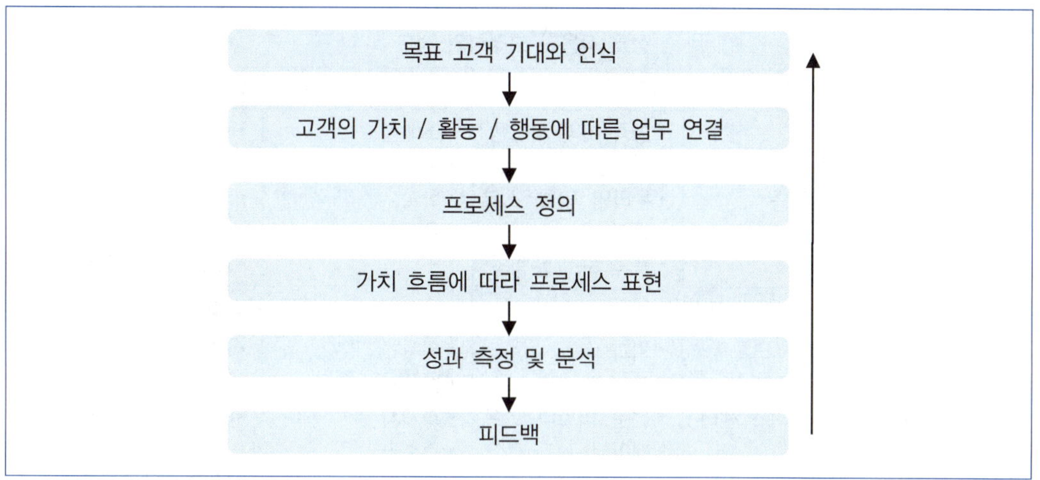

02 서비스 프로세스 매트릭스

1 서비스 프로세스 설계를 위한 관점의 전환

(1) 기능적 사고에서 프로세스적 사고로 전환 ✡

비교 항목	기능적 사고(Function Oriented)	프로세스적 사고(Process Oriented)
관점	'나' 중심 · 개별 기능 중심	'고객' 중심 · 전체 가치 중심
업무 초점	기능별 직업 수행에 집중	업무의 연결과 전체 성과에 집중
업무 방식	부서 · 기능 간 분리	부서 간 연결 · 통합 중심
업무 절차	부분 절차 중심	서비스 프로세스 전체 흐름 중심
성과 발생 방식	단계별 순차적 발생	고객 경험을 위한 동시적 발생
문제 인식	'누가 잘못했는가' 중심	'무엇이 잘못인가?', '어떻게 개선할 것인가?' 중심
원가 · 시간 관점	나의 작업을 최소화	전체 작업 · 원가 · 시간 최적화
갈등 · 결쟁 대응	내부 갈등에 대응	외부 경쟁(시장 · 경쟁사) 대응
성과 방향	부분 최적화	전체 최적화

② 슈매너(Schmenner)의 서비스 프로세스 매트릭스 ✰✰✰

<table>
<tr><td colspan="5" align="center">상호 작용과 고객화의 정도</td></tr>
<tr><td rowspan="8">노
동
의
집
약
도
의
정
도</td><td></td><td colspan="2" align="center">서비스 공장</td><td colspan="2" align="center">대량 서비스</td></tr>
<tr><td rowspan="4">낮음</td><td>• 항공사
• 호텔
• 트럭 운송</td><td>• 항공 예약 시스템
• 고속철도
• 온라인 영화 스트리밍
• 물류 허브 운영</td><td>• 소매업
• 도매업
• 학교
• 은행의 소매 분야</td><td>• 패스트푸드 체인
• 대형 헬스클럽
• 학습 플랫폼(온라인 강의)
• ATM·무인 은행</td></tr>
<tr><td colspan="2" align="center">서비스 숍</td><td colspan="2" align="center">전문 서비스</td></tr>
<tr><td rowspan="2">높음</td><td>• 병원
• 자동차 정비소
• 수리 서비스 센터</td><td>• 치과
• IT 수리센터
• 전문 피트니스 트레이닝
• 스마트폰 AS</td><td>• 의사
• 변호사
• 회계사
• 건축가</td><td>• 세무 컨설팅
• 경영 컨설팅
• UX 디자인 에이전시
• 전문 의료 상담(원격 포함)</td></tr>
</table>

③ 슈매너(Schmenner)의 서비스 프로세스 매트릭스 4개 영역의 특징 ✰✰✰

유형	특징	사례
서비스 공장	• 상호작용·고객화 낮음 + 노동집약도 낮음 • 효율성과 표준화가 핵심, 단가·규모 경쟁	항공사, 물류센터, 고속철도, 항만 운영
대량 서비스	• 상호작용·고객화 낮음 + 노동집약도 높음 • 고객 수가 많아 운영 효율 중요 • 일상 반복 서비스	대형마트, 은행 창구, 우체국, 편의점
서비스 숍	• 상호작용·고객화 높음 + 노동집약도 낮음 • 고객별 문제 해결 필요 • 기술·장비 기반	병원 외래, 자동화 AS, IT 수리센터
전문 서비스	• 상호작용·고객화 높음 + 노동집약도 높음 • 전문지식·경험·시간 투입, 고객 맞춤형	세무사, 변호사, 전문의, 컨설팅, 설계사

4 슈매너(Schmenner)의 서비스 프로세스 매트릭스 고려해야 할 점 ☆☆☆

유형	경영 문제	고려해야 할 점
서비스 공장	• 성수기 공급 부족으로 기회 상실 발생 • 비수기 수요 감소 → 자원 유휴화 위험 • 서비스 공급능력이 비탄력적, 조정 어려움.	• 대규모 시설과 공급 능력을 일정 수준 유지할 수 있도록 장기적 공급계획 필요 • 수요 예측과 탄력적 공급 전략 필요
대량 서비스	• 높은 노동집약도, 인력 의존도 높음. • 인력 확보·유지에 실패할 경우 품질 저하	• 적합한 종업원 선발·육성 • 표준 운영 절차(매뉴얼)와 서비스 일관성 확보
서비스 숍	• 고객화 서비스의 표준화 어려움. • 직원 임파워먼트·통제 균형 유지 어려움. • 비용 증가 위험	• 서비스 표준화와 유연성의 균형 • 고객화에 따른 비용과 품질 관리 강화
전문 서비스	• 표준화 어려움(접근법이 다양). • 전문가 충성도·통제 어려움.	• 프로세스 표준화 방안 마련 • 전문 인력의 충성도 제고 전략 필요

5 표준화와 고객화 전략 비교

구분	표준화(Standardization)	고객화(Customization)
개념 정의	서비스 전달 과정과 절차를 일정하게 설계해 모든 고객에게 동일하고 일관된 서비스 제공	고객 요구·관심·기대수준을 반영하여 각 고객에게 적합한 방식으로 서비스 설계
목적	생산성 향상, 효율화, 합리적 경영, 대량 생산	고객 요구 반영, 개인화 경험 제공, 차별화된 서비스 가치 강화
적합 환경	반복 업무, 대량 서비스, 범용 서비스, 프랜차이즈 형태	고객 요구 다양화, 개별 고객 경험, 고부가가치 서비스
고객 대상	불특정 다수 → 대중화 전략	특정 고객 → 개별 가치 전략
직원 역할	매뉴얼 기반, 반복적 프로세스 수행	재량권·임파워먼트 확대, 유연한 대응
장점	일관된 품질, 생산성·효율성 향상, 운영비 절감	고객 만족·충성도·경험 가치 증가, 차별화 가능
한계	개인별 요구 반영 제한, 개별성 부족	비용 증가, 표준화·통제 어려움
대표 사례	맥도날드, 스타벅스, App 기반 온라인 고객 접점	퍼스널 쇼퍼, 리츠칼튼(현장 권한 부여), 맞춤형 서비스

03 서비스 디자인

1 서비스 디자인의 개념 ✿

(1) 서비스는 하나의 프로세스이므로, 고객에게 더 나은 서비스를 제공하기 위해 서비스 전달 과정 자체를 효과적으로 설계하는 과정이 필요하다.

(2) 서비스 디자인은 특정 요소, 프로세스 단계, 연결 관계를 시각적으로 표현하여 서비스 흐름을 이해하고 개선할 수 있도록 하는 디자인 활동을 포함한다.

(3) 무형적인 서비스 과정을 모형화하고 시뮬레이션하는 다양한 도구는 서비스 수행 결과를 사전에 예측하도록 하여, 보다 효과적인 서비스 프로세스를 개발하는 기반이 된다.

2 서비스 디자인에 대한 접근법

구분	핵심	적용 관점	대표 사례
기계적 접근법	서비스를 하나의 제품처럼 보고 기능·절차 중심으로 설계	절차, 기능, 업무 단위 수준에서 개별 프로세스를 표준화	• 패스트푸드 프로세스 • 은행창구 절차 • 무인 주문 키오스크 화면 설계
전체적 접근법	인적·물적 요소와 서비스 흐름 전체를 하나의 시스템으로 설계	고객, 직원, 공간, 장비, 시스템 간 연결 관계 고려	• 호텔 체크인 전과정 설계 • 병원 진료·대기·안내 동선 • 항공사 공항 경험 전체 설계
통합적 접근법	기계적 + 전체적 접근을 통합해 부분 효율과 전체 경험을 동시에 추구	표준화된 절차 + 고객경험 차별화를 복합적으로 설계	• 스타벅스(공정 표준화 + 공간 경험) • 리츠칼튼(재량권 기반 고객화) • 애플스토어(절차 + 경험 통합)

3 서비스 디자인의 요소

요소	핵심 내용	설명
가치 중심성	서비스 디자인은 가치 창출과 전달을 중심으로 구성된다.	서비스 내에서 발생하는 다양한 가치 요소가 프로세스를 따라 연결되고, 고객 경험을 통해 가치가 결합·확장되도록 설계해야 한다.
관계 지향성	참여자 및 자원 간 관계를 중심으로 가치가 전달된다.	고객 − 제공자 − 자원 − 시스템 간 관계 네트워크를 설계하며, 독립된 서비스가 결합해 더 복합적·확장적 서비스가 구성될 수 있다.
지속성	서비스의 가치는 단발성 행동에서 완결되지 않는다.	서비스 과정 전 단계에 걸쳐 가치가 순환·발전하며, 장기적인 서비스 경험과 지속적 관계 형성을 지향한다.

4 서비스 디자인 프로세스

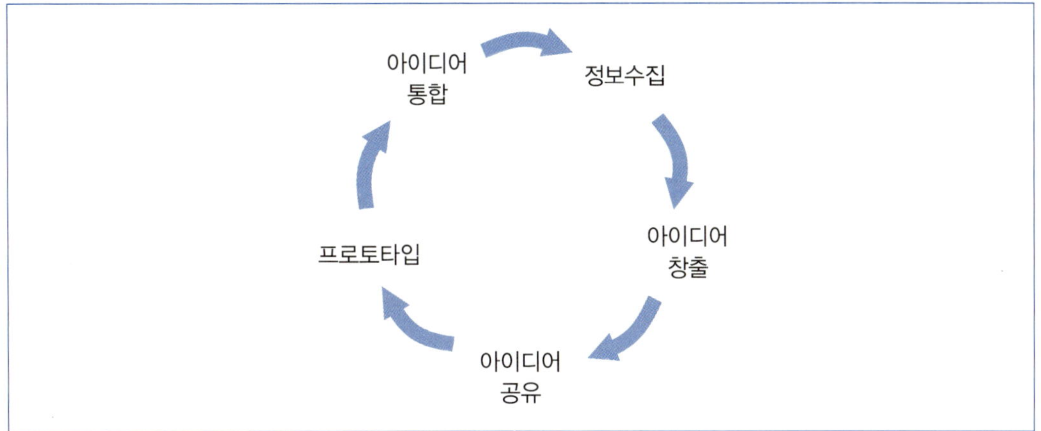

단계	구분	핵심 내용
1단계	정보수집	현장 관찰·참여 관찰·인터뷰 등을 통해 고객·서비스 현황 관련 정보를 수집
2단계	아이디어 창출	수집된 정보를 바탕으로 필요한 서비스, 제공 주체, 전달 방법에 대한 다양한 아이디어 생성
3단계	아디디어 공유	서비스 맵·고객여정맵 등을 활용하여 이해관계자와 아이디어 공유 및 반응 확인
4단계	프로토타입	서비스 개념을 시범 실행·테스트하여 개선 방향을 도출하고 콘셉트를 구체화
5단계	아이디어 통합	프로토타입 결과를 바탕으로 최종 서비스 프로세스를 개발하고, 서비스 출시 후 수행 결과를 지속적으로 관찰·개선

5 서비스 디자인 도구들 ✿

구분	도구	핵심내용
조사·탐색	이해관계자 지도	서비스 참여자(고객·직원·파트너 등)와 관계를 네트워크 시각화
	서비스 사파리	조사자가 고객 입장이 되어 현장을 직접 체험
	쉐도잉	고객·직원 동선을 그림자처럼 관찰하여 문제 파악
	고객 여정 지도	터치포인트 중심의 서비스 경험 흐름 시각화
	맥락 인터뷰	상황(맥락)속에서 질문 + 관찰 병행
	5 Whys?	문제의 근본 원인을 반복 질문으로 파악
	문화적 조사	참여자의 일상 기록 분석
	모바일 민족 지학	스마트폰 기반의 즉시 조사
	일상의 하루	특정 고객의 하루 생활 깊이 탐색
	기대 지도	고객의 기대 요인을 구조화

고객 · 페르소나 분석	페르소나	고객 집단을 대표 캐릭터로 시각화
	고객 라이프 사이클 맵	서비스 이용 전 과정 전체 파악
아이디어 발상 콘셉트 개발	아이디어 발상	브레인스토밍 기반 통찰 도출
	What if ~	가정 시나리오를 통한 문제 제기
	디자인 시나리오	문제 해결 또는 신규 서비스 시나리오
	스토리보드	특정 상황을 시각화한 프레임 순서
프로토타입 시뮬레이션	서비스 모형	실제 서비스 스케이프를 축소하여 모형화
	서비스 프로토타입	시뮬레이션 기반 서비스 검증
	서비스 시연	팀 · 고객이 시나리오를 실제 체험
	서비스 역할극	롤플레이 기반 서비스 개선
서비스 설계 · 관리	Agile 개발	사용자 조사 결과로 지속 개선하는 반복형 방법
	공동 창조	고객 · 직원 · 이해관계자와 함께 설계
	스토리텔링	경험을 설득적 이야기 구조로 표현
	서비스 청사진	Front-Back 과정을 시각화하는 핵심 설계 도구
	비즈니스 모델 캔버스	서비스 디자인과 비즈니스 전략을 연결

04 | 서비스 청사진을 이용한 서비스 프로세스의 설계

1 서비스 청사진의 개념 ✿

(1) 서비스 청사진은 서비스가 고객에게 전달되기까지 필요한 단계, 참여자, 절차, 자원을 시각적으로 구조화한 서비스 설계 도구이다.

(2) 서비스 청사진 서비스 전달 과정 전체를 한눈에 볼 수 있도록 시각화하여 서비스 단계별 활동과 고객과의 접점, 보조 활동 등을 명확히 표현한다.

(3) 가시적 형태로 프로세스를 제시하므로 서비스 설계와 혁신을 위한 핵심 도구로 활용된다.

(4) 각 단계에서 발생할 수 있는 실패 요인을 사전에 예측하고 개선점을 도출할 수 있어 서비스 품질 향상에 효과적이다.

(5) 직원은 자신의 역할이 고객 경험에 어떤 영향을 미치는지 이해할 수 있으며, 조직 전체가 동일한 서비스 프로세스를 공유할 수 있다.

(6) 서비스 제공자, 고객, 지원 부서 등 다양한 관점에서 서비스를 구조화하여 서비스 시스템을 전체적으로 이해하게 도와준다.

2 서비스 청사진의 구성 ✫

서비스 청사진

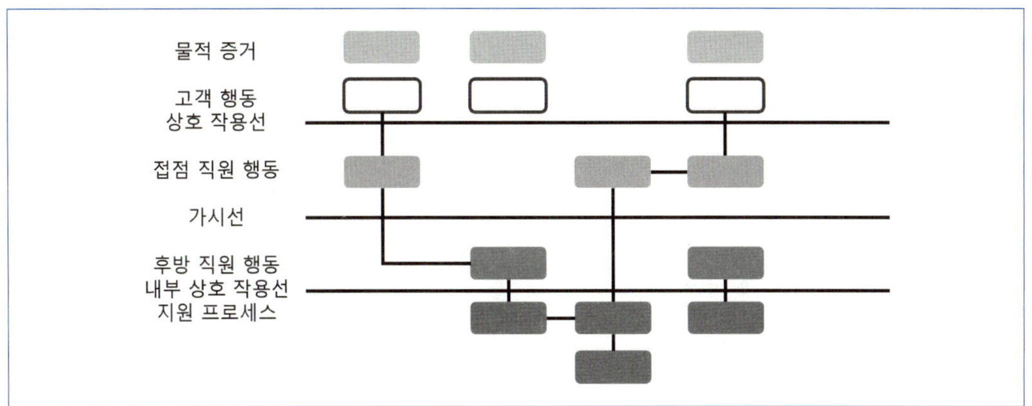

구성 요소	의미
물적 증거	고객이 서비스를 이용하는 동안 직접 경험하게 되는 시설, 장비, 인테리어, 시각요소 등 모든 물리적 환경 요소
접점 직원 행동	고객과 직접 만나고 상호작용하는 직원들의 행위와 수행 과정
후방 직원 행동	고객에게 보이지 않지만 접점 직원과 서비스를 지원하기 위해 수행되는 활동
지원 프로세스	서비스 제공을 위해 조직 내부에서 작동하는 시스템, 절차, 자원, 부서 간 협력 활동
상호 작용선	고객과 접점 직원이 상호작용이 발생하는 접점을 구분하는 기준선
가시선	고객의 시야 기준으로 서비스 과정 중 보이는 활동과 보이지 않는 활동을 구분하는 경계
내부 상호 작용선	고객에게는 보이지 않지만 후방 직원과 지원 부서가 연결되는 내부 프로세스의 경계
커뮤니케이션 흐름	서비스 전달 과정에서 발생하는 정보의 방향과 흐름을 표기하는 요소
고객 행동	서비스 과정에서 고객이 수행하거나 참여하는 행동(요청, 반응, 선택 등)

3 서비스 청사진의 작성 순서

단계	내용
1단계	서비스 청사진을 작성할 대상 프로세스(서비스 과정)를 선정한다.
2단계	참여 고객 또는 주요 고객 집단을 정의한다.
3단계	고객의 시각에서 고객 행동을 기술한다.
4단계	고객과 접촉하는 접점 직원, 후방 직원, 지원 프로세스를 작성한다.
5단계	상호작용선, 가시선, 내부 상호작용선을 표시한다.
6단계	서비스 과정에서 발생하는 정보와 커뮤니케이션의 흐름을 작성한다.
7단계	고객이 경험하는 물적 증거를 추가하여 완성한다.

🔷 서비스 청사진의 작성 사례 : 호텔

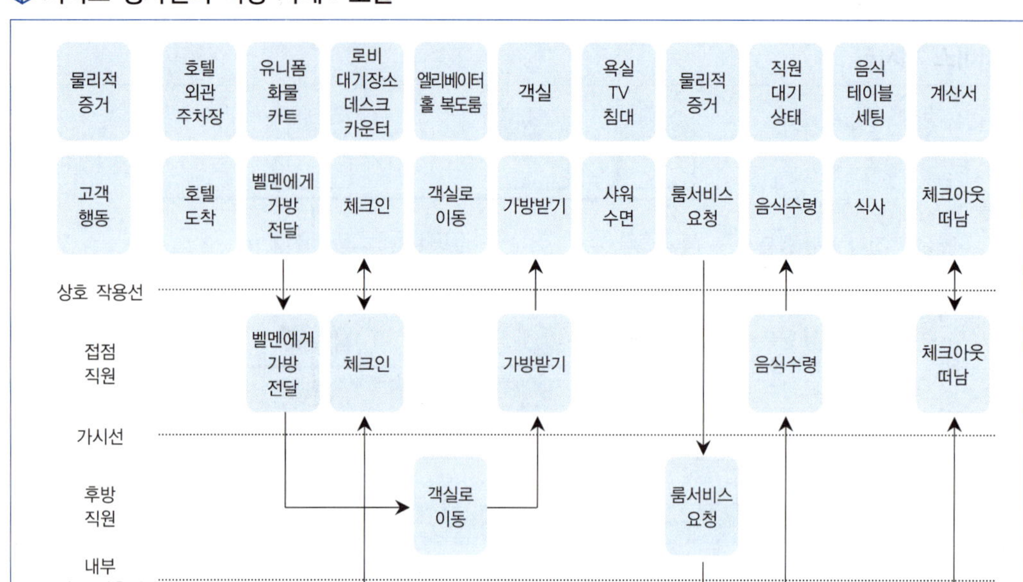

4 서비스 청사진을 활용한 서비스 프로세스 개선 활동

(1) 서비스 청사진을 통해 서비스 실패 가능성이 높은 지점을 식별한다.

(2) 서비스 과정에서 대기 또는 병목이 발생하는 구간을 확인한다.

(3) 고객이 서비스 콘셉트를 제대로 이해하지 못하는 지점을 파악한다.

(4) 고객 가치 향상을 위한 개선 포인트를 도출한다.

(5) 서비스 프로세스에서 발견된 문제를 기반으로 개선 과정을 설계한다.

(6) 개선 아이디어를 실행 가능한 실행안으로 전환하고 실행 계획을 수립한다.

Chapter 02 서비스 프로세스 개선

01 서비스 프로세스의 재설계

1 서비스 프로세스의 재설계의 이해 ☆

재설계가 필요한 이유	• 기존 서비스 프로세스가 고객 상황에 적합하지 않거나 효율성이 낮아졌을 때 • 고객의 기대 수준, 욕구, 이용 방식이 변화하여 이를 반영해야 할 때 • 기술 환경 변화로 더 높은 효율성과 새로운 방식의 제공이 가능해졌을 때 • 새로운 서비스 기능 또는 고객 경험 요소를 추가할 필요가 있을 때 • 새로운 서비스 콘셉트 또는 서비스 모델이 요구될 때
재설계가 추구하는 방향성	• 서비스 실패 요인 제거와 실패 발생 빈도 축소 • 서비스 수행 과정에서의 생산성 향상 • 고객과 기업 모두의 시간과 비용을 줄일 수 있는 프로세스 구축 • 서비스 전달 품질과 고객 만족도 향상

2 서비스 프로세스 재설계 방안

재설계 방안	기업 혜택	고객 혜택	문제와 도전
가치 창출과 무관한 단계 제거	업무 효율·생산성 향상, 차별화, 고객 맞춤 서비스 가능	서비스 시간 단축, 개인화 속도 증가	고객·직원 교육 필요
셀프서비스 전환	비용 절감, 생산성 증가, 기술 친화 이미지 확보	서비스 속도 및 접근성 증가, 비용 절감	• 고객 역할 수행 준비 • 대면 서비스 감소
서비스의 직접 전달	지역·공간 제약 극복, 고객 기반 확대	편의성·접근성 향상	물류·배송 부담 증가, 신뢰 확보 문제
묶음 서비스	• 고객 유지, 이용 확대 • 차별적 제공	• 다양한 서비스 통합 이용 • 편의성 증대	• 고객 분석 필요 • 불필요 서비스 인식 우려
물적 요소(서비스 스케이프) 재설계	직원 만족 및 생산성 향상, 차별화 효과	• 편리한 이용 환경 • 경험 향상	• 비용 증가 • 경쟁사가 모방 용이

02 서비스 프로세스 개선

1 개선의 시작점 ✿

(1) 서비스 프로세스를 개선하기 위해서는 고객 관점, 기업 관점, 조직 제도 관점, 프로세스 관점을 통합적으로 고려한 분석이 필요하다.

(2) 개선 활동은 특정 부서나 한 구성원의 시각이 아니라, 모든 이해관계자의 관점을 균형있게 반영하는 방향에서 시작해야 한다.

(3) 단기적 성과(시간 단축·비용 절감)에만 치우치지 않고, 장기적 성과(고객 경험, 관계 유지, 서비스 가치)를 함께 고려하는 것이 중요하다.

2 분석의 대상

분석 관점	핵심 내용	확인 요소
고객 관점	고객이 서비스 과정에서 어떤 역할을 하고 어떤 경험을 하는지 분석	• 고객 참여 수준, 고객 요구·기대, 불편지점 • 고객 여정
기업 관점	조직이 서비스를 수행하는 구조와 역량을 분석	조직구조, 인력(교육·훈련), 제도·운영방식, 디지털화 정도, 표준화 수준
프로세스 관점	서비스 프로세스가 목적에 부합하는지 평가	프로세스 목적, 성과 지표, 측정 적합성, 평가 기준, 절차 흐름

3 개선할 서비스 프로세스의 선정 방법

(1) 고객에게 가장 중요한 서비스인가?

(2) 해당 서비스는 어떤 프로세스를 통해 생산·전달되는가?

(3) 고객이 가장 쉽게 경험하고 식별할 수 있는 프로세스인가?

(4) 고객의 성과 기준(만족·품질·시간 등)에 가장 큰 영향을 미치는가?

(5) 개선 가능성이 높고 실행이 가능한 프로세스인가?

(6) 개선 효과가 조직 전체에 미치는 영향력이 큰가?

4 서비스 프로세스 개선 과정

(1) 서비스 프로세스 개선의 6단계

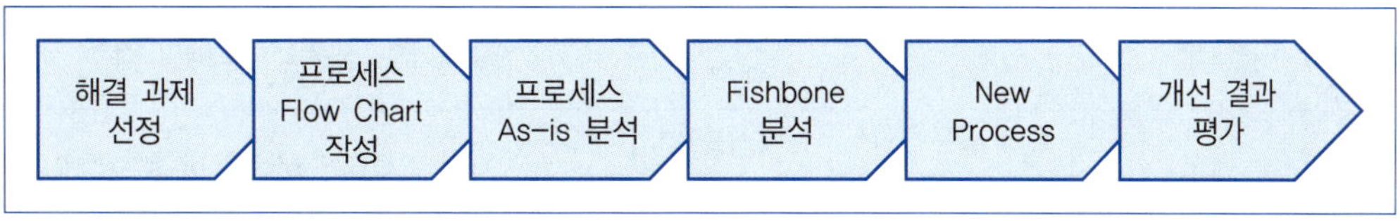

해결 과제 선정 → 프로세스 Flow Chart 작성 → 프로세스 As-is 분석 → Fishbone 분석 → New Process → 개선 결과 평가

단계	단계명	내용	핵심 활동
1단계	해결 과제 선정	개선해야 할 서비스 문제를 정의하고 개선 목표를 설정한다.	고객 VOC, 현상 분석, 문제 정의
2단계	프로세스 Flow Chart 작성	현재 프로세스를 흐름도로 시각화하고 단계 간 연결을 파악한다.	Flow 작성, 전후 단계 연계 검토
3단계	프로세스 As-is 분석	현재 프로세스의 문제점·성과·병목을 분석한다.	성과 확인, 문제 도출
4단계	Fishbone 원인 분석	근본 원인과 인과 관계를 파악하여 개선 포인트를 도출한다.	Fishbone, Why 분석
5단계	New Process	개선목표를 반영한 새로운 프로세스를 설계한다.	To-be 설계, 혁신 아이디어 적용
6단계	개선 결과 평가	실행 후 결과를 평가하고 지속 개선 여부를 판단한다.	성과 평가, 종료 / 추가 개선 결정

(2) 데밍(Deming)의 서비스 프로세스 개선(PDCA : Plan-Do-Check-Act)

단계	주요 활동	핵심 내용
Plan(계획)	서비스 문제 파악 및 개선 방안 설계	문제 정의, 원인 분석, 실행 아이디어 도출
Do(실행)	계획안 개선안을 실제로 적용	시범 실행, 시뮬레이션, 프로토타입 적용
Check(확인)	실행 결과 및 변화 효과 평가	성과 분석, 기대 대비 결과 비교
Act(개선)	성과가 있는 경우 제도화하고, 미흡한 부분은 재개선	표준화, 지속 개선, PDCA 반복

⑶ **스캠퍼(SCAMPER)접근법**

접근법	핵심 내용	서비스 적용 사례
대체	프로세스의 일부 요소(활동·사람·공간 등)를 다른 방식으로 대체	오프라인 접수 → 모바일 접수
결합	여러 활동·업무·서비스를 결합하여 시너지 창출	결제 + 적립 + 쿠폰을 하나의 앱에서 처리
적용	다른 분야에서의 성공 방식을 서비스 프로세스에 적용	호텔 컨시어지 방식을 병원 안내에 적용
수정	경험 요소, 활동 범위를 확대·축소·변경	자동 주문 키오스크 도입으로 주문방법 수정
용도변경	기존 서비스 또는 자원의 기능을 다른 서비스에 활용	테이블 QR이 주문·결제뿐 아니라 설문 기능까지
제거	고객 가치가 낮은 단계를 줄이거나 없애기	종이문서 생략, 무서류 서비스 전환
반대로	프로세스 순서나 전달 방식을 반대 구조로 실행	고객 방문 → 방문형(출장) 서비스로 전환

03 서비스 프로세스 개선을 위한 도구 ✿

1 서비스 흐름도(Flow Chart)

⑴ 서비스 흐름도는 서비스 프로세스의 업무 단계와 처리 순서를 표준화된 기호와 도형을 이용해 시각적으로 표현한 도식화 도구이다.

⑵ 서비스 흐름도를 통해 프로세스의 전체 구조와 순서를 한눈에 이해할 수 있으며, 문제 영역·병목 지점·중복 업무 등을 명확하게 확인할 수 있다.

⑶ 복잡한 서비스 절차를 구조화하여 개선 방향을 탐색하기 위한 기본 분석 도구로 활용된다.

2 피쉬본(Fishbone)다이어그램

⑴ 피쉬본 다이어그램은 서비스 문제의 근본 원인을 체계적으로 분석하기 위해 사용되는 원인 분석 도구이다.

⑵ 서비스 문제를 구성하는 요인을 8Ps[제품(Product), 가격(Price), 유통(Place), 촉진(Promotion), 사람(People), 프로세스(Process), 물리적 증거(Physical Evidence), 생산성과 품질(Productivity & Quality)]의 관점에서 탐색하면 효과적이다.

(3) 문제가 복잡하거나 원인이 다양한 경우 주요 요인을 정리하여 핵심 문제에 집중할 수 있고, 개선 방향을 도출하는 데 유용하다.

◈ Fishbone 다이어그램(The-8Ps-used in service industry)

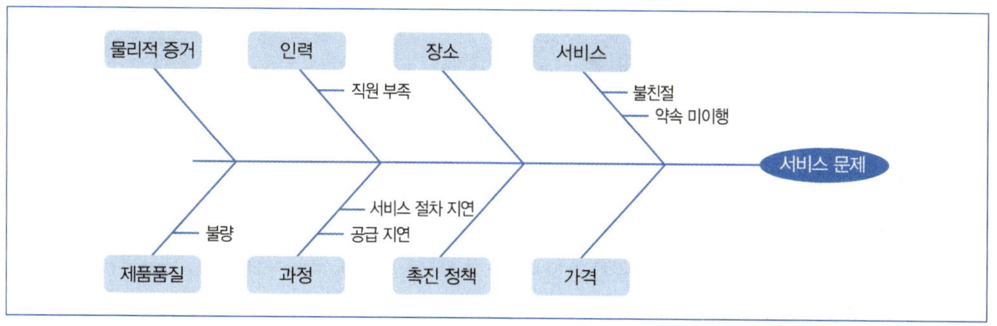

3 파레토 차트(Pareto Chart)

(1) 파레토 차트는 서비스 문제 중에서 발생 빈도나 영향력이 큰 요인을 시각적으로 파악하여 우선순위를 결정하는 데 사용하는 통계적 분석 도구이다.

(2) 서비스 실패·고객 불만·비용·시간 등의 데이터를 항목별로 비교하여 어떤 문제를 먼저 해결해야 가장 큰 효과를 얻을 수 있는지를 판단할 수 있다.

(3) 서비스 프로세스 개선과제의 '중요도'와 '파급효과'를 구분하고, 개선 우선순위를 결정하는 데 활용된다.

◈ 파레토 곡선(Pareto Curve)

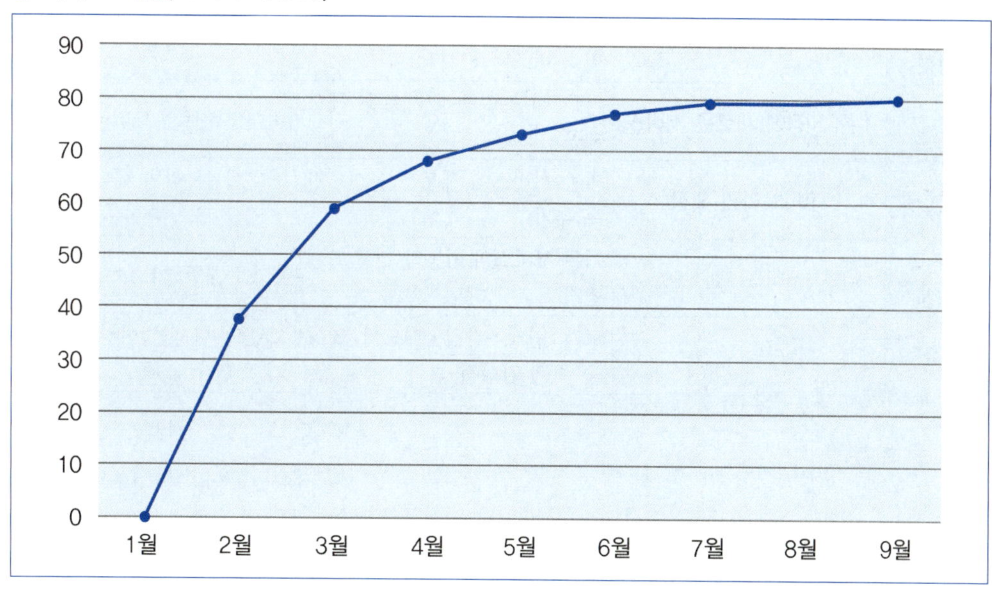

Chapter 03 서비스 R&D

01   서비스 R&D의 개념

1 서비스 R&D의 정의 ☆

서비스 R&D는 새로운 서비스 모델의 개발 또는 기존 서비스 전달 체계의 개선을 위해 기술·문화·인간·사회 등 다양한 지식을 창의적으로 활용하는 연구 개발 활동을 의미한다.

구분	제품 R&D	서비스 R&D
중심 영역	요소 기술 개발, 제품 개선	신서비스 개발, 서비스 전달 방식 혁신
연구 방향	기술 중심, 공정 중심	기술 + 인문·사회·문화 연구까지 포함
주요 목표	제품 혁신, 공정 혁신	고객 경험 확대, 가치 창출, 서비스 혁신
접근 특성	기술 기반의 해결 방식	고객·조직·사회 기반 융합적 접근

2 서비스 혁신의 수준 ☆

구분	유형	의미	사례
급진적 혁신	주요 혁신	시장 수요가 형성되기 이전에 새로운 서비스 창출	SNS 등장 → SNS 커머스
	신설 사업	기존 고객·시장 대상 새로운 서비스 비즈니스 시작	통신사 → 금융 서비스
	기존 시장에 새로운 서비스	기존 시장에 전혀 새로운 혜택 제공	비대면 진료·모빌리티 서비스
점진적 혁신	서비스 라인 확장	기존 서비스에 새로운 옵션·기능 추가	• 호텔 룸 타입 확대 • 외식 코스 추가
	서비스 개선	기존 서비스의 기능적 개선 또는 변경	앱 UI 개선, 키오스크 도입 개선
	스타일 변경	고객 인식·감정·태도에 영향을 주는 감성적 변화	브랜드 디자인 변경, 매장 분위기 변환

③ 서비스 혁신의 원동력이 되는 기술들

기술 영역	의미	서비스 적용 사례
동력·에너지 기술	모바일·전기·배터리 등 에너지 효율 향상 기술	장거리 전기차, 고성능 배터리 기반 모바일 서비스
물리적 디자인 기술	서비스 제공 공간과 환경의 디자인 혁신	스마트 스토어, 셀프 체크인, 무인 매장
원자재·소재 기술	친환경·고효율 소재 적용	친환경 건물, 지속가능 포장, 에코 호텔
경영 방식 기술	변화된 서비스 운영·조직 방식	전사적 서비스 품질(TSQM), PI방식 애자일(Agile) 서비스 운영
정보통신기술(ICT)	디지털 기반 서비스 혁신을 촉진하는 핵심 기술	AR·VR 접객, IoT 스마트 홈, 빅데이터 개인화, 가상 상담

* 애자일(Agile) 서비스 : 고객 요구와 환경 변화를 빠르고 유연하게 반영하면서 서비스를 설계·운영, 개선하는 방식

④ 서비스 R&D의 활동 ✫

활동 영역	핵심 내용	사례
교육·훈련 활동	인적 자원의 역량 향상 및 전문성 개발을 위한 활동	서비스 교육, 직무 훈련, 고객 경험 교육
서비스 혁신 활동	기존 서비스 개선 및 신서비스 개발을 위한 활동	• 신서비스 개발, 프로세스 혁신 • 고객경험 개선
산업적 활동	기술 확보·도구 개발·디자인·마케팅 등 산업 차원의 활동	기술 확보, 서비스 디자인, 마케팅 혁신
제품·기술 관련 활동	제품과 연계된 서비스 개발, 융합 서비스 구축 활동	제품 + 서비스 융합, 서비스 유통 혁신 IoT 기반 서비스

02 신서비스 개발

◈ 신서비스 개발 과정

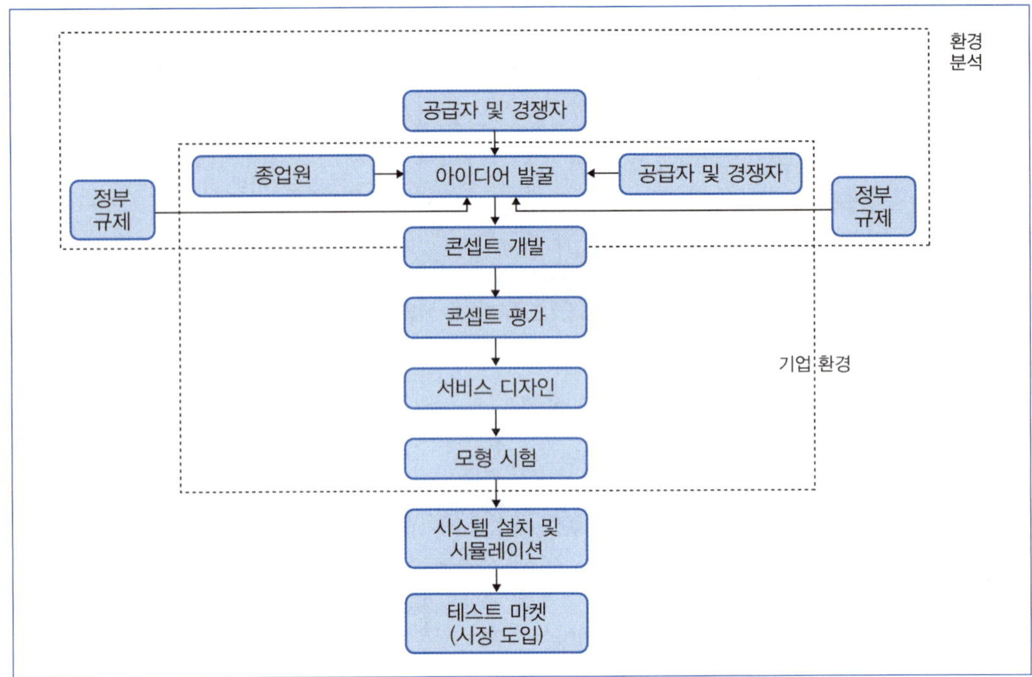

03 가치 공동 창조(Value Co-creation)와 신서비스 개발

1 가치 공동 창조의 개념과 환경

(1) 가치 공동 창조의 개념 ✿

① 가치 공동 창조는 고객을 서비스 생산과 제공 과정에 적극적으로 참여시켜 새로운 가치를 함께 만들어가는 협력 과정이다.

② 고객은 단순 소비자가 아니라 가치 창출 과정에 참여하는 주체이며, 고객 경험 속에서 발견된 가치가 서비스 개선과 신서비스 개발로 연결된다.

③ 가치 공동 창조의 관점에서 가치 이해는 '교환가치 중심'에서 '사용가치 중심'으로, 즉 Product-Out에서 Market-In으로 전환되고 있다.

④ 가치 창조의 역할은 기업뿐 아니라 고객, 협력자, 파트너 등 다양한 이해관계자가 공동으로 수행한다.

⑤ 가치 흐름은 기업 → 고객으로 한 방향이 아니라, 고객 ↔ 기업, 고객 ↔ 고객, 기업 ↔ 기업 등 다방향 네트워크 구조로 확장된다.

(2) 가치 흐름의 전환

단계	가치 흐름 방식	시기	핵심 의미
To Market	생산자 → 시장으로 공급	1950년대 이전	제품 / 서비스를 만든 후 시장 반응을 관찰하는 공급자 중심
Market To	시장 분석 → 제품 / 서비스 제공	1950 ~ 2010년	고객·시장 조사 기반의 교환 가치 중심
With Market	기업 ↔ 고객 공동 창조	2010년 이후	고객을 생산 과정에 참여시키는 사용가치 중심, 공동생산

2 가치 공동 창조의 3요소 ✿

Ramaswamy & Gouillart(2010)는 "가치 공동 창조를 기업과 고객 간의 상호작용을 통해 경험을 중심으로 가치를 창출하는 과정"으로 정의하며 다음의 3요소를 제시하였다.

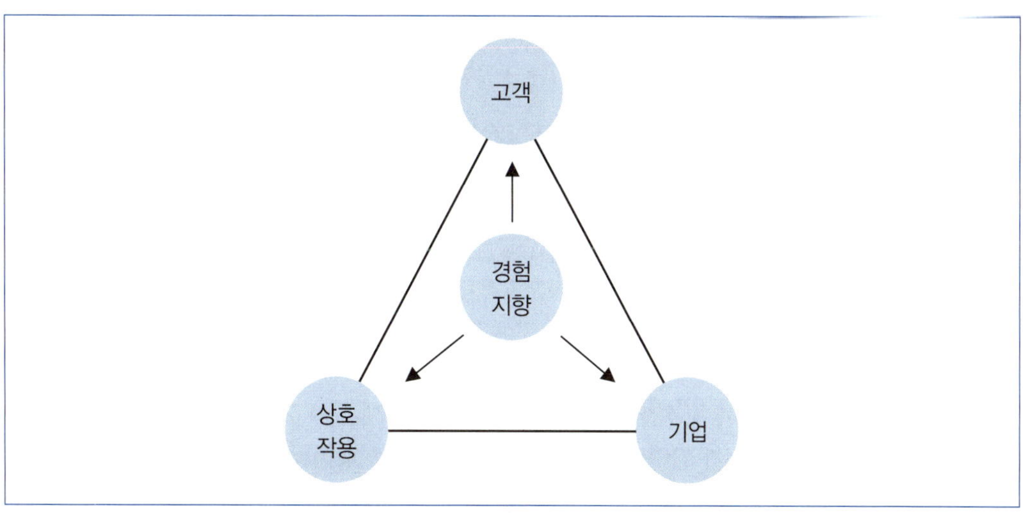

(1) 고객

① 고객은 서비스 생산과 전달 과정에 다양한 형태로 참여하며, 참여 수준에 따라 가치 창출 방식이 달라진다.
② ICT 기술의 발달은 고객과 기업, 그리고 고객 간 연결을 강화하여 가치 공동 창조의 기회를 크게 확장시켰다.
③ 고객의 지식, 기술 역량, 참여 노력, 참여 비용 및 과업 복잡성은 공동 창조에 미치는 핵심 요인으로 작용한다.
④ 고객의 특성과 역량 수준에 따라 공동 창조 형태가 달라지며, 이는 서비스 결과와 고객 경험의 질에 직접적인 영향을 미친다.

🔷 고객 참여의 5단계

단계	단계명	내용	핵심 의미
1단계	고객 존재	고객이 서비스 제공 현장에 존재하는 단계	고객은 단순한 '이용자' 역할
2단계	참여 동기 판단	고객이 서비스 참여에 동기를 느끼는 단계	참여 의지 형성
3단계	비용·혜택 평가	고객이 참여로 얻는 혜택과 비용을 비교하는 단계	참여 가치 판단
4단계	물리적 참여	고객이 실제 행동으로 서비스에 참여하는 단계	공동 생산(Co-production) 시작
5단계	참여 결과 평가	참여 결과에 대한 가치를 스스로 평가하고 피드백을 제공	고객 경험과 만족 형성

🔷 고객의 가치 공동 창조 참여에 대한 연구들

연구자(년도)	핵심 개념 및 공헌	주요 포인트
Prahalad & Ramaswamy (2000~2004)	가치 공동창조(Co-creation) 개념화 DA-TR 모델	고객 참여, 대화·접근·투명성·위험분담
Vargo & Lusch (2004, 2008)	서비스 지배 논리(S-D Logic)	사용가치, 공동생산, 경험 기반 가치
Grönroos (2006, 2011)	Value Creator / Value Facilitator 구분	고객 중심 가치창조, 기업은 지원자
Payne, Storbacka & Frow (2008)	고객경험 기반 공동창조 모델	고객 학습·경험·참여 강조
Ramaswamy & Gouillart (2010)	경험 중심 공동창조, 개방형 생태계	상호작용 기반 가치창출
Etgar (2008)	고객 참여 분석 프레임 제시	고객 참여 요인·역할 구조 제시
Xie et al. (2008)	고객의 공동창조 참여 동기 연구	태도, 자기 효능감, 지속적 참여
Blazevic & Lievens (2008)	온라인 고객의 공동 생산자 역할	수동적 → 정보 제공자 → 창조자
Gurau (2007)	고객 역량·정보·비용 요인 연구	지식, 기술력, 참여 비용 영향

(2) 기업

① 기업은 고객과 직원이 상호작용을 수행할 수 있는 플랫폼을 구축해야 한다.

② 가치 공동창조는 참여자 간 상호작용이 발생하는 지점에서 실현되므로, 기업은 상호 작용이 발생하는 서비스 접점 중심으로 조직과 프로세스를 설계해야 한다.

③ 기업은 공동창조의 실행을 위해 직원의 역할, 권한, 동기부여 체계를 준비하고, 고객이 참여할 수 있는 환경과 지원 시스템을 갖추어야 한다.

구분	핵심 내용	설명
기업이 제시해야 할 플랫폼 구성요소	숙련된 직원	고객 참여를 촉진하고, 상호작용을 지원할 수 있는 역량 있는 인력 확보가 필요
	정보 인프라	고객 – 기업 간 정보 흐름, 참여, 협업을 가능하게 하는 디지털 기반 플랫폼 구축
	장소적 지원	고객 접점, 서비스 현장, 온라인·오프라인 채널 등 상호작용이 이루어질 수 있는 환경 제공

직원의 가치 공동 창조 촉진 역할	고객 채택 유도	고객 참여를 자연스럽게 이끌고, 참여 이점과 목표를 안내
	고객 지원	참여 과정에서 필요한 정보와 도움 제공, 고객 경험 완충 역할
	고객 요소 활용	제품·서비스 개발 과정에서 고객 의견, 지식, 사용경험을 적극적으로 반영
성공적 가치 공동 창조 원칙	고객 정보 수집	고객 데이터를 기반으로 서비스 개선, 개인화 실행
	이해관계자 활용	공급자, 파트너 등 다양한 참여 주체와 협업을 강화
	개인화 서비스 제공	고객 특성 분석을 바탕으로 한 맞춤형 서비스 제공
	직원 인식	직원에게 가치 공동창조의 목적·필요성·성과를 이해시키는 내부 인식 강화
	이해관계자 영향 고려	고객뿐 아니라 모든 이해관계자에게 미치는 경험과 영향 분석
	직접 소통 고려	고객과의 직접적인 소통 능력, 커뮤니케이션 역량 확보
	상호작용 기반 제공	이해관계자 간 상호연결과 정보 공유가 가능한 기반, 플랫폼, 환경을 제공

(3) 상호 작용 ✿✿

◈ Prahalad & Ramaswamy(2004)의 기업과 고객 간 효과적인 상호 작용을 위한 DART 모형

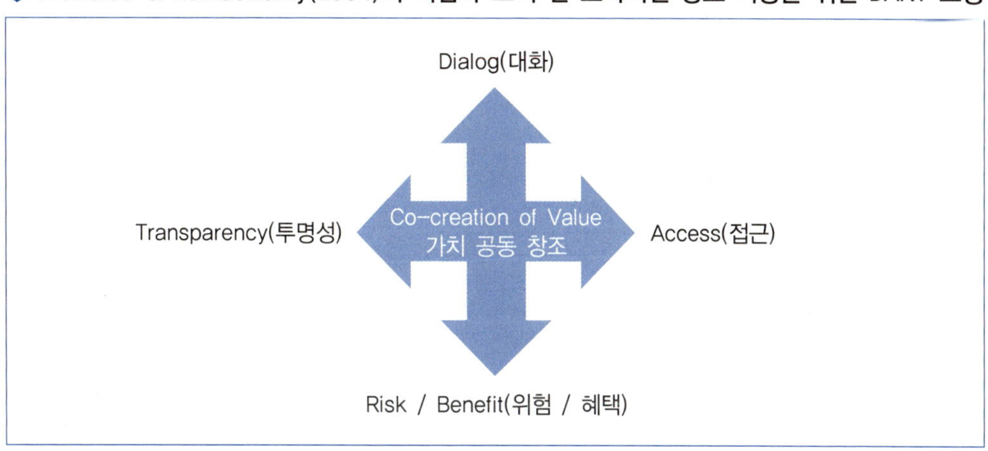

요소	핵심 의미	설명
대화	지속적 상호작용 중심	시장은 단순 거래가 아니라 대화의 장으로 변화하며 기업과 고객은 구매·사용·문제 해결 과정에서 지속적인 대화를 통해 가치 창출
접근	정보 및 서비스 접근성 확대	고객이 필요한 정보·기능·도구에 자유롭게 접근할 수 있도록 기업은 디지털·공간·조직 기반을 지원
투명	신뢰 기반 정보 제공	고객 참여 과정에서 정확하고 명확한 정보를 제공하며 편향되지 않고 검증 가능한 정보 구조를 보장
위험 / 혜택	가치 창출에 따른 책임과 혜택 공유	고객과 기업은 공동 창조 과정에서 발생하는 위험과 혜택을 함께 감수하고 균형 있게 공유해야 함.

04 가치 공동 창조 성과의 경영상 의미

1 가치 공동 창조와 서비스 맥락

서비스 제공 환경과 서비스 과정에 따라 고객과 기업은 가치 공동 창조에 참여하는 방식과 수준을 다르게 선택한다. 즉 서비스가 어떤 맥락에서 수행되느냐에 따라 고객의 역할·노력·참여 수준이 달라지고, 기업의 투입 방식 또한 차이를 보이게 된다. 따라서 서비스 맥락은 고객과 기업의 참여 정도와 투입 형태의 조합에 따라 다음과 같이 4가지 유형으로 구분된다.

🔷 서비스 맥락의 유형

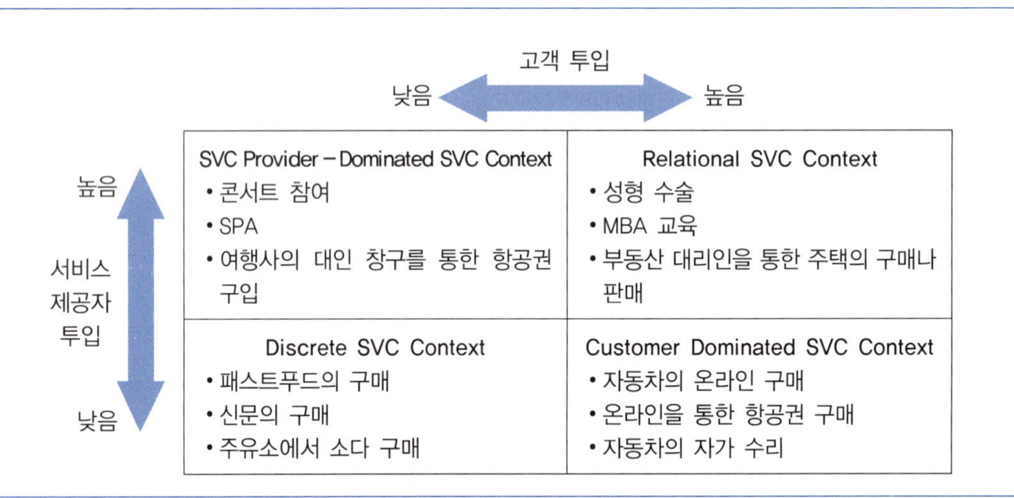

구분	내용	대표 사례
제공자 주도 서비스 맥락	• 고객 참여는 상대적으로 낮지만, 제공자의 투입이 크고 주도권도 기업이 보유 • 고객의 역할은 '수용 및 경험', 기업은 '제공 및 연출의 중심' • 고객은 서비스를 즐기고 경험하는 목적이 강함.	• 공연·뮤지컬·스파 • 럭셔리 호텔 Butler서비스 • 프리미엄 뷰티 테라피
고객 주도 서비스 맥락	• 고객이 정보 탐색, 선택, 실행 등 서비스의 주도권을 가짐. • 제공자는 고객의 선택을 지원하는 보조적 역할 • 고객 참여가 높을수록 가치 공동창조 가능성 증가	• 온라인 예약 / 구매 • 무인 환전 서비스 • IoT 기반 자가 진단·고장수리
분산적 서비스 맥락	• 서비스 접점이 짧고, 가치 공동 창조에 영향을 적게 받음. • '교환' 중심의 단순·반복 서비스 • 주도권 형성보다 즉시성·편리성이 핵심	• 편의점 결제 • 패스트푸드 픽업 • 무인 커피 자판기
관계 중심 서비스 맥락	• 고객과 기업 모두 장기간 참여와 높은 투입이 요구됨. • 성과는 경험·신뢰·장기 관계에 의해 결정됨. • 가치 공동 창조 수준이 가장 깊은 유형	• 의료 서비스(성형수술) • 장기 코칭·멘토링 • 맞춤형 헬스케어 플랫폼

② 가치 공동 창조의 성과

(1) 가치 공동 창조의 영향

구분	핵심역량내용	작동메커니즘	대표연구 적용	결과(고객행동)
고객 충성도	고객의 공동 참여가 충성도 강화에 영향	상호작용 증가 → 정서적 애착 → 신뢰 → 재구매로 연결	의료·재무 서비스	지속 이용, 관계유지, 충성도 상승
서비스 회복	서비스 실패 시 관용도 증가 및 회복 참여 강화	참여 경험이 문제 해결 동기 강화 → 협력적 회복 행동	호텔·의료·미용 등 실패 가능 분야	관용, 협력, 불만 완화
지불 의도	더 높은 비용 지불 의사 형성	가치 인식 증가 → 경제적 가치 허용 수준 확대	관광·문화·체험 서비스	추가 지출 프리미엄 선택

(2) 가치 공동 창조의 혜택

구분	주요 혜택	세부 의미	예시
기업	고객 통찰 확보	고객의 경험·불만·아이디어를 혁신에 활용	고객 리뷰 기빈 신메뉴 개발
	매출 증대	고객 참여 서비스 = 재구매율 증가	스타벅스 '마이 스타벅스 리뷰'
	시장 위험 감소	사전 검증 기반 개발로 실패율 감소	앱 서비스 베타 테스트
	고객 충성도	공동 참여 경험 → 감정적 유대 강화	카카오톡 제휴 / 이모티콘
	서비스 비용 감소	고객 참여가 비용 일부를 대체	셀프 서비스, 키오스크
고객	더 많은 만족	나에게 맞는 서비스 제공	개인 맞춤형 보험 / 헬스케어
	시간 절약·생산성	직접 작업을 수행 → 대기시간 감소	모바일 체크인
	재무적 보상	포인트·할인·보상 등	리뷰 인센티브
	자부심·안정감	함께 만든 서비스라는 심리 보상	기여자 표기 / 피드백 반영
	커뮤니티 경험	고객·고객 간 네트워크	팬덤형 서비스·클럽 커뮤니티

(3) 가치 공동 창조가 지닌 경영상의 의미

① 경영상의 의미 ✿

㉠ 가치 공동 창조는 기업이 차세대 경쟁 우위를 확보하기 위한 핵심전략이다.

㉡ 가치 공동 창조는 고객 참여를 활용한 혁신의 주요 수단이다.

㉢ 시장과 고객이 요구하는 바를 보다 정확하게 반영할 가능성을 높인다.

㉣ 고객별 특성과 요구에 따른 개인화 서비스를 제공할 수 있다.

㉤ 고객 참여를 활용하여 더 높은 사용 가치 중심의 제안을 할 수 있다.

㉥ 고객 커뮤니티의 형성과 활성화를 통해 제품 혁신과 경험 기반 정보를 축적할 수 있다.

㉦ 고객의 지속적 관계 형성을 통해 고객 충성도를 높일 수 있다.

② 가치 공동 창조의 경영 관리상 장애 요인

    ㉠ 고객 참여가 증가하면 서비스 과정에 대한 기업의 통제 가능성이 낮아져 결과의 불확실성과 위험이 높아질 수 있다.

    ㉡ 고객이 투입하는 지식이나 기술은 검증되지 않은 경우가 많아 일부 영역에서는 고객 참여가 제한될 수 있다.

    ㉢ 고객이 보유한 자원과 지식을 활용할 때는 가격 결정이나 가치 교환에서 갈등이 발생할 수 있다.

    ㉣ 준직원과 같은 역할을 수행하는 고객 참여가 증가하면 기업과 고객 간 권한 구조가 변화하며 창조적 파괴가 일어날 수 있다.

    ㉤ 대규모 접점에서 공동 창조를 실행하기 위해서는 경영의 범위를 확장하고, 내부와 외부의 경계를 재정의하는 문화적 변화가 요구된다.

Chapter 04 서비스 품질

01 서비스 품질에 대한 이해

1 서비스 품질의 특성 ✿

(1) 서비스 품질은 고객 지각을 중심으로 평가된다.
 ① 서비스 품질의 평가는 서비스 제공자가 아닌 고객의 지각을 측정하는 방식이 적합하다.
 ② 서비스 활동은 고객 중심적으로 설계되고 수행되므로, 고객 평가가 품질 판단의 핵심 요소
 가 된다.

(2) 서비스 품질은 탐색적 품질보다 경험적 품질의 성격이 강하다.
 ① 서비스 품질의 평가는 서비스 제공자가 아닌 고객의 지각을 측정하는 방식이 적합하다.
 ② 서비스 품질은 상호작용 경험 또는 구매 이후의 지각을 통해 인지적으로 평가되는 품질이다.

(3) 서비스 품질은 고객 기대와 실제 성과의 비교를 통해 형성된다.
 ① 서비스 품질은 제공된 서비스가 고객 기대 수준과 일치하는지를 판단하는 것이다.
 ② 양질의 서비스는 고객의 기대에 일관적으로 부응하는 성과 품질을 의미한다.

(4) 서비스 품질은 결과뿐 아니라 과정 전반에 대한 평가를 포함한다.
 ① 서비스 결과 품질은 물적 자원과 인적 자원의 수준에 따라 달라지며, 과정 품질 또한 품질
 평가의 주요 기준이다.
 ② 과정적 품질은 서비스가 '어떻게 제공되었는가?'를 평가하는 것으로, 제공 방식 자체가 고객
 에게 서비스로 인식된다.

(5) 서비스 품질은 선택 태도와 유사한 개념이다.
 ① 서비스 품질은 서비스의 전반적인 우월성과 우수성을 판단하는 개념이며, 만족과 구별되지
 만 태도적 성격을 가진다.
 ② 서비스 품질은 단기적 만족 개념이 아니라 누적되고 장기적 평가로서, 시간의 경과에 따라
 동적으로 변화한다.

(6) 서비스 품질은 다양한 요소의 상호작용으로 구성된다.
 ① 서비스 품질은 상황, 환경, 상호작용 등 복합적 요소가 함께 작용하여 형성된다.
 ② 서비스 품질은 경제적 요소뿐 아니라 사회적·공헌적 요소 등 비경제적 요소에서도 영향을
 받는다.

2 서비스 품질의 범위

(1) 서비스 품질에서 '내용'은 서비스 제공 시 요구되는 기본 요구, 규범, 표준 절차 이행 등 기본적인 제공 내용을 의미한다.

(2) 서비스 품질에서 '구조'는 서비스 전달과정에서 물적 요소, 프로세스 구조, 자원 배분 방식 등 서비스가 구성되는 구조적 측면을 의미한다.

(3) 서비스 품질에서 '과정'은 서비스 수행 중 고객과 기업 간의 합리적 절차와 쌍방향 커뮤니케이션이 원활하게 이루어지는 정도를 의미한다.

(4) 서비스 품질에서 '결과'는 서비스 이용을 통해 고객이 얻게 되는 경험과 만족 등 결과 중심의 성과를 의미한다.

(5) 서비스 품질에서 '영향력'은 서비스 경험이 기업 이미지, 신뢰, 공헌도, 경쟁력 등 대고객 관계 전반에 미치는 영향을 의미한다.

3 서비스 품질의 개선 방법 ✿

구분	핵심 내용	사례
기대 관리	고객 기대와 실제 제공 수준을 일치시키고 과잉 약속을 지양하여 부정적 인식을 예방한다.	호텔 체크인 시간 및 객실 조건을 사전에 명확하게 고지하여 불필요한 기대 형성 방지
정확한 정보 제공	제공되는 서비스에 대한 구체적·정확한 정보를 안내하여 고객의 서비스 인식을 명확하게 한다.	항공사 앱에서 지연·수하물 정보 실시간 제공 → 고객 불만 감소
고객 기대 변화 대응	고객 기대가 변화함에 따라 서비스 수준 및 제공 방식을 지속적으로 조정해야 한다.	OTT 서비스가 콘텐츠 추천과 요금제를 지속 조정하여 변화하는 시청 패턴 반영
서비스 관리(분석)	제공 서비스의 효과성과 문제를 분석하여 고객 가치 중심의 개선 활동을 실시한다.	콜센터 VOC 분석 후 '콜 백 서비스'를 도입하여 대기 불만 해결
전사적 접근	서비스 품질은 조직 전체의 문화·제도 기반에서 교육·보상과 함께 개선해야 한다.	리츠칼튼이 직원에게 재량권을 부여하고 교육을 강화하여 서비스 품질을 유지

4 서비스 품질 속성 ✿✿

속성 유형	개념 정의	사례
탐색 속성	서비스 구매 이전 단계에서 외형적 정보와 단서를 통해 미리 평가할 수 있는 품질 속성이다.	매장 인테리어, 직원 외모, 호텔 등급, 자동차 외관
경험 속성	실제 서비스 이용 과정에서 경험을 통해 즉시 평가할 수 있는 품질 속성이다.	여행, 외식, 미용, 공연, 리조트 이용
신뢰 속성	서비스 이용 후 시간이 경과하거나 전문가 판단에 따라 평가되는 품질 속성이다.	건강 진단, 법률 상담, 보험상품, 재무·투자 서비스

02　전사적 품질 경영(TSQM : Total Service Quality Management)

1 전사적 품질 경영(TQM)의 개념

(1) 전사적 품질 경영(TQM)의 정의

① TQM은 기업 활동의 모든 영역에서 품질을 향상시켜 고객 만족을 달성하기 위한 품질 중심의 기업문화를 구축하고, 고객 중심의 경영을 실천하는 활동을 의미한다.
② TQM은 고객 지향 품질관리 활동을 생산 부문의 영역에 한정하지 않고 마케팅, 엔지니어링, 서비스, 노사관계 등 기업 전체 영역으로 확장하여 모든 구성원이 품질 개선의 주체가 되어야 한다는 전제에 기반한 경영 방식이다.

(2) 전사적 품질 경영(TQM)의 성과

① 고객 만족이 증가한다.
② 운영효율성과 수익성이 향상된다.
③ 고객 중심의 가치관이 조직 문화와 구성원 행동에 반영된다.
④ 품질, 안전, 신뢰성이 향상되어 경쟁력이 확보된다.
⑤ 부가가치를 창출하지 않는 업무를 제거하여 비용을 절감할 수 있다.

2 전사적 서비스 품질 경영(TSQM : Total Service Quality Management)의 구성요소

구분	TQM(Total Quality Management)	TSQM(Total Service Quality Management)
대상	주로 제조업 중심 품질	서비스 산업 중심 품질
품질 개념	제품 중심 품질	고객 경험 중심 품질
핵심 목표	제품 불량 최소화, 생산성 향상	고객만족·서비스 가치 창출
관리 대상	생산 공정	서비스 프로세스 + 고객 접점
품질 측정 기준	기능 / 성능 / 지표 중심	SERVQUAL, 경험품질
성과 기준	생산성, 효율성, 비용	고객만족, 재구매, CS 지수
종업원 역할	품질관리 담당자 중심	전 종업원 고객 접점 참여
고객 참여	상대적으로 낮음.	높은 고객 참여와 상호작용 전제
품질 설계 요소	표준화, 공정관리	서비스 디자인, 서비스 청사진, 표준운영절차
고객 접점 관리	간접적	매우 핵심적인 영역
품질 개선 방식	공정개선, 불량률 감소	서비스 회복, 고객 경험 개선
품질 보증	제품 보증 중심	서비스 보증 + 서비스 회복
불만 처리	AS 중심 대응	VOC, 컴플레인 전략, 서비스 회복
지속적 개선	생산성 개선 중심	고객만족 및 서비스 경험 개선 중심
근본 철학	제품 품질 = 기업 경쟁력	서비스 경험 = 기업 경쟁력

🔷 서비스 접점의 품질 결정

고객이 접하는 서비스 품질은 서비스가 수행되는 순간에 의해 결정되며 다음 요인들이 핵심이다.

내용	핵심 질문	요소
서비스 접점 품질 결정요소	무엇이 품질을 결정하는가?	서비스 과업 / 표준 / 생산시스템
서비스 품질 향상 요소	어떻게 품질을 개선할 수 있는가?	• 고객지향 과업 / 표준설계 / 시스템 작동 • 포괄적 인식

③ 서비스 품질 삼박자(Service Quality Trilogy) ✧✧

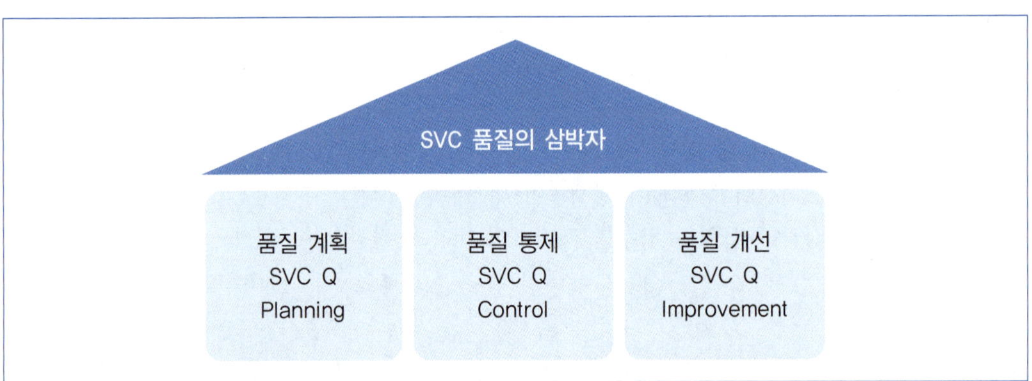

🔷 서비스 품질 삼박자(Service Quality Trilogy)의 구성 내용

서비스 품질 계획(SQP)	서비스 품질 통제(SQC)	서비스 품질 개선(SQI)
• 서비스 대상 고객의 명확한 규정 • 고객 요구 및 기대 수준 분석 • 서비스 가치 및 상품 콘셉트 설계 • 서비스 품질 수준 및 목표 설정 • 서비스 전달 프로세스 설계 • 인력·시설·기술 등 자원 역량 확보 • 서비스 수행 능력의 검증	• 관리 및 모니터링 대상 선정 • 품질 측정 항목 및 단위 설정 • 서비스 품질 측정 방식 수립 • 서비스 품질 성과 기준 설정 • 실제 서비스 성과 측정 • 기준 대비 성과 차이 분석 • 개선 방안 도출 및 설계 • 개선 방안 실행 및 적용	• 개선 필요성 및 근거 제시 • 개선 과제 및 프로젝트 정의 • 개선 추진 절차 수립 • 문제 원인 규명 방안 설계 • 원인 분석 및 진단 실시 • 해결방안 수립 및 제시 • 개선 효과 검증 • 개선 결과 유지 관리 • 지속적 통제 체계 구축

03 서비스 품질 비용

1 품질 비용의 개념

(1) 품질을 보다 경제적이고 효율적으로 확보하기 위해 필요한 비용을 분석하고, 품질 관리 활동의 효과와 경제성을 평가하기 위한 개념을 말한다.

(2) 품질을 유지·관리하기 위해 발생하는 비용 가운데 직접적으로 측정이 가능한 비용을 중심으로 한다.

(3) 예방비용과 평가비용은 품질 향상을 위해 투입되는 비용인 반면, 실패비용은 품질관리 미흡으로 인해 발생하는 손실 비용을 의미한다.

2 서비스 품질 비용의 종류 ☆☆☆

비용	정의
예방 비용	서비스 품질 저하를 사전에 예방하기 위한 품질 정책 수립, 교육, 매뉴얼 개발 등에 소요되는 비용
평가 비용	제공되는 서비스가 품질 기준을 충족하는지 점검·검증하기 위해 발생하는 비용
내부 실패 비용	고객에게 제공되기 전 단계에서 서비스 오류나 문제를 발견·수정하는 데 발생하는 비용
외부 실패 비용	서비스 제공 이후 고객 접점에서 발생하는 품질 문제(불만·컴플레인 등)를 해결하기 위한 비용
유형 비용	눈에 보이는 명확한 품질 결함(ex 시설·장비 손상 등)으로 인해 추가적으로 발생하는 비용
무형 비용	직접 확인되기 어려운 손실(ex 재작업, 비효율적인 프로세스로 인한 시간·자원 낭비 등)로 발생하는 간접적 비용

3 불량 품질 비용(PQC : Poor-Quality Cost) ☆

(1) 서비스 품질 관리가 제대로 이루어지지 않아 발생하는 총비용을 의미한다.

(2) 품질 저하로 인해 발생하는 가시적 비용뿐 아니라, 측정이 어려운 무형의 비용까지 포함한다.

구분	정의	사례
직접적 불량 품질 비용	회계상에 나타나는 가시적 비용으로, 품질관리 활동이나 품질실패로 인해 직접적으로 발생하는 비용	재작업비, 폐기비, 검사비, 클레임 처리비 등
간접적 불량 품질 비용	회계상 명확하게 계산하기 어려운 비가시적 비용으로, 품질 저하로 인해 장기적으로 손실을 유발하는 비용	고객불만과 이탈, 브랜드 이미지 손상, 매출 감소 등

Chapter 05

서비스 품질 측정 모형의 이해

01 서비스 품질의 측정 ☆☆

1 서비스 품질 측정의 필요성

(1) 서비스 품질의 개선·향상·재설계를 위한 출발점은 품질 측정에서 시작된다.

(2) 서비스 품질을 측정함으로써 현재 수준과 문제점을 객관적으로 파악할 수 있다.

(3) 측정이 이루어지지 않으면 개선도 불가능하며, 측정의 목적은 평가가 아니라 개선을 위한 근거를 확보하는 데 있다.

(4) 경쟁 우위를 확보하기 위해서는 서비스 품질 측정 결과를 바탕으로 자사의 경쟁력을 진단할 필요가 있다.

2 서비스 품질 측정의 어려움

(1) 서비스 품질은 고객의 주관적 인식과 평가에 따라 결정되므로, 모든 상황에 동일하게 적용할 수 있는 일반화와 객관화가 어렵다.

(2) 고객이 서비스를 경험하고 인식하기 이전 단계에서는 사전에 품질을 검증하기 어렵다.

(3) 서비스 품질을 측정하기 위해 필요한 고객 데이터 수집은 상당한 시간과 비용이 소요된다.

(4) 서비스 제공 과정에 고객이 직접 참여하므로, 측정 결과의 객관성이 낮아질 수 있다.

(5) 서비스는 고객이 프로세스의 구성요소로 참여하는 특성을 지니므로, 고객은 서비스 생산의 한 요소로 간주될 수 있다.

3 서비스 품질 측정의 차원

서비스 품질 측정 차원에 대한 다양한 연구들

연구자	측정 차원
쥬란(Juran)	내부 품질, 물리적 품질, 정신적 품질, 시간 단축, 적시성 품질, 심리적 품질
알브레히 & 젬케 (Albrecht & Zemke)	고객에 대한 헌신과 관심, 적극적 의지와 자발성, 조직적 문제해결 능력, 서비스 회복 역량
가빈(Garvin)	성능, 기능적 특징, 신뢰성, 적합성, 내구성, 사용 편의성(서비스 유용성), 심미성, 명성
그뢴루스(Grönroos)	전문성과 기술 역량, 고객 대응 태도와 행동, 접근성과 유연성 신뢰성과 믿음, 서비스 회복, 평판과 신용
파라슈라만, 자이사믈 & 베리 (Parasuraman, Zeithaml & Berry)	유형성(Tangibility), 신뢰성(Reliability), 반응성(Responsiveness), 공감성(Empathy), 확신성(Assurance)
알버트(Albert)	수행성(Performance), 적합성(Adaptability), 비용성(Cost), 신뢰성(Reliability), 반응성(Responsiveness), 유연성(Flexibility)

02 서비스 품질 측정 모형

1 그뢴루스(Grönroos)의 서비스 품질 모형

(1) 서비스 품질의 구성

구성 요소	정의
기술적 품질	서비스 제공 결과로서 고객이 실제로 얻게 되는 산출물·결과 품질
기능적 품질	서비스가 제공되는 과정에서 고객이 경험하는 전달 과정·서비스 수행 과정의 품질

(2) 서비스 품질의 평가 방법

① 고객은 서비스의 기술적 품질(무엇을 제공받았는가?)과 기능적 품질(어떻게 제공받았는가?)에 대한 인식을 바탕으로 기업 이미지를 형성한다.

② 이러한 이미지는 기업 전반에 대한 고객의 포괄적 인식을 반영하는 결과이다.

③ 따라서 고객은 결과적 측면(기술적 품질)과 서비스 제공 과정(기능적 품질), 그리고 기업 이미지를 함께 고려하여 전반적인 서비스 품질을 평가한다.

2 카노(Kano)의 서비스 품질 모형

(1) 카노 모형은 동기-위생 이론을 기반으로 서비스 품질 요인을 기본요소와 잠재요소로 구분하여 설명한다.

(2) 고객의 만족과 불만족 수준을 분석하는 데 그치지 않고, 만족을 유발하는 요인과 불만을 초래하는 요인을 각각 파악할 수 있다.

(3) 고객 만족을 극대화하기 위해 어떤 서비스 품질 요소가 중요한지를 체계적으로 식별할 수 있다.

(4) 여러 서비스 품질 요소 중 우선적으로 충족해야 할 요소를 판단하는 데 활용할 수 있다.

주요요인	당연적 품질	• 고객이 기본적으로 기대하는 필수 요소 • 충족되어도 특별한 만족 증가를 주진 않지만, 부족하거나 결핍되면 강한 불만족을 유발 ex 청결, 기본 기능, 안전 등
	일원적 품질	제공 수준이 높을수록 만족이 커지고, 낮을수록 불만이 커지는 선형적 요인 ex 서비스 속도, 대응 시간, 기능성 등
	매력적 품질	• 고객이 기대하지 않았거나 당연히 요구하지 않던 부가 요소 • 있을 때 큰 만족(기쁨 / 감동)을 주지만, 없다고 해서 불만을 주진 않음. • 경쟁 우위 요소 / 감성 가치 요소로 활용 가능
잠재 요인	무관심 품질	• 고객에게는 존재 여부가 만족 / 불만족에 별 영향이 없는 요소 • 자원이 한정된 경우 우선순위에서 낮게 고려될 수 있음.
	역품질	• 어떤 고객에게는 긍정일 수 있으나, 다른 고객에게는 불만을 유발하는 요소 • 과잉 제공이 오히려 고객의 기대와 맞지 않을 때 역효과를 낼 수 있음. ex 과도한 옵션, 복잡한 절차, 과도한 스크립트 안내 등

(5) **고객 요구의 분류**

구분	정의
기대 심리	고객이 서비스 제공자에게 기대하는 바람직한 서비스 상태 (고객이 머릿속에 갖고 있는 기대 수준)
의사 표현	고객이 서비스에 대해 인지한 내용을 긍정 또는 부정의 평가로 표출하는 상태
잠재 의사(잠재 불만)	불만족을 느끼지만, 이를 외부로 명확히 표현하지 않은 심리 상태
열광 심리(열성적 태도)	특정 브랜드나 서비스에 대해 강한 선호와 집착을 보이는 상태

3 서브퀄(SERVQUAL)모형 ✿✿

(1) 서비스 품질의 10가지 변수

결정 요인	정의	주요 내용
유형성	서비스의 외형적·물적 증거	시설, 장비, 직원 외모, 물리적 환경, 서비스 장면의 시각적 표현, 다른 고객의 모습
신뢰성	일관된 수행과 약속 이행 정도	정확한 서비스 제공, 시기 준수, 오류 없는 기록, 정확한 청구
반응성	고객 요구에 대한 준비성과 즉각적 대응	신속한 서비스, 즉각적인 응대, 문의 응답 속도, 대기시간 단축
능력	서비스 수행에 필요한 기술과 지식 보유 정도	접점 직원의 전문 지식, 지원 인력 역량, 기술력과 노하우
신용성	서비스 제공자에 대한 신뢰와 정직성	기업 평판, 직원의 성실성, 고객지향 태도, 강매 여부
안전성	위험으로부터의 보호 및 불안 감소	물리적 안전, 재산·금전적 보호, 개인정보 비밀 보장
의사소통	고객이 이해할 수 있는 방식으로 정보를 전달	서비스 내용 설명, 비용 안내, 문제 해결 안내, 고객 경청
예의	서비스 접점에서의 정중함과 배려	예의·친절·사려, 청결한 외모, 고객 재산에 대한 배려
고객 이해	고객 욕구·특성을 이해하려는 노력	개별적 관심, 고객 요구 파악, 단골 고객 인지
접근성	서비스 제공 접근의 용이성	전화 연결 가능, 적정 대기시간, 위치·영업시간의 편리성

(2) 서비스 품질의 구성(측정 차원)

결정 요인	측정 차원	내용
유형성	유형성	물리적 시설, 장비, 환경, 직원의 외모 등 서비스의 외형적 증거
신뢰성	신뢰성	약속된 서비스를 정확하고 일관되게 제공하는 정도
반응성	반응성	고객 요구에 대한 신속한 대응과 서비스 제공 의지
능력·신용성·안정성·의사소통	확신성	종업원의 전문성, 문제 해결 능력, 신뢰와 정직성, 안전과 비밀보장 등 고객이 서비스를 신뢰할 수 있는 정도
예의·고객이해·접근성	공감성	고객에 대한 개별적 관심, 배려, 고객의 상황, 어려움에 대한 이해 정도

(3) 모델의 적용과 한계점

적용	• 서비스 품질 차원은 업종·특성에 따라 달라질 수 있다. • 신뢰 기반의 순수 서비스업(금융·전문서비스 등)에 높은 적합도를 보인다. • 경험 속성이 강한 소매·유통 서비스업에서는 적합도가 낮게 나타난다. • 업종별 차이를 고려하여 측정 차원을 조정할 필요가 있다.
한계점	• 다양한 산업에 일괄 적용하기에는 범용성의 한계가 존재한다. • 기대 − 지각의 차감을 기반으로 한 구조의 이론적 타당성이 부족하다. • 고객 기대 수준의 측정 자체에 타당도 한계가 존재한다. • 과정 품질과 물리적 환경 품질에 비중이 치우쳐 있다. • 가격·비용 등의 경제 요소가 품질 평가 항목에서 제외된다.

4 e-SERVQUAL 모형

(1) 온라인 기반 서비스 확산과 인터넷 서비스 이용 증가에 따라 전자적 서비스 특성을 반영한 e-SERVQUAL 모형이 제시되었다.

(2) e-SERVQUAL은 기존 SERVQUAL 차원에 더해 시스템 안정성, 개인정보보호, 보안, 웹사용 편리성 등 전자적 요소를 포함하여 평가하도록 확장된 모델이다.

◈ e-SERVQUAL 모형의 척도

평가 차원	해당 항목	세부 설명
정보	상품 및 정보	• 상품·서비스 정보의 다양성 • 정보의 최신성·정확성
거래	거래과정, 배송, 사후서비스	• 주문 과정의 적절성 및 용이성 • 가격 및 비용 정보의 명확성 • 배송의 정확성·신속성 • 문제 해결과 반품·환불의 용이성
디자인	사이트 상호작용 및 화면 디자인	• 사용자 인터페이스(UI)의 편리성 • 메뉴 구조 및 탐색의 용이성 • 화면 구성의 조화와 심미성 • 정보 제공 방식의 일관성
의사소통	기업-이용자 및 이용자 간 상호작용	• 온라인 상담 및 고객문의 응대 • 이용자 간 정보교환 기능 • 맞춤형 서비스(개인화)제공
안정성	시스템 안정성, 소비자 보호, 보안	• 시스템 안정성 및 속도 • 개인정보 보호 및 보안성 • 전자거래 안전장치의 존재 여부 • 온라인 거래에 대한 신뢰감

03 서비스 품질의 갭(Gap) 모형

1 서비스 품질의 갭 모형

(1) 서비스 품질 갭(Gap) 모형은 고객이 기대한 서비스와 실제로 지각한 서비스 간의 차이를 통해 서비스 품질이 어떻게 형성되는지를 설명하는 모형이다.

(2) 고객의 서비스 경험 과정에서 발생할 수 있는 5가지 격차를 규명하며, 이 격차가 작을수록 서비스 품질 수준은 높아진다.

(3) 고객이 기대하는 서비스 수준을 정밀하게 파악하여 품질 명세에 반영하고, 이를 기반으로 서비스 제공 과정을 설계함으로써 기대 − 지각 간 격차를 최소화하는 것이 중요하다.

◈ 서비스 품질 Gap 모형

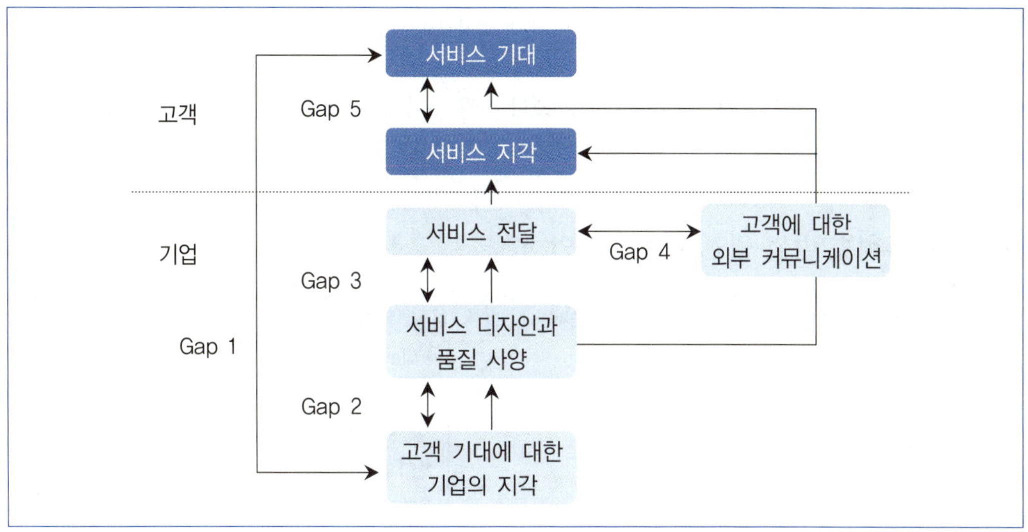

2 서비스 품질 갭(Gap) 모형의 이해 ✿✿

Gap 구분	명칭	핵심 내용
Gap 1	시장 조사 갭	• 기업이 고객 기대를 정확히 파악하지 못해 발생 • 고객 기대에 대한 시장조사가 부족하거나 잘못 인식함. • 고객 기대와 경영자 인식 간 차이로 형성
Gap 2	서비스 디자인 갭	• 고객 기대는 파악했지만, 이를 서비스 설계와 기준으로 제대로 전환하지 못해 생기는 격차 • 경영자의 인식과 실제 품질 명세, 서비스 기준 사이의 차이 발생
Gap 3	서비스 적합성 갭	• 서비스 설계는 적절하나, 일선 직원 수행이 제대로 이루어지지 않아 발생 • 서비스 전달(Delivery)과 품질 명세 간 차이
Gap 4	커뮤니케이션 갭	• 광고, 홍보, 설명 등을 통해 약속한 내용이 실제 제공되지 못한 데서 발생 • 고객에게 제시한 정보와 실제 서비스 간 차이
Gap 5	서비스 품질 총괄 갭	• Gap 1~4의 복합적 결과가 고객 만족에 영향을 미침. • 기대 서비스와 지각 서비스의 차이로 나타나는 핵심 갭 • Gap 5 = Gap 1 + Gap 2 + Gap 3 + Gap 4

3 갭의 유형별 발생 원인과 해결 방안 ✿✿

구분	발생 원인	해결 방안
Gap 1	• 시장 조사 미실시·오류 • 조사결과의 오해·왜곡 • 경영진까지 정보 전달 실패 • VOC 이해 부족	• 체계적 시장조사와 조사방법 개선 • 경영진과의 소통 채널 강화 • 고객과의 접점 확대 및 VOC 피드백 강화 • 서비스 회복 메커니즘 구축
Gap 2	• 고객만족 비전 부족 • 서비스 수행 기준·목표 설정 실패 • 비체계적 서비스 개발 • 내부 중심의 자원 활용	• 전사적 고객만족 비전 수립 • 고객 기반 서비스 기준·목표 설정 • 서비스 개발 프로세스 체계화 • 고객 지향적 자원 배치
Gap 3	• 직원의 기준 거부감 • 부적절한 직무 배치 • 권한 부족, 역할 모호성 • 부상 불공정·역할 갈등 • 협력자 서비스 인식 차이 • 고객의 부적절 행도	• 직원 참여 기반 목표·기준 수립 • 일선 직원 임파워먼트 • 적절한 채용·배치·교육훈련 • 역할 명확화 및 공정한 보상체계 • 협력자 교육 및 서비스 비전 공유 • 고객 교육·지원
Gap 4	• 과잉 약속·과도한 영업 • 부서간 커뮤니케이션 부족 • 서비스 약속 관리 미흡	• 통합적 마케팅 커뮤니케이션(IMC) • 수평적 커뮤니케이션 강화 • 약속 관리 및 현실적 서비스 보증 • 변경사항 공지 및 사후 관리 • 제공물·물리적 단서 관리

예상문제

일반형

01 서비스 품질을 측정하는 과정에서 고객의 기대와 인지된 서비스의 차이를 설명하는 차이 이론(Gap Theory)에 대한 설명 중 옳지 <u>않은</u> 것은?

① 대부분의 Gap은 기업 내부 프로세스의 오류로부터 발생한다.
② SERVQUAL 모형에서는 총5개의 Gap을 이용하여 설명하고 있다.
③ 기업 내부의 Gap은 고객 요구사항의 잘못된 인지에서부터 발생한다.
④ 고객의 기대는 과거의 경험이나 광고, 주위 사람들의 평판을 토대로 형성된다.
⑤ 서비스에 대한 기대 수준이 낮을수록 서비스에 대한 만족도는 더욱 증가하게 된다.

02 다음 중 프로세스(Process)에 대한 설명으로 가장 적절한 것은?

① 투입물과 산출물간의 피드백
② 가치를 부가하지 못하지만 소비자가 원하기 때문에 반드시 필요한 업무
③ 투입물을 제품이나 서비스 산출물로 전환시키기 위해 연결된 일련의 부가가치 활동
④ 고객의 소리·종업원의 소리 등 이해관계자로부터 수집된 자료
⑤ 모든 업무 흐름을 한눈에 보기 위해 도표로 표현한 방법

03 다음 중 서비스 품질의 특정 방법에 대한 설명으로 가장 적절한 것은?

① SERVQUAL 모형은 SERVPERF 모형에서 고객의 기대를 포함한 확장 모형이다.
② 서비스가 가지고 있는 상대성을 측정하기 위해서는 SERVQUAL 모형이 적합하다.
③ 서비스의 속성상 어떠한 서비스 품질 측정 방법도 명확한 품질 수준을 측정하기는 어렵다.
④ SERVPERF 모형은 다른 모형에 비해 서비스 품질의 속성 중 신뢰성을 가장 정확하게 측정한다.
⑤ SERVPERF 모형은 서비스 기대 수준을 측정하지 않음으로써 서비스 품질 측정의 정확성을 높였다.

04 다음 서비스 격차(Gap)의 유형별 해결방안 중 가장 적절한 것은?

① 서비스 전달 격차 – 솔직한 커뮤니케이션
② 서비스 커뮤니케이션 격차 – 직원의 교육훈련
③ 경험한 서비스 격차 – 고객만족도 제고노력
④ 품질명세 격차 – 고객 니즈 파악을 위한 시작조사
⑤ 경영자 인지 격차 – 고객 니즈를 반영한 서비스 디자인

05 슈매너(Schmenner)는 서비스를 분류하기 위한 기준으로 '상호작용과 고객화의 정도'와 '노동집약도의 정도'를 사용하였다 '노동집약도'와 '상호작용과 고객화'의 정도가 모두 낮은 특성을 지닌 영역의 서비스를 무엇이라고 하는가?

① 서비스 샵 ② 대량 서비스
③ 서비스 공장 ④ 전문 서비스
⑤ 서비스 기계

06 다음 중 서비스 청사진을 이용한 서비스 프로세스 설계와 관련된 설명 중 옳지 <u>않은</u> 것은?

① 전방 업무와 후방 업무는 커뮤니케이션으로 연결되어 있다.
② 가시선은 고객 행동과 접점 종업원의 행동을 구분하는 선이다.
③ 서비스 청사진의 네 가지 주요 영역은 물적 증거, 고객 행동, 종업원 행동, 지원 프로세스로 구성되어 있다.
④ 서비스 청사진은 효율적으로 서비스 프로세스를 개발하기 위해 서비스 프로세서의 주요 특징들을 객관적으로 서술하기 위한 개발 도구이다.
⑤ 내부 상호작용선은 서비스 현장에서 고객에게 보이지는 않지만 서비스가 전달되기 위해 사용되는 지원 시스템과 후방 종업원 행동을 구분하는 선이다.

07 다음 중 서비스 프로세스 개선을 위한 벤치마킹에 대한 설명으로 가장 적절한 것은?

① 전략 목표를 설정한 후 경쟁기업 또는 최우수 기업을 선정한다.
② 만족시키지 못한 고객 요구사항만을 대상으로 벤치마킹을 수행한다.
③ 경쟁 상대방의 성과 도출과정에 대한 방법론적 노하우보다는 성과 비교에 집중한다.
④ 경쟁 기업 또는 최우수 기업이 더욱 잘 만족시켜주는 고객 요구사항만을 대상으로 벤치마킹을 수행한다.
⑤ 자사의 성과를 동종 산업 혹은 다른 산업의 우수한 기업의 성과와 비교, 분석하여 개선의 여지가 있는 분야를 찾아 배운다.

08 서비스 프로세스를 설계하기 위해 수매너가 제시한 서비스 프로세스 매트릭스에 대한 설명 중 적절하지 <u>않은</u> 것은?

① '대량서비스' 영역은 표준적 운영절차의 수립이 성공의 중요한 요소이다.

② 상호작용과 고객화의 정도는 높고 노동집약도의 정도는 낮은 영역은 '서비스 샵'에 해당하며 병원 등이 이에 해당한다.

③ '서비스 공장' 영역에 속하는 트럭 운송은 상호작용과 고객화 수준이 낮고, 표준화된 운영 절차와 엄격한 매뉴얼 관리가 중요하다.

④ 상호작용과 고객화 수준은 낮지만 노동집약도는 높은 영역에는 소매업 등이 해당하며, 종업원의 역량이 서비스 성과에 중요한 역할을 한다.

⑤ 상호작용과 고객화 수준이 높고 노동집약도도 높은 영역은 고객의 다양한 문제 해결을 위해 표준화된 프로세스를 갖추는 것이 핵심이다.

09 카노의 품질 모형 구성 항목 중, 충족 시 큰 만족을 주며 불충족 시에도 불만족을 일으키지 <u>않는</u> 서비스 품질은?

① 일원적 품질   ② 당연적 품질
③ 무관심 품질   ④ 역 품질
⑤ 매력적 품질

10 서비스 품질의 삼박자라 할 수 있는 활동 중 성격이 가장 <u>다른</u> 하나는?

① 해결방안 제시   ② 서비스품질목표 설정
③ 개선의 필요성 입증   ④ 원인규명과 진단 절차 마련
⑤ 프로젝트의 진행절차를 구성

11 다음 중 서비스 청사진(Service Blueprint)과 관련된 설명으로 적절하지 <u>않은</u> 것은?

① 상호 작용 경계는 서비스 직원과 고객의 접촉이 이루어지는 지점을 의미하다.

② 내부 상호작용 경계는 고객과 후방부의 직원 간 상호작용이 이루어지는 지점을 의미한다.

③ 서비스 청사진은 품질 개선을 위한 도구로, 기존 공정 흐름도에 가시성 경계의 개념을 추가한 것이다.

④ 서비스 청사진은 고객의 행동, 전방부 직원 활동, 후방부 직원 활동, 지원 프로세스 등으로 구성된다.

⑤ 가시성 경계는 서비스 제공 과정을 고객이 직접 경험·관찰하는 영역과 고객에게 보이지 않는 준비과정으로 구분하는 역할을 한다.

12　다음 중 서비스 프로세스 개선을 위한 벤치마킹에 대한 설명으로 가장 적절한 것은?

① 전략 목표를 설정한 후 경쟁기업 또는 최우수 기업을 선정한다.
② 만족시키지 못한 고객 요구사항만을 대상으로 벤치마킹을 수행한다.
③ 경쟁 상대방의 성과 도출과정에 대한 방법론적 노하우보다는 성과비교에 집중한다.
④ 경쟁 기업 또는 최우수 기업이 더욱 잘 만족시켜주는 고객 요구사항만을 대상으로 벤치마킹을 수행한다.
⑤ 자사의 성과를 동종 산업 혹은 다른 산업의 우수한 기업의 성과와 비교·분석하여 개선의 여지가 있는 분야를 찾아 배운다.

13　프로세스 개선 도구 중 피시본 다이어그램(Fishbone Diagram)의 내용과 거리가 먼 것은?

① 문제해결에 집중하여 불필요한 의사결정을 줄여준다는 장점이 있다.
② 이름과 같이 물고기의 뼈 모양을 닮았기 때문에 물고기 뼈 도표라고도 불린다.
③ 인과관계를 규명하는 분석도구로서 특정 문제에 대해 가능한 많은 원인을 찾는 데 효과적이다.
④ 일본의 품질 전문가 카오루 이시가와에 의해 개발된 것으로 잘못된 결과에 대한 원인을 찾아 연결하는 것이다.
⑤ 프로그램에 관해서는 논리의 흐름을 특정한 기호를 사용해서 도식적으로 표현한 다이어그램 또는 블록 다이어그램이라고도 한다.

14　가치 공동 창조의 3가지 요소는 무엇인가?

① 고객, 기업, 상호작용　　　　② 고객, 기업, 경영자
③ 고객, 종업원, 기업　　　　　④ 기업, 경영자, 종업원
⑤ 기업, 상호작용, 경영자

15　전환 장벽에 대한 설명으로 거리가 먼 것은?

① 전환 비용이 작을수록 전환 장벽이 높아진다.
② 학습 비용이 증가하면 전환 장벽이 높아진다.
③ 탐색 비용이 증가하면 전환 장벽이 높아진다.
④ 사생활 위험이 적으면 전환 장벽이 낮아진다.
⑤ 성과 위험이 낮으면 전환 장벽이 낮아진다.

O / X형

[16~20] 다음 문항을 읽고 옳고(O), 그름(X)을 선택하시오.

16 서비스 청사진에서 고객 접점 직원과 지원 업무 직원 간의 상호작용을 구분하는 선을 외부 상호작용선이라고 한다.　　　　　　　　　　　　　　　　　　(① O　② X)

17 서브퀄 모형에서 서비스 품질 개선은 인지된 서비스에서 기대된 서비스를 빼면 된다.
　　　　　　　　　　　　　　　　　　　　　　　　　　　　(① O　② X)

18 서비스 품질 갭 모형에서 다섯 가지 격차가 클수록 서비스 품질이 우수하다.
　　　　　　　　　　　　　　　　　　　　　　　　　　　　(① O　② X)

19 피시본 다이어그램은 인과관계를 규명하는 분석 도구로 특정 문제에 대해 가능한 한 많은 원인을 찾는 데 효과적이다.　　　　　　　　　　　　　　　　　(① O　② X)

20 총체적 품질 경영에서 제품 품질의 개선을 위해 생산 및 경영 시스템은 중요하나, 직원들의 의식 수준까지는 중요하지 않다.　　　　　　　　　　　　　　(① O　② X)

연결형

[21~25] 다음 설명에 적절한 〈보기〉를 찾아 각각 선택하시오.

┤ 보기 ├				
① PQC	② 예방 비용	③ COQ	④ PDCA	⑤ 탐색 비용

21 품질 실패로 발생하는 비용과 품질 유지를 위해 추자하는 비용을 모두 포함하는 비용을 (　　　　　　　)(이)라고 한다.

22 (　　　　　　　)은 / 는 새로움 제품이나 서비스를 찾는 데 들어가는 시간, 노력, 비용의 부담 등을 말한다.

23 (　　　　　　　)(이)란 제품이나 서비스가 기준 품질 수준에 미달했을 때 발생하는 모든 직접적, 간접적 손실 비용이다.

24 품질 문제가 발생하지 않도록 사전에 예방하기 위해 투입되는 비용을 (　　　　　　)(이)라고 한다.

25 품질 경영 및 프로세스 개선을 위한 지속적인 개선 방법론으로 목표를 정해놓고 달성을 위해 행하는 것을 (　　　　　　)(이)라고 한다.

사례형

26 다음 내용은 제품서비스(Product Service)의 중요성을 설명하고 있다. 이 내용의 의미와 <u>다른</u> 것은?

> 지원 및 유지보수 서비스는 지속적으로 미국 경제의 중요한 부분으로 자리잡아가고 있으며, 제품수명주기 동안 초기구매의 최소 3배 이상의 거래금액이 발생하고, 초기 제품판매의 2배 이상의 수익을 창출하고 있다. 예를 들어 기계 및 장비 제조산업의 경우 최근 제품수익률은 1~2% 이하로 낮아진 반면에 수리, 스페어 부품, 보전 활동과 같은 판매 후 서비스 수익률은 10% 이상이다.

① 서비스는 독립적으로 이익을 창출하는 하나의 거래 활동이 될 수 있다.
② 공급자가 제공하는 제품 자체의 품질만이 경제적 거래의 핵심이라고 보기는 어렵다.
③ 제품 시장에서 경쟁 압력이 커질수록, 지원 서비시는 가치 창출의 핵심 차별 요인이 된다.
④ 경쟁사와의 차별화를 위해, 자사 제품을 보완해 줄 수 있는 잠재적 추가 서비스의 중요성이 더욱 커지고 있다.
⑤ 제품의 판매 이전부터 판매 이후부터, 고객 니즈 파악은 물론 정보 제공·품질 보증·각종 지원 서비스가 중요하다.

27 다음의 커피 전문점 S사의 서비스 프로세스에 관한 내용 중 가장 옳지 <u>않은</u> 것은?

> 커피 전문점의 대표적인 S사는 일정한 가격으로 한정된 종류의 커피 등을 판매한다. 구매를 원하는 고객은 카운터에서 정해진 메뉴 내에서 직접 주문, 계산한 후 주문한 음료가 나오면 이를 받아 자신이 원하는 자리에서 음료를 마시거나 테이크아웃 하여 나간다. 이러한 서비스 프로세스를 적용하기 위하여 종업원을 위한 매뉴얼 형태의 업무 수행 방법이 존재한다.

① 사례에서 S사의 서비스 프로세스는 매우 표준화된 프로세스를 제공하고 있다.

② 사례와 같은 서비스 프로세스를 주로 적용하는 경우는 검증된 효율적인 방법이 존재할 가능성이 높다.

③ 사례의 S사와 같은 경우 이질적인 태도와 능력을 지닌 종업원들의 업무수행을 균질화하기 위한 노력이 필요하다.

④ 고객이 요구가 다양하고 이질적인 경우에는 상당히 정형화된 사례와 같은 프로세스만을 제공할 경우 바람직하지 못한 성과로 나타날 수 있다.

⑤ S사와 같이 모든 고객에게 동일한 서비스 프로세스가 제공하는 경우, 서비스 제공자에게 많은 판단력이 요구되므로 종업원의 능력 수준이 높아야 한다.

28 다음 사례의 내용과 관련하여 서비스품질의 결정요인 모형인 갭(Gap) 모형 내용 중 가장 옳지 <u>않은</u> 것은?

> 세계적인 특송업체인 F사의 회장은 "99% 고객 만족으로는 불충분하다. 언젠가 100%의 고객만족을 주는 기업이 나타나면 고객은 바로 그 기업으로 옮겨갈 것이기 때문이다. 고객은 결코 2등 기업에는 애정을 베풀지 않는다."고 말했다.

① 사례는 Gap 2 해결을 위한 최고경영자의 헌신, 고객만족비전 몰입 등과 관련이 있다.

② Gap 2는 고객 기대에 대한 경영자의 지각과 조직의 서비스 품질 디자인과 명세서의 차이를 의미한다.

③ Gap 2는 고객 기대와 이에 대한 경영자의 지각 간의 차이가 존재하므로 시장조사방법의 개선 등이 필요하다.

④ Gap 2 해결을 위해서는 최고경영자의 인식이 서비스품질설계로 이어지기 위한 서비스 전달 프로세스의 표준화 등이 필요하다.

⑤ Gap 2 서비스 기업의 경영자들이 고객의 기대를 잘 알고 있다고 해도 이러한 기대를 충족시키는 수단을 발견하기 어렵기 때문에 발생하기도 한다.

29 서비스 품질관리의 갭(Gap) 분석 모형에서 제시한 다양한 갭 해결방안들 중, 다음 사례에서 제시된 갭 해결방안은?

> • 디즈니랜드는 파트타이머까지도 체계적으로 철저하게 교육하는 것으로 유명하다. 디즈니는 일단 직원을 선발할 때 1년이상 2년 단위로 모집하여 교육을 통해 디즈니의 사업철학을 소개하고 사업에 동화시키며 흥미롭게 작업할 수 있는 환경을 만들어준다.
> • 심지어 청소직원들의 교육에도 4일을 투자한다. 흩어진 팝콘이나 포장지를 청소하는 업무에 대해서는 단 2시간이면 충분하지만 실질적인 교육은 그 외의 것에 있다. 대부분의 시간 동안 그들은 고객들이 질문을 했을 때 어떻게 응답해야 하는지에 대해서 교육받는다.
> • 이러한 교육은 철저한 조사와 분석을 통해서 이루어지는데, 내부적으로 진행되었던 조사에 의하면 고객들이 전문 안내담당 직원보다 청소직원들에게 질문하는 경향이 5배 정도 더 크다고 나타났기 때문이다.

① 팀워크 향상
② 관리층의 축소
③ 역할 갈등 해소
④ 종업원 − 직무간 적합성 보장
⑤ 고객과의 커뮤니케이션 향상 노력

30 다음은 이웃들 간의 대화이다. 대화에 관한 내용 중 가장 옳지 <u>않은</u> 것은?

> A : "이번에 이사를 가야해서 이사 업체를 선정하려 하는데 어디가 좋을지 잘 모르겠어요. 너무나 많은 업체들이 있고, 이들 업체에 대한 고객들의 평이 다양하더라구요."
> B : "그러게요, 저도 지난번에 이사를 할 때, 우수업체라고 소개를 받아서 했는데 막상 제가 이사를 할 때는 일하시는 분들이 너무 성의없이 대충 하시는 거 같아서 그 업체를 다시는 이용하기 싫더라구요."
> C : "전 그래서 이사 업체 같은 거를 선정할 때, 단순히 업체명을 보고 선택하지 않고 그 업체 안에서 실제로 일하시는 팀장님 중 기존 고객분들에게 평이 좋은 분을 찾고 있어요."

① A의 말을 통해 볼 때, 이사 서비스와 같은 서비스 품질은 주관적이기 때문에 객관화하여 측정하기 힘들다는 것을 알 수 있다.
② B의 말을 통해 볼 때, 서비스 품질은 서비스 전달이 완료되기 이전에 검증되기가 힘들다는 것을 알 수 있다.
③ C의 말을 통해 볼 때, 서비스 품질측정을 위해 기존 이용 고객으로부터의 데이터 수집이 필요할 수 있다.
④ 이러한 서비스 품질에서 고객은 서비스를 받는 주체로 서비스 프로세스에는 영향을 미치지는 않는다.
⑤ 이사 서비스와 같은 서비스는 생산과 소비가 동시에 이루어지는 성격이라 할 수 있다.

통합형

[31~32] 다음의 사례를 읽고 물음에 답하시오.

> 미국의 한 병원에서 있었던 일이다. 병원장은 다음과 같은 경험을 들려주었다.
> "어느 날 응급실에서 천식 환자를 돌보고 있는 의사와 차트를 보며 이야기하고 있었다. 그 의사는 환자에게 정맥주사를 처방했다. 내가 '왜 이 주사를 선택했나요?' 라고 묻자, 그는 '이것이 병원 정책입니다.' 라고 답했다. 그러나 나는 그런 정책이 없다는 사실을 알고 있었기에 놀랐다."
> 비슷한 일은 또 있었다. 몇 달 전, 레지던트 A가 인턴 B에게 말했다.
> "이것이 내가 사용하는 천식 처방 방법이다."
> 다음 달 회진에서 인턴 B는 레지던트 C에게 말했다.
> "이것이 레지던트 A가 사용하는 천식 처방법입니다."
> 그리고 그 다음 달, 레지던트 C는 인턴 D에게 말했다.
> "이것이 우리가 사용하는 천식 처방법이다.
> 마침내 인턴 D는 인턴 E에게 말했다.
> "이것이 천식 환자를 치료하는 우리 병원의 정책이다."
> 이와 같이 (A)＿＿＿＿ 이(가) 발생하게 되며, 이는 서비스 프로세스가 점점 형식적·관습적으로 굳어져 진부화되는 주요 원인이 된다. 이러한 문제는 정책 매뉴얼이 미흡한 조직에서 자주 나타난다.

31 위의 사례와 같이 서비스 프로세스가 진부화되어 프로세스의 재설계가 필요함을 알려주는 징후로 적절하지 <u>않은</u> 것은?

① 예외의 증가
② 서비스 실패의 증가
③ 많은 양의 정보 교환
④ 유용하지 않은 데이터
⑤ 서비스 프로세스에 대한 높은 수준의 통제 활동

32 서비스 프로세스의 진부화를 발생시키는 내부 원인들 중 하나로서 밑줄 친 (A)에 들어갈 적당한 것은?

① 서비스 혁신
② 고객의 불만
③ 서비스 종업원의 불만
④ 의도치 않은 비공식적인 규범
⑤ 서비스 종업원의 자기 주도성

SMAT
Module C
서비스 운영전략

서비스 공급 및 수요관리

Part 03. 서비스 공급 및 수요 관리

• 서비스 수요예측과 공급조절을 통해 운영 효율성을 높이는 방법을 학습합니다.

• 대기행렬과 인력관리 등 수요 변동 대응 전략을 익혀야 합니다.

• 수율 관리와 가격 관리 개념을 이해하여 수익 극대화 방안을 연구합니다.

• 서비스 기대 관리 전략은 고객 경험 성과와 직결됩니다.

• 예측–조정–평가 과정이 핵심 구조이므로 흐름 이해가 필수입니다.

Chapter 01 서비스 수요 관리 및 예측

01 서비스 수요 관리의 이해

1 서비스 수요 관리의 개념

(1) 아무리 만족도가 높은 서비스라 하더라도 특정 시점에 고객이 한꺼번에 몰리면 고객이 원하는 시기에 서비스를 제공받지 못하게 되고, 이는 결국 충성 고객의 이탈로 이어질 수 있다.

(2) 따라서 성수기·비수기의 차이, 명절이나 특정 기간에 발생하는 수요 급증(ex 택배 물량 증가) 등을 사전에 예측하고 조절·통제하는 활동이 서비스 수요 관리이다.

(3) 서비스 수요는 동일한 시간 단위로 비교할 때 제품 수요에 비해 시간적 변동성이 매우 크므로, 이를 체계적으로 관리할 필요가 있다.

2 서비스 수요 관리의 특징 ✿✿✿

특징	핵심 내용	서비스 사례
변동성	• 서비스 수요는 특정 시점에 집중되거나 시간대별로 급격한 변동을 보임. • 수요예측의 어려움을 유발	• 병원 응급실 주말·야간 집중 • 항공 / 호텔 성수기 폭증 • 카페 주말 vs 평일 매출 차이
재고 관리의 어려움	• 서비스는 저장이 거의 불가능 • 생산과 소비가 동시에 진행됨. • 즉시 제공하지 못하면 수요 자체가 사라짐.	• 공연 좌석 빈자리 = 손실 • 병실 / 호텔 객실 판매되지 않으면 매출 손실 • 헤어숍 예약이 비면 바로 기회 손실
양성과 이질성	• 고객 요구·서비스 유형이 다양 • 표준화가 어렵고 공급 능력 조절이 어려움.	• 항공사: 비즈니스, 일반석, 특가 등 복합 수요 • 외식업: 가족 / 혼밥 / 배달 등 동시 요구 • 병원: 환자 유형·진료 과목 다양
시간·공간 제약	• 원하는 시간·장소에 제공되어야 함. • 공간 이동이 어렵고 특정 시간 대 집중이 발생 • 시간·장소 맞추지 못하면 비용 증가	• 택배: 명절 집중 배송 지연·인력 부족 • 택시·대중교통 러시아워 집중 • 배달앱 지역별·시간대별 배달료 차등

02 서비스 수요 예측 기법

1 수요 예측의 개념

(1) 수요 예측(Demand Forecasting)이란 언제, 어느 정도의 서비스가 이용·판매될 것인지를 미리 전망하는 활동, 즉 수요량과 수요 시점을 예측하는 활동이다.

(2) 정확한 수요 예측을 바탕으로 공급 계획을 수립해야 과잉 공급이나 공급 부족을 예방할 수 있으므로 수요 예측은 필수적이다.

(3) 수요 예측이 부정확하면 공급 계획 역시 잘못되고, 적시에 필요한 서비스를 제공하지 못해 다른 경영 기능 전반에 연쇄적 영향을 초래할 수 있다.

(4) 서비스 수요는 시간 단위에 따른 변동성이 매우 크므로 세분화된 시간 단위별 예측이 효과적이다.

(5) 수요 예측 기법은 정량적(Quantitative) 방법과 정성적(Qualitative) 방법으로 구분된다.

◈ 정량적 예측 방법과 정성적 예측 방법의 비교 ✿✿

구분	정성적 예측 방법	정량적 예측 방법
특징	• 소수의 고객·전문가 의견을 심층적으로 파악 • 경영자 판단, 전문가 의견, 마케팅 정보, 시장 조사 등을 주관적으로 종합해 미래 수요를 예측하는 방식	• 과거의 구매·이용 데이터를 활용해 통계적 계량적으로 수요를 예측 • 대표성 있는 표본을 대상으로 구조화된 설문을 통해 양적 자료 수집
장점	• 현장 경험 기반의 현실적 예측 가능 • 명확성과 유연성, 신속성 확보 • 고객 니즈에 대한 심층 분석 가능 • 비교적 비용이 적게 듦.	• 데이터 기반의 객관성 확보 • 대표성 있는 결과와 통계적 신뢰도 평가 가능 • 다양한 통계 기법 적용으로 복합적 분석 가능
단점	• 전체 시장을 완전히 대표하지 못할 수 있음. • 주관적 판단에 의존하여 근거 부족 가능 • 환경 변화 반영에 한계 • 장기 예측 신뢰도가 낮을 수 있음.	• 자료 수집·조사에 시간과 비용 소요 • 표본 조사 한계로 인과관계가 불분명할 수 있음.

② 정성적 예측 기법

구분	내용	서비스 사례
정성적 예측을 사용하는 경우	• 과거 데이터 부족 / 신규 서비스의 경우 • 환경 변화가 크고 과거 데이터 의미가 약한 경우 • 다양한 변수의 복합 영향이 클 때	• 신규 관광 상품 출시 • 신메뉴 / 신브랜드 런칭 • 메타버스 서비스 도입
지명집단기법	• 전문가 8~12명 토론·투표로 수요 추정 • 내부 부서 및 외부 전문가·주요 고객 참여	• 신규 호텔 서비스 도입 시 전문가 자문회의 • 항공 신규 노선 수요 추정
델파이 기법	• 전문가 다수에게 반복·익명 의견 수집 • 통계 분석 후 의견 수렴 • 합의 도출까지 반복	• 관광산업 미래 수요 전망 • 의료서비스(새 진료와 개설 수요)
시장 조사법	• 인터뷰·설문을 통한 시장 데이터 수집 • 정확성 높은 강점, 장비·시간 비용 큼.	• 백화점 신규 브랜드 입점 전 수요 조사 • 테마파크 신규 어트랙션 도입조사
역사적 유추법	• 과거 신입 / 경쟁사 실적 분석해 패턴 일반화 • 매출·이용량 등 비교 후 미래 수요 추정	• 타 도시 관광특구 실적 → 신규 지역 개발 예측 • 경쟁 병원의 진료과 실적 분석
사다리 기법	• 제품 속성 → 이유 → 결과 → 가치 탐색 • 고객 숨겨진 동기·심리 파악	• 호텔 '럭셔리 룸' 이용 심층 인터뷰 • 스파 서비스 이용 가치 탐색
판매원 의견예측법	• 판매원 의견 취합 • 제품별·지역별 시황 파악 용이 • 이해관계·전문성 차이 단점	• 여행사 지역 영업소 판매예측 • 화장품 로드숍 매장별 수요 예측

③ 정량적 예측 기법

정량적 예측 방법은 과거 수요 정보를 바탕으로 미래의 수요를 예측하는 방식으로, 시간 경과에 따른 데이터를 활용한다는 점에서 '시계열 분석(Time-series Analysis)'이라고 부른다. 시계열 자료란 일정한 시간 간격(일·월·분기 등)으로 수집된 관측 자료를 말하며, 예를 들어 일별 구매량, 분기별 구매량 등이 시계열 자료에 해당된다. 정량적 예측은 이러한 시계열 자료의 추세(Trend), 계절성(Seasonality), 순환성(Cyclicality), 불규칙성(Irregularity) 등을 시각적으로 파악하고, 과거 패턴을 기반으로 미래 수요를 전망하는 방법이다.

(1) **단순 변동만 있는 경우**: 별다른 추세나 규칙성이 없이 단순한 오르내림(변동)만 존재하는 경우, 과거 평균값을 미래 수요의 예측치로 사용하는 방법이 적합하다. 특별한 변화 패턴이 존재하지 않는다면, 과거 수요의 평균이 곧 미래 수요의 예상값이 되며, 이를 위해 단순 산술평균, 이동 평균법, 지수평활법 등의 기법을 활용할 수 있다.

① 산술 평균법(Arithmetic Mean Method)

🔷 산술 평균법의 한계점

구분	한계 내용
데이터베이스의 유지 비용	과거 데이터를 계속 보관해야 하므로 시간이 지나면서 데이터 저장 및 관리 비용이 증가
자료의 진부화	과거 자료 중심의 예측 방식으로 인해 변화된 현재 환경이나 시장 상황을 반영하기 어려움.
최근 정보의 가치 하락	최근 데이터가 예측에 더 중요함에도 불구하고 모든 시점 데이터를 동일한 비중으로 처리하여 최근 정보의 영향이 약화됨.

예제

다음은 어떤 카페의 최근 3개월 간 주말 하루 평균 방문객 수이다. 4월의 방문객 수를 산술 평균법을 이용하여 예측하시오.

월	1월	2월	3월	4월
방문객 수	90	110	100	?

해설

1단계 : 산술 평균법 기본 식

미래 수요(4월 예측) = 과거 수요의 합 ÷ 기간 수

$$4월\ 예측값 = \frac{1월\ 수요 + 2월\ 수요 + 3월\ 수요}{3}$$

2단계 : 숫자 대입

$$4월\ 예측값 = \frac{90 + 110 + 100}{3}$$
$$= \frac{300}{3}$$
$$= 100$$

② 이동 평균법(Moving Average Method)

    ㉠ 이동 평균법은 가장 오래된 자료를 제고하고 가장 최근의 자료를 추가하여 평균값을 계속 갱신함으로써 미래 수요를 예측하는 방법이다.

    ㉡ 새로운 자료가 들어올 때마다 오래된 자료는 제외되므로, 항상 동일한 수의 데이터(고정된 표본 크기)를 유지한다는 특징이 있다.

    ㉢ 이동 평균을 계산하기 위해서는 최근 몇 개의 자료를 사용할 것인지 기간을 설정해야 하며, 이 기간을 일반적으로 m값으로 표시한다.

    ㉣ m값이 작을수록 최근 자료의 영향을 더 크게 반영하여 예측치가 수요 변동에 민감하게 반응하며, 반대로 m값이 커질수록 단기 변동의 영향이 줄어들어 안정적 예측이 가능하다.

다음은 A서비스의 최근 4개월 동안의 수요 자료이다. 기간은 m = 4 로 설정되었을 때, 5월의 수요를 이동평균법으로 예측하시오.

월	1월	2월	3월	4월	5월
실제 수요	100	80	120	100	?

이동 평균법 일반식

$$\hat{F}_{t+1} = \frac{Y_t + Y_{t-1} + Y_{t-2} + \cdots + Y_{t-(m-1)}}{m}$$

위 식의 t = 4(4월 기준)

$$\hat{F}_5 = \frac{Y_4 + Y_3 + Y_2 + Y_1}{4}$$

$$= \frac{100 + 120 + 80 + 100}{4}$$

$$= \frac{400}{4}$$

$$= 100$$

③ 지수 평활법(Exponential Smoothing Method)

㉠ 지수평활법은 지수적(가중) 평균을 이용하여 미래 수요를 예측하는 정량적 기법이다.

㉡ 실제 실적치와 기존 예측치가 각각 어느 정도로 반영될 것인지를 결정하는 지수평활상수를 설정해야 하며, 현재 실적치에는 α만큼, 기존 예측치에는 $(1-α)$만큼의 가중치를 부여하여 차기 예측치를 산출한다.

a(지수 평활 상수)값의 결정

- a값의 설정은 기업의 상황, 데이터의 특성, 예측 목적 등을 고려하여 신중하게 결정해야 한다.
- 일반적으로 0.01~0.3 범위에서 많이 사용하며, 수요가 불안정하거나 급격한 변동이 있는 경우에는 0.5~0.9와 같이 더 큰 값을 적용하기도 한다.
- 수요 패턴이 안정적(변동 적음)일수록 α값을 작게 설정하여 과거 예측치를 더 많이 반영하는 것이 바람직하며, 수요 변동성이 크고 동태적인 경우에는 α값을 크게 하여 최근 실제 수요를 더 크게 반영하는 것이 적합하다.
- 수요 추세는 확률적이고 임의적 변동을 가지므로, 예측치의 평활화를 위해 대체로 0.005~0.3 사이의 값을 사용하는 것이 일반적이다.

차기 예측치 = 당기 예측치 + a(당기 실적치 − 당기 예측치)
= 당기 예측치 + a × 당기 실적치 − a × 당기 예측치
= a × 당기 실적치 + (1 − a) × 당기 예측치
= a × A_{t-1} + (1 − a) × F_{t-1}

(2) 단순 변동에 추세가 있는 경우

① 단순 변동뿐 아니라 시간의 흐름에 따라 일정한 방향성을 보이며 증가하거나 감소하는 경향이 나타나는 경우를 말한다.

② 추세는 일정하게 증가하는 경우도 있고, 반대로 지속적으로 감소하는 경우도 있는데, 증가 추세가 있을 때에는 과거 평균값에 추세 증가분을 더해 미래 수요를 추정하며, 감소 추세가 있을 경우에는 추세 감소분을 차감하여 예측값을 산출한다.

③ 이때 기본이 되는 평균값은 앞서 설명한 이동평균(Moving Average) 또는 지수평활값을 이용하여 계산할 수 있다.

(3) 단순 변동에 계절성이 존재하는 경우

① 계절성이란 4분기, 월별, 주별 등 일정 주기를 기준으로 보았을 때 기간별로 규칙적인 수요 패턴의 차이가 반복해서 나타나는 현상을 의미한다.

② 계절 변동이 존재하는 경우, 미래 수요 예측은 기본적으로 과거 평균값에 해당 기간의 계절 지수를 곱하여 산출한다.

③ 즉, 수요가 높아지는 계절에는 평균값에 1보다 큰 계절지수를 곱하여 증가 효과를 반영하고, 수요가 낮아지는 계절에는 1보다 작은 계절지수를 곱하여 감소 효과를 반영한다.

④ 여기서 사용하는 "계절지수(Season Index)"는 각 계절의 상대적 수준을 의미하는 값으로, 모든 계절의 평균 수준을 1을 기준으로 했을 때, 평균보다 높은 계절은 1보다 크고, 평균보다 낮은 계절은 1보다 작은 값을 갖는다.

---

ex

$a = 0.4$ 라고 가정하고, 단순 지수 평활법에 의한 수요 예측을 계산해 보면 아래의 표와 같다.

🟦 지수 평활법에 의한 예측 수요량 계산

월	실제 수요량	예측치	다음 달 수요 예측치
1	10	11	$0.4 \times 10 + 0.6 \times 11.0 = 10.6$
2	12	10.6	$0.4 \times 12 + 0.6 \times 10.6 = 11.2$
3	13	11.2	$0.4 \times 13 + 0.6 \times 11.2 = 11.9$
4		11.9	

Chapter 02 서비스 공급 관리

01 서비스 공급 관리 ✵✵✵

1 서비스 공급 관리의 이해

(1) 서비스 공급 관리의 개념

① 서비스 공급 수준은 예측된 수요에 적절히 대응할 수 있어야 하며, 고객이 요구하는 시점에 서비스를 제공할 수 있는 공급능력이 필요하다.

② 장기적으로는 서비스 공급 능력이 수요를 초과하는 것이 안정적인 운영과 서비스 품질 확보 측면에서 바람직하다(수요가 공급보다 과도하게 큰 상태는 서비스 품질 저하, 대기 시간 증가 등의 문제로 이어짐).

③ 서비스 공급 방식은 크게 조직 내부에서 공급 능력을 직접 확보하는 방식과 외부에 서비스를 주문하는 고정 주문 방식 또는 일회 주문 방식으로 구분될 수 있다.

(2) 서비스 공급 수준이 수요에 대응할 수 없을 때 발생되는 현상 ✵

① 서비스 제공 시간이 부족해지면, 필수 서비스만을 최소 수준으로 제공하고, 시간 소모적 요소는 제거하려는 경향이 나타난다. 이는 단기적으로는 임시 대응이 가능하지만, 장기적으로는 고객 불만과 서비스 품질 저하로 이어진다.

② 고객의 대기 시간이 증가하면 일부 고객은 불만을 느끼고 거래를 중단하거나 이탈하게 되며, 장기적으로는 수요 감소로 연결될 수 있다.

③ 수요가 급증하면 서비스 제공자는 공급속도를 높이려는 노력을 하게 되고, 장기적으로 공급 능력이 확대될 수 있다. 그러나 대부분의 서비스 제공능력은 단기적으로는 고정된 상태이므로 대기·혼잡·불편을 감수하는 상황이 발생한다.

④ 대기 시간이 길어질수록 고객은 자신의 구매 의사결정을 다시 고려하게 되고, 이는 구매 연기, 대체 서비스 이용, 혹은 구매 취소 등으로 이어지게 된다.

(3) 서비스 공급 모형 ✵✵

모형	내용	주요 전략
자체 공급 모형	예측된 수요에 대응하기 위해 조직 내부에서 직접 공급 능력을 확보하는 방식	• 수요 추구형 전략 • 공급 평준화 전략 • 혼합 전략
주문 공급 모형	외부 공급자에게 주문(계약)을 통해 공급량을 확보하는 방식	• 고정 주문량 모형 • 고정 주문 간격 모형
일회 주문 모형	특정 시점에만 필요한 서비스 자원을 일시적으로 외부에서 조달하는 방식	• 유통 기한이 짧거나 특정 기간(명절·이벤트·성수기)에 수요가 집중되는 서비스에 적용 • 총비용 최소화 전략 적용

02 자체 공급 모형

1 수요 추구형 전략 ☆☆

구분	내용
정의	수요 예측치의 변동에 따라 공급(인력·설비)을 탄력적으로 증감시키는 전략
장점	공급 초과 / 부족 문제가 없으며 재고가 발생하지 않음.
단점	인력 채용·해고, 임시 추가 인력 운영 등 인력관리 비용 증가

	서비스 사례
호텔	• 성수기에는 객실 정비 인력, 체크인 직원, F&B 직원을 단기 인력 채용 • 비수기에는 계약 종료 또는 인력 감축 → 수요 변동에 따라 인력을 즉시 조정하는 방식
항공사	• 여름 휴가철 및 명절 시즌에 단기 승무원·지상직 인력 채용 • 비수기에는 운항 횟수 축소 및 인력 최소화
외식 / 카페	• 주말에는 아르바이트 추가 배치 • 평일에는 최소 인원으로 운영
택배 / 물류	• 명절 및 블랙프라이데이 기간 임시 배송기사 투입 • 평상시에는 정규 인원으로 운영

2 공급 평준화 전략 ☆☆

구분	내용
정의	수요 변동과 상관없이 일정한 수준의 공급 능력을 유지하는 전략
장점	인력·설비 운영의 안정성과 예측 가능성이 높아 장기 운영에 유리
단점	수요가 급증하면 대기시간·혼잡·품질 저하 발생, 수요가 감소하면 설비·인력이 유휴 상태가 되어 비효율이 생김.

구분	서비스 사례
병원	감기 시즌(겨울철), 독감 유행 등 특정 기간 수요가 급증해도 연중 일정한 의료진 규모로 운영 → 성수기엔 대기시간 증가, 비수기엔 시설·인력 유휴
방송 공연시설	공연장은 기본 인력과 스튜디오를 유지한 상태에서 시즌별 프로그램 수요 변화와 관계없이 기본 공급 유지
은행 공공기관	금융기관, 주민센터 등은 평일 / 계절과 관계없이 정해진 인력 / 창구 수만 운영 → 점심시간·월말·연말엔 대기 증가
항공사	국제선 / 국내선 일정 편수는 유지하되 성수기 수요 급증 시 '좌석 부족·비싼 요금·대기 길어짐' 발생
호텔 레저시설	• 객실 정비, 프런트 인력은 기본 정규직만 유지 • 피크 시즌에도 추가 인력없이 운영 → 서비스 지연·대기 증가

③ 혼합 전략

구분	내용
정의	수요 추구형 전략과 공급 평준화 전략을 상황에 맞게 적절히 혼합하여 총비용이 최소가 되는 운영 방식
핵심 원리	유지 비용이 낮은 공급요소는 수요 추구형으로, 유지 비용이 높은 요소는 공급 평준화 전략으로 관리
장점	수요 대응력과 운영 안정성을 동시에 확보 가능
단점	운영 설계 복잡, 관리 의사결정 수준 요구

④ 공급 계획을 위해서 수집할 데이터

데이터 구분	주요 내용	설명
수요 데이터	수요 예측치, 기초 재고	• 특정 기간의 수요 예측치를 확인하고 • 기초 재고를 고려하여 필요한 공급량 산정 • 수요 예측 − 기초 재고 = 필요 공급량
비용 데이터	인건비, 재고 관리비, 재고 부족비용 등	• 공급량과 방법을 결정할 때 경제성 분석을 위해 필요한 비용 정보 • 인력비, 유지비, 부족 비용 등을 포함
용량 데이터	공급 가능량, 공급 순서, 공급 원칙	• 현재 보유하고 있는 공급 능력의 수준 및 한계 • 공급 가능량을 기반으로 공급계획 수립

03 주문 공급 모형 ☆☆

1 기본 개념

(1) 주문 공급 모형은 자체적인 공급 능력(설비·인력 등)이 충분하지 않은 기업이 외부 공급자를 통해 필요한 공급량을 조달하는 방식이다.

(2) 이 방식은 언제 주문할 것인지(주문 시기)와 얼마나 주문할 것인지(주문량)를 결정하는 것이 핵심이다.

(3) 주문량을 기준으로 계획하는지, 또는 주문 시점을 기준으로 계획하는지에 따라 고정 주문량 모형, 고정 주문 간격 모형으로 구분된다.

2 고정 주문량 모형

(1) 기본 개념

① 고정 주문량 모형은 주문할 때마다 일정한 주문량을 유지히고, 주문 시점이니 주문 간격은 수요 변화에 따라 유연하게 조정하는 방식이다.

② 이를 적용하기 위해서는 수요 변화, 재고 수준, 공급 소요시간 등을 지속적으로 모니터링하여 적절한 재주문 시점을 판단할 수 있는 통제 시스템이 필요하다.

③ 즉, 이 모형은 '얼마나 주문할 것인가'는 고정하고, '언제 주문할 것인가'를 결정하는 모형으로 주문량과 재주문 시점 결정이 핵심이다.

(2) 주문량의 결정

① 주문량을 결정할 때 가장 널리 사용되는 기준은 경제적 주문량 모형(EOQ : Economic Order Quantity)이다.

② EOQ 모형은 구매비용, 주문비용, 재고유지비용 등을 모두 고려하여, 이들 비용의 합이 가장 최소가 되도록 하는 최적 주문량을 찾는 모형이다.

③ EOQ 모형의 기본 가정 ☆☆☆
   ㉠ 수요가 일정하다
   ㉡ 리드 타임(Lead time : 주문 → 배송)이 일정하다.
   ㉢ 단위 구매가격이 일정하다.
   ㉣ 재고 부족이 발생하지 않는 것으로 가정한다.

🔷 시간에 따른 재고 수준

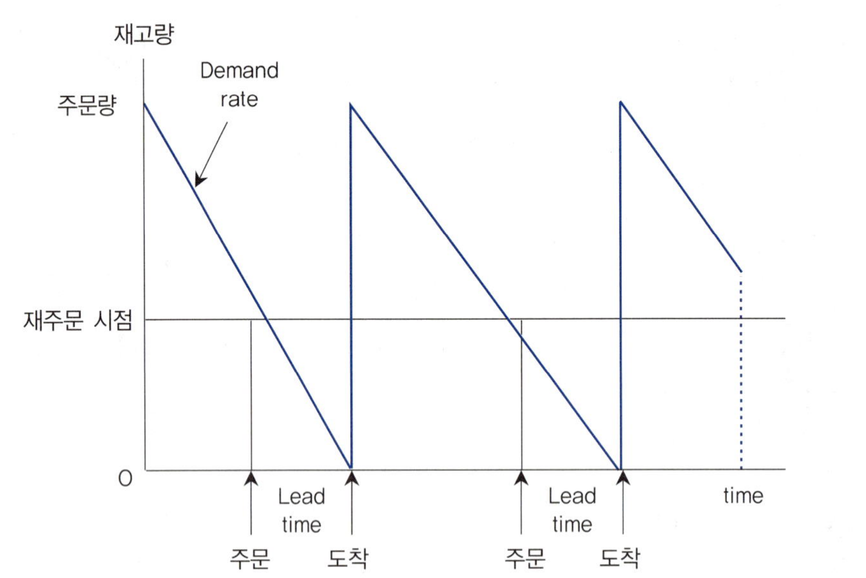

- 주기(Cycle Time)는 한 번 주문한 물량이 도착한 시점부터 다음 주문 물량이 도착할 때까지 걸리는 시간을 의미한다.
- 재고 수준은 일정한 수요량 D에 따라 시간이 지날수록 일정한 속도로 감소한다는 가정을 한다.
- 미리 설정해 둔 재고 수준(재주문점, Reorder Point) 이하로 재고가 감소하면 즉시 다시 주문(r)을 발주하는 형태로 재고가 주기적으로 보충되는 구조를 가진다.

(3) 재주문 시점(ROP : Reorder Point)의 결정 ✿

① 재주문 시점(ROP)은 언제 새로운 주문을 발주해야 할 것인가를 결정하는 기준점을 의미한다.

② 재주문 시점은 주문 발주 시점부터 물품이 실제 도착하기 전까지 걸리는 리드타임(Lead Time) 동안 발생할 것으로 예상되는 수요량을 기준으로 결정한다. 즉, 리드타임 동안 소요될 수요를 충족하기 위한 최소 재고 수준이 재주문점(ROP)이다.

> **예제**
>
> 어떤 서비스 재고의 일일 평균 수요가 10건이고, 주문 후 도착까지의 리드 타임이 10일 소요된다. 이 경우 언제 재주문을 해야 하는가?
>
> **해설**
>
> 재주문시점(ROP)은 아래 공식에 따라 계산한다.
>
> $$ROP = d \times L$$
>
> 여기에 수치를 대입하면, ROP = 10 × 10 = 100이다. 따라서 현재 재고가 100건 정도 남았을 때 재주문을 발주하면, 리드 타임 동안 소비될 수요를 충분히 충족할 수 있으므로 재고 부족없이 공급이 가능하다.

Key Insight

실제 수요의 변동성에 따른 재주문 시점의 결정

- 실제 수요는 평균 수요보다 더 많거나 적을 수 있어 수요의 불확실성이 존재한다. 특히 리드타임 동안 실제 수요가 평균보다 많을 경우 재고 부족이 발생할 수 있으므로 이를 방지할 안전장치가 필요하다.
- 이러한 상황에 대비하여 추가적으로 보유하는 재고를 안전재고라고 한다.
- 따라서 재주문점(ROP)은 리드타임 동안의 평균 수요 + 안전재고를 더한 수준으로 결정한다.

$$\text{ROP} = 7^* = (\text{LT 동안의 평균 수요}) + Z(\text{LT 동안 수요의 표준 편차})$$

3 고정 주문 간격 모형

(1) 기본 개념

① 고정 주문 간격 모형이란 주문의 간격은 일정하게 유지하되, 주문량을 유연하게 조정하는 방식이다.

② 이 모형은 일정한 간격마다 재고를 확인하고, 그 시점에 부족한 만큼 주문하는 주기적 통제 방식을 필요로 한다.

③ 주문 간격(검사 간격)은 회사의 재고 정책이나 거래 조건, 계절성 등 기업 내부 방침 및 시장 환경에 의해 결정된다.

④ 이 모형에서 매 회 결정되는 주문량을 POQ(Periodic Order Quantity : 주기적 주문량)이라고 하며, 주문할 때마다 주문량은 달라진다.

⑤ 고정 주문 간격 모형은 수요 변동이 존재하는 상황을 전제로 하며, 리드타임은 일정하다고 가정한다.

(2) 고정 주문 간격 모형의 장·단점

구분	내용
장점	• 정해진 간격마다 재고를 확인하므로 재고 통제 비용이 상대적으로 적다. • 동일한 공급자에게 반복적으로 주문하게 되어 주문 비용이 감소한다.
단점	• 주문 시점까지 재고를 유지해야 하므로 안전재고 수준이 높아진다. • 관리 기간이 리드타임(LT)에서 주문 간격(OI) + LT로 늘어나 안전 재고가 추가적으로 필요하다. • 주문 시점이 고정되어 있어 상황에 따른 주문 조정이 어려워 유연성이 낮다.

4 일회 주문 모형

(1) 기본 개념 ✿✿

① 일회 주문 모형은 특정 기간에만 수요가 발생하고 이후에는 재수요가 거의 없는 서비스나 제품에 대해 한 번만 주문량을 결정하는 모형이다. 이 경우 주문 시점은 별도로 고려 할 필요가 없고, 주문량 결정이 핵심이 된다.

② 명절, 성수기, 휴가철처럼 일회성 수요가 집중되는 서비스에 적용되며, 해당 기간이 종료되면 추가적인 수요가 발생하지 않는 것이 특징이다.

③ 수요보다 공급량이 부족하면 판매 기회 손실이 발생하고, 반대로 공급량이 초과하면 폐기·처분 비용이 발생할 수 있다. 따라서 수요 예측의 정확성이 매우 중요하다.

(2) 일회 주문 모형에 따른 주문량 결정 방법

① 일회 주문 모형은 한계분석(Marginal Analysis)의 개념을 기반으로 주문량을 결정한다. 한계 분석이란 한 단위를 추가로 주문하거나 제공했을 때 추가 이익 또는 추가 손실을 비교하여 의사결정을 내리는 방법이다.

② 따라서 일회 주문 모형에서 최적 주문량은 '추가로 주문했을 때 기대되는 한계이익과 기대되는 한계손실이 같아지는 시점'에서 결정된다.

$$C_e P(Q) = C_s [1 - p(Q)]$$

$$P*(Q) = \frac{C_s}{C_s + C_e}$$

- 한계 부족 비용(C_s) : 한 단위만큼의 공급 부족으로 인해 실현되지 못하는 이익
- 한계 초과 비용(C_e) : 한 단위만큼의 공급 초과로 인해 발생한 손실이며, 비용에서 잔존 가치를 제한 값

예제

크리스마스 기간 동안만 발생하는 서비스에 대한 일회 주문량을 구해보자.
- 단위당 판매 가격이 10,000원
- 단위당 구매 비용이 7,000원
- 단위당 잔존 가치 3,000원
과거의 경험을 통해 수요가 나타날 확률은 아래의 표와 같다고 최적의 일회 주문량은 얼마인가?

수요	확률	누적 확률
0~34	0.0	0.0
35	0.1	0.1
36	0.15	0.25
37	0.25	0.5
38	0.25	0.75
39	0.15	0.9
40	0.1	1.0
41-	0.0	1.0

해설

1단계 한계이익(Cu), 한계 손실(Co)을 계산
√ 한계이익(부족 시 손실) : Cu = p − c = 10,000 − 7,000 = 3,000
√ 한계손실(초과 재고 손실) : Co = c − v = 7,000 − 3,000 = 4,000

2단계 임계비율(Critical Ratio, CR) 계산

$$CR = \frac{C_u}{C_u + C_o} = \frac{3,000}{3,000 + 4,000} = \frac{3}{7} \approx 0.4286$$

임계비율 0.4286을 최초로 넘어서는 누적확률은 0.50, 해당 수요는 37

본 사례에서 부족 시 발생하는 한계이익(Cu)은 3,000원이고, 초과 시 발생하는 한계손실(Co)은 4,000원이므로, 임계비율은 약 0.4286으로 계산된다. 누적 확률 중에서 이 값을 처음으로 초과하는 수요 수준이 37이므로, 일회 주문 모형에 따른 최적 주문량은 37이다.

04   서비스 수요 – 공급의 관리

1 서비스 수요 – 공급의 불일치로 인해 발생되는 상황 ✸✸

서비스 수요 – 공급

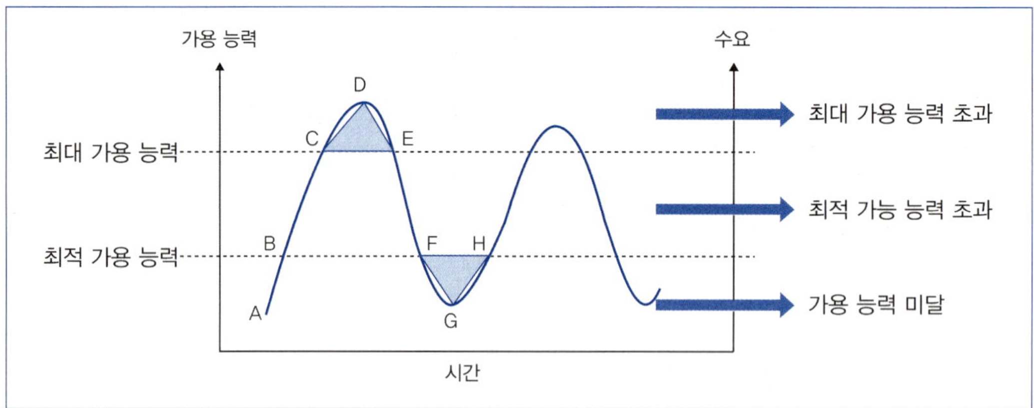

구분	정의	기업 측 영향	고객 측 영향	서비스 사례
과잉 수요	고객 수요가 최대 공급 능력을 초과	더 이상 고객 수용 불가, 수익 기회 상실(기회비용 발생)	예약 불가, 이용 불가	• 크리스마스 이브 호텔 예약 마감 • 추석 KTX 전 좌석 매진 • 주말 유명 레스토랑 대기 마감
수요가 적정 공급량 초과	적정 공급은 넘었으나 최대 공급은 넘지 않음.	서비스 인력·시설 과부하 → 품질 저하 위험	혼잡 불편 증가	• 테마파크 성수기 대기열 증가 • 공항 보안검색 라인 혼잡 • 식당 점심 피크타임
수요 – 공급 균형	수요와 공급이 적절히 균형	인력·시설 효율적 운영 품질 유지	쾌적한 서비스 체험 만족 증가	• 평일 호텔 투숙률 70% 수준 • 전시회 예약 적정 운영 • 항공 좌석 적정 판매
과잉 공급	공급이 수요보다 많음.	자산·인력 활용률 저하 매몰비용 발생	서비스 품질은 양호하나 공석·비효율성 체감	• 비수기 리조트 빈 객실 • 평일 영화관 빈좌석 • 주중 항공편 공석 증가

② 서비스 수요 – 공급 관리 기법

(1) 수요 측면의 조정 기법 ✿✿✿

구분	주요 전략	세부 내용	서비스 사례
성수기 수요 감소 전략	고객과의 의사소통	서비스 이용 가능 시간, 대기시간, 혼잡 정보 제공	• 놀이공원 앱 대기시간 안내 • 공연장 입장시간 안내
	영업 시간 / 장소 조정	시간대 분산 운영, 지점분산	• 병원 야간 진료 확대 • 공항 추가 게이트 운영
	고객 우선순위 관리	VIP, 예약 고객 우선 처리	• 항공사 우선 탑승제 • 호텔 VIP 체크인
	성수기 가격 전략	성수기 요금 인상, 차등요금	• 호텔 성수기 요금 • 영화관 주말 요금
	예약을 통한 수요 평활화	사전 예약 유도	• 식당 예약제, 병원 예약진료 • 면세점 픽업 예약
비수기 수요 진작 전략	현재 수요 진작	이벤트, 쿠폰, 마케팅	평일 영화 할인 이벤트
	비수기 가격 전략	할인 요금, 프로모션	호텔 비수기 30% 할인
	비수기 인센티브 제공	추가 서비스 제공	겨울 시즌 커피 사이즈 업
	시설 용도 변화	공간 활용 방식 변경	• 호텔 세미나실 대관 • 공연장 대관
	서비스 상품 다변화	신규 상품 개발	리조트 겨울 패키지, 캠핑패키지

(2) 공급 측면의 조정 기법 ✿✿✿

구분	주요 전략	세부 내용	서비스 사례
성수기 공급 증대 전략	노동 시간의 증가	연장 근로, 교대조 확대	호텔 연장근무, 공항 피크타임 인력 호가대
	임시 시설 보충 공급	임시 장비·공간 확보	여름 워터파크 임시 탈의실 설치
	파트타임 활용	임시직·아르바이트 확대	테마파크 피크시즌 단기 알바 채용
	아웃소싱 활용	외부 전문인력 또는 서비스 대행	하우스키핑 외주, IT유지 보수 아웃소싱
	종업원 교차 훈련	다기능 인력 배치, 직무 로테이션	호텔 직원 멀티 포지션, 병원 스텝 교차근무
비수기 공급 조정 전략	시설·장비 보수	정기 점검 및 시설 유지보수	호텔 객실 리모델링, 항공기 정비 기간
	시설·장비 용도 변경	공간 기능 전환·대관 활용	호텔 연회장 대관, 공연장 대관
	종업원 교육 및 훈련	직무 교육·서비스 교육 강화	호텔 서비스 스킬 교육
	종업원 휴가	연차 사용, 리프레시	호텔 / 항공 승무원 정기 휴가 운영

서비스 대기 관리

Chapter 03

01 대기 관리의 이해

1 데이비드 마이스터(David H. Maister)의 대기 심리학

(I) 서비스의 법칙(Laws of Service)

고객은 "기다린 시간"보다 기다림을 어떻게 느끼는가(심리적 해석)에 더 큰 영향을 받는다. 즉 대기시간 자체가 아니라 대기경험이 서비스 만족을 결정한다.

① 고객 기대와 인지의 법칙

    ㉠ 기대보다 좋은 서비스 → 만족 증가 → 긍정적 구전(하향 확산 효과)

    ㉡ 기대보다 낮은 서비스 → 불만족 발생 → 부정적 구전 확산

    ㉢ 핵심 = 고객 기대치 관리

② 고객 따라잡기(Catch-up Ball)의 어려움

    ㉠ 첫인상이 전체 서비스 평가를 좌우

    ㉡ 초기에 부정적 경험이 발생하면 만회 비용과 노력 증가

    ㉢ 핵심 = 대기 단계에서 긍정적 감정 형성

2 데이비드 마이스터(David H. Maister)의 대기 심리 기본 원칙

기본 원칙	심리 요인	핵심 키워드	서비스 사례
아무것도 안하는 시간이 더 길게 느껴진다.	지루함	유휴시간, 공백	대기 중 볼거리 · 정보 제공
구매 전 대기가 구매 중보다 더 길다.	기대 · 불확실성	사전 대기, 구매 단계	대기 단계별 안내
근심은 대기를 더 길게 만든다.	불안 · 걱정	감정, 불만	안심 설명, 안내 메시지
시간이 제시되지 않으면 더 길다.	정보부족	예상 대기 시간	대기시간 표시, 알림
이유가 설명되지 않은 대기가 더 길다.	이해부족	원인 미제시	지연 이유 설명
불공정한 대기는 더 길다.	공정성 인식	차별, 우선순위	공정한 순서, 절차 안내
서비스가 가치 있을수록 기다릴 수 있다.	보상 기대	가치 지각	프리미엄 · 가치 강조
혼자 기다릴 때 더 길다.	고립감	단독 대기	동반 서비스 안내, 상호작용

3 대기의 심리학(고객 인식 관리 기법)

구분	핵심 내용	고객 심리 효과	서비스 사례
대기 시간의 활동 지원	대기 동안 할 일을 제공	지루함 감소, 체감시간 단축	잡지 비치, 와이파이 제공, 거울 설치
서비스의 시작 느낌 제공	대기 중에도 서비스가 진행된다고 인식시킴.	'기다림'이 아닌 '진행중'으로 인식	메뉴 고르기, 문진표 작성
예상 대기시간 공지	얼마나 기다릴지 알려줌.	불안감 감소, 대기 지속 의사 증가	'대기 15분' 화면 표시
공정한 대기 관리	순서가 공정하다고 느끼게 함.	불만 감소, 공정성 인식	번호표 시스템
불필요 자원 제거	고객 앞에서 한가한 직원이 보이지 않도록 조정	방치·소홀감 방지	정리·동선 관리
체계적 업무 처리 인식	직원이 바쁘고 체계적으로 처리된다고 인식	기다리는 동안 신뢰감 형성	업무 절차 설명, 안내멘트

4 대기의 발생 원인 ✿✿

구분	핵심 원인	설명
수요 측면 원인	수요 변동성	이용 고객 수가 시간대별로 크게 변동
	단시간 집중 수요	특정 시간 또는 특정 서비스에 고객이 집중
	수요 다양성	서비스 종류 및 방식에 따라 수요 형태가 다름.
공급 측면 원인	높은 설비비용	설비 구축·운영 비용이 높아 최대수요 기준 설비가 어려움.
	적정규모 운영	서비스 공급은 '최대수요'가 아니라 '평균' 또는 '적정수요'에 맞춰 운영되므로 대기 발생

5 대기 관리 보완 전략 ✿✿

보완 전략	핵심 내용	대표 사례
예약 제도 활용	사전 예약으로 대기 분산, 서비스 시간 관리	병원 예약 진료, 레스토랑 예약
인센티브 제공	특정 시간대 이용 유도	조조영화 할인, 호텔 비수기 할인
보완적 서비스 개발	기다리는 동안 이용 가능한 서비스 제공	병원 TV, 음료 제공
게시판 활용	현재 대기현황 제공	병원·오락 시설 모니터 현황
예상 대기시간 공지	남은 시간 안내하여 불안감 감소	놀이공원 앱, 은행 창구
대체 채널	자동화·비대면 서비스	키오스크, ATM, 모바일 체크인

02 혼잡성

혼잡성은 주어진 공간 안에서 사람들이 느끼는 밀도와 불편함을 말하는 주관적 심리 상태로, 실제 사람 수보다 고객이 어떻게 인지하느냐가 더 중요하게 작용한다. 즉, 물리적 밀도보다 심리적 체감 밀도가 서비스 경험과 만족도에 영향을 준다.

(1) 실제 사람 수가 많아도 불편하지 않으면 혼잡성이 낮다고 느낄 수 있다.

(2) 혼잡성은 객관적 수치보다 고객의 주관적 느낌이 더 중요하다.

1 혼잡성의 종류

구분	정의	특징	서비스 사례
사회적 혼잡성	공간 안에 있는 사람의 수나 사회적 상호작용 때문에 느끼는 혼잡	주변 고객과의 접촉, 대기행렬, 소음 등 타인으로 인한 불편감 발생	백화점 세일, 출퇴근 시간 지하철, 놀이공원 대기줄
공간적 혼잡성	공간 구조나 진열방식 등 물리적 요인 때문에 느끼는 혼잡	통로가 좁거나 진열이 복잡할수록 이동 및 이용 불편 증가	좁은 매장 통로, 진열과다, 매장 레이아웃 혼잡

2 혼잡성에 영향을 미치는 영향 요소들 ✿

영향 요인	정의	핵심 포인트	사례
환경적 단서	고객 수, 소음, 시설·동선, 진열 상태 등에 의해 혼잡을 지각	물리적 단서 → 공간적 혼잡성과 직접 연관	소음, 무질서한 진열 음악, 동선 막힘
구매 동기	구매 욕구가 높을수록 혼잡을 더 강하게 인식	목표 구매 고객→혼잡 민감도↑	목적 쇼핑 고객, 빠른 구매 욕구
고객의 제약 조건	시간·상황 제약이 존재하면 혼잡 지각 증가	시간 압박 → 혼잡 지각 강화	'30분 안에 구매해야 함.'
혼잡에 대한 기대	사전 기대가 있으면 실제 혼잡의 불만이 낮아짐.	심리적 대비 → 불만 감소	'행사라서 사람 많겠지' 예상

③ 혼잡성이 미치는 영향 ✿

영향 범주	주요 내용	결과(고객 반응)
정보 처리 제한	혼잡 시 고객은 인지 가능한 정보량을 스스로 제한	판촉, 가격, 안내 정보 집중 어려움.
대인 커뮤니케이션 감소	직원 질문·요구 행동 감소 외적 정보 탐색 회피	내부 지식에만 의존, 탐색 축소
구매 가능성 감소	혼잡 회피 → 빠른 이동 경향	추가 구매·충동 구매 감소
점포 이미지 악화	혼잡을 부정적 경험으로 인지	부정적 브랜드 이미지 형성
만족도 감소	혼잡한 환경의 선택에 인지 부조화 발생	구매 후 만족감 하락

④ 혼잡성 감소 방안 ✿

구분	핵심 방안	구체 전략
서비스 운영 관리	실제 혼잡 줄이기	시설 재배치·좌석 확대·동선 개선
		이용객 수 조절·시간대 분산 운영
		직원 배치 조정·최대 처리 용량 확대
고객 인식 관리	혼잡을 덜 느끼도록 만들기	혼잡 예고 안내문·대기 정보 표시
		쾌적한 온도·환기·소음·조명 관리
		환경 디자인(음악·향기·공간 분위기 개선)

요소	주요 내용	고객 반응
정보 처리 제한	혼잡 시 정보 처리 능력 감소	가격·판촉 정보 집중 어려움
대인 커뮤니케이션 감소	질문·요구 행동 감소	탐색 행동 축소, 정보탐색 회피
구매 가능성 감소	혼잡 회피, 추가 구매 감소	충동구매 감소
점포 이미지 악화	부정적 분위기 경험	브랜드 / 매장 이미지 하락
만족도 감소	인지부조화 증가	구매 후 평가 악화

03 대기 행렬

1 대기 행렬의 개념

(1) 고객이 서비스를 받기 위해 줄을 서서 기다리는 상태를 수리적으로 분석하는 모형이다.

(2) 평균 대기시간, 평균 대기 고객 수, 서비스 가동률, 대기 비용 등을 계산하여 서비스 운영을 정량적으로 평가하는 방법이다.

(3) 대기 행렬은 대기 시간을 줄이기 위한 운영 정책 결정의 기준이 된다.

(4) 구성요소(도착률, 서비스율, 서버 수 등)에 따라 다양한 대기 모형($M/M/1$, $M/G/1$ 등)이 설정되며, 이를 이용해 고객 흐름과 대기 수준을 예측할 수 있다.

2 대기 행렬이 적용되는 분야와 사례

구분	대기 시간(Waiting Time)	서비스 시간(Service Time)
대형 할인마트	계산대에서 기다리는 시간	결제 처리 시간
공항	탑승 전 줄서기(보안, 수속 대기)	수속 및 검토 시간
병원	접수·대기 시간	진료 시간
은행	창구 대기 시간	업무 처리 시간
지하철	열차를 기다리는 시간	탑승 이동 시간
톨게이트	요금소 대기 시간	요금 처리 시간
교차로	신호 대기 시간	교차로 통과 시간
조립 라인	조립 시작 전 대기	실제 조립 시간
데이터 통신	저장 지연(버퍼링)	데이터 전송 시간
공중전화망	(전통전화) 연결 대기 없음	통화 시간

3 대기 행렬의 분석 목적 ✿

구분	내용
핵심 목적	서비스 제공비용과 고객 대기비용을 함께 고려하여 총비용 최소화
직접 비용	서비스 제공 능력을 늘리기 위해 투입되는 비용(ex 직원, 설비, 창구 확대)
간접 비용	대기 과정에서 발생하는 비용(ex 고객 이탈, 불만, 대기 공간 유지비 등)
최종 목표	두 비용의 균형점을 찾아 가장 효율적인 서비스 운영 수준 확보

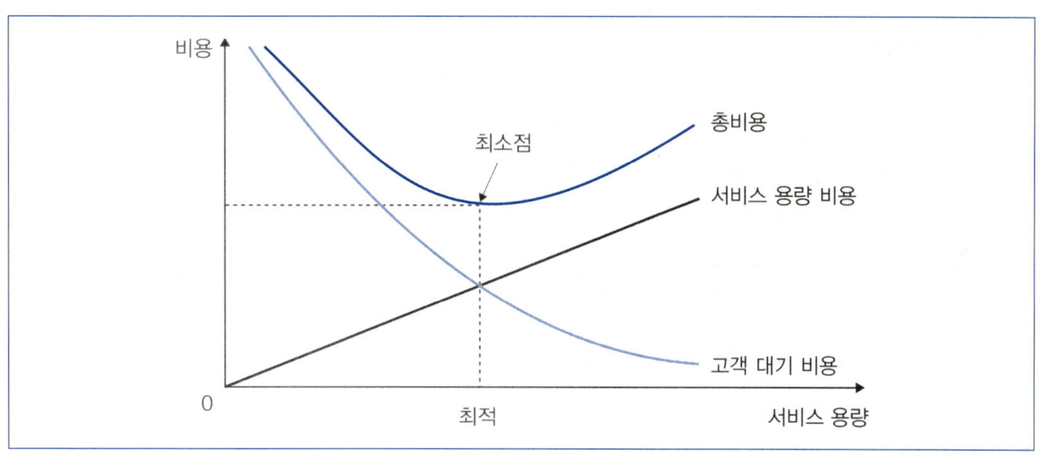

4 대기 행렬 시스템의 구성 요소 ✪✪

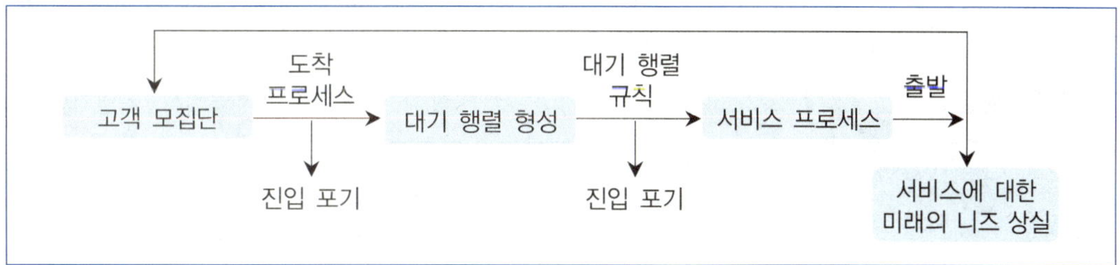

(1) 고객 모집단

① 서비스를 이용하고자 하는 잠재적 고객 집합(모집단)을 말하며, 서비스 수요를 유발하는 기본 단위가 된다.

② 서비스 고객을 명확히 정의해야 하며, 그 규모는 상황에 따라 유한한 모집단일 수도 있고 무한한 모집단일 수도 있다.

구분	정의	특징	서비스 사례
무한 집단	고객 모집단을 제한하지 않는 경우	고객 수가 사실상 무한하다고 가정	편의점, 약국, 은행, 대형마트, 영화관
유한 집단	모집단의 수가 명확히 한정된 경우	고객 수가 특정 규모로 제한됨.	한정판 음반 500장 판매(고객 모집단 500명)

(2) 서비스 채널

① 서비스를 실제로 처리하는 인력 또는 시설을 말하며, 채널의 수가 많을수록 시스템의 서비스 처리 능력이 증가한다.

② 단일 채널 시스템(Single Channel) : 서비스 채널이 하나인 경우

다중 채널 시스템(Multi Channel) : 서비스 채널이 둘 이상인 경우

구분	의미	사례
단일 채널	하나의 단계만 거치면 서비스가 완료되는 경우	일반 매장에서 상품 결제하고 바로 종료
다중 채널	여러 단계를 순차적으로 거쳐야 서비스가 완료되는 경우	공항에서 티켓팅 → 보안검색 → 여권심사 등

(3) 서비스 단계

① 서비스를 처리하기 위해 거쳐야 하는 작업의 순서와 과정을 의미한다.

② 서비스 채널과 단계 수에 따라 다양한 서비스 모형이 나타난다.

구분	의미	사례
단일 단계	하나의 단계만 거치면 서비스가 완료되는 경우	일반 매장에서 상품 결제하고 바로 종료
다중 단계	여러 단계를 순차적으로 거쳐야 서비스가 완료되는 경우	공항 수속(티켓팅 → 화물검사 → 여권심사)

5 대기 행렬 관련 규칙

(1) 우선순위 규칙

① 대기 상태에서 고객이 여러 명일 때, 어떤 기준과 순서에 따라 서비스를 제공할 것인지 결정하는 규칙을 말한다.

㉠ 정적 규칙은 미리 정해진 기준에 따라 서비스를 처리하는 방식을 말합니다.

구분	정의	장점	한계	분류
선착순 규칙(FCFS) First Come, First Service	먼저 온 고객부터 순서대로 서비스제공	• 공적성 높음. • 적용이 단순함.	고객 상황 고려 어려움.	정적 규칙
최단 작업 시간 규칙 (SPT : Shortage Processing Time)	처리시간이 짧은 고객을 우선 처리	평균 대기시간 최소화 가능	처리 시간이 긴 고객에게 불리, 공정성 낮음.	동적 규칙으로 해석될 수 있음.

ⓒ 동적 규칙은 고객의 마감 시간이나 긴급성 등 상황 정보를 고려하여, 마감이 임박한 서비스부터 우선 처리하는 방식이다. 대표적으로 긴급률 규칙과 선점(우선권 부여) 규칙이 이에 해당한다.

구분	정의	핵심 개념	예시
긴급률 규칙 (CR : Critical Ratio)	남아 있는 시간 대비 잔여 처리 시간을 비교하여 여유가 적은 작업부터 우선 처리하는 방식	• 긴급률 낮을수록 우선순위가 높음. • 긴급률 = (마감까지 남은 시간) ÷ (잔여 처리 시간)	마감 시간이 임박한 주문(작업) 우선 처리
선점 규칙 (Preemptive Priority)	서비스 중이라도 우선순위가 높은 고객이 도착하면 기존 서비스를 중단하고 먼저 처리하는 방식	서비스 중단 → 우선고객 처리 → 기존 서비스는 후순위로 이동	응급 환자 우선 진료, 공항·테마파크 프리미엄 패스, VIP 우선 처리

예제

• 서비스 시설 #3 앞에 대기 중인 작업들의 정보가 다음과 같을 때, 현재 시점 0 이후의 서비스 처리 순서를 결정하고자 한다.
• 잔여 처리 시간 = 시설 #3 처리시간 + 시설 #3 이후 남은 처리 시간

도착 순서	시설 #3 처리시간	시설 #3 이후 남은 처리 시간	만기 시간	긴급률
A	3	4	9	9 / 7 = 1.29
B	6	10	14	14 / 16 = 0.88
C	5	3	11	11 / 8 = 1.38
D	9	6	12	12 / 15 = 0.80
E	7	5	20	20 / 12 = 1.67
F	4	9	10	10 / 13 = 0.77

(2) 대기 행렬 이론의 분포

① 대기 행렬은 고객의 도착 간격이나 서비스 처리 시간이 불확실한 상황에서도 발생할 수 있다. 이 경우 수요가 발생하는 시점(도착)과 수요를 처리하는 데 필요한 시간(서비스 시간)에 대한 분포를 파악하면 대기 상황을 예측하고 대비할 수 있다.

② 대기 행렬 이론에서는 일반적으로 도착률(고객이 유입되는 빈도)은 푸아송 분포, 서비스 시간은 지수 분포를 따른다고 가정한다. 즉 고객 도착은 일정한 확률적 패턴을 갖고, 서비스 시간은 평균을 중심으로 감소하는 분포 형태를 보인다는 의미이다.

분포	정의	예시
푸아송 분포 (Poisson Distribution)	단위 시간 동안 특정 사건이 발생하는 횟수를 나타내는 분포	한 시간 동안 방문한 고객 수 20명 → 도착률
지수 분포 (Exponential Distribution)	특정 사건 사이의 시간 간격 또는 서비스 처리 시간을 나타내는 분포	고객이 방문하는 시간 간격이 2분 → 도착 간격, 서비스 시간

6 대기 행렬의 종류 ☆

모형	유형	구성	핵심특징	예시
	단일 행렬 + 단일 직원 + 단일 단계	한 줄, 한 직원, 한 과정	가장 기본적인 대기 형태	테이크아웃 커피, 길거리 음식을 한 지점에서 판매
	단일 행렬 + 단일 직원 + 연속 단계	한 줄, 한 직원, 여러 단계	한 줄 후 순차적으로 여러 서비스 거침.	병원 건강검진, 카페테리아, 뷔페
	다수 서비스 제공자에 대한 평행 대기	여러 줄, 다수 직원	각 줄 처리 속도 다르면 공평하지 않을 수 있음.	마트 계산대, 공항 보안검색, 놀이공원 입장
	지정 서비스 제공자별 지정 대기선	특정 고객별 별도 라인	고객 세분화, VIP 구분	마트 소량 계산, 비행기 일등석 라인, 은행 VIP
	다수 서비스 제공자 + 단일 대기선(뱀형)	한 줄, 다수 직원	선착순·효율적, 만족도 높음.	AS센터, 공연장 입장, 공중화장실
	번호표 순번 대기	번호표 기반 순번	기다리는 시간 예측 가능	은행, 병원, 극장
	대기 목록 (웨이팅 리스트)	이름·번호 등록 후 호출	줄을 서지 않고 대기	패밀리 레스토랑, 예약 웨이팅

04 분석적 대기 행렬 모형

1 대기 행렬 모형의 분석

분석적 대기 행렬 모형은 시스템 내에서 발생하는 대기 시간과 처리 능력을 예측하여 서비스 운영 방안을 비교·평가할 수 있도록 돕는 모델이다. 이를 통해 가장 경제적인 서비스 시스템을 설계하고, 채널 수 조정 등을 통해 대기 시간을 줄이고 서비스 만족도를 높이는 방식을 선택할 수 있다. 다만 채널 확장에는 투자 비용과 인건비 증가가 수반되므로 분석을 통해 최적의 서비스 용량(적정 채널 수)을 결정하는 것이 중요하다.

(1) 종류

구분	핵심 개념	특징
물리적 관찰법	실제 현장을 직접 관찰하여 결과를 분석	비용이 많이 들지만 가장 보편적으로 사용
시뮬레이션 분석법	현실 상태를 모형화하여 실험·예측에 활용	복잡한 상황 분석에 유용
수학적 분석법(대기이론)	확률·수리 모델을 활용한 이론적 분석	대기 행렬의 핵심 이론 기반 분석

(2) 기호

- n : 시스템 내 고객의 수
- λ(람다) : 평균 도착률
- μ(뮤) : 서버당 평균 서비스율
- ρ(루) : 가동률(λ / μ)
- N : 시스템이 허용하는 최대 고객의 수
- c : 서버의 수
- P_n : 시스템에 2명의 고객이 있을 확률
- L_s : 시스템 내 평균 고객의 수
- L_q : 대기 행렬 내 평균 고객의 수
- Lb : 혼잡 시스템 상태의 대기 행렬 내 평균 고객의 수
- W_s : 시스템에서 고객이 보내는 평균 시간
- W_q : 대기 행렬에서 고객이 보내는 평균 시간
- W_b : 혼잡 시스템 상태의 대기 행렬에서 고객이 보내는 평균 시간

2 안정 상태와 정상해

(1) 서비스 시스템은 초기에는 불안정한 모습을 보이지만 일정 시간이 지나면 안정 상태에 도달한다.

(2) 안정 상태에 가까워지면 서비스 시스템의 성능 지표가 특정 값으로 수렴하게 되며, 이러한 값을 정상해(Steady Soultion)라고 한다.

(3) 대기 이론에서는 서비스 시스템이 오랫동안 운영되어 안정적인 상태로 들어가면서 수렴되는 값인 정상해를 사용하게 되고, 이는 P_n으로 표기한다. 즉, 정상해 P_n은 $P_n(T)$의 극한값이다.

$$P_n = \lim_{T \to 0} P_n(T)$$

이처럼 정상해를 구하기 위해서는 값이 안정되어야 하고, 안정된 값이 되려면 변화율은 0이 되어야 한다. 시간이 변한다고 해서 확률값이 변하면 안 되기 때문이다. 따라서 시간 T에 대한 미분값은 0이 되어야 한다.

$$\frac{dP_n(T)}{dT} = 0$$

$P_0 = 1 - \rho$, $P_n = (1 - \rho)\rho^n$ 이다. 따라서 앞에서 정의한 것처럼 $\rho = \lambda \div \mu$라고 하면, 다음과 같은 관계를 도출할 수 있다.

$$\text{시스템 가동률} = \frac{\text{평균 고객 도착률}}{\text{평균 서비스율}}$$

3 시스템 내 고객의 수(L_s)

서비스 시스템이 안정된 상태에 도달했을 때 시스템 내에 존재하는 고객의 수를 L_s이라고 한다. 여기서 시스템 내 고객 수란 현재 서비스를 받고 있는 고객과 서비스를 기다리고 있는 고객을 모두 포함한 값을 의미한다. L_s은 하나의 기댓값으로, 고객의 수가 0에서 시작하여 1, 2, 3, 4…로 늘어날 때 각 경우가 일어날 확률에 고객의 수를 곱한 값을 더한 것을 의미한다.

$$L_s = \sum_{n=1}^{\infty} n \times P_n = \frac{\rho}{1-\rho} = \frac{\lambda}{\mu - \lambda}$$

$(P_n = (1-\rho)\rho^n,\ P_0 = 1 - \rho : \text{시스템 내 고객이 없을 확률})$

4 대기 중 고객의 수(L_q)

시스템 내 모든 고객의 수를 n이라고 하면, 대기하고 있는 고객의 수는 현재 서비스를 받고 있는 고객을 제외한 $(n-1)$이다. 따라서 대기하고 있는 고객의 수 L_q는 다음과 같이 구할 수 있다.

$$L_q = 0 \times P_0 + \sum_{n=1}^{\infty} (n-1)P_n = \sum_{n=1}^{\infty} n \times P_n - \sum_{n=1}^{\infty} P_n = 0\frac{\rho^2}{1-\rho} = \frac{\lambda^2}{\mu(\mu - \lambda)}$$

$$\therefore L_q = L_s - \rho$$

5 Little의 법칙

(1) Little의 법칙은 서비스 시스템 내 고객 수와 고객의 시스템에서 머무르는 시간 간의 관계를 나타내는 기본 공식이다.

(2) 이 법칙에 따르면 서비스 시스템이 안정 상태일 때, 시스템 내 존재하는 고객의 평균값은 일정 시간 동안 시스템에 도착하는 고객의 평균 도착률에 고객이 시스템에 머무르는 평균 시간을 곱한 값이 된다.

$$L = \lambda \times W$$

(L : 서비스 시스템에 존재하는 고객의 평균값, λ : 일정 시간 내 서비스 시스템에 도착하는 고객의 평균값, W : 고객이 서비스 시스템에 머무르는 평균 시간)

$$W_s = \frac{L_s}{\lambda} = \frac{1}{\mu - \lambda}$$

$$W_q = \frac{L_q}{\lambda} = \frac{\mu}{\mu(\mu - \lambda)} = W_s - \frac{1}{\mu}$$

6 대기 모형

대기 모형은 서비스 제공 방식과 조건에 따라 다양한 형태로 구분된다.

(1) 무한 집단은 고객 모집단이 제한되지 않고 누구나 서비스의 잠재 고객이 된다고 가정하는 모형이다. 이 경우 서비스 구성과 운영 원칙에 따라 여러 형태의 대기 모형이 나타난다.

① 단일 채널(Single Channel) - 지수 분포를 따르는 서비스 시간(Exponential Service Time) : 하나의 서비스 채널을 가지고 서비스 시간이 지수 분포를 따르는 가장 기본적이고 대표적인 모형이다. 이때 고객 도착률은 푸아송 분포를 따르며, 일반적으로 선착순 방식이 적용된다.

대기열의 고객 평균수	$L_q = \dfrac{\lambda^2}{\mu(\mu - \lambda)}$
시스템 내에 고객이 없을 확률	$P_0 = 1 - (\dfrac{\lambda}{\mu})$
시스템 내에 n명의 고객이 있을 확률	$P_n = P_0 (\dfrac{\lambda}{\mu})^n$

② 단일 채널(Single Channel) - 일정 서비스 시간(Constant Service Time) : 모든 고객에게 동일한 서비스 시간이 제공된다고 가정하는 형태이다. 대기가 발생하는 가장 큰 원인은 도착률과 서비스 시간의 변동성에 있으므로, 서비스 시간을 일정하게 유지하면 대기행렬에서의 평균 대기 고객수와 대기 시간은 지수 서비스시간 모형에 비해 절반 수준으로 감소할 수 있다.

③ 다중 채널(Multiple Channel) : 둘 이상의 채널이 각각 독립적으로 고객을 처리하는 형태로, 복수의 직원 또는 서비스 창구를 통해 서비스를 제공하는 대부분의 서비스 시스템에서 적용되는 일반적인 모형이다.

대기열에서 기다리는 고객의 평균수	$L_q = \dfrac{\lambda\mu(\frac{\lambda}{\mu})^M}{(M-1)!(M\mu-\lambda)^2}P_0$
시스템 내에 고객이 없을 확률	$P_0 \left[\displaystyle\sum_{n=0}^{M-1} \dfrac{(\frac{\lambda}{\mu})^n}{n!} + \dfrac{(\frac{\lambda}{\mu})^M}{M!(1-\frac{\lambda}{M\mu})} \right]^{-1}$
고객의 평균 대기 시간	$W_q = \dfrac{1}{M\mu-\lambda}$
서비스를 받기 위해 대기할 확률	$P_w = (\dfrac{\lambda}{\mu})^M \times \dfrac{P_0}{M!(1-\frac{\lambda}{M\mu})}$

⑵ 유한집단은 서비스를 받을 대상이 일정 범위 안에서 한정되어 있는 경우를 의미한다. 이때 고객 도착률은 푸아송 분포를 따르지 않고 대기열의 길이에 따라 달라지는 특징이 있다. 즉, 대기 중인 고객이 많아질수록 앞으로 도착할 고객 수는 상대적으로 감소하므로, 대기열 길이와 고객 도착률이 서로 종속적 관계를 가진다.

① 단일 채널 − 유한 집단 모형의 성능 및 계산식이 적용됨.

대기 행렬에 기다리는 고객의 평균수	$L_q = N - (\dfrac{\lambda+\mu}{\lambda})(1-P_0)$ (단, N은 한정된 수)
대기 시스템에 있는 총 고객 평균수	$L_s = L_q + (1-P_0)$
시스템 내에 고객이 없을 확률	$P_0 = \left[\displaystyle\sum_{n=0}^{N} \dfrac{N!(\frac{\lambda}{\mu})^n}{(N-n)!} \right]^{-1}$
고객의 평균 대기 시간	$W_q = \dfrac{L_q}{(N-L)\lambda}$
서비스에 걸리는 총 평균 시간	$W_s = W_q + \dfrac{1}{\mu}$

Chapter 04 서비스 가격 관리와 수율관리

01 서비스 가격 관리

1 서비스 가격

(1) 서비스 가격의 의의

① 시장에서 교환되는 가치로서, 구매자가 서비스를 통해 얻게 되는 효용의 가치를 의미한다.

② 서비스 유형에 따라 수업료·수수료·운임·입장료 등 다양한 용어로 표현된다.

(2) 서비스 가격의 중요성

① 서비스는 수요와 공급이 일치해야 하므로 가격은 수요 조절의 핵심 변수가 된다.

② 가격이 오르면 잠재고객 상실·이탈 등이 발생하고, 가격이 낮아지면 적정 이윤 확보가 어려워질 수 있다.

2 서비스 가격의 특성

(1) 서비스 준거 가격 정보의 차이

① 준거 가격은 소비자가 실제 가격을 평가할 때 기준으로 삼는 가격을 의미한다.

② 그러나 기준이 모호하여 같은 가격이라도 소비자마다 서로 다른 반응을 보일 수 있다.

(2) 서비스의 품질을 표현하는 역할

① 고객은 일반적으로 가격이 높을수록 서비스 품질이 우수하다고 기대하는 경향이 있다.

② 다만 최근에는 서비스 정보 공유가 활발해지면서 가격만으로 품질을 판단하는 영향력은 감소하는 추세이다.

(3) 비금전적 비용의 존재

① 고객이 지불하는 대가에는 금전적 비용 외에도 시간·노력·심리적 부담과 같은 비금전적 요소가 포함된다.

② 기업은 이러한 비금전적 비용을 줄여 주는 대신 가격을 높일 수 있으며, 고객도 다른 비용을 줄일 수 있다면 더 높은 가격을 지불할 수 있다.

③ 서비스 가격 결정이 복잡한 이유

(1) 서비스의 가격 결정이 제품의 경우보다 복잡한 이유

① 서비스는 생산 능력 활용 수준에 따라 가격 변동 폭이 크게 나타난다.

② 서비스 전달 과정에서 시간 요소가 포함되므로 가격 변동성이 발생한다.

③ 서비스 원가를 고객이 이해할 수 있도록 기준을 제시하기가 어렵다.

④ 서비스 원가는 물리적 환경 등 외부 요인에 영향을 받는다.

⑤ 서비스 가격은 수요 변동에 민감하게 반응한다.

④ 서비스 가격 관리의 목표 ✿✿

구분	핵심 내용	강조 포인트
수익적 목표	가격을 통해 이윤 극대화와 목표 이익 달성을 추구	수익관리 시스템 활용
원가 보전 목표	총원가(직접·간접 비용)를 보전할 수 있는 수준 유지	추가 고객·추가 생산 비용까지 고려
수요 창출 목표	적정 수요를 확보하여 서비스 능력 활용도 향상	서비스 수요 기반 생산, 고객 가치 제고
고객 기반 구축 목표	시장 점유 및 고객 기반 확대를 위한 가격 설정	규모의 경제·선택 촉진

02 ▶ 서비스 가격의 결정방법

① 원가 중심의 가격 결정 방법

서비스나 제품을 제공하는 데 필요한 직접비와 간접비를 모두 합산한 뒤, 목표 이익을 더해 가격을 정하는 방식이다. 전통적으로 많이 사용되며 계산이 명확하고 단순하다는 장점이 있다. 주로 공공 서비스, 하청 및 용역업, 광고업에서 활용된다.

(1) 기본 공식

> 가격 = 직접비 + 간접비 + 이익마진

① 직접비 : 서비스 제공에 직접 들어가는 재료비·인건비

② 간접비 : 서비스와 직접 연결되지 않지만 지속적으로 발생하는 임대료·감가상각·세금 보험료 등 고정성 비용

③ 이익마진 : 총비용(직접비 + 간접비)에 더하는 목표 이익 비율

(2) 원가 중심의 가격 결정 방법 정리표

구분	내용	특징 / 장점	한계	활용 사례
정의	원자재비·인건비 등 직접비에 간접비와 목표 이익을 더해 가격을 산정하는 전통적 방식	계산이 명확하고 단순함.	시장 수요나 경쟁 상황을 충분히 반영하지 못함.	공공 서비스, 하청업체, 도매, 광고업
산정 방식	총원가(직접비 + 간접비) + 목표이익 = 가격	기업의 목표이익을 명확히 설정 가능	수요 탄력성이 낮거나 경쟁압력이 약할 때 효과적	제조업, 공공 요금 산정
특징	생산원가를 기준으로 한 내부지향적 가격 책정	안정적인 가격 산정 가능	고객의 지불의사(WIP)를 고려하지 않아 과대·과소 가격 위험	전문서비스(설계·광고), B2B 하청 등
장점	가격 책정이 쉽고 합리적 근거 제시 용이	회계기반이라 내부 보고 및 원가 통제에 유리	외부 환경 변화에 대응력이 낮음.	정부·지자체 공공 서비스 및 용역 계약
단점	시장 경쟁 상황, 고객가치 반영이 약함.	서비스 차별화 전략에는 부적합	고정비가 높을 경우 가격이 비경쟁적일 수 있음.	전통적 제조업 및 용역 산업

Key Insight

원가 결정을 위한 손익 분기점

손익 분기점을 산정할 때는 다음 요소를 고려해야 한다.
① 가격 민감성: 고객이 해당 가격을 지불할 의향이 있는가?
② 시장 규모: 시장이 충분한 고객 수요를 확보할 수 있는가?
③ 경쟁 정도: 경쟁자가 고객에게 얼마나 강하게 어필하고 있는가?

(3) 원가 중심 가격 결정이 어려운 이유

① 컨설팅·교육·상담처럼 단위당 가격을 정하기 어려운 서비스는 투입 시간 기준으로 가격을 정해야 한다.
② 다양한 서비스를 제공할 경우 서비스별 원가 산출이 복잡하다.
③ 서비스 원가의 핵심이 원자재가 아니라 직원의 시간과 인건비이기 때문에 계산이 더욱 어렵다.

2 경쟁 중심의 가격 결정 방법

경쟁 중심 가격 결정은 동일 업종 경쟁사의 가격을 기준으로 비슷하게 또는 차이를 두어 가격을 정하는 방식이다. 가격이 경쟁사에 크게 좌우되므로 판매량도 경쟁사의 가격 정책에 따라 변동될 수 있다. 항공, 렌터카처럼 소수 업체가 과점 구조를 이루는 업종에서는 서로의 가격 변화에 매우 민감하게 반응한다. 또한 서비스가 표준화되어 가격이 주요 비교 기준이 되는 업종에서도 이 방식이 널리 사용된다.

(1) 가격 경쟁이 심해지는 경우

① 경쟁자 수가 많아질 때
② 대체재의 수가 증가할 때
③ 경쟁자·대체재가 시장에 넓게 분포할 때
④ 산업의 생산 능력이 과도하게 증가할 때
⑤ 서비스가 표준화되어 가격만 비교 기준이 되는 업종일 때

(2) 가격 경쟁 감소 방법

구분	내용	사례
비가격 비용 (편의성 강화)	고객이 시간·노력 절감을 더 중시하면 가격 민감도가 낮아짐.	모바일 체크인, 키오스크 도입으로 빠른 이용 제공(호텔, 항공)
고객 관계 강화	개인화·맞춤형 서비스로 고객 – 기업 관계를 강화하여 이탈을 낮춤.	• 헤어샵 전담 디자이너 • 병원 전담 코디네이터 운영
전환 비용 증가	공급자를 바꾸는 데 시간·비용·노력이 많이 들도록 해 고객 유지	• 통신사의 장기 고객 혜택 • 멤버십 포인트 적립 체계
시간·장소 차별화	특정 시간·장소에서만 제공되는 차별화된 서비스로 경쟁 완화	• 프리미엄 좌석 지정 • 특정 지점 한정 메뉴(카페·패스트푸드)

(3) 수요 중심의 가격 결정 방법

수요 중심의 가격 결정은 고객의 가치 인식에 부합하는 가격으로 책정하는 방법이다. 가치란 사람들이 제품이나 서비스를 통해 기대하는 이익이나 혜택으로, 가치를 바탕으로 서비스 가격을 책정할 때 비금전적 비용과 효익을 고려해야 한다. 서비스에 시간, 불편, 심리적 탐색 비용이 든다면 금전적 비용은 보상으로 조절해야 한다. 반면, 서비스 시간과 불편이 줄고 심리적 탐색 비용이 줄어들면 고객은 더 높은 가격을 지불하려고 할 것이다.

① 비금전적 비용

  ㉠ 가치 중심 가격 결정에서는 고객이 가격보다 비금전적 요소(시간·노력·불편 등)를 더 중요하게 인식한다.
  ㉡ 비금전적 비용에는 정보 탐색 시간, 구매·사용 과정의 노력, 새로운 서비스 이용시 느끼는 불편함 등이 포함된다.
  ㉢ 기업은 고객의 금전적·비금전적 비용을 모두 줄여 서비스 가치를 더 높게 느끼도록 해야 한다.

◈ 비금전적 비용의 유형 + 경쟁 우위 확보 방법

구분	내용	사례
비금전적 비용의 유형	시간 비용	예약 시스템 개선으로 대기시간 단축(병원 · 헤어샵)
	심리적 비용	첫 방문 고객에게 안내 직원 배치, 절차 설명(은행 · 관공서)
	물리적 비용	무거운 짐 대신 이동 카트 제공(호텔 · 마트)
	감각 비용	쾌적한 조도 · 향기 · 음악 제공해 불쾌감 감소(카페 · 스파)
경쟁 우위 확보 방법	시간 절감	모바일 체크인, 키오스크 도입(항공 · 호텔)
	심리적 비용 감소	고객 상담 매니저 지정으로 불안 해소(보험 · 병원)
	물리적 노력 감소	무료 발렛 서비스 제공(쇼핑몰 · 레스토랑)
	매력적인 환경 조성	인스타그램 감성 인테리어 방문 경험 강화(카페 · 전시관)
	제휴 통한 비용 절감	카드사 · 플랫폼과 제휴 할인 제공(주유소 · 편의점)

② 가격 탄력성

　㉠ 가격 탄력성은 가격 결정에서 핵심 요소로, 가격이 변할 때 수요가 얼마나 변하는지를 보여준다.

　㉡ 가격 변화에 따른 수요량의 변화를 측정하며, 가격이 변해도 수요 변화가 적으면 비탄력적이고, 가격 변화보다 수요 변화가 더 크면 탄력적이다.

　㉢ 수요의 가격 탄력성은 대체재의 존재 여부, 고객의 가격 민감성, 서비스의 필수성, 지출에서 차지하는 비중, 그리고 브랜드 충성도 등에 의해 결정된다.

03 서비스 가격 전략

1 가격 차별화

가격 차별화는 생산비는 같지만 고객 집단에 따라 서로 다른 가격을 책정하는 전략으로 수요가 많을 때는 수요를 나누고, 수요가 적을 때는 낮은 가격으로 수요를 촉진하기 위해 사용된다.

(1) 성공조건

　① 세분 시장별 수요 수준이 서로 달라야 한다.

　② 각 시장에 적용하는 가격은 합법적이어야 한다.

　③ 고객이 시장별 가치 차이를 인식할 수 있어야 한다.

　④ 가격 차별로 얻는 추가 수익이 시장을 구분해 운영하는 비용보다 커야 한다.

(2) 방법

구분	내용	사례
고객 집단에 따른 차별	고객 특성에 따라 다른 가격을 책정	소인·학생·성인·군인·경로 우대 요금
제품 형태에 따른 차별	제품 또는 서비스의 형태·등급에 따라 가격 차별	자동차 모델별 가격, 항공기 기종별 요금, 호텔 룸 타입별 가격
장소·지리에 따른 차별	이용 위치나 지리적 조건에 따라 가격 차별	공연장 좌석 등급, 호텔 조망(오션뷰 / 시티뷰) 가격 차이
시간·요일에 따른 차별	이용하는 시간·요일에 따라 가격 조정	영화 조조할인, 야간 통신 요금, 스키장 시즌권·당일권
구매 시점에 따른 차별	구매 시점에 따라 가격이 달라짐.	항공권 2주전 구매 vs 당일 구매 가격 차이
계절에 따른 차별	시즌(성수기·비수기)에 따라 가격 차별	항공료·패키지 여행의 성수기 / 비수기 요금 차이
소비자의 능력·협상력 차별	구매 능력·협상력에 따라 가격이 달라짐.	B2B 산업재 거래에서 협상력에 따른 가격 차이

(3) 고객 가치 차원에 따른 가격 차별화

가치 관점	가격 전략	내용
가격 접근 용이성 (쉽게 접근할 수 있는 가치)	할인 가격	구매 촉진을 위해 기본 가격을 낮추는 방식
	단수 가격	9,900원 처럼 심리적으로 낮게 보이도록 설정
	일치 가격	소비자가 기준으로 삼는 가격에 맞춰 책정
	침투 가격	초기 낮은 가격으로 시장 진입 후 점진적 인상 전략
프리미엄 가치 (특별한 사람을 위한 고가 가치)	품위 가격	"비싼 만큼 더 좋다"는 인식에 기반한 고가격 전략
	초기 고가격(스키밍)	신제품을 높은 가격으로 출시해 상위층 공략
고객 요구 기반 차별화 가치	가치 가격	고객이 느끼는 가치 기준으로 가격 책정
	세분 시장 가격	반응이 비슷한 고객 집단별로 다른 가격 적용
보편성·교환 가치	기준 가격	정부·기관이 법적으로 정한 가격(물가, 임대료 등)
	묶음 가격	여러 상품을 묶어 단품보다 저렴하게 제공
	보완 가격	기본 제품 외 필요한 요소의 가격(ex 폴라로이드 필름)
	결과 중심 가격	결과에 따라 가격이 달라지는 방식(ex 맛 없으면 무료)

04 서비스 수율 관리

1 수율 관리 개념 ✿✿

(1) 수율 관리란 가용 능력이 한정된 서비스에서 수요와 공급을 효율적으로 조절하여 수익을 극대화하는 기법이다.

(2) 예약 시스템, 초과 예약, 수요 분할 등을 활용하여 제한된 공급을 가장 높은 수익으로 연결시키는 종합적 관리 시스템이다.

(3) 고객 구매 행동과 판매 정보를 분석해 가격 조정·재고 관리 등을 통해 수익을 극대화하고, 동시에 고객의 욕구에 맞는 상품을 개발·제공하는 데 목적이 있다.

2 수율 관리의 필요성

(1) 서비스업은 제공 가능한 용량(좌석·객실 등)이 정해져 있어 한 번 지나간 용량은 다시 판매할 수 없는 고정적 특성을 가진다.

(2) 서비스는 생산과 소비가 동시에 이루어지기 때문에 사용되지 않은 용량은 즉시 소멸되는 특성을 가진다.

(3) 서비스 수요는 시간·요일·계절에 따라 크게 달라져 효율적 관리가 이루어지지 않으면 수익 손실로 이어지는 특성을 가진다.

3 수율 관리의 활용

수율 관리는 서비스 시스템이 표준화된 항공사·호텔·렌터카·특송 서비스 등에서 특히 효과적으로 활용되는 기법이다.

구분	주요 업종	활용 사례
운송 관련 산업	항공사, 철도, 렌터카, 화물, 해운	항공사의 좌석별 차등 요금, 철도의 성수기·비수기 운임 조정, 렌터카의 주말 요금 인상, 화물 운송의 적재 공간 최적 배분
휴가 관련 산업	관광, 여행, 유람선, 휴양지, 레스토랑, 호텔	호텔의 객실 요금 변동(시즌·요일 차등), 레스토랑의 런치·디너 가격 차이, 여행사의 성수기 패키지 요금 상승, 유람선의 좌석·층별 요금 차별화
서비스 능력 제약 산업	약국, 창고, 방송	약국의 대기 고객 관리, 창고의 보관 공간 단가 차등, 방송의 광고 슬롯(시간대별) 가격 차등

◆ 수율 공식

- 수율(Yield) = 실제 수익 ÷ 잠재 수익
- 실제 수익 = 실제 사용량 × 실제 가격
- 잠재 수익 = 전체 기능 용량 × 최대 가격

4 수율 관리가 적합한 상황 ✢✢

구분	내용	사례
세분화 가능한 시장	고객의 욕구·지불 의사에 따라 시장을 나눌 수 있을 때 효과적	항공사의 좌석 등급(이코노미·프리미엄·비즈니스) 구분, 호텔의 객실 타입별 요금
변동하는 수요	성수기·비수기, 주중·주말 등 수요 차이가 클 때 유리	스키장의 시즌별 요금 차이, 호텔의 주말 요금 인상, 항공 성수기 요금 상승
사전 판매 가능	구매 시점에 따라 가격 차별이 가능한 경우	항공권 사전 예매 할인 공연
소멸하는 재고	판매되지 않으면 가치가 즉시 사라지는 재고	항공 좌석, 호텔 객실, 공연장 좌석
가용 능력 변경 비용 ↑ / 한계 판매 비용 ↓	공급 조정은 어렵고 판매한 건의 추가 비용은 적은 경우	항공기 좌석 수 증가는 어려우나 빈 좌석 한 개를 판매하는 비용은 낮음, 호텔 객실 추가 건물 건설은 어려움.

5 수율 관리 시스템의 기본 요소 ✢✢

(1) 초과 예약(Over Booking)

① 노쇼(No-Show) 고객을 고려해 실제 수용 가능 인원보다 더 많은 예약을 받아 수익 손실을 줄이는 방법이다.

② 초과 예약을 활용하면 빈 좌석·빈 객실로 발생하는 손실을 줄여, 이를 하지 않는 기업보다 더 높은 수익을 창출할 수 있다.

(2) 서비스 능력 배분

① 서로 다른 고객군(요금군) 간에 한정된 서비스 능력(좌석·객실·시간대 등)을 어떻게 배분할지 결정하는 수익관리 기법이다.

② 일반적으로 고수익 고객은 이용일에 임박해 예약하는 경향이 있는 반면, 저수익 고객은 비교적 이른 시점에 예약하는 경향이 있다.

③ 기업은 장래의 고수익 예약을 확보하기 위해, 특정 시점 이후에는 저수익 예약을 제한(차단)할지 여부와 그 시점(차단 시점), 그리고 고객군별로 배정할 능력의 규모를 결정한다.

(3) 차별적 가격 설정

① 서로 다른 세분 시장별로 상이한 가격을 부과하는 가격 결정 방식이다.

② 기업은 가격 민감도가 낮은 고객에게는 상대적으로 높은 가격을, 가격 민감도가 높은 고객에게는 낮은 가격을 적용하여 수익을 극대화한다.

③ 일반적으로 가격에 민감한 고객은 이용일에 임박한 예약이 어렵기 때문에, 조기 예약 이용 조건의 제약 등 일정한 노력을 요구받는 경우가 많다.

④ 이 방식이 효과적으로 작동하기 위해서는 고객이 가격 차이에 대해 합리적이고 공정하다고 인식할 수 있는 기본적인 이해와 수용성이 전제되어야 한다.

🔷 초과 예약 접근법

평균법	• 노쇼(No-Show)에 대한 과거 데이터를 분석하여 산출된 평균 노쇼 수만큼 초과 예약을 설정하는 방법이다. • 계산이 간단하고 적용이 용이하다는 장점이 있으나, 평균값에만 의존할 경우 초과 예약으로 인해 발생할 수 있는 보상 비용이나 고객 불만 비용을 충분히 반영하지 못한다는 한계를 가진다.
전자 계산지법	• 전자 계산지법은 발생 가능한 모든 수요·노쇼 시나리오에 대해 기대비용을 사전에 계산하여 초과 예약 수준을 결정하는 방법이다. • 전자 계산지법은 관련 비용이 명확하게 수치화되고 계산 과정이 비교적 단순하다는 장점이 있으나, 정확한 과거 데이터가 반드시 필요하며, 경영자의 경험이나 직관적 판단을 충분히 반영하지 못한다는 한계를 가진다. • 이 방법은 초과 예약을 하지 않은 상태에서 노쇼가 발생할 경우 발생하는 손실 비용과 초과 예약으로 인해 고객을 수용하지 못했을 때 발생하는 비용을 함께 고려하여 의사결정을 지원한다.

<table>
<tr><td rowspan="2">전자 계산지법</td><td>재고 과잉 비용</td><td>노쇼의 발생으로 인해 판매되지 못하고 남게 되는 서비스 가용 능력에서 발생하는 비용
ex 빈 객실, 미판매 좌석으로 인한 수익 손실</td></tr>
<tr><td>재고 부족 비용</td><td>예약 고객이 모두 도착하여 수용 능력을 초과함으로써 서비스를 제공받지 못한 고객에게 발생하는 보상·불만·이탈 비용을 의미
ex 보상금 지급, 대체 서비스 제공 비용, 이미지 손상</td></tr>
</table>

한계 비용 접근법	• 초과 예약 인원수가 예상되는 노쇼 수와 같거나 그보다 커질 때까지 초과 예약을 허용하는 방법이다. • 기업은 마지막으로 추가되는 초과 예약 1단위에서 발생하는 기대이익이, 그로 인해 발생할 수 있는 기대손실(보상·불만 비용)보다 크거나 같은 범위까지 초과 예약을 지속함으로써 수익 극대화 수준의 초과 예약량을 결정한다. • E(다음 예약의 수입)≤E(다음 예약의 비용) • 노쇼 발생 확률과 초과 예약의 수 및 비용의 관계 $$\frac{재고\ 과잉\ 비용}{재고\ 부족\ 비용 + 재고\ 과잉\ 비용} \leq P(초과\ 예약\ 수 \geq 노쇼\ 수)$$

🔷 서비스 능력 배분 결정 방법

구분	방법	핵심 기준	내용	장점	단점
정적 방법	고정 시간 규칙	시간	정해진 날짜(시점)까지 할인 예약을 허용하고 이후에는 제한함.	규칙이 단순하고 고객에게 투명한 운영이 용이함.	할인 예약 수를 통제하지 못해 저수익 고객 비중 증가 가능
	고정 숫자 규칙	수량	사전에 정해진 일정 수의 고객까지만 할인 예약 허용	할인 고객 수를 통제할 수 있어 수익 관리에 유리	할당 수량이 부적절할 경우 수익 손실 발생 가능
	보호 수준	고수익 보호	고수익 고객을 위해 일정 서비스 능력을 사전에 확보	고수익 고객 수용 가능성 증가 수익 기대화에 기여	보호 수준 설정 오류 시 좌석·객실 미판매 위험
동적 방법	동적 수율 관리	실시간 데이터	과거 데이터와 현재 예약 상황을 분석하여 할인 여부·수준을 탄력적으로 조정	시장 상황 반영 가능, 최대 수익 달성 가능	정확한 데이터와 시스템 필요 운영 복잡성 증가

Chapter 05 서비스 기대 관리

01 서비스에 대한 고객 기대

1 고객 기대

(1) 고객 기대의 의미

고객 기대란 제공될 서비스 성과에 대해 고객이 사전에 형성한 신념을 의미하며, 실제 서비스 성과를 평가하는 기준이자 준거점으로 작용하는 핵심 요소이다. 즉, 고객 기대는 서비스 품질 인식과 만족·불만을 판단하는 출발점으로서, 기업이 설정해야 할 서비스 수준을 결정하는 데 중요한 역할을 한다.

(2) 고객이 기대하는 서비스 유형

① 이상적 서비스

  ㉠ 특정 서비스에 대해 고객이 가장 바람직하다고 인식하는 최고 수준의 서비스로, 고객이 궁극적으로 기원하는 서비스 수준이다.

  ㉡ 이러한 이상적 기대 수준은 현실적으로 항상 충족되기 어렵고, 고객 또한 더 높은 가격이나 추가적인 비용이 요구될 수 있음을 인지하고 있다.

② 희망 서비스

  ㉠ 고객이 실제로 제공받기를 희망하는 서비스 수준으로, 고객 스스로 받을 수 있으며 받아야 한다고 믿는 기대 수준을 의미한다.

  ㉡ 서비스에 대한 개인적 바람과 소망이 반영된 기대 수준이다.

③ 예측된 서비스

  ㉠ 고객이 서비스 기업으로부터 실제로 제공받을 것이라고 예상하는 서비스 수준이다.

  ㉡ 일반적으로 이상적 서비스와 적정 서비스 사이의 영역에 위치하며, 과거 경험·기업 이미지·정보 노출 등에 의해 형성된다.

④ 허용 영역

  ㉠ 희망 서비스와 적정 서비스 수준 사이의 범위로, 서비스 성과의 차이가 있어도 고객의 불만이 명확히 드러나지 않는 영역을 의미한다.

  ㉡ 고객이 서비스의 이질성을 인지하면서도 기꺼이 받아들일 수 있는 범위이다.

  ㉢ 허용 영역은 시간·상황·개인 특성에 따라 변화하며, 동일한 서비스라도 고객에 따라 또는 동일 고객이라도 상황에 따라 넓어지거나 좁아질 수 있다.

  ㉣ 서비스 성과가 허용 영역 상단을 초과하여 희망 서비스를 능가할 경우 감동을 유발할 수 있으나, 허용 영역 하단(적정 서비스) 미만일 경우 실망과 불만이 발생한다.

⑤ 적정 서비스
　㉠ 여러 조건을 고려했을 때 서비스를 받았다고 인정할 수 있는 최저 수준의 기대를 의미한다.
　㉡ 즉, 고객이 수용 가능한 최소한의 서비스 성과 수준이자 허용 가능한 기대의 하한선이다.

🔷 서비스 기대 모델

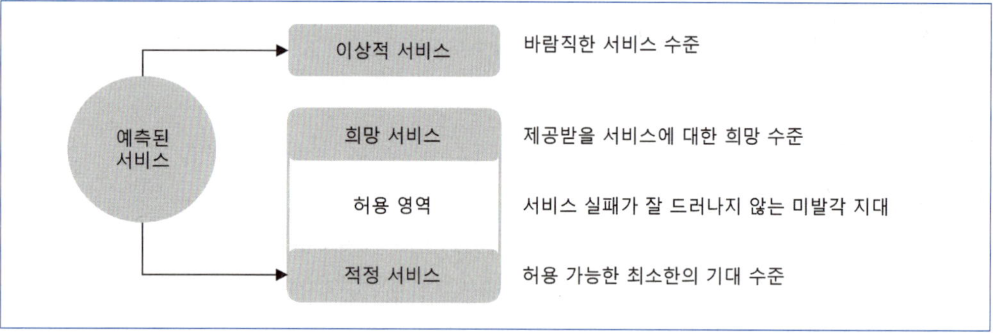

(3) 고객 기대의 조사 방법

구분	조사 유형	주요 내용	목적 및 특징
외부 마케팅 조사	조사 절차 중심	• 문제와 조사 목적 정의 • 서비스 측정 방법 개발 • 조사 프로그램 실행 • 데이터 수집 및 정리 • 분석 및 발견점 해석 • 발견 사항 보고	고객의 기대와 인식을 체계적·정량적으로 파악 서비스 품질 개선의 객관적 근거 제공
	고객 접점 조사	• 고객의 소리(VOC) • 중간 고객(유통·대행사 등)에 대한 조사	실제 이용 경험을 통해 고객 기대·불만·요구사항 파악
내부 마케팅 조사	경영진 관찰	경영진의 고객 방문	경영진이 직접 고객을 관찰하여 숨겨진 기대와 문제점 인식
	직원 기반 조사	• 직원에 대한 조사 • 직원의 소리(VOE) • 직원 제안 제도	서비스 제공자의 시각에서 고객 기대와 서비스 실행 간 괴리 파악
	내부 커뮤니케이션	내부 의견 수렴 시스템	고객 기대 관리에 대한 조직 내 공감대 형성 및 개선 아이디어 도출

02 서비스 기대 요인

기대 유형	기대 요인	개념 설명	서비스 사례
희망 서비스의 기대 요인	개인적 욕구	고객의 삶이 안정적으로 유지되기 위해 필요한 신체적·정신적 상태 및 조건	• 장거리 비행 고객이 넓은 좌석과 충분한 휴식을 기대함. • 병원 환자가 통증 완화와 친절한 간호를 기대
	개인적 서비스 철학	서비스의 의미와 제공자의 태도에 대해 고객이 갖는 개인적 신념과 기준	• 고급 호텔 고객이 '호텔은 당연히 세심해야 한다.'고 인식 • 레스토랑에서 '친절은 기본'이라고 생각하는 고객
	파생된 서비스 기대	타인의 경험, 구전, 사회적 비교를 통해 외부로부터 형성된 기대	• SNS 후기 보고 특정 카페의 친절 서비스를 기대 • 지인의 추천으로 항공사의 기내식을 기대
적정 서비스의 기대 요인	지각된 서비스 대안	고객이 인식하는 다른 서비스 제공자나 경쟁 대안	• 근처에 유사한 호텔이 많아 최소한의 개실 청결을 기대 • 여러 배달앱 중 평균 수준의 배달 속도를 기대
	상황 요인	기업이 통제하기 어려운 외부 상황이나 개인적·일시적 조건	• 성수기, 폭설로 항공 지연 시 서비스 수준을 일부 감안 • 혼잡 시간대 식당 대기 시간에 대한 기대 조정
	예상 서비스	고객이 개별 거래 상황에서 실제로 받을 것이라 생각하는 서비스 수준	• 저가 항공 이용 시 기본적인 운송 서비스만 기대 • 할인 호텔 예약 시 최소한의 객실 관리만 기대

03 · 서비스 기대 관리 방법

1 구매 단계별 관리 방법

단계	관리 목적	주요 관리 내용	핵심 포인트
구매 전 단계	고객 기대 형성·조정	• 서비스 제공 전 고객이 보유한 기대 수준 조사 • 광고·홍보를 통해 고객이 기대할 수 있는 서비스 범위 명확화 • 약속한 서비스 수준을 일관성있게 전달	과도한 기대 형성 방지 기대 − 성과 간 괴리 최소화
구매 단계	기대 조율·관리	• 서비스 제공 과정에서 직원과 고객 간 지속적 소통 • 고객 기대에 맞추어 서비스 내용 탄력적 조정 • 서비스 변경·지연 시 불가피한 사유에 대한 충분한 설명	• 실시간 기대 관리 • 불만 발생 사전 예방
구매 후 단계	기대 충족 여부 확인·회복	• 서비스 기대 충족 여부에 대해 고객과 피드백 소통 • 재이용을 위한 사후 관리 프로그램 운영 • 불만 고객 대응 및 서비스 회복 프로그램 구축	• 고객 만족·신뢰 강화 • 장기적 관계 형성

2 통제 유무에 따른 관리 방법

（1） 통제 가능 요인

구분	서비스 약속 이행	관리 내용	관리 포인트
명시적 서비스 약속	Explicit Service Promises	• 현실적이고 정확한 서비스 약속 제시 • 약속 이행 여부에 대한 현장 직원 피드백 시스템 운영 • 경쟁 압박으로 인한 과잉 약속 및 고객 초점 상실 방지 • 서비스 보증 제도를 통해 약속을 공식화	• 기대 과잉 형성 방지 • 신뢰 기반 기대 관리
묵시적 서비스 약속	Implicit Service Promises	• 시설·외관·브랜드 이미지 등 유형적 단서가 실제 서비스 수준을 정확히 반영하도록 관리 • 프리미엄 가격이 높은 서비스 수준을 의미한다는 인식 형성	가격·환경과 성과 간 일관성 유지

⑵ 통제 불가능 요인

구분	기대 형성 요인	관리·대응 방법	관리 의의
지속적 서비스 증강 인자	고객 요구·기대의 원천	• 마케팅 조사를 통해 고객 요구와 기대 형성 원천 파악 • 핵심 고객 요구가 서비스로 충족되었음을 광고·마케팅으로 강조 • 고객의 개인적 서비스 철학을 조사하여 서비스 설계·제공에 반영	직접 통제는 어렵지만 장기적 기대 구조 관리
개인적 욕구	고객의 내적 욕구	서비스가 고객의 욕구를 충족시키는 방식을 고객에게 교육	욕구 – 서비스 연결 인식 강화
지각된 서비스 대안	경쟁 대안 인식	• 경쟁자의 서비스 수준을 정확히 이해 • 차별화 또는 대응 전략 마련	상대적 기대 수준 조정
지각된 고객의 서비스 역할	고객 역할 인식	고객이 자신의 역할을 이해하고 수행할 수 있도록 안내·지원	서비스 성과 안정화
구전 커뮤니케이션	타인의 경험 공유	• 의견 선도자·감사장 활용으로 긍정적 구전 자극 • 기존 고객의 자발적 구전 촉진	기대 과잉·왜곡 완화

⑶ 주요 이슈별 관리 방법

주요 이슈	관리 목표	관리 방법	관리 포인트
고객의 기대가 비현실적인 경우	기대 현실화	서비스의 실제 제공 범위와 한계를 이해할 수 있도록 간단하고 명확한 정보 제공	과잉 기대 사전 차단
고객의 기대 수준을 능가하려는 경우	관계 강화	• 고객 관계 관리 강화 • 첨단 정보 시스템을 활용한 맞춤 서비스 제공	감동 유발과 관계 유지의 균형
고객의 기대가 지속적으로 상승하는 경우	기대 관리	• 정기적인 소비자 조사 실시 • VOC 모니터링을 통해 기대 변화 추적	기대 인플레이션 방지
경쟁사보다 앞서 기대를 충족시키려는 경우	경쟁 우위 확보	정적 서비스 또는 희망 서비스 수준을 안정적으로 충족	과도한 비용 발생 방지
고객의 기대를 재설정해야 하는 경우	기대 재조정	• 고객에게 선택권 제공 • 가치 단계별 서비스 수준 제시 • 서비스 기준과 업계 현실에 대한 정보 전달	공정성 인식 확보

예상문제

일반형

01 다음 중 대기 관리 기법에 활용되는 기다림에 대한 심리로 가장 적절한 것은?

① 근심은 기다림을 짧게 느껴지게 한다.
② 설명이 없는 기다림은 더욱 길게 느껴진다.
③ 서비스 이용 중의 기다림은 서비스 이용 전이나 후의 기다림보다 더욱 길게 느껴진다.
④ 여러 사람과 함께 기다리는 것은 더욱 길게 느껴진다.
⑤ 한정된 기다림은 불확실한 기다림보다 더욱 길게 느껴진다.

02 A기업에서 연간 100단위의 서비스가 팔릴 것으로 예측하고 있으며 외부에서 공급받고 있다. 주문비용이 8원이고 연간 재고 유지비용이 4원인 경우에 경제적 주문량은?

① 10 ② 20
③ 25 ④ 30
⑤ 40

03 A 공연장은 최대 300명이 연극을 볼 수 있는 좌석을 보유하고 있다. 이 연극의 할인 없는 정상 티켓 가격은 50,000원이나, 이 경우는 판매되지 아니한 좌석이 종종 있으므로 관객을 늘리기 위해 이벤트 기간에 30,000원에 티켓을 판매하여 280명의 관객이 티켓을 구매하였다. 이 경우 수율을 계산하면?

① 0.33 ② 0.56
③ 0.60 ④ 0.93
⑤ 1.00

04 다음 중 서비스 수요의 성격을 설명한 것 중 옳지 <u>않은</u> 것은?

① 지속적으로 제공되는 무형서비스는 모든 기간에 걸쳐 서비스의 능력과 수요가 일치되어야 한다.

② 서비스 수요는 월별, 주별은 물론 요일이나 시간대에 따라 수요가 변화하는 변동성의 특징을 보인다.

③ 서비스 수요의 변동성은 사회문화적 관습이나 개인의 습관에 의해 기인되는 경우가 많아 통제가 어렵다.

④ 서비스의 수요는 무형적이고, 생산과 동시에 또는 생산되는 과정에 소비되는 경우가 많아 재고로 저장하기 어렵다.

⑤ 서비스 상품의 다양성과 개별성은 서비스능력의 호환을 어렵게 하여 서비스 수요와 공급을 일치시키기 어렵게 만드는 요인이 된다.

05 서비스 대기행렬 이론과 관련된 설명으로 가장 옳지 <u>않은</u> 것은?

① 서비스를 처리하는 우선순위 규칙 중 FCFS의 장점은 단순성과 공정성에 있다.

② 고객대기비용(간접비용)은 서비스를 받기 위해 대기하는 장소 등의 관리비도 포함된다.

③ 대기는 '고객이 도착하는 간격'과 '서비스에 걸리는 시간'이 불확실할 때에도 발생할 수 있다.

④ 대기 시스템에서 발생하는 총비용을 최소화하는 서비스 용량의 수준을 찾는 것이 대기행렬이론의 목적이다.

⑤ 대기행렬이론에서는 서비스 시스템이 한 고객을 처리하는 데 걸리는 서비스 시간은 포아송 분포를 따른다고 가정한다.

06 사내공모제도(Job Posing System)의 장점으로 옳지 <u>않은</u> 것은?

① 낮은 이직률　　　　　　　　　　② 저렴한 모집비용
③ 종업원의 사기가 높아짐　　　　　④ 지원자에 대한 평가가 정확함
⑤ 성장기업의 경우 도입이 용이함

07 서비스 수요 예측 기법 중 정성적 예측 기법과 관련된 설명으로 옳지 <u>않은</u> 것은?

① 주로 신규 서비스에 대한 수요예측에 많이 사용된다.

② 시장 수요가 한 가지 특성 요인에 의해 결정되는 경우에 보다 적합하다.

③ 경우에 따라서는 너무 근시안적인 정보만 가지고 접근한다는 한계가 있다.

④ 외부 환경 요인에 크게 변화하여 과거 데이터가 변질된 경우 많이 사용한다.

⑤ 과거 데이터 수집에 지나치게 많은 비용과 시간이 드는 경우 많이 사용한다.

08 마이스터(Maister)가 설명한 서비스 대기 관리 기본 원칙으로 옳지 <u>않은</u> 것은?

① 구매 전 대기 시간이 구매 중 대기시간보다 더 길게 느껴진다.

② 일행과 함께 기다리는 대기 시간이 혼자 기다리는 대기시간 보다 짧게 느껴진다.

③ 구체적인 대기 시간을 알고 기다리는 시간이 모를 때보다 더 짧게 느껴진다.

④ 기다림의 원인을 구체적으로 설명하지 않았을 때 대기 시간을 더 길게 느낀다.

⑤ 무엇인가를 하고 있을 때보다 아무 일도 하지 않을 때 대기 시간이 더 짧게 느껴진다.

09 다음 서비스 수요를 예측하는 기법들 중 나머지와 성격이 가장 <u>다른</u> 하나는?

① 델파이기법   ② 시장 실험법

③ 시계열 분석법   ④ 구매 의도 조사법

⑤ 판매원 의견 통합법

10 서비스를 처리하는 우선운위 규칙 중 선착순규칙(FCFS; First Come, First Service)의 장점은 무엇인가?

① 공정성   ② 효율성

③ 효과성   ④ 납기준수

⑤ 평균 처리시간 최소화

11 다음 중 서비스 수요 예측이 필요한 이유에 대해 적절하지 <u>않은</u> 것은?

① 단기 수요예측 서비스 제공 일정계획을 수립하고 인력을 배치하기 위한 용도로 사용된다.

② 단기 수요예측에서는 우발적인 변동에 대한 유연한 대처가 가능하도록 생산능력을 조정해야 한다.

③ 장기 수요예측은 서비스를 제공하기 위해 필요한 설비구매, 점포증설 등의 계획을 수립하기 위해 필요하다.

④ 장기 수요예측에서는 수요의 크기, 추세, 순환변동 등 모든 사항을 명확히 예측하여 의사결정을 하여야 한다.

⑤ 중기 수요예측에서는 인력충원계획을 수립하기 위한 자료로 사용되며 주로 미숙련, 임시직 인력을 충원하기 위한 계획인 경우가 많다.

12 주문 공급 모형 중 고정 주문 간격 모형에 대한 설명으로 적절하지 <u>않은</u> 것은?

① 주기적 주문량이 매번 일정하다.

② 단점은 안전재고의 수준이 높다는 점이다.

③ 주문 기간과 시점이 정해져 있으므로 관리의 유연성이 낮다.

④ 주기적으로 재고 수준을 점검하기 때문에 통제비율이 적게 소요된다.

⑤ 같은 공급자에게 반복 주문을 하므로 주문 비용이 절감된다는 장점이 있다.

13 B 기업에서 공급하는 서비스의 1월 예측수요량 및 실제 수요량이 각각 50, 50이며, 2월 실제 수요량은 40이며, 평형상수가 0.4일때 지수평활법으로 산출한 3월 예측 수요량은?

① 40

② 44

③ 45

④ 46

⑤ 50

14 특정기간의 수요 변화 모습을 분석하는 과정에서는 여러 수요의 변화모습이 나타날 수 있다. 이에 대한 설명으로 적절하지 <u>않은</u> 것은?

① 추세란 일정기간 동안 어느 한 방향으로 일관된 변화모습을 나타내는 수요의 모습이다.

② 계절효과는 일반적으로 1년을 기준으로 반복되는 순환변동으로 자연의 변화나 인간의 기본적 소비속성으로 생기는 경우가 많다.

③ 설명 가능한 사소한 변동이나 설명 불가능한 변동을 설명할 수 있는 효과는 무작위효과라고 한다.

④ 순환 주기 효과는 계절효과처럼 반복되는 순환 변동을 의미하고, 1년 미만의 기간 동안 발현되는 변동이다.

⑤ 원인규명이 어려우며 패턴의 원인을 발견하기가 어려워 효과 대비 많은 비용이 예상되는 경우에는 무작위변동으로 설명하기도 한다.

15 다음 중 가격 경쟁이 심해지는 경우로 적절하지 <u>않은</u> 것은?

① 경쟁자의 수가 증가할 때

② 대체재의 수가 증가할 때

③ 경쟁자 혹은 대체재의 분포가 좁아질 때

④ 산업 내의 생산 능력이 과도하게 증가할 때

⑤ 서비스 표준화가 명확하고 가격이 유일한 비교 대상이 되는 업종일 때

O / X형

[16~20] 다음 문항을 읽고 옳고(O), 그름(X)을 선택하시오.

16 서비스 경영에서 수율은 서비스 제공 능력(가용 자원)에 대해 실제로 제공된 서비스의 비율을 나타내는 지표이다. (① O ② X)

17 대기행렬에서 고객이 서비스 시스템에 들어오는 빈도(횟수)는 포아송 분포를 따른다. (① O ② X)

18 원가 중심의 가격 결정 방식은 주로 공공 서비스, 하청 등에서 사용하며 가격 산정 시 고정비는 고려하지 않는다. (① O ② X)

19 수율을 구하는 공식은 '실제 수익 / 잠재 수익'이며, 실제 수익을 구하는 공식은 '실제 사용량 × 최대 가격'이다. (① O ② X)

20 희망 서비스와 적정 서비스 수중 사이의 영역으로 서비스 실패가 잘 드러나지 않는 미발각 지대를 허용 영역이라고 한다. (① O ② X)

연결형

[21~25] 다음 설명에 적절한 〈보기〉를 찾아 각각 선택하시오.

| 보기 |
| ① 델파이 기법   ② EOQ   ③ NGT   ④ FCFS   ⑤ 수율 관리 |

21 (   )은 / 는 주문 비용(배송비, 주문 절차비)과 재고 유지 비용(보관비, 창고비)을 최소화하는 최적의 주문량이다.

22 (   )(이)란 모든 참가자의 의견이 골고루 반영되도록 균등한 발언 기회를 부여한다는 의미로, 참여자들이 개별적으로 아이디어를 제시한 후, 토론 없이 아이디어를 공유하고, 구조화된 투표 과정을 통해 최선의 대안을 도출하는 집단 의사결정 기법이다.

23 여러 전문가의 의견을 익명으로 수차례 수렴하고, 피드백을 반복하면서 최종 예측을 도출하는 구조화된 방법을 (   )(이)라고 한다.

24 (   )은 / 는 한정된 서비스 공급 능력을 효율적으로 활용해 수익을 극대화하기 위한 가격 및 수요 관리 전략이다.

25 우선순위 규칙으로 먼저 도착한 고객을 가장 먼저 서비스하는 규칙을 (   )(이)라고 한다.

사례형

26 다음은 식당에서 손님과 종업원 사이의 대화이다. 대화를 통하여 대기 심리에 관한 내용 중 가장 옳지 <u>않은</u> 것은?

> 손님　：저희가 식사하려면 많이 기다려야 할까요?
>
> 종업원：대기 2번이시고, 5분 정도 지나면 자리가 날 것 같습니다. 여기 메뉴판이 있는데 보시고 먼저 주문해 주시겠습니까? (…) 기다리시는 동안 저희가 새로 개발한 음료인데, 한번 맛보시겠어요? (…) 이제 자리가 생겼으니 드시고 나서, 들어가시면 될 것 같습니다.
>
> (잠시 후)
>
> 손님　：저쪽 테이블에 있는 사람들보다 우리가 먼저 들어와서 주문했는데 왜 저쪽 테이블 사람들한테 먼저 음식이 나오는 건가요?
>
> 종업원：저 손님들은 사전에 음식까지 예약하셨던 손님들이라 그렇습니다. 손님 테이블의 음식도 곧 나올 예정이니 죄송하지만 잠시만 더 기다려 주십시오.

① 불확실하며 대기원인에 대한 설명 없는 기다림은 고객에게 걱정과 분노를 줄 수 있다.

② 위 대화의 종업원처럼 메뉴판을 가져다주면, 고객은 서비스가 시작되었다고 생각할 수 있다.

③ 위 대화에서 손님이 음식 나오는 순서에 대한 질문을 한 것은 공정한 대기 시스템이 적용되고 있다고 생각했기 때문이다.

④ 위 대화에서 종업원이 대기 순번 및 예상 시간을 알려주는 것은 기다림의 끝을 예측하게 해주어 안도감을 줄 수 있는 방법이다.

⑤ 기다림의 시간은 비생산적, 불편한 느낌을 줄 수 있으므로, 기다림의 시간을 즐거움을 얻을 수 있는 시간으로 느낄 수 있게 한다면 도움이 될 수 있다.

27 다음은 웨딩홀 예약에 대한 대화이다. 대화에 관한 내용 중 옳지 <u>않은</u> 것은?

> A : 이번에 제가 결혼을 준비하면서 웨딩홀을 알아보니, 사람들이 많이 결혼하는 성수기와 비수기에 따라 비용 차이가 상당히 크다는 것을 알게 되었어요.
> B : 맞아요. 저도 5월에 결혼하고 싶었는데, 성수기라서 웨딩홀이 대부분 6개월 전부터 예약이 마감되어 있더라구요. 겨우 한 군데를 찾았지만 공식 가격에서 전혀 할인이 되지 않는다고 했어요.
> C : 저는 그래서 봄 대신 여름을 선택했어요. 7월에는 원하는 시간대를 고를 수 있고, 정상가에서 약 30% 정도 할인을 해준다고 해서 그때로 예약했어요.
> D : 요즘은 금요일 저녁 예식을 선택하면 웨딩홀에서 사용료와 식대를 할인해 주고, 여러가지 서비스 품목도 추가로 제공한다고 하더라구요. 한 번 고려해 볼 만한 선택인 것 같아요.

① A의 말에 따르면, 웨딩홀은 성수기와 비수기에 따른 서비스 수요-공급의 불일치를 조정하는 기법을 활용하고 있음을 알 수 있다.

② B가 말한 웨딩홀의 정책은 성수기 수요를 줄이기 위한 전략으로 볼 수 있다.

③ C가 말한 웨딩홀의 할인 정책은 비수기 상황에서 수요를 늘리기 위한 조정 전략에 해당할 수 있다.

④ D가 말한 평일 저녁 결혼식 할인은 가격 인센티브를 통해 수요를 조정하는 기법으로 이해할 수 있다.

⑤ 웨딩홀은 성수기에는 사전 예약 제도를 더욱 적극적으로 운영하고, 고객 우선순위를 관리할 가능성이 높다.

28 다음은 신규로 렌터카 사업을 시작하려는 A 렌터카 회사의 렌터카 이용 가격 결정과 관련된 직원들 간의 대화이다. A 렌터카 회사의 가격 결정 방법에 대한 내용 중 가장 옳은 것은?

> 직원 1 : 저희가 새로 시작하는 렌터카 사업의 이용 가격을 어떻게 정하여 받아야 할까요?
> 직원 2 : 저희 지역에는 기존에 B 렌터카 회사와 C 렌터카 회사가 존재합니다. 두 회사는 가 차량 모델에 대하여 동일한 가격을 책정하고 있는 상태입니다.
> 직원 1 : 아! 그러시면, 저희도 기존 B, C 렌터카 회사가 받고 있는 가격을 동일하게 책정하도록 합시다.

① 수요중심 가격결정에 해당한다.

② 대체재 수가 감소할수록 가격경쟁이 심해진다.

③ 고객의 가치 인식과 부합하는 가격을 책정하는 방법이다.

④ 원가에 기초한 방법으로 공공 서비스, 광고 등에서 널리 사용되고 있다.

⑤ 소수의 서비스 제공자들이 서비스를 과점적으로 제공하는 경우에 많이 발생한다.

29 다음은 의류를 제작하여 판매하는 인터넷 쇼핑몰의 직원들 사이의 대화이다. 서비스 공급
능력 계획과 관련하여 대화의 내용에 대한 설명 중 가장 올바른 것은?

> 직원 1: 저희는 사전에 일정량 이상의 의류 지품 A를 미리 제작해 놓기보다, 매월 사전 구
> 매 접수를 통하여 구매의사자의 접수를 받은 후에, 그때 그때 맞추어 제작에 들어가
> 서 수요자들에게 공급하는 방식이 좋을 것 같아요.
> 직원 2: 그렇게 하면 좋을수도 있지만 때론 주문이 갑자기 많이 몰리게 되면 주문을 다 받지
> 못할 수도 있어요. 차라리 그동안 평균적인 판매량이 있으니 그만큼은 항상 제작하
> 여 공급하는 방식이 좋을 것 같아요.

① 직원 1의 방식으로 공급능력을 계획 시, 재고 관리가 부담이 된다.
② 직원 1의 방식은 제작 인력이나 제작 장비를 안정적으로 유지할 수 있다.
③ 직원 1의 방식으로 공급 시, 사후 제작 시간 소요로 제품을 받을 때까지 시간이 길어지
면 구매 취소로 이어질 수 있다.
④ 직원 2의 방식으로 공급능력을 계획 시, 재고가 남거나 부족한 문제가 발생하지 않는다.
⑤ 직원 2의 방식으로 공급능력을 계획 시, 서비스 인력을 그때그때 채용하여야 하는 비용
이 많이 든다.

30 일반적으로 무인 복사대에서는 도착한 순서대로 복사를 한다. 그러나 A와 B는 도착순서를
바꾸어 복사를 하고 있다. 이는 어떤 대기행렬 규칙을 따르는 것인가?

> A : 복사할 분량이 많으십니까?
> B : 네, 다섯 권의 책에 있는 내용을 선별적으로 복사해야 하기 때문에 시간이 좀 걸립니다.
> A : 저는 복사할 분량이 많지 않습니다. 죄송합니다만 제가 먼저 복사한 후에 하시면 안될까요?
> B : 아, 그러시죠. 먼저 복사하십시오.
> A : 양보해주셔서 감사합니다. 그럼 제가 먼저 복사하겠습니다.
> B : 천만에요.

① 무작위규칙　　　　　　　　　② 긴급률(CR)규칙
③ 선입선출(FCFS)규칙　　　　　④ 후입선출(LSFS)규칙
⑤ 최단처리기간(SPT)규칙

통합형

[31~32] 다음을 읽고 물음에 답하시오.

수요에 맞춰 공급 능력을 조정하거나, 반대로 공급 능력에 맞춰 수요를 통제하는 일이 불가능한 경우가 있다. 이 때문에 많은 서비스 조직에서는 고객을 기다리게 하는 상황이 현실적으로 불가피하다. 하지만 현대와 같이 빠르게 움직이는 사회에서 기다림을 참아 내는 고객은 많지 않다. 고객들은 더 빠르고 효율적인 서비스를 제공하는 곳을 찾게 되고, 기다림을 강요하는 조직에 대해서는 이탈하거나 최소한 불만을 느끼게 된다.
연구에 따르면 대기시간 만족은 전반적인 서비스 만족과 거의 동일한 수준으로 고객 충성도에 큰 영향을 미친다. 따라서 피할 수 없는 기다림을 효과적으로 관리하는 일은 모든 서비스 조직이 반드시 해결해야 할 중요한 과제가 된다.

31 불가피한 기다림을 효과적으로 다루기 위한 조직의 전략 중 운영시스템을 바꾼 사례로 가장 적절하지 <u>않은</u> 것은?

① 호텔의 초과예약시스템 도입
② 호텔의 체크인 절차 단순화
③ 가전제품서비스센터의 대기번호표 발급
④ 공항에서 등록된 여행자의 보안검사 완화
⑤ 항공권 발권창구의 대기모양을 다중대기열에서 단기대기열로 변경

32 고객이 기다려야만 하는 경우에도 조직이 어떻게 기다림을 관리하는가에 따라 고객은 만족할 수도 있다. 다음 중 데이비드 마이스터(David Maister)가 제시한 '기다림 관리 원칙'을 적용한 사례로 적절하지 <u>않은</u> 것은?

① 치과에서 재미있는 읽을거리 제공
② 은행의 단일대기열을 다중대기열로 변경
③ 음식점에 앉아서 기다리는 동안 메뉴판 제공
④ 고속터미널의 선착순 규칙에 따라 운영되는 대기열시스템
⑤ 테마공원에서 대기열의 일정 간격마다 기다릴 시간을 알려주는 표지판 설치

서비스 인적 자원 관리

Part 04. 서비스 인적 자원 관리

- 서비스 인력은 성과의 핵심이므로 인적자원관리 개념을 학습합니다.

- 적절한 인력 선발과 배치, 보상이 조직역량과 품질에 큰 영향을 미칩니다.

- 직무 평가, 보상체계, 노사 관계 등 조직 문화 형성 요소를 익혀야 합니다.

- 서비스 노동 생산성 향상 전략을 통해 운영성과를 높일 수 있습니다.

- HRM 기반 경영 이해가 필요하므로 관련 이론을 체계적으로 정리해야 합니다.

Chapter 01 인적 자원 관리의 이해

01 인적 자원 관리

1 인적 자원 관리의 개념

(1) 인적 자원 관리의 의의

① 인적 자원 관리는 경영 목적을 달성하기 위하여 필요한 인력을 확보하고, 이를 개발·유지하며, 구성원이 업무에 몰두할 수 있도록 동기를 부여하는 일련의 과학적 관리 기법을 의미한다.

② 성공적인 인적 자원 관리를 위해서는 인력의 선발에서부터 교육·훈련, 보상에 이르기까지의 전 과정을 개별적으로 관리하는 것이 아니라, 하나의 통합된 시스템으로 계획하고 운영하는 것이 중요하다.

③ 서비스 직원의 태도와 행동은 서비스 접점에서 서비스 품질에 대한 고객의 지각과 가치 평가, 고객 만족 및 조직 성과에 직접적인 영향을 미치므로, 서비스 직원에 대한 체계적이고 전략적인 인적 자원 관리는 매우 중요하다.

(2) 인적 자원 관리의 중요성 ✿✿

구분	핵심 내용	설명
조직 목표 달성	목표 달성의 핵심의 주체	조직의 목표를 실제로 달성하는 주체는 구성원이며, 인적 자원 관리 방식에 따라 조직의 성패가 결정된다.
조직 역량 자원	조직 역량 형성의 기반	변화하는 고객 욕구와 전략적 요구에 대응하기 위한 조직 역량은 인적 자원을 통해 확보되고 발현된다.
경쟁적 원천	지속 가능한 경쟁 우위	인적 자원을 통해 형성된 조직 역량은 장기간에 걸쳐 축적되며 경쟁 기업과 차별화되어 지속적인 경쟁력의 원천이 된다.
전략적 자산	핵심 전략 자산	기업 경쟁력의 근본은 사람이며, 인적 자원은 기업이 보유한 가장 중요한 전략적 자산이다.

(3) 인적 자원 관리의 목표

인적 자원 관리의 목표	설명
유능한 인재의 확보	조직의 성과 창출에 기여할 수 있는 우수 인재를 적시에 선발·채용한다.
핵심 역량 강화 및 경쟁력 향상	인적 자원을 통해 조직의 핵심 역량을 강화하고 기업 경쟁력을 제고한다.
핵심 인력의 육성 및 개발	교육·훈련을 통해 핵심 인력을 지속적으로 성장·발전시킨다.
근로 의욕 고취(동기 부여)	구성원의 직무 몰입과 성과 향상을 위해 동기 부여 체계를 구축한다.
생산성·품질 향상 및 고객만족	인적 자원 관리를 통해 업무 효율성과 서비스 품질을 높여 고객 만족을 달성한다.
기업 목표·사업 전략과의 연계	인적 자원 관리 활동을 기업의 중장기 목표 및 사업 전략과 연계한다.
조직 내 커뮤니케이션 활성화	원활한 의사소통을 통해 조직 몰입도와 협업 수준을 제고한다.
공정한 보상	성과와 역량에 기반한 공정한 평가와 보상으로 신뢰를 확보한다.
고용 관리의 유연성	환경 변화에 대응할 수 있도록 탄력적인 인력 운영 체계를 구축한다.

(4) 인적 자원 관리의 6원칙 ✰

원칙	핵심 개념	설명
직무 중심주의 원칙	직무 기준 인사	직무기술서·직무명세서 등 직무 정보를 기준으로 적합한 인재를 확보하고, 교육·훈련·배치·이동·승진 등의 인적 자원 관리 활동을 수행하는 원칙
전인주의 원칙	인간성 존중	직원의 인간적 측면과 인간성 실현을 중시하며, 권위주의적 인사관리에서 벗어나 민주적·인간 존중형 인적 자원 관리를 지향하는 원칙
능력주의 원칙	성과·역량 중심	학력, 연령, 근속연수 등 연공 요소가 아닌 직원의 능력과 업적을 기준으로 공정한 인사 처우를 실현하는 원칙
공정성의 원칙	절차·결과의 공정성	인적 자원 관리의 과정과 결과에 대해 공정하게 평가하고, 근로 조건의 개선과 향상을 위해 공정성을 유지하는 원칙
정보공개주의 원칙	인사 정보 공개	직무 분석·평가 결과 및 인사 고과 등 인사 정보를 공개하여 배치·이동·승진·승격 등의 인사 처우를 공정하게 실현하는 원칙
참가주의 원칙	구성원 참여	인적 자원 관리 방침 결정과 인사 제도 운영 과정에 직원의 적극적 참여와 의견 수렴을 통해 경영의 민주화를 추구하는 원칙

② 인적 자원 관리의 성격 ✿

구분	주요 내용
경제적 합리성과 인간성의 동시 추구	기업의 존속과 인적 자원 개발을 위해 경제적 합리성이 우선적으로 고려되어야 하나, 인적 자원 활동의 성과는 구성원에게 달려 있으므로 인간의 존엄성과 인격체로서의 가치를 함께 존중해야 한다.
인적 자원의 개발과 자율성	인적 자원은 능동적·자율적 존재로, 성과는 구성원의 욕구·동기·태도·행동·만족감에 따라 달라지며, 경영자가 이러한 자율성을 어떻게 관리하느냐에 따라 경영 성과의 차이가 크게 발생한다.
인적 자원의 형성과 책임성	인적 자원은 개인별로 이질성을 가지며 담당 직무와 수행 능력이 서로 다르고, 기업의 생산성과 지속적 성장은 개인의 역량과 이를 어떻게 활용하느냐에 의해 좌우된다.

③ 인적 자원 관리의 내용 ✿✿✿

구분	내용	설명
모집	인재 탐색	조직의 인력 충원 또는 증원을 위해 공고를 통해 자격을 갖춘 인재를 모집하는 과정
선발	적합 인재 채용	직무 분석에 따른 합리적인 채용 기준을 바탕으로 직무 및 서비스 특성에 적합한 고객 만족형 인적 자원을 선발
배치	적재적소 배치	신규 채용자 배치 및 기존 구성원의 전환 배치를 통해 직무 특성에 맞는 인력을 적절히 배치
교육 및 개발 프로그램	역량 향상	직원의 직무 능력과 가치 향상, 직무 만족도 증가 및 성장 욕구 충족을 통해 사회적 효율성과 성과 효율성을 동시에 제고
보상	동기 부여	금전적·비금전적 보상 프로그램을 통해 직원의 공헌을 인정하고 근로 의욕과 업무 능률을 향상
경력 개발 관리	경력 설계	개인의 경력 목표 설정과 경력 계획 수립을 통해 조직의 욕구와 개인의 욕구가 조화되도록 경력을 개발
승진 관리	지위 상승	권한·책임·보수의 확대를 수반하는 승진을 통해 구성원의 동기 부여를 강화하고 개인 목표와 조직 목표를 일치
이직 관리	인력 안정화	직원의 이직을 체계적으로 관리하여 조직 안정성 확보, 생산성 향상, 기업에 대한 긍정적 태도 형성
복리후생	삶의 질 향상	급여 외 부가 급여(Fringe Benefits)를 제공하여 직원의 경제적 안정과 생활의 질을 개선
평가	성과 측정	직원의 직무 수행 능력, 업적, 근무 태도를 객관적으로 평가하고, 평가 자료를 바탕으로 능력의 유지·개선·발전을 도모

🔷 마일즈 – 스노우 전략 유형별 인적 자원 관리

구분	방어형	혁신형	분석형
제품·시장 전략	소수의 안정된 제품 기존 제품·기존 시장 중심(시장 침투 전략)	•제품 혁신 중심 •신제품·신시장 개척 •환경 변화에 능동적 대응	•안정적·계획적 혁신 •방어형과 혁신형의 혼합
HRM 활동 계획 과정	계획 → 실행 → 평가	실행 → 평가 → 계획	평가 → 실행 → 계획
인력 계획	공식적·체계적 철저한 인력 계획	비공식적·제한적 유연한 인력 운영	공식적 → 체계적
충원·선발·배치	내부 육성 중심	외부 인재 영입 중심	내부 육성 + 외부 영입
보상 체계	•내적 공정성 중시 •기본급 비중 큼.	•외적 경쟁성 중시 •성과급 비중 큼.	방어형 + 혁신형 요소 결합

Chapter 02 서비스 인력 선발

01 모집 관리

1 모집 관리의 의의

(1) 모집은 고용 관리의 시작 단계이자 인사 관리 전 과정의 출발점에 해당한다.

(2) 모집은 유능한 인재를 선발하기 위한 전제 단계로, 실질적인 인력을 조직으로 유인하는 과정이다.

(3) 모집은 선발 비용을 높이고 우수 인재 확보 가능성을 높이기 위한 활동이라는 점에서 적극적 고용 활동으로 불린다.

2 모집 방법

(1) 고용 형태에 따른 분류 ☆

구분	유형	주요 특징
정규 직원	정규직	사용자와 기간을 정하지 않은 고용 계약을 체결하며, 고용 관계와 지휘·종속 관계가 동일함.
		전일제 근무를 하며, 기업 내 경력 개발·승진·교육 훈련·복리후생 제도의 적용을 받는 근로자
비정규 직원	비정규직	단기간의 고용 계약을 체결하며, 계약 종료에 따라 다수의 사용자와 고용 계약을 맺을 수 있음.
		경력 개발과 인적 자원 투자를 개인적으로 해결하고, 비교적 단시간 근무 형태를 적용받는 근로자
기타 직원	용역 직원	특정 업무에 대해 용역 계약을 체결하고, 해당 업무 수행을 전문적으로 담당하는 직원
	파견 직원	파견 사업주가 고용하되, 다른 사용자에게 파견되어 그 사용자의 지시·명령을 받아 근무하는 직원

(2) 인력 수급 방법에 따른 분류 ✿✿✿

구분	내부 모집	외부 모집
개념	조직 내부에서 적격자를 선발하는 방법	외부 인력 시장을 통해 인재를 모집하는 방법
	인사고과 기록 등을 활용하여 적합한 인물을 선발	광고, 추천, 직업소개소 등 다양한 외부 채널 활용
모집 방법	추가적인 홍보 활동이 필요 없으며 직원 동기 부여에 긍정적	광고, 추천, 직업소개소, 인턴제, 실습제도, 채용 박람회, 취업 설명회, 자발적 지원
장점	능력이 검증된 인재 채용 가능	새로운 아이디어와 시각 유입
	재직자의 개발 동기 부여 및 장기 근속 유도	조직 내부 이동에 따른 연쇄 효과가 없음.
	훈련·조직화 시간 단축	급성장기에 필요한 인력 수요 충족
	신속한 충원 및 충원 비용 절감	경력자 채용 시 직무 훈련 비용 절감
	성장 정체기에는 재직자의 직장 안정성 제공	기업의 급격한 전환기 대응에 효과적
단점	성장기 기업에서는 충분한 인력 공급 한계	시간 비용 및 충원 비용 발생
	내부 이동의 연쇄 효과로 조직 혼란 가능	선발 점수와 입사 후 성과 간 불일치 가능성
	조직 정치·관료화로 비효율 발생 가능	재직자의 사기 저하 위험
	고용 평등법 미충족 위험	

Part
04

02 선발 관리 ✩

1 선발 관리의 의의

(1) 선발은 조직의 직무를 수행할 수 있는 최적의 요건을 갖춘 사람에게 조직 구성원으로서의 자격을 부여하는 과정이다.

(2) 모집과 선발은 인적 자원이 조직으로 유입되는 과정을 체계적으로 관리하고 통제하는 핵심 기능이다.

(3) 선발 기준에 따른 절차를 통해 지원자가 직무에 필요한 적성과 능력을 보유하고 있는 지를 비교·평가할 수 있다.

2 선발 절차

절차	주요 내용
지원자 모집	채용 공고를 통해 지원자를 모집
지원서 검토	초기 부적절 지원자 선별 및 서류 심사
선발 시험	필기시험, 적성검사, 직무 테스트 등 고용 테스트 실시
채용 후보자 선정	서류 및 시험 결과를 바탕으로 면접 대상자 선별
고용 부서 면접	직무 관련 책임자에 의한 1차 면접 진행
배경 조사	신원 조회 및 제출 서류 서류 내용의 사실 여부 확인
최종 면접	임원 또는 CEO에 의한 최종 면접 실시
합격 발표	최종 선발된 합격자 공고
교육	직무 연수 및 조직 이해를 위한 교육 실시
배치	해당 직무 부서에 배치하여 근무 시작

3 선발 시험

구분	선발 시험 종류	주요 내용
필기 시험	전공 · 지식 평가	외국어 시험, 전공 시험, 상식 시험, 한자 시험, 논술 시험 등을 통해 직무 수행에 필요한 기초 지식과 이해 수준을 평가
적성 검사	직무 적합성 평가	특정 분야의 직무를 수행할 수 있는 잠재적 능력과 직무 수행 가능성을 측정
인성 검사	성격 · 기질 측정	지원자의 성격 특성, 기질, 태도 등을 파악하여 조직 적합성과 대인 관계 특성을 평가
지능 검사	문제 해결 능력 평가	지적 능력(IQ), 감성 능력(EQ) 등을 통해 사고력과 문제 해결 능력을 종합적으로 평가
흥미 검사	직무 선호도 판단	지원자의 관심, 기호, 취미 등을 측정하여 적합한 직무 유형을 판단

4 선발 기준

선발 기준	주요 내용
교육 수준	직무 관련 지식 보유 여부, 직무 수행에 필요한 교육 이수 사항 및 이수 기간 등을 기준으로 선발 여부를 판단
경험 및 경력	지원자가 보유한 직무 경험과 경력을 통해 직무 수행 능력과 직무에 임하는 태도를 평가
신체적 특성	신장, 체중, 시력, 건강 상태, 용모 등 직무 수행에 필요한 신체적 조건을 확인
기타 개인적 특성	연령, 성별, 취미, 적성, 결혼 여부 등 개인적 특성을 참고하여 직무 및 조직 적합성을 판단

03 면접

1 면접의 목적

(1) 면접은 서류 전형, 필기 시험, 각종 검사만으로는 충분히 파악하기 어려운 지원자의 태도, 가치관, 의사소통 능력, 대인관계 특성 등 보다 입체적이고 종합적인 역량과 조직 적합성을 평가하기 위해 실시된다.

(2) 면접을 통해 지원자가 조직과 지원 직무에 대해 얼마나 정확히 이해하고 있는 지를 확인하며, 이를 통해 지원자의 직무 수행 준비도와 업무에 임하는 기본적인 태도를 평가한다.

(3) 면접은 지원자가 실제 조직에 투입되었을 때 보일 가능성이 높은 행동 양식과 업무 성과를 사전에 예측하기 위한 도구로 활용되며, 조직과 개인 간의 적합성을 판단하는 중요한 기준이 된다.

2 면접의 유형 ☆☆

구분	면접 유형	주요 특징
계획적 면접	심층 면접 / 행동 면접	지원자의 과거 행동과 경험을 바탕으로 잠재적인 성공·실패 가능성을 심층적으로 파악하는 면접
정형적 면접	구조적 면접 / 지시적 면접	직무명세서를 기초로 질문 목록을 사전에 준비하고, 면접자가 정해진 순서대로 질문하는 면접
비지시적 면접	자유 면접	지원자에게 최대한 의사 표현의 자유를 주어 자연스러운 대화 속에서 정보를 수집하는 방식으로, 고도의 질문 기법과 훈련이 필요
스트레스 면접	압박 면접	공격적 질문이나 무시 등의 방식으로 감정 안정성, 좌절 인내력, 압박 상황 대처 능력을 평가
패널 면접	다대일 면접	다수의 면접자가 1명이 지원자를 평가하며, 면접 후 의견 교환을 통해 광범위한 평가 가능
블라인드 면접	정보 비공개 면접	면접 전 서류 심사는 실시하되, 면접 과정에서는 학력·경력 등 이력서 내용을 반영하지 않고 평가
PT 면접	발표 면접	사전에 주어진 주제를 준비·발표하도록 하여 문제 해결 능력, 창의력, 전문성, 보고 능력 등을 평가
합숙 면접	캠프형 면접	일정 기간 합숙하며 평가하는 방식으로, 리더십·협동심·커뮤니케이션 능력 판단에 유용
그룹 토론	집단 토론 면접	일정 인원의 지원자가 주제에 대해 토론하며 태도, 가치관, 논리적, 사고력, 리더십 등을 종합 평가

Chapter 03 서비스 직무 평가 및 보상

01 직무 평가

1 직무 평가의 정의 ✿

(1) 직무 평가는 조직 내에 존재하는 각 직무의 상대적인 가치를 평가하는 활동이다.

(2) 직무 분석 결과로 작성된 직무 기술서와 직무 명세서를 기초로 직무의 중요성, 복잡성, 위험도, 난이도, 책임성 등을 비교·평가하여 직무 간 상대적 가치를 체계적으로 결정한다.

(3) 조직에 기여하는 공헌도의 크기를 일정한 기준에 따라 개별 직무별로 산정하는 과정이다.

(4) 직무 평가는 조직 내 상대적 중요도를 기준으로 하므로, 동일한 직무라 하더라도 조직의 특성과 환경에 따라 평가 결과가 달라질 수 있다.

2 직무 평가의 목표 ✿✿

목적	설명
공정한 임금 체계의 확립	직무의 상대적 가치에 따라 조직 내부의 임금 격차에 합리적인 기준을 마련하며, 직무급 제도의 기초가 된다.
인적 자원 관리의 합리화	직무 가치 평가를 통해 인력 확보·배치·개발의 합리성을 높이고, 인사 이동 및 승진 결정의 객관적 기준을 제공한다.
노사 간 임금 협상의 기초	합리적인 직무 평가 결과는 노사 간 단체 교섭 시 임금 협상의 객관적이고 신뢰 가능한 기초 자료로 활용된다.

3 직무 평가의 요소

평가 요소	세부 구분	주요 내용
숙련	지능적 숙련	교육 수준, 전문 지식, 판단력 등 직무 수행에 필요한 지적 능력
	육체적 숙련	경력, 경험, 숙련도 등 반복적·신체적 직무 수행 능력
노력	육체적 노력	체력 소모, 반복 작업, 장시간 근무 등 신체적 부담
	정신적 노력	창의성 요구, 집중력, 정신적 긴장, 감정 노동
책임	대인적 책임	부하 직원에 대한 감독 책임, 지도·교육·평가 책임
	대물적 책임	설비·장비 관리 책임, 원자재·재고·자산 손실 책임
작업조건	위험도	사고 위험, 유해 물질 노출, 안전사고 발생 가능성
	작업 환경	소음, 온도, 조도, 작업 공간의 쾌적성

④ 직무 평가의 방법 ✿✿

구분	개념	특징	장점	단점
서열법	직무를 전체적·포괄적으로 상호 비교하여 순위를 결정하는 방법	평가자가 직무 전체를 서로 비교하여 상대적 서열을 매김.	간단하고 신속함.	• 명확한 기준이 없음. • 직무를 단순 비교하여 유사 직무 간 혼란 발생
분류법	사전에 설정한 등급(직무군)에 직무를 판정하여 배치하는 방법	서열법보다 체계적이나 포괄적 접근 방식	비교적 이해하기 쉬움.	• 분류 기준이 애매함. • 다양하고 복잡한 직무 평가에 한계
점수법	직무 요소별로 점수를 부여하고 이를 합산하여 직무 가치를 평가하는 방법	평가 요소에 중요도·가중치를 부여하여 점수화	• 가장 많이 사용됨. • 객관성·신뢰성 높음. • 노사 쌍방이 이해하기 쉬움.	• 평가 요소 선정과 점수 배분에 전문성 필요 • 시간·비용 많이 소요
요소비교법	기준 직무의 평가 요소와 다른 직무의 요소를 비교하여 상대적 가치를 결정하는 방법	점수법과 함께 널리 활용됨.	• 직무 간 상대적 가치 평가 용이 • 측정 기준이 있어 객관성 유지	• 기준 직무 설정 • 오류 시 전체 평가 왜곡 • 직무 변경 시 재평가 필요

02   인사 고과

① 인사 고과의 의의 ✿

(1) 인사 고과란 직원 개인의 업무 수행 능력, 근무 태도를 객관적으로 평가하여 현재 능력과 잠재적 능력의 유용성을 체계적으로 파악하는 관리 기법이다.

(2) 인사 고과는 직원의 업적, 적성, 장래성 등을 종합적으로 판정하여 공정한 평가와 보상, 합리적인 인적 자원 개발을 위한 기초 자료를 제공한다.

(3) 인사 고과는 사람 중심의 평가로서 직무와 관계를 평가하는 반면, 직무 평가는 직무 자체의 상대적 가치를 평가하여 합리적인 임금 격차를 조정하는 제도이다.

② 인사 고과의 성격 ✫

(1) 인사 고과는 조직 구성원 개인을 평가 대상으로 하여 그 상대적 가치를 평가한다.

(2) 인사 고과는 직원과 직무의 관계를 중심으로 평가하며, 직무 수행 과정에서 나타나는 업적을 중점적으로 파악한다.

(3) 인사 고과는 직원 간의 상대적·부분적 비교 평가의 성격을 가진다.

(4) 인사 고과는 평가의 객관성을 높이기 위해 목적에 따라 조정되며, 임금 결정 시에는 업적 중심으로, 승진 및 교육·훈련을 위해서는 능력 중심으로 평가한다.

③ 인사 고과의 목적 ✫✫

목적	주요 내용
인사 배치 및 이동	구성원의 능력과 적성을 파악하여 적재적소에 배치하고, 합리적인 인사 이동을 위한 기초 자료 제공
인력 개발	구성원의 현재 및 잠재적 능력을 평가하여 인재 개발에 활용하고, 기업 요구와 개인의 성장 기회 충족
인력 계획 및 인사 기능의 타당성 측정	연령, 성별, 직종, 근무 연수 등을 고려한 장·단기 인력 계획 수립 자료 제공 및 채용·승진의 타당성 판단
성과 측정 및 보상	성과를 기준으로 승급, 상여금, 임률 결정, 승진 등에 활용하며 능률급·직무급 운영의 기초 제공
조직 개발 및 근무 의욕 증진	직무 조건 및 조직 관계의 문제점을 개선하고, 구성원의 성취 의욕과 근무 동기 유발

④ 인사 고과의 목적과 활용

목적	활용
인사 배치 및 이동	배치, 전환, 복직, 채용, 해고
인력 개발	교육, 훈련, 개발
인력 계획 및 인사 기능의 타당성 측정	인력 계획에 필요한 인적 데이터 확보, 채용·배치·전환·승진 등 인사 기능의 타당성 검토
성과 측정 및 보상	승급, 상여금, 임률 결정, 승진
조직 개발 및 근무 의욕 증진	직무 개선, 성취 의욕 증진

5 인사 고과의 요소

요소	세부 내용
업적 성과	사전에 설정된 목표를 얼마나 달성하였는지를 기준으로 부서 또는 개인의 성과를 평가하는 결과 지향적 평가
	직무 내용과 책임의 수행 정도 및 조직 구성원으로서 창출한 업적을 평가
업무 수행 능력(역량)	구조화된 모의 상황이나 실제 직무 상황에 근거하여 행동을 관찰·평가하며, 미래 행동에 대한 잠재 능력까지 포함
	의사소통, 고객 지향, 비전 제시, 조정·통합 능력, 결과 지향성, 전문가 의식, 혁신 주도, 문제 인식, 전략적 사고 등 조직 성과 창출 역량 평가
업무 수행 태도	직무 활동 결과 달성과 직접적으로 관련된 태도만을 평가하며, 직무 수행과 무관한 개인적 성향은 제외
	성실성, 책임감, 협조성 등 업적과 연계된 근무 태도를 중심으로 평가

🔷 인사 고과의 예

평가 구분	평가 항목	평가 요소
업적 성과	업적 달성도	양적 성과, 질적 성과
	업무 저리 내용	정확성, 신속성
	섭외 활동 실적	유대 관계 유지 수준, 목표 달성 정도
	부하 육성	계획적 업무 부여, 부하 개발 의욕 고취
업무 수행 능력	업무 추진력	의욕, 적극성
	지도 통솔력	통솔 능력 개발, 업무 능률 향상
태도	책임감	자부심, 헌신도, 노력 정도
	품성	모범성, 공정성
	창의력	업무 개선 및 개발 능력

6 인사 고과의 유형 ✿✿

구분	평가 주체	주요 내용	장점	단점
상사에 의한 고과	상사 → 부하	직계 상사가 부하 직원을 평가하는 가장 일반적인 방법	• 평가 실시가 용이함. • 상사가 부하의 직무를 잘 이해	• 상사 주관 개입 가능성 큼. • 객관성 결여 우려
동료에 의한 평가	동료 → 동료	동료가 동료를 평가하는 방식	• 다수 참여로 객관성 제고 • 잠재력 파악에 유리	친분·경쟁에 따른 편파 평가 가능
부하 평가	부하 → 상사	상향식 평가로 상사의 태도·능력·리더십 평가	• 참여 의식·주인의식 제고 • 상사에게 공식적 피드백 제공	보복 우려로 극대화 평가 경향
자기 고과	본인 → 본인	피고과자 스스로 직무 수행을 평가	• 자기 통제 의식 강화 • 자기 성찰 기회 제공	주관·편견 개입 가능성
다면 평가	상사·동료·부하·본인	여러 평가자가 참여하는 종합 평가 방식	정확성·객관성 가장 높음.	운영 복잡, 시간·비용 증가

◈ 인사 고과 유형의 장단점

구분	상사에 의한 고과	동료에 의한 평가	부하 평가	자기 고과
장점	• 합법적 권한 보유 • 보상의 통제 가능 • 실시 용이 • 직무 성과 파악 용이	• 예측 타당성 높음. • 의사소통 원활 • 참여 의식 고취	• 의사소통 원활 • 능력 개발 촉진	• 지식 풍부 • 관찰 빈도 높음. • 능력 개발 촉진
단점	• 신뢰성 확보 곤란 • 평가 주저 • 편견 개입	• 정확한 평가 곤란 • 고과자의 능력 부족	• 보복 가능성 • 권한 역화	• 인기투표 가능성 • 과대평가 • 원인 전가

7 인사 고과의 방법 ✿✿

구분	개념	장점	단점·유의점
서열법	종업원의 능력과 업적을 상대적으로 비교하여 순위를 매기는 방법	간단하고 실시가 편리함.	평가자의 주관적 기준 개입 가능
강제 할당법	사전에 정해진 비율에 따라 피평가자를 등급별로 강제 배분하는 방법	관대화·중앙화 등 규칙적 오류 방지	실제 성과 분포와 다를 경우 왜곡 발생
대조표법	평가 항목별 체크리스트에 따라 결과를 기록·평가하는 방법	• 신뢰성·타당성 증가 • 평가자 부담 감소	항목 설계가 미흡하면 형식적 평가 위험
자유 서술법	평가 대상자가 스스로 자신의 직무 수행을 서술·평가하는 방법	동기 부여 및 자기 개발 효과 큼.	주관성 강하고 객관적 비교 곤란
목표에 의한 관리법(MBO)	상사와 협의하여 단기적·구체적 목표를 설정하고 성과를 평가하는 방법	• 참여 의식 제고 • 성과 중심 관리 가능	목표 설정의 적절성에 따라 성과 좌우
평가 센터법	훈련된 평가자가 모의 상황을 통해 종합 평가하는 방법	객관성·정확성 높음.	시간·비용 많이 소요
다면 평가법	본인, 상사, 동료, 부하 등 다양한 계층이 상호 평가하는 방법	객관성·신뢰성 향상	운영 복잡, 평가 피로도 증가

03 보상 관리

1 보상의 의의

(1) 보상이란 조직이 개인에게 제공하는 유형·무형의 가치 일체를 의미한다.

(2) 보상은 금전적·물질적 재화뿐만 아니라 칭찬, 인정, 인간관계에서 오는 소속감 등 비금전적 요소를 포함하는 넓은 개념이다.

(3) 임금은 명확한 근로의 대가로 지급되는 금전적 보상으로, '보수'라고도 한다.

2 보상의 중요성 ✿✿

(1) 보상은 개인의 노력에 대한 대가일 뿐만 아니라 개인 능력의 확대 및 재생산 비용으로서, 장기적으로는 인적 자원 개발을 위한 투자의 성격을 가진다.

(2) 보상은 조직 구성원의 만족감과 성과에 큰 영향을 미치며, 금전적 보상은 불만족 요인을 제거하지만 보상의 불공정성은 사기 저하와 생산성 저해를 초래한다.

(3) 조직이 우수한 인적 자원을 확보·유지·활용하기 위해서는 적절한 보상의 지급과 합리적인 보상 체계의 확립이 필수적이다.

③ 보상 관리의 체계

보상 구분	세부 구분	보상 내용
금전적 보상	직접 보상	임금, 월급, 상여금, 일당, 주급
	간접 보상	보험(의료·고용·재해·연금 등), 주택 지원, 교육비 지원, 금융 지원, 건강·문화 시설 등 복리후생
비금전적 보상	직무 자체	직무 충실감, 도전감, 책임감, 안정감, 성취감, 승진 기회
	직무 환경	경영 정책, 유능한 감독, 동료 관계, 작업 환경, 근무 시간

④ 보상 관리의 원칙 ✡

원칙	내용
적절성	보상 체계는 사회·경제적 환경, 노사 관계, 인적 자원 관련 법규의 관점에서 적절하게 결정되어야 한다.
타당성	조직은 구성원 모두가 납득할 수 있는 합리적이고 적정한 임금 수준을 유지해야 한다.
공정성	조직 전체의 보상 수준뿐만 아니라 구성원 개인의 노력, 능력, 기술 등에 대해 공정해야 한다.
안정성	보상 체계는 구성원의 경제적 안정을 보장하고 안정 욕구 충족에 기여해야 한다.

Key Insight

구분	내용
정서적 몰입	조직에 대한 개인의 참여 열망과 애착, 일체감을 바탕으로 자발적으로 몰입하는 유형
규범적 몰입	조직을 자아의 핵심으로 인식하고, 조직에 남아야 한다는 의무감에 의해 형성되는 몰입
지속적 몰입	조직을 삶의 중심에 두고, 조직을 떠날 경우 발생하는 비용을 고려하여 지속적으로 근무하고자 하는 몰입

Chapter 04 노사 관계 관리

01 노사 관계의 기초

1 노사 관계의 개념

(1) 노사 관계란 근본적으로 노동자와 사용자 간의 관계를 의미한다.

(2) 현대적 의미의 노사 관계는 노동조합(노동자)과 사용자(기업)뿐만 아니라 이에 영향을 미치는 정부와 국민을 포함한 포괄적 관계를 말한다.

(3) 즉, 노사 관계란 근로자와 경영자, 그리고 노사 정책을 마련하고 단체교섭과 노사분쟁에 관한 규칙을 설정·조정하는 정부가 함께 형성하는 상호 관계를 의미한다.

🔷 노사 관계의 양면성

구분	내용
협력성과 대립성	노사 관계는 공동의 목표를 위한 협력적 관계이면서, 이해관계 충돌로 인한 대립적 관계를 동시에 가진다.
경제 관계와 사회 관계	임금·근로조건과 같은 경제적 관계이자, 인간관계·사회적 책임을 포함하는 사회 관계의 성격을 함께 지닌다.
개별적 관계와 집단적 관계	근로자 개인과 사용자 간의 개별적 관계이면서, 노동조합과 사용자 간의 집단적 관계라는 두 차원을 가진다.
종속 관계와 대등 관계	근로자는 조직 내에서 종속적 위치에 있으나, 노사 교섭에서는 대등한 주체로서 관계를 형성한다.

◈ 노사 관계의 유형 및 발전 단계 ✿

구분	개별 노사 관계	대립적 노사 관계	협력적 노사 관계	신협력적 노사 관계
특징	• 자유주의 사상 기반 사용자가 제시한 근로 조건에 근로자가 개별적으로 응함. • 기업과 근로자의 1:1 계약	• 노동자 단결을 통해 사용자와 대등한 교섭 시도 • 노동조합 결성에 대한 사용자 거부 반응 • 노동조합 불법화·조합원 해고 등 발생	• 노사 상호 권리 확보 이후 협력·화합 강조 • 국제 경쟁 환경에서 생존을 위한 노사 공동 운영	• 노사 문제를 국가·국민 경제 차원에서 인식 • 노·사·정 협력을 통한 사회적 해결 추구
주체	사용자	사용자와 노동조합	사용자와 노동조합	사용자·노동조합·정부
핵심 쟁점	제조 원가 절감	분배·임금 문제	생산성 향상	국가 주요 정책
노조 태도	노조 없음.	적대적·경쟁적	협력적	협력적·거시적
조정 메커니즘	사용자의 전제 또는 온정	노사 투쟁, 단체교섭	노사협조, 경영참가	• 노·사·정협조 • 사회적 합의
산업 형태	가내 수공업 생산	테일러리즘·포디즘 기반 대량 생산	대량 생산 → 일본식 생산 제도 전환	국가 경쟁력 중심 산업 구조
대표 사례			• 일본: 노사 협의회 • 독일: 공동 결정 제도	노·사·정 3자 협력주의

② 노사 관계의 목표

구분	주요 내용
산업 평화적 이념의 정립	• 인격 존중의 원리 확립 • 대화와 타협의 원리 정착 • 노사 공동체 의식 형성
생산성 향상과 성과 배분 실현	• 생산성 향상 달성 • 기업 경쟁력 제고 • 공정한 성과 배분 실현
노사 화합의 정착	• 노사 분쟁 원인 제거 • 노동관계 제도 정착 • 근로자 생활의 질 향상

3 노사 상생을 위한 과제 ✿

구분	주요 내용
노사 안정을 최우선적으로 실현	• 노사 관계 안정이 경제 활력 회복과 일자리 창출의 핵심 조건임을 인식 • 노사 관계 불안은 기업 경영 안정성과 대외 신뢰 약화, 투자 위축 초래 • 노사 안정은 일자리 증가와 비정규직·실업자 감소와 연관
실용적 관점에서 양보와 타협	• 비정규직 고용 유지를 우선하면서 근로 조건 개선 도모 • 비정규직 보호와 고용 유연성 확대의 동시 실현은 현실적으로 한계 존재 • 합의된 법 제도를 우선 시행 후 효과를 검토하여 보완
국가 차원의 타협	고용 유지와 일자리 창출을 위한 국가 차원의 사회적 타협 시급
고용 가능성 제고	• 비정규직의 직무 전문성 강화를 통한 고용 가능성 제고 • 사용자는 정보 공유, 근로 조건 개선, 산업 안전 강화, 교육·훈련 강화 등 기본적 책임 수행
사회적 대화의 실행	• 국가·사회 발전이라는 큰 틀에서 노·사·정 합의 도출 • 양보와 타협을 통한 현안 해결 • 노·사·정 합의 사항의 이행 강제 방안 마련 • 노·사·정 위원회의 실효성 중심 재정비
선진형 노사 관계로 전환	• 미래 노사 관계 설계를 위한 중·장기 과제 추진 • 미래 지향적 논의 활성화 및 생산적 성공 사례 창출 • 저성장·고령화에 대응한 새로운 노동시장 질서와 노사 관계 모델 제시 • 당사자 중심 노사 관계 복원 및 정부·시민단체의 지원 강화 • 정부의 이해관계 조정 역할 강화, 학계·시민단체의 감시 기능 강화

🔷 노·사·정의 협력 체계

주체	주요 역할 및 과제
근로자·노동조합	• 준법정신 확립 • 노조의 대내적 민주성 확보 • 조직 능률의 질적 제고 • 적절한 요구 조건 제시 • 경제·경영 분석 역량 강화 • 조합원 능력 제고 • 근로자의 애사심·조직 충성도 교육 강화
사용자(경영자)	• 근대적 노조관 정립 및 부당 노동 행위 금지 • 신뢰성 회복과 인간 존중 경영 실천 • 기업 경영의 투명성 제고 및 성실한 정보 공개 • 공정한 성과 배분 • 사회적 책임 실현 • 국제 경쟁 환경 대응 능력 제고 • 사용자·관리자 의식 개혁 교육의 지속적 실시
정부	• 노사정 위원회 제도의 정착 및 활성화 • 근로자의 상대적 빈곤감·박탈감 해소 정책 추진 • 평화적 민주화·국제화에 부합하는 노동관계법 개정 • ILO·WTO·OECD 등 국제 규약 존중 • 건전한 노동조합 보호 및 육성 • 노사 관계 정신 교육의 제도화

02 노동 조합

1 노동 조합의 정의 ✡

(1) 노동 조합이란 근로 조건의 유지 또는 개선을 목적으로 하는 임금 근로자의 지속적인 단체를 의미한다.

(2) 노동 조합은 근로자들이 자발적으로 단결하여 집단적 세력을 형성함으로써, 사용자와 대등한 위치에서 더 나은 노동 조건을 실현하기 위해 결성되었다.

(3) 오늘날 노동 조합은 자본주의 경제의 내재적 구성 요소로서 정치·경제·사회 전반에 걸쳐 중요한 영향력을 행사한다.

2 노동 조합의 기능 ✡

구분	기능	내용
조직 기능	근로자 조직 기능	비조합원 근로자를 조직하여 조합원으로 확대하는 기능
	노동 조합 유지·확장 기능	노동 조합이 조직된 이후 이를 유지·확장하는 기능
집행 기능	단체 교섭 기능	임금 및 근로 조건의 유지·개선을 위해 노동력의 판매자로서 사용자와 교섭하는 기능
	경제 활동 기능	• 경제적 보조 역할 수행 • 생산 현장 외에서의 경제적 보호 활동 • 노동 능력 변화에 대비한 기금 설치 및 상호 공제 활동
	정치 활동 기능	• 근로 조건 개선과 경제·사회적 지위 향상을 위해 정부 및 사회 단체를 대상으로 협상 • 최저 임금제, 노동 시간 단축, 공해 문제 등 사회 현안 대응
부가 기능	교육·홍보 활동	근로자의 지적 능력과 의식 수준 향상을 위한 교육 및 홍보 활동
	조사·연구 활동	근로 환경 개선, 노동력 향상 방안에 대한 조사 및 연구활동
	사회 봉사 활동	사회 공헌 및 노동 조합 이미지 제고를 위한 봉사 활동

03 단체 교섭과 노사 협의 제도

1 단체 교섭의 의의 ✿

(1) 단체 교섭이란 개별 사용자 또는 사용자 단체와 하나 이상의 대표적 노동 조합이 당사자가 되어 임금 및 근로 조건 등에 관한 협정 체결을 목적으로 하는 협상이다.

(2) 단체 교섭은 노사 대표가 근로자의 임금과 근로 조건에 대해 평화적 타협을 통해 협정을 도출하는 공식적 절차이다.

(3) 노동 조합은 단순한 단결만으로는 목적 달성이 어렵고, 조직력을 바탕으로 한 단체 교섭을 통해 본래의 목적을 실현할 수 있다.

2 단체 교섭의 기능 ✿✿

(1) 단체교섭은 작업 현장의 규칙과 제도를 설정·개정·운영하는 공식적인 절차의 기능을 수행한다.

(2) 근로자의 임금 및 각종 경제적 보상을 결정하는 과정의 기능을 한다.

(3) 협약 유효 기간 중 또는 협약 종료·개시 시점에 발생하는 노사 분쟁을 해결하는 수단의 기능을 한다.

(4) 노사 일체감을 조성하고 근로자의 욕구 불만을 조정하는 기능을 수행한다.

3 노사 협의 제도의 의의 ✿

(1) 노사 협의 제도란 경영자와 근로자가 대등한 입장에서 단체 교섭에서 다루지 않은 사항 중, 노사 쌍방의 공통 이해관계 사항에 대해 협의함으로써 상호 이해를 증진하고 협력을 도모하는 제도이다.

(2) 이는 근로자와 사용자가 경영상의 제반 문제, 공동 결정 사항, 근로자 복지 증진 및 고충 처리 등에 대해 협의하는 공동 협의 기구를 의미한다.

4 노사 협의 제도의 목적 ✿✿

(1) 기업의 민주화와 생산성 향상을 목적으로 근로자와 경영자가 대화하는 공식적 광장을 마련한다.

(2) 단체 교섭 사항에 포함되지 않는 경제적 사항 및 노사의 공통 이해 문제를 이해한다.

(3) 노사가 조직적으로 협력할 수 있는 환경을 조성한다.

(4) 노사는 자주적이고 대등한 입장에서 대화를 통해 문제를 해결한다.

(5) 협력에 필요한 상호 이해를 촉진하고 지속적인 협력을 가능하게 하는 제도를 확립한다.

5 노사 협의제와 단체 교섭의 비교 ✿✿

구분	노사 협의제	단체 교섭
목적	노사 공동의 이익 증진과 산업 평화 도모	임금 및 근로 조건의 유지·개선
배경	• 노동조합 성립 여부와 관계없이 진행 • 쟁의 행위라는 압력 수단 없이 협의	• 노동조합 및 노동 단체의 존립을 전제로 함. • 자구 행위로서의 쟁의를 배경
당사자	근로자 대표와 사용자	노동조합 대표자와 사용자
대상 사항	기업 경영, 생산성 향상 등 노사 간 이해가 공통되는 사항	임금, 근로 시간, 기타 근로 조건 등 이해가 대립되는 사항
결과	법적 구속력을 갖는 계약 체결 없음.	단체 교섭이 원만할 경우 단체 협약 체결

Chapter 05 서비스 인력의 노동 생산성 관리

01 직원 만족도

1 직원 만족도의 의의

(1) 직원 만족도 지수(ESI : Employee Satisfaction Index)란 기업 내부 직원이 조직에 대해 느끼는 전반적인 만족 수준을 수치화한 지표로, 구성원이 다양한 측면에서 인식하고 평가하는 내용을 파악하게 해 준다.

(2) 직원 만족도는 기업 성과와 조직 활성화에 큰 영향을 미치는 사내 고객인 직원의 만족·불만 요인을 진단함으로써, 조직 활성화를 저해하는 문제의 원인을 정확히 파악하는 데 기여한다.

(3) 이를 통해 기업은 합리적인 인적 자원 관리와 경영 방향을 설정할 수 있으며, 효과적인 개선과 조직 치유를 가능하게 하는 핵심적인 관리 수단으로 활용할 수 있다.

2 직원 만족도 조사의 효과

(1) 직원 만족도 조사 결과에 대해 적극적인 개선 조치가 이루어질 경우, 직원의 만족도가 향상되어 기업의 지속적인 발전에 기여한다.

(2) 직원의 만족도가 높아지면 이직률이 감소하여 우수 인력이 조직에 장기적으로 유지된다.

(3) 직원 만족도 향상은 '좋은 회사'라는 긍정적인 구전 효과를 창출한다.

(4) 고객 지향적인 조직 문화가 형성되어 기업의 이익 증대와 직원 복지 향상이 선순환 구조를 이루게 된다.

3 직원 만족도 관련 요인

(1) 직접적 요인

직원 만족도에 직접적인 영향을 미치는 요인으로, 전략, 교육 및 역량 개발, 직무 특성, 직무 범위, 성과 평가 관리, 보상 및 보수 체계, 인사 제도, 복리후생 등이 포함된다.

(2) 환경적 요인

조직을 둘러싼 환경적 요소로서 직원의 인식과 태도에 영향을 미친다.

① 기업의 비전 및 미션 : 직원에게 얼마나 공유되고 공감받는가에 따라 만족도에 중요한 영향을 미친다.

② 기업 문화 및 커뮤니케이션 : 참여 의식과 동기 부여를 형성하는 핵심 요인이다.

③ 상사 리더십 : 과업 중심과 인간 중심 리더십이 균형을 이룰 때 직원 만족도에 긍정적으로 작용한다.

(3) 근무 조건에 관한 요인

물리적 성격의 작업 조건	조명, 온도, 소음, 근무 분위기, 공간 배치 등
시간과 관계되는 작업 조건	근무 시간, 휴식 시간, 휴가 제도
사회적 작업 조건	복지 제도, 후생 제도
감독에 관한 요인	감독 유형, 영향력, 인간적 관계, 관리 기술력
동료에 관한 요인	우호적 동료 관계, 협조, 정보 제공, 친밀성, 신뢰성
회사의 경영 방침에 관한 요인	회사의 장래성·안정성, 승진 제도의 공정성, 인사 정책의 공정성
급여에 관한 요인	보상 관리 제도의 공정성, 성과에 대한 인정과 강화
승진에 관한 요인	승진 기회의 공정성, 기회의 다양성
안정성에 관한 요인	직무의 보장성

(4) 직원 만족도 지수(ESI)조사 항목 ☆

조사 항목	내용
인식 공유 정도	기업의 비전·미션·전략 등에 대한 이해와 공유 수준
참여 정신	조직 활동 및 의사결정 과정에 대한 참여 의식
직무 만족도	직무 내용, 업무량, 직무 적합성에 대한 만족 수준
제도 만족도	인사·보상·평가·복지 등 제도 전반에 대한 만족 수준
조직 문화 만족도	조직 분위기, 커뮤니케이션, 인간관계에 대한 만족 수준
종합 만족도	조직 전반에 대한 총체적 만족 수준

02 **직무 재설계 및 일정 조정 프로그램**

1 직무 재설계의 의미

(1) 직무 설계란 직무를 수행하는 사람에게 의미와 만족을 부여하기 위해 직무의 내용·방법·관계를 체계적으로 설계하는 활동을 의미한다.

(2) 직무 재설계는 기존 직무를 대상으로 하며, 의미 있는 과업의 추가와 더 큰 책임 및 복잡성이 포함되면서 그 필요성이 확대된 직무 설계 활동이다.

(3) 직무 설계와 직무 재설계의 목적은 직무 분석을 통해 조직적·기술적·인간적 요소를 규명하고, 이를 바탕으로 직무 만족도를 제고하고 생산성을 향상시키는 데 있다.

2 직무 순환

(1) 직무 순환이란 업무 내용 자체를 변화시키기보다는, 현재 속한 직군에서 다른 직군으로 이동하거나 동종 직군 내에서 다른 직무, 또는 동일 직무라도 다른 부서나 장소로 이동하여 근무하도록 순환시키는 활동을 말한다.

(2) 직무 순환은 직원의 장래를 고려한 육성 계획과 조직의 필요, 개인의 희망을 조율하여, 필요한 시기에 다양한 직무를 계획적·순차적으로 경험하게 함으로써 폭넓은 지식과 직무 전반에 대한 전문성을 습득하도록 하는 인사 관리 방식이다.

3 직무 확대

(1) 직무를 보다 다양하게 구성하여 반복적인 직무 수행에서 발생하는 지루함과 단조로움을 제거하는 방법으로, 직무를 수평적으로 확대한다는 점에서 '수평적 직무 확대'라고 한다.

(2) 기본 작업의 수를 증가시키고 관련 직무를 추가하여 수행하거나, 세분화된 여러 작업을 하나의 작업으로 통합한다.

(3) 직무의 단조로움을 해소하고 결근율을 감소시키는 효과가 있다.

(4) 직무의 책임이나 자율성이 크게 증가하지 않아 적극적인 동기 부여에는 한계가 있다.

4 직무 충실화

(1) 직무 충실화란 직무에 더 높은 자율성과 책임감을 부여하기 위해 직무를 재정의·재구성하는 방법으로 수직적 직무 확대라고도 한다.

(2) 직무 수행에 자율적 의사결정을 허용하고 참여와 상호 작용을 장려하며, 직무의 사회적 기여 인식과 성과 환류를 통해 책임감을 강화한다.

(3) 직무 충실화는 개인의 성장과 성취감을 높여 작업 경험의 질을 향상시키는 효과가 있다.

(4) 기술적·비용적 제약으로 인해 수견도가 낮은 단순 작업에는 적용이 어렵다.

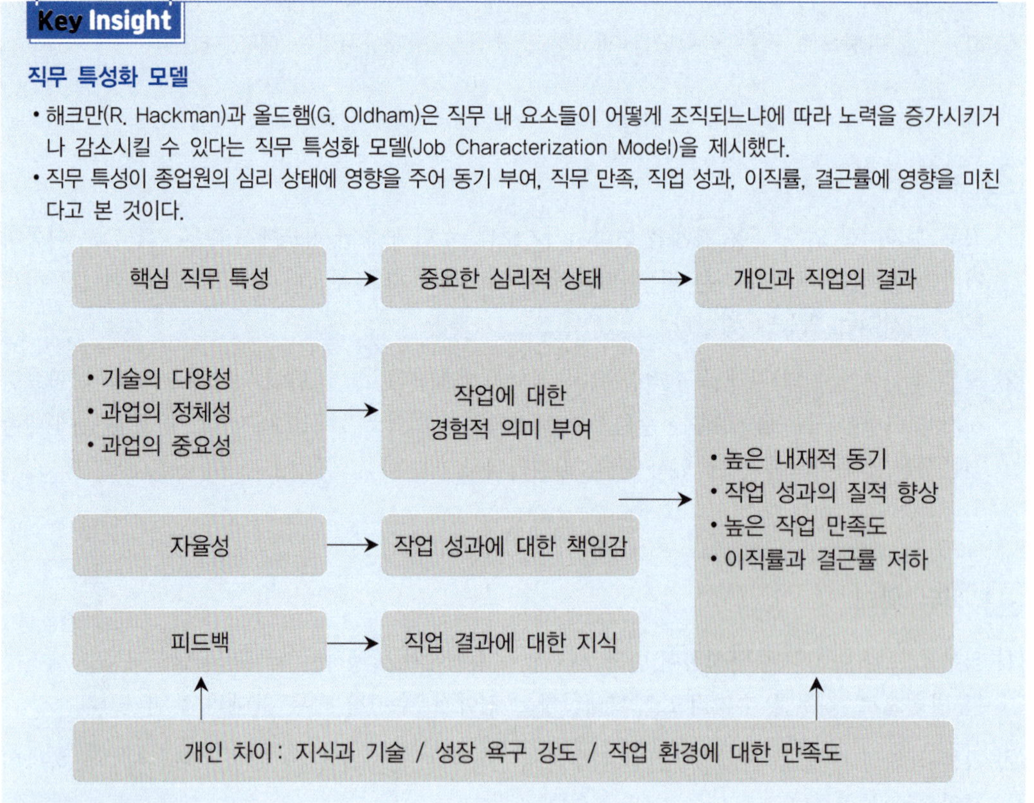

Key Insight

직무 특성화 모델

- 해크만(R. Hackman)과 올드햄(G. Oldham)은 직무 내 요소들이 어떻게 조직되느냐에 따라 노력을 증가시키거나 감소시킬 수 있다는 직무 특성화 모델(Job Characterization Model)을 제시했다.
- 직무 특성이 종업원의 심리 상태에 영향을 주어 동기 부여, 직무 만족, 직업 성과, 이직률, 결근률에 영향을 미친다고 본 것이다.

Key Insight

조직 몰입의 유형

구분	내용
정서적 몰입	조직에 대한 개인의 참여 열망을 바탕으로 애착과 일체감을 느끼며 자발적으로 몰입하는 정도
지속적 몰입	조직을 삶의 중심 요소로 두고, 조직을 옮길 때 발생하는 비용을 고려하여 형성되는 몰입
규범적 몰입	조직을 자아의 핵심으로 인식하는 의무감에 기초한 몰입으로, 조직에 대한 강한 자부심을 동반

Key Insight

근무의 유형

구분	내용	장점	단점
자유시간 근무제	• 근로 시간을 자율적으로 정하는 제도로, 선택적 근로시간제 · 자유 출퇴근제 · 신축적 근무제라고도 함. • 탄력적 근무시간제는 환경 변화에 대응하는 미래 지향적 관리 방식으로, 직장 생활의 질과 생활의 질 향상에 중점	• 대도시 교통 혼잡 감소 • 지각 · 결근 감소 • 잔업 시간 소멸로 업무 효율 향상	• 직원 감독이 어려움. • 상이한 근무 시간으로 인한 업무 조정 · 고객 대응 문제
집중 근무 시간제	하루의 소정 근로 시간 중 일정 시간을 정해 고유 업무에만 전념하도록 하는 제도	• 업무 집중도 향상 • 업무 몰입 환경 조성	협업 · 의사소통이 제한될 수 있음.
원격 근무	정보 기술(IT)을 활용하여 장소에 구애받지 않고 언제 어디서나 업무를 수행하는 근무 방식	• 회사 경비 절감 • 생산성 향상 및 이직률 감소 • 육아 주부 · 장애인 등에게 근무 기회 제공	• 효율적 관리 체계 필요 • 보안 시스템 · 네트워크 인프라 사전 구축 필요

03 갈등 관리

1 갈등의 의미

(1) 갈등이란 칡을 의미하는 '갈(葛)'과 등나무를 뜻하는 '등(藤)'이 합쳐진 말로, 두 덩굴이 서로 얽혀 쉽게 풀기 어려운 상태를 비유적으로 표현한 것이다.

(2) 이는 개인 · 집단 · 조직 간에 서로 다른 입장, 견해, 가치관 또는 이해관계로 인해 발생하는 불화나 충돌을 의미한다.

2 갈등의 주체에 따른 유형

(1) 개인적 갈등

구분	내용
욕구 좌절의 갈등	개인의 목표 달성이 차단될 때 발생하는 갈등으로, 개인은 철회 · 공격 · 고정화 · 타협 등의 반응을 통해 좌절된 욕구를 해소하려 한다.
목표 갈등	긍정적 · 부정적 양면성을 지닌 상충되는 복수의 목표로 인해 발생하는 갈등으로, 목표가 공유되지 않아 불일치가 나타난다.
역할 갈등	한 사람이 동시에 여러 지위를 가지거나, 하나의 지위에 대해 여러 역할이 동시에 기대될 때 나타나는 역할 모순이나 긴장 상태를 의미한다.

(2) 조직적 갈등

구분	내용
대인적 갈등	조직 구성원들 간에 목표와 가치관의 차이로 인해 발생하는 갈등
그룹 내 갈등	하나의 그룹·팀·부서 내부에서 구성원들 사이에 발생하는 갈등
그룹 간 갈등	그룹 간, 팀 간 또는 부서 간에 이해관계와 목표 차이로 발생하는 갈등
조직 간 갈등	• 기업과 경쟁 기업 간, 정부 관련 부처와 기업 간, 노동조합과 기업 간에 발생하는 갈등 • 조직 규모의 확대와 기능의 다양화로 조직 간 관계가 복잡해지면서 갈등이 증대됨.

3 갈등 프로세스 5단계

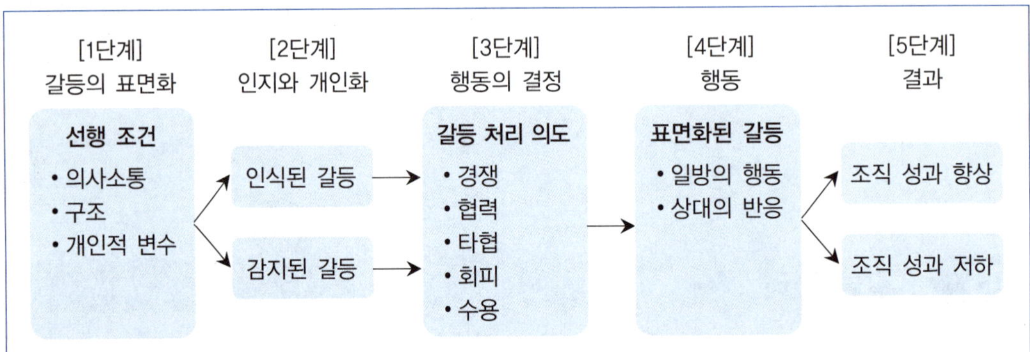

(1) [1단계] 갈등의 표면화(선행조건)

구분	내용
의사소통	의사소통이 원만하지 않을 경우 갈등이 발생할 잠재적 조건이 형성됨.
구조	기업 규모, 전문화 정도, 권한 명확성, 리더십 스타일, 보상 제도, 그룹 간 의존도 등에 따라 갈등 발생
개인적 변수	개인의 가치관, 성격 차이 등으로 인해 갈등 발생 가능

(2) [2단계] 인지와 개인화

구분	내용
갈등의 인식	갈등이 발생할 조건이 존재함을 의식하는 단계
갈등의 감지	불안, 긴장, 좌절, 적대감 등 감정적으로 갈등에 개입하는 단계

(3) [3단계] 행동의 결정(갈등 처리 의도)

구분	내용
의미	갈등 해결을 위해 어떤 행동을 취할 것인지 결정하는 단계
핵심 기준	자신의 이익을 충족시키려는 정도(주장)와 상대방의 이익을 충족시키려는 정도(양보)

갈등 처리 방식

유형	내용	결과
경쟁	자신의 이익을 우선적으로 만족시키는 방식	일방 승리(Win-Lose)
협력	문제의 본질을 공동으로 분석하여 통합적 해결책 도출	양방 승리(Win-Win)
타협	자신과 상대방이 서로 일정 부분 양보	상호 부분 만족
회피	갈등을 무시하거나 도외시하여 문제를 피함.	갈등 미해결
수용	상대방의 이익·욕구를 충족시키기 위해 자신의 이익을 양보 또는 포기	상대방 승리

⑷ [4단계] 행동(표면화된 갈등)

구분	내용
의미	갈등이 구체적으로 가시화되는 단계
특징	갈등을 느낀 사람들의 반응이 문서, 언행, 행동 등으로 명확하게 나타남.

⑸ [5단계] 결과

갈등은 항상 부정적인 것만은 아니며, 순기능과 역기능을 동시에 가질 수 있다.

① 갈등의 순기능(조직 성과 향상)

구분	내용
창의력 고취	갈등 해결 과정에서 비판과 토론을 통해 혁신과 변화를 위한 창의력이 촉진됨.
의사 결정의 질적 개선	개방적인 토론 분위기 속에서 비판과 논쟁이 이루어져 문제 해결의 질이 향상됨.
응집력의 증가	외부 집단과의 갈등 상황에서 집단 보호 의식이 강화되어 구성원 간 응집력이 높아짐.
능력의 새로운 평가	개인과 집단이 갈등을 통해 자신의 능력을 보다 객관적으로 인식하게 되어 성과 개선에 기여

② 갈등의 역기능(조직 성과 저하)

구분	내용
목표 달성 노력의 약화	갈등 당사자들이 각자의 목표만을 고집하게 되어 공동의 목표 달성을 위한 협력이 약화됨.
심리 상태의 부정적 변화	갈등으로 인해 불안·긴장·좌절 등이 증가하고, 구성원의 의욕 상실을 초래함.
제품 품질 저하	갈등은 업무 수행의 일관성과 집중력을 저해하여 제품 및 서비스 품질을 저하시키는 원인이 됨.
업무 집중도 하락	갈등으로 인해 업무 몰입이 감소하고, 전반적인 작업 효율이 저하됨.

④ 갈등 관리 기법

구분	기법	내용
문제 중심 접근	문제 해결	허심탄회한 토론을 통해 문제점을 발견하고, 직접 만나 회의를 통해 해결 방안을 모색
관계·인식 접근	설득	적절한 타이밍에 메시지의 명확성과 가치를 전달하고, 상대의 니즈에 부합하는 해결책과 가치를 제공
상호 조정 접근	협상	갈등 당사자들이 서로 원하는 바를 조정하여, 일정 부분 양보를 통해 합의점에 도달
목표 재설정	상위 목표 설정	상대의 협조 없이는 달성할 수 없는 공동의 상위 목표를 설정하여 협력과 관계 개선 유도
자원 조정	자원의 증대	돈, 승진, 기회, 공간 등 자원의 희소성으로 인한 갈등 발생 시 자원을 확충하여 해결
회피 전략	회피	갈등 상황을 피하거나 갈등을 일시적으로 억누르는 방식
감정 완화 전략	완화	갈등 당사자 간 차이점은 축소하고 공통 관심사를 강조하여 긴장 완화
권위적 해결	권위적·공식적 명령	경영진이 공식 권한을 사용하여 해결 방안을 결정하고 갈등 당사자에게 공지
개인 차원 개입	인적 변수의 변화	갈등을 유발하는 태도·행동을 변화시키기 위해 대인관계 훈련 등 행동 변화 기법 활용
구조 차원 개입	구조적 변수의 변화	직무 재설계, 이동, 조정 직위 신설 등 조직·환경 구조를 변화시켜 갈등 원인 제거

04 복리후생

① 복리후생의 의미

(1) 복리후생이란 근로자와 그 가족의 생활 안정과 생활 수준 향상, 건강 유지를 목적으로 제공되는 임금 외의 간접적 보상을 의미한다.

(2) 이는 기업이 주체가 되어 제공하는 것으로, 각종 복지 시설과 제도를 포함한 물질적·정신적 서비스 전반을 말한다.

2 복리후생의 특징

(1) 제도적 의무화

복리후생은 사회보장 차원에서 의료보험, 산업재해보험, 고용보험, 연금보험 퇴직금, 유급휴식 제도 등과 같이 조직이 법적으로 반드시 제공해야 하는 제도를 포함한다.

(2) 보상의 복잡성

임금은 현금 지급으로 가치 인식이 명확한 반면, 복리후생은 수혜 주체와 종류가 다양하고 간접 보상의 성격을 지니므로 개인에 따라 그 가치 인식이 다르게 나타난다.

(3) 합법성의 딜레마

복리후생은 임금과 마찬가지로 법적 규제를 받지만, 간접 보상으로서의 범위와 영향은 직접 보상인 임금과는 달라 관리와 운영에 있어 복잡성이 존재한다.

3 복리후생의 효과

구분	효과
근로자	고용 안정화 및 생활 수준 향상
	경영자와의 관계(노사 관계) 개선
	기업의 경영 방침 및 목적에 대한 이해도 향상
	경력 개발을 통한 자아실현
	신체적·정신적 성과 창출 능력 유지
	동기 부여 향상
	고충 및 불만 감소
경영자	조직 성과 향상
	조직 헌신(Commitment) 증가로 결근율·이직률 감소
	노동 시장에서의 경쟁력 제고
	기업 내 주변 인력(청소년·노령자 등) 보호
	인간관계 형성 지원
	국가 사회 복지 기능 보완
	기업에 대한 정부의 영향력 감소
	노동조합의 영향력 감소

4 복리후생의 기능

(1) 기업이 근로자와 그 가족의 생활 안정과 복지를 지원함으로써 사회적 책임을 수행한다.

(2) 근로자의 신체적 · 정신적 안정을 통해 근로 의욕을 높이고, 업무 효율과 생산성을 향상시킨다.

(3) 근로자의 불만과 갈등을 완화하여 노사 관계를 안정시키고, 조직 질서를 유지하는 기능을 한다.

(4) 임금을 보완하는 간접 보상으로 근로자의 소득을 안정시키고 생활 위험을 완화한다.

(5) 기업의 매력을 높여 우수 인력을 확보하고, 이직률 감소를 통해 노동력을 지속적으로 유지한다.

5 복리후생 운영 내용

구분	분류	운영 내용
생활 시설	주거 시설	주택, 기숙사, 임대주택, 임대주택 알선
	급식 시설	식당, 식료품 배급
	기타	생활 상담소, 생활 필수품 대여, 생활 보호, 재해 구조
경제 시설	판매 시설	매점, 배급소, 소비 조합, 쿠폰 제도, 각종 수리 시설
	금융 시설	주택 자금, 혼례 · 장례 관계 자금, 자녀 육성 자금, 불행 구제 자금, 저축 제도
	공제 제도	경조 급부금, 재해 위문금
	기타	결혼식장 설비, 가내직 알선
보건 시설	진료 시설	의무실, 진료소, 병원, 요양소
	보양 시설	보양소, 해변 휴양소, 산간 휴양소
	위생 시설	목욕탕, 미용실, 방역, 냉 · 난방, 환기, 환경 위생
	문화 시설	학교, 도서관, 강연회, 강습회, 사보 · 잡지 발행
	체육 시설	체육관, 운동장, 수영장
	위안 · 여가 시설	오락실, 클럽하우스, 영화 · 연극 관람, 취미 동호회, 야유회
사회 보험 시설	법정 사회보장	산업재해보상보험
	법정 외 보험	개인 생명보험, 퇴직보험
교육 시설	교육 지원	종업원 교육, 자녀 교육, 장려 제도, 교양회

Key Insight

카페테리아식 복리후생 제도

① 카페테리아식 복리후생 제도(Cafeteria Benefits Plan)는 선택적 복리후생 제도로, 여러 복리후생 항목 중에서 직원이 자신의 필요에 따라 자유롭게 선택할 수 있도록 한 제도이다.
② 전통적 복리후생이 모든 직원에게 일률적으로 동일한 제도를 제공하는 방식인 반면, 카페테리아식 제도는 다양한 복리후생 메뉴 중 선택권을 직원에게 부여한다.
③ 직원의 개인별 욕구와 생애주기 차이를 반영할 수 있어 만족도와 효율성이 높으며, 기업 입장에서는 보상 자원의 합리적 배분이 가능하다.

예상문제

일반형

01　인사고과의 유형으로 적절하지 <u>않은</u> 것은??

① 부하평가　　　　　　　　② 다면평가
③ 동료에 의한 평가　　　　④ 상사에 의한 평가
⑤ 고객에 의한 고과

02　'갑' 과장은 평소 '을' 대리에 대해 그녀가 성실하다고 생각하여 고과 중 성실성 항목에 높은 점수를 부여하였다. 반면에 책임감에 대해서는 평소 관찰한 내용이 거의 없어 평가하기가 곤란한 상황이었으나, '성실한 직원이므로 책임감도 높을 것'으로 간주하고 책임감 항목 역시 높은 점수를 부여하였다. 이와 같은 고과 과정에서 '갑' 과장이 범하고 있는 오류로 가장 적절한 것은?

① 후광오류　　　　　　　　② 대비오류
③ 동일화 오류　　　　　　④ 상동화 오류
⑤ 관대화 오류

03　집단과 조직에서의 갈등과 관련하여 다음의 설명 중 가장 올바르지 <u>않은</u> 것은?

① 갈등이 심화되면 조직의 안정성, 조화성을 깨뜨려 불안정성이 증대된다.
② 갈등의 합리적 해결은 조직이나 개인의 발전과 재통합의 계기가 될 수 있다.
③ 조직 외부와의 갈등은 내부 결속력을 낮추어 내부 조직 사회의 분열을 더욱 조장한다.
④ 갈등은 조직이나 개인의 문제점을 제공하여 변화를 초래할 수 있게 하는 순기능도 있다.
⑤ 갈등이 극단화되면 조직 구성원 간의 불신뿐만 아니라 폭행 등 사회병리 현상이 나타날 수 있다.

04 A기업은 입사 1년차 직원들을 대상으로 입사시험 성적과 1년 동안의 직무 성과를 비교 분석 하였다. 그 결과 입사시험 성적과 직무 성과간 관련성이 없었다. 오히려 입사시험 성적이 낮은 직원들의 직무 성과가 높게 나타났다. A기업의 선발도구는 무엇이 낮다고 할 수 있는가?

① 내적 일관성에 의한 신뢰도 ② 시험 – 재시험에 의한 신뢰도
③ 구성 개념 타당도 ④ 내용 타당도
⑤ 예측 타당도

05 인적 자원 관리의 중요성에 대한 설명으로 적절하지 <u>않은</u> 것은?

① 기업 경쟁력의 원천은 사람이며, 인적 자원은 기업의 가장 소중한 전략적 자산이다.
② 인적 자원 관리는 정규직원과 비정규직원을 구분하여 인건비를 낮추는 데에 목적을 두고 있다.
③ 인적 자원을 통해 창출되는 조직 역량은 비교적 장기간에 걸쳐 형성되며 경쟁기업과 차별화된다.
④ 조직의 구성원들이 조직의 목표를 달성하게 하며, 이들을 어떻게 관리하는가에 따라 조직의 성패가 좌우된다.
⑤ 경쟁 우위를 확보하고, 변화하는 고객의 요구에 올바른 대응을 하기 위해서는 조직 역량이 중요하며, 조직 역량은 인적 자원을 통해 확보할 수 있다.

06 다음 중 직무 평가에 대한 설명으로 적절하지 <u>않은</u> 것은?

① 노무비의 정확한 평가와 통제에 활용한다.
② 노동조합과의 단체교섭 기초자료로 사용된다.
③ 동종의 직무는 모든 조직에서 같은 직무평가 결과를 받게 된다.
④ 조직 내 공헌도를 일정한 기준에 의해 개별 직무별로 정하는 것이다.
⑤ 직무 분석의 결과로 작성된 직무 기술서와 직무 명세서를 기초로 한다.

07 인사고과의 목적과 그에 대한 설명으로 적절하지 <u>않은</u> 것은?

① 인력계획 – 조직구성원을 대상으로 비교 평가한다.

② 인사배치 및 이동 – 인사고과로 각자의 능력에 적합한 적재적소의 배치를 가능하게 한다.

③ 성과 측정 및 보상 – 구성원의 성과를 측정하여 승급, 상여금, 임률 결정 및 승진에 활용한다.

④ 조직개발 및 근무의욕 증진 – 인사고과를 통해 직무담당자나 직무조건의 결함을 발견하여 개선할 계기를 모색한다.

⑤ 인력개발 – 인사고과를 통해 구성원의 현재 및 잠재적 유용성을 평가하여 기업의 요구 및 구성원 각자에게 성장의 기회를 준다.

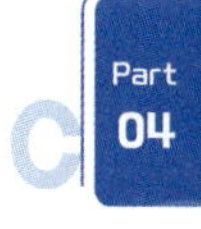

08 퇴직금 산정의 기준이 되며, 최근 3개월 동안 받은 임금 총액을 해당 기간의 일수로 나눈 금액을 뜻하는 용어는?

① 평균임금   ② 통상임금
③ 준거임금   ④ 소정임금
⑤ 비교임금

09 B기업은 종업원들에게 복리후생 프로그램을 일방적으로 제공하던 방식에서 직원들이 복리후생 프로그램을 선택하는 방식으로 제도를 바꾸었다. 즉 문화생활을 원하는 직원은 문화생활 관련 복리후생 프로그램을 선택하고, 자기개발을 원하는 직원은 관련 복리후생 프로그램을 선택할 수 있게 되었다. 이러한 복리후생 프로그램을 무엇이라고 하는가?

① 변화관리 복리후생 프로그램
② GWP 복리후생 프로그램
③ 준자율적 복리후생 프로그램
④ 카페테리아 복리후생 프로그램
⑤ 이요인(two-factor) 복리후생 프로그램

10 인적 자원 관리의 중요성에 대한 설명으로 적절하지 <u>않은</u> 것은?

① 기업 경쟁력의 원천은 사람이며, 인적 자원은 기업의 가장 소중한 전략적 자산이다.

② 인적 자원 관리는 인건비 절감을 최우선 목표로 하여 고용형태를 차별적으로 운영하는 데 초점을 둔다.

③ 인적 자원을 통해 창출되는 조직 역량은 비교적 장기간에 걸쳐 형성되며 경쟁기업과 차별화된다.

④ 조직의 구성원들이 조직의 목표를 달성하게 하며, 이들을 어떻게 관리하는가에 따라 조직의 성패가 좌우된다.

⑤ 경쟁 우위를 확보하고, 변화하는 고객의 요구에 올바른 대응을 하기 위해서는 조직 역량이 중요하며, 조직 역량은 인적 자원을 통해 확보할 수 있다.

11 인적 자원 관리 중 보상과 관련하여 다음의 설명 중 옳지 <u>않은</u> 것은?

① 임금, 상여금 등의 직접 보상 외에 주택 지원, 교육비 지원, 금융 지원 등은 간접보상에 해당한다.

② 보상은 금전적, 물질적 보상을 의미하며, 칭찬이나 인간관계에서 오는 소속감 등은 보상에 해당하지 않는다.

③ 보상관리의 원칙 중 타당성이랑 조직이 전반적으로 납득할 수 있는 적절한 임금수준을 유지해야 한다는 것이다.

④ 보상은 개인 노력의 대가일 뿐 아니라 개인능력의 확대 및 재생산비로서 장기적인 인적 자원 개발을 위한 투자이다.

⑤ 보상은 조직구성원의 만족감과 성과에 크게 영향을 미치며, 보상의 불공정성은 구성원의 사기를 떨어뜨려 생산성을 저해한다.

12 서비스 인력의 성과를 측정하는 방법 중 하나로 조직몰입 수준을 활용할 수 있다. 이 중 지속적 몰입이 높은 직원의 행동 특성으로 가장 적절한 것은 무엇인가?

① 고객과의 관계에 정서적 애착을 느끼며 장기적인 관계를 유지하려 한다.

② 회사의 가치와 목표에 공감하여 자발적으로 헌신하려 한다.

③ 회사의 규칙과 규범을 지켜야 한다는 도덕적 책임감을 느낀다.

④ 현재 직장을 떠날 경우 발생할 손실을 고려하여 이직을 회피한다.

⑤ 자신의 업무에 높은 사명감을 가지고 성과 향상을 위해 노력한다.

13 다음 중 OJT와 Off-JT의 효과성 비교에 대한 설명으로 가장 적절한 것은?

① 다수의 인원을 교육할 때에는 OJT가 더 효과적이다.

② 같은 내용의 교육이라면 OJT보다 Off-JT가 더 효과적이다.

③ 새로운 지식과 기술을 교육하는 데에는 Off-JT가 더 효과적이다.

④ 자기개발(self-development)이 교육 목적이라면 OJT가 더 효과적이다.

⑤ 교육훈련의 진도를 마음대로 조절하면서 교육하기에는 Off-JT가 더 효과적이다.

14 목표관리(MBO)에서 바람직한 목표의 조건인 SMART에 해당하지 <u>않는</u> 것은?

① 전략적(targeted) 목표　　　　　② 구체적인(specific) 목표

③ 달성가능한(achievable) 목표　　④ 측정가능한(measurable) 목표

⑤ 결과지향적(result-oriented) 목표

15 갈등의 해결 방법으로 옳지 <u>않은</u> 것은?

① 하위 목표 제시　　　　　② 설득

③ 협상　　　　　　　　　　④ 자원의 확충

⑤ 문제 해결

O / X형

[16~20] 다음 문항을 읽고 옳고(O), 그름(X)을 선택하시오.

16 조직 및 집단 차원에서의 갈등은 무조건 비효율적이지는 않으며, 때로는 집단의 성과를 향상시키기도 한다.　　　　　　　　　　　　　　　　　(① O　② X)

17 이직 관리는 개인적인 경력 목표를 설정하고 이를 달성하기 위한 경력 계획을 수립하는 활동이다.　　　　　　　　　　　　　　　　　　　　(① O　② X)

18 노사협의제도란 근로자와 사용자가 경영상의 문제에 대해 협의하고 공동 결정을 내리는 공식적 소통기구이다.　　　　　　　　　　　　　　　(① O　② X)

19 단체교섭이란 노동조합(근로자 대표)과 사용자(사용자 단체)가 임금, 근로시간, 복지, 고용조건 등 근로자의 근로조건 및 노동환경 전반에 대해 대등한 입장에서 협의하는 공식적인 절차이다. (① O ② X)

20 직원 만족도는 직원이 회사에 대해 느끼는 전반적인 만족도 수준을 수치화한 지표로, 조직 내 근로자들의 직무 적합성을 측정할 수 있다. (① O ② X)

연결형

[21~25] 다음 설명에 적절한 〈보기〉를 찾아 각각 선택하시오.

┤ 보기 ├
① 서열법   ② 강제할당법   ③ 직무 재설계   ④ 임금피크제   ⑤ 목표관리법

21 (   )는 조직이 직무 수행 방식이나 직무 구성 요소를 개선하여, 업무 효율성과 직원 만족도를 동시에 높이기 위해 실시하는 제도이다.

22 근로자가 일정 나이에 도달했을 때 임금을 단계적으로 낮추는 대신 장기적인 고용 안정을 제공하는 제도를 (   )(이)라고 한다.

23 인사평가 방법 중 평가자와 비평가자가 공동으로 목표를 설정하고, 그 달성도를 기준으로 평가하는 방식을 (   )(이)라고 한다.

24 (   )(이)란 인사평가의 평가 결과를 일정 비율로 강제 분포시키는 방식이다.

25 (   )(이)란 직원들의 성과나 능력을 상대적으로 비교해 순위를 매기는 평가법이다.

26 다음 사례의 부서에서 계획하고 있는 방법으로 팀원을 모집했을 때에 대한 설명으로 가장 적절하지 <u>않은</u> 것은?

> 부서장: 요즘 우리 팀이 맡은 대형 프로젝트가 계속 늘어나면서 업무 부담이 커진 것 같습니다. 그래서 팀원을 추가로 충원하려고 하는데, 어떤 방식으로 선발하는 것이 좋을지 의견이 있으면 이야기해 주세요
>
> 직원 1: 외부에서 경력자를 채용하는 방법도 있겠지만, 회사 내부 다른 본부에서 인력을 선발하는 것이 더 효율적일 것 같습니다.
>
> 직원 2: 저도 동의합니다. 예를 들어 마케팅 3팀의 김과장은 이미 우리 업무를 수행해 본 경험이 있기 때문에 보다 빠르고 효율적으로 적응할 수 있을 것입니다.

① 훈련 기간과 조직 적응에 필요한 시간을 줄일 수 있다.
② 능력과 성과가 이미 검증된 인력을 배치할 수 있다.
③ 서발 과정에서 시간과 비용이 많이 소요되는 단점이 있다.
④ 재직자의 개발 의욕을 높이고, 장기 근속을 유도할 수 있다.
⑤ 조직 내부 이동이 연쇄적으로 발생하면서 일시적인 혼란이 생길 수 있다.

27 다음 중 사례에 적용된 인사 고과 평가 방법에 대한 설명으로 가장 옳지 <u>않은</u> 것은?

> 김 대리는 이번 성과 평가 기간에 회사로부터 새로운 메일을 한 통 받았다. 김 대리 팀의 팀장인 박 부장에 대한 평가를 김 대리에게 하도록 하는 내용의 메일이며, 조직 통솔력, 의견 수렴도, 업무 할당 및 지시 능력, 부하 육성 능력, 솔선수범, 고충 처리 능력 등이 평가 항목으로 있어 점수를 매기도록 되어 있었다.

① 상사가 부하 직원에게 보복할 가능성이 있다는 단점이 있다.
② 부하 직원의 참여의식을 고취시킬 수 있다는 장점이 있다.
③ 평가 실시가 용이하며, 직계상사가 부하 직원을 잘 알고 있다는 장점이 있다.
④ 부하 직원이 직속 상사를 평가하므로, 상사의 입장에서 호의적이지 않을 수 있다.
⑤ 부하 직원이 본인이 좋아하는 상사에게만 좋은 평가를 주는 인기투표의 가능성이 있다.

28 A 기업은 직원들의 생산성을 조사한 결과 특정 분야 직원의 생산성이 매우 낮을 뿐만 아니라 직무에 불만이 많은 것으로 나타나 다음 사례와 같이 직무를 재설계하였다. A기업이 선택한 직무 재설계 방식으로 가장 적합한 것은?

> - 고객 접점의 직원들이 현재는 가격 할인 권한이 없지만, 일정 가격을 할인할 수 있도록 권한을 부여하였다.
> - 구매 담당 신입 사원이 과거에는 구매 관련 데이터 입력만 하였는데, 구매 데이터 입력과 함께 구매 업체 리스트 작성 업무를 부여하였다.
> - 인사팀 하위직 사원들이 과거에는 모집 공고 및 입사 지원서 배포와 같은 단순 업무를 하였는데, 이제는 자신이 졸업한 학교에서 일차적인 면접 인터뷰를 할 수 있도록 업무를 조정하였다.

① 직무 확대　　　　　　　　② 직무 공유
③ 직무 전문화　　　　　　　④ 직무 충실화
⑤ 직무 피드백

29 다음은 A사에서 직원 채용을 위해 실시한 면접 방식이다. 이 면접의 유형은?

> 압박감이 많은 특수한 직장 상황에서 직무 수행 능력을 평가하기 위한 면접 방식이다. 피면접자의 약점을 비난하거나 무시하는 질문을 통해 지원자를 압박하고 공격적인 질문으로 피면접자의 전문 지식과 식견, 감정의 안정성과 인내성, 인성을 관찰 및 평가하는 방법이다.

① 계획적 면접　　　　　　　② 정형적 면접
③ 비지시적 면접　　　　　　④ 스트레스 면접
⑤ 패널 면접

30 다음 기사에 나온 단체 교섭에 대한 설명으로 옳지 <u>않은</u> 것은?

> 서울 지하철 노동조합은 서울 시청 광장에서 조합원 600여 명이 참가한 가운데 단체 교섭 출정식을 가졌다. 노조는 7월부터 진행되는 단체 교섭에서 안전한 지하철 만들기를 위한 노후 전동차 시설물 교체, 안전 인력 확보, 기관사 2인 승무 시행, 외주 용역 및 비정규직 차별 철폐 등의 핵심 요구안을 제시할 예정이다.

① 강체 교섭이 원만히 이루어진 경우 단체 협약을 체결한다.

② 단체 교섭은 노동조합 및 기타 노동 단체의 존립을 전제로 하고 자력 구제로서의 쟁의를 배경으로 한다.

③ 생산성 향상과 같이 노사 간의 공통되는 이해 사항을 주된 주제로 한다.

④ 단체 교섭의 대상이 되는 사항은 근로 조건의 유지 개선에 관한 사항으로 임금, 근로 시간 등이 해당된다.

⑤ 단체 교섭이란 노동조합 대표자가 그 노동조합 또는 조합원을 위하여 사용자나 사용자 단체와 교섭하는 과정을 말한다.

통합형

[31~32] 다음을 읽고 물음에 답하시오.

> A 점원　　：B 매니저님, 이번에 출시한 ○○파스타가 인기가 정말 좋아요. 멀리서 일부러 찾아오는 고객들도 있을 정도예요.
>
> B 매니저　：그래요? 이번 신제품은 고객의 니즈를 잘 파악해서, 그에 맞는 메뉴를 제공한 덕분에 성공한 것 같네.
>
> A 점원　　：네, 저도 그렇게 생각해요. 그런데 인기가 높아진 만큼 문제가 생겼어요. 특히 점심시간에 손님이 한꺼번에 몰리다 보니 대기 시간이 길어지고, 그로 인한 불만도 점점 늘고 있습니다.
>
> B 매니저　：오늘 점심시간에 있었던 소란도 그 문제 때문인거죠?
>
> A 점원　　：네 맞아요. 고객들이 주문한 ○○파스타가 늦게 나오는 바람에 몇몇 고객이 언성을 높였어요.
>
> B 매니저　：그렇다면 이 문제는 더 늦기 전에 빨리 해결책을 찾아야겠군.

31　주문한 제품이 늦게 나오고 있어 고객들의 불만이 늘어나는 상황에서 B 매니저가 선택할 수 있는 성수기 공급 증대 전략으로 적절하지 <u>않은</u> 것은?

① 종업원 교차훈련을 통해 생산성을 향상시킨다.

② 시설을 확충하여 시간당 처리 가능한 물량을 늘린다.

③ 바쁘지 않은 시간대에 방문한 고객에게 인센티브를 제공한다.

④ 점심시간에 집중적으로 배치할 파트타임 직원을 고용한다.

⑤ 종업원의 근무시간을 탄력적으로 조정해 업무를 확대한다.

32　마이스터(Maister)는 실제 대기시간뿐만 아니라 고객이 '어떻게 느끼는가?'가 중요하다고 보았다. 다음 중 지각된 대기시간에 대한 설명으로 가장 적절하지 <u>않은</u> 것은?

① 구매 전의 기다림은 구매 중의 기다림보다 더 길게 느껴진다.

② 여러 사람과 함께 기다릴 때보다 혼자 기다릴 때 더 길게 느껴진다.

③ 고객에게 기다림의 원인을 설명해 줄수록 더 길게 느껴진다.

④ 제공받을 서비스의 가치가 클수록 사람들은 더 짧게 느낀다.

⑤ 아무것도 하지 않고 있을 때가 무엇인가를 하고 있을 때보다 더 길게 느껴진다.

Part 05. 고객 만족 경영 전략
- 본 파트에서는 서비스 경영 전략과 경쟁우위 전략을 학습합니다.
- 고객 만족의 평가 기준과 지표 이해가 중요합니다.
- 서비스 기업이 고객 만족을 통해 성과를 창출하는 전략을 다룹니다.
- 서비스마케팅 이론과 고객 중심 경영 이해가 요구됩니다.
- 전략·지표·성과를 연결해 해석하는 능력이 필요한 핵심 파트입니다.

Chapter
01 고객 만족 경영 개론

01   고객 만족의 이해

1 고객 만족의 개념 ✿

(1) 고객 만족(Customer Satisfaction, CS)이란 고객이 제품이나 서비스를 이용한 결과가 사전에 형성된 기대 수준에 부합하거나 이를 초과함으로써 긍정적인 감정을 형성하고, 재구매 의도와 지속적인 신뢰로 이어지는 상태를 의미한다.

(2) 고객 만족은 제품이나 서비스의 품질 평가에 국한되지 않으며, 구매 이전의 정보 탐색 단계부터 구매 과정, 이용 경험, 사후 서비스에 이르기까지 전 과정에서 고객이 지각한 경험의 총합에 의해 형성된다.

(3) 고객 만족은 일회성 평가가 아닌, 고객의 인식과 감정이 축적되어 형성되는 심리적 상태로서 기업과 고객 간의 장기적인 관계 형성과 유지의 기반이 된다.

(4) 고객 만족 개념은 1972년 미국 농무부가 굿맨(Goodman)의 이론을 바탕으로 소비자의 감정적 불만을 정량화하여 발표하면서 본격적으로 정립되었다.

(5) 이를 계기로 고객 만족은 주관적 감정이 아닌 관리 가능한 경영 지표로 인식되었으며, 기업의 성과 평가를 넘어 경쟁우위 확보와 지속 가능한 경영을 위한 전략적 관리 요소로 발전하였다.

2 고객 만족의 중요성 ✿

(1) 고객 만족 수준이 높을수록 기업에 대한 고객의 충성도는 강화되는 경향이 있다.

(2) 고객 만족은 고객 이탈을 감소시키고, 경쟁 기업으로의 전환 가능성을 낮추는 역할을 한다.

(3) 고객 만족은 재구매 행동과 긍정적 구전(타인 추천)을 유발하여 기업의 장기적이고 안정적인 수익 창출의 기반이 된다.

(4) 고객 만족이 높은 고객은 브랜드에 대한 신뢰가 형성되어 가격 변화에 상대적으로 둔감한 태도를 보인다.

(5) 고객 만족을 통해 유지되는 기존 고객의 수익 창출 비용은 동일한 수익을 얻기 위한 신규 고객 획득 비용(영업·마케팅 비용)보다 현저히 낮아, 일반적으로 약 4~11배의 비용 효율성을 가진다.

(6) 만족한 고객의 지속적인 이용과 충성도는 기업 이미지와 브랜드 가치를 강화하는 데 기여한다.

고객 만족도와 애호도의 관계

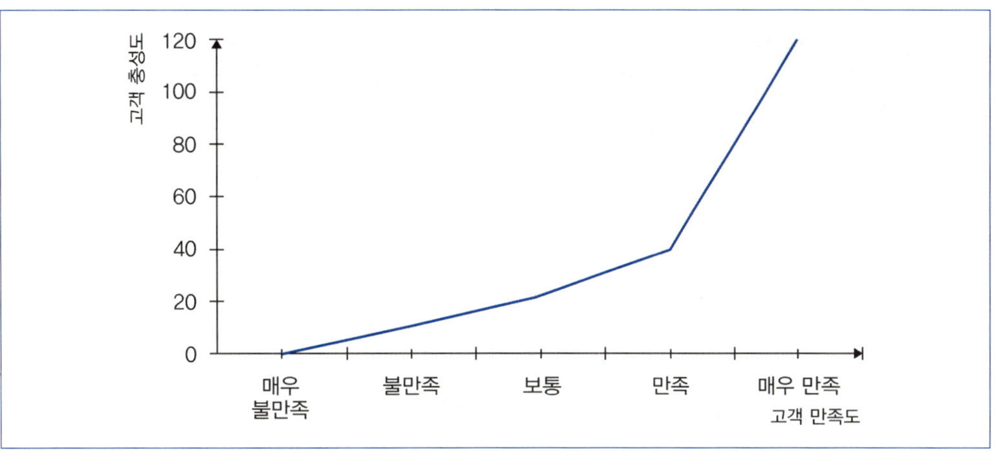

③ 고객 만족 모델

고객 만족 모델은 올리버(Oliver)의 기대 불일치 이론(Expectation-Disconfirmation Theory)에 근거한다. 이 이론에 따르면 고객은 제품이나 서비스를 이용하기 전에 형성한 기대와 이용 후 지각된 성과를 비교하여 만족 또는 불만족을 판단한다. 즉, 고객 만족은 실제 성과의 수준뿐만 아니라 고객이 사전에 형성한 기대 수준과 그 관리 방식에 의해서도 영향을 받는다.

기대 불일치 이론(Expectation Disconfirmation Theory)

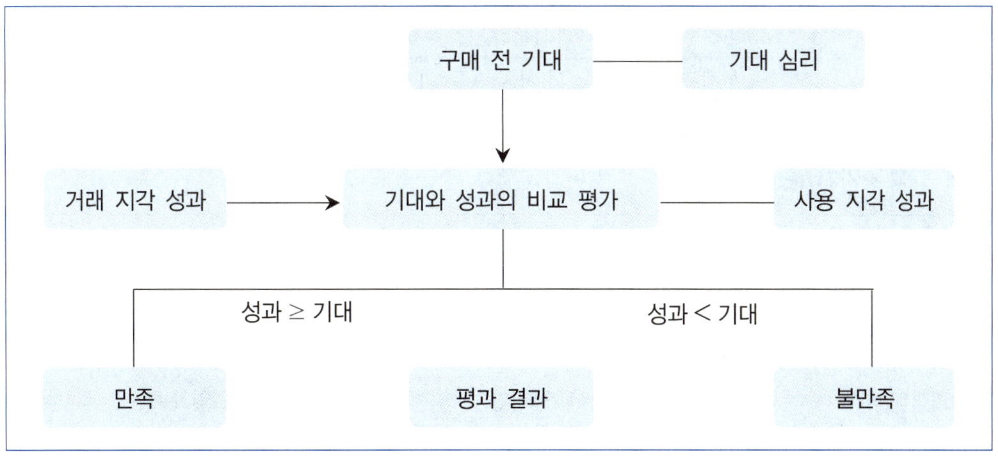

4 고객 만족의 결정 요소

결정 요소	내용
제품 또는 서비스의 특성	제품이나 서비스의 기능, 품질, 디자인 등은 고객의 전반적인 평가와 만족 수준에 직접적인 영향을 미친다.
고객의 감정 상태	서비스 이용 이전의 감정과 소비 경험 과정에서 형성되는 긍정적·부정적 감정은 서비스 지각과 만족도에 영향을 준다.
서비스 성과에 대한 지각	기대 수준과 실제 성과 간의 비교 결과에 따라 만족도가 달라지며, 기대 대비 성과가 높을수록 만족 수준은 증가한다.
공정성의 지각	다른 고객과 비교하여 공정한 대우를 받았다고 지각할수록 고객 만족은 높아진다.
기업 이미지	기업의 사회적 책임, 브랜드 신뢰도, 내부 마케팅 활동 등은 고객 만족 형성에 영향을 미친다.

5 고객 만족 가치

가치 유형	내용
핵심 가치	고객이 기대하는 제품 및 서비스의 본원적 기능이 제대로 수행되는 가치로, 기본적인 성능과 효용에서 비롯된다.
공유 가치	동일한 제품이나 브랜드를 이용하는 개인 또는 집단 간의 동질성, 소속감, 공감에서 형성되는 심리적 가치이다.
비용 가치	제품 또는 서비스를 이용하기 위해 고객이 감내해야 하는 경제적 지출이 적정하다고 인식되는 가치이다.
서비스 가치	제품이나 서비스의 가치 획득 과정에서 제공되는 서비스 수준이 지불한 비용에 비해 적절하다고 지각되는 가치이다.
확장 가치	제품 구매나 서비스 이용 이후에도 지속적인 관리와 관심을 받고 있다고 느끼는 이용의 계속성 가치이다.

6 기대 수준 형성 요인

(1) 고객의 기대 수준은 고객 만족 평가에 영향을 미치는 중요한 심리적 요인으로, 고객 만족의 기준점 역할을 한다.

(2) 고객 만족은 거래 및 사용 이전에 형성된 기대와 사용 이후에 지각된 성과를 비교하는 과정을 통해 평가되며, 기대 수준이 높거나 낮음에 따라 만족 또는 불만족의 정도가 달라진다.

(3) 고객에게 프로세스상의 만족을 제공하는 것만큼이나, 사전에 형성되는 고객의 기대 심리를 적절히 관리하는 것이 고객 만족 형성에 중요하다.

⑷ 기대 관리는 고객의 기대를 형성하는 요인을 분석하여 기대 수준을 과도하게 높이거나 낮추지 않고, 적정 수준으로 유지하거나 전략적으로 조정하는 활동을 의미한다.

⑸ 고객의 기대 형성 요인은 기업이 직접 조정할 수 있는 통제 가능한 기대 형성 요인과 기업의 영향 범위를 벗어난 통제 불가능한 기대 형성 요인으로 구분된다.

기대 수준 형성 요인

기대 형성 요인 유형	세부 구분	주요 내용
통제 가능한 요인	단기 요인	제품 및 서비스의 특성
		광고 및 판촉 활동
		매장의 시각적 제품 구성
		서비스 스케이프(Service Scape)
		직원의 행동과 태도
		서비스 마인드
		첫인상(이미지)
통제 가능한 요인	장기 요인	제품 및 서비스 품질의 지속성
		제품 및 서비스의 혁신
		전략적 마케팅 활동
		가격 정책의 다양화
		고객 개별화에 따른 차별화 전략
통제 불가능한 요인	개인·사회요인	고객의 개인적 취향과 가치관
		구전에 의한 제품 및 서비스 정보
	경쟁·환경요인	경쟁사의 활동에 따른 외부 환경 변화
	거시 환경 요인	인구통계학적 구조의 변화
	트렌드 요인	사회·환경·문화적 트렌드의 영향

02 고객 만족 경영(CSM)

1 고객 만족 경영의 개요

(1) 정의

① 고객 만족 경영(Customer Satisfaction Management, CSM)이란 고객의 기대를 충족하거나 이를 초과하는 만족을 실현하기 위하여 '고객 만족(CS)'을 전사적 목표로 설정하고, 기업 활동 전반에 고객 우선주의를 적용하는 경영 활동을 의미한다.

② 고객 만족 경영은 고객의 욕구와 니즈를 파악하여 상품의 기획, 생산, 유통, 판매, 판매 후 서비스에 이르기까지 기업의 전 과정에 고객 중심적 사고를 반영하는 것을 특징으로 한다.

③ 기업은 고객의 기대와 욕구, 만족 수준을 지속적으로 조사·분석하고, 그 결과를 바탕으로 불만족 요인을 개선함으로써 고객 만족 수준을 지속적으로 향상시킨다.

(2) 의의

① 고객 만족 경영은 경영상의 모든 영역에서 고객의 입장을 고려하고, 고객 만족을 최우선 가치로 삼는 고객 중심의 경영을 의미한다.

② 고객 만족은 상품의 최고 품질뿐만 아니라 기획, 생산, 유통, 판매, 사후 관리에 이르는 전 과정에 내재된 기업 문화, 상품 이미지, 기업 철학이 고객에게 전달됨으로써 형성된다.

③ 현대 사회에서 고객 만족은 기업 이익 창출의 핵심 수단으로 인식되며, 이에 따라 경영 활동의 초점은 고객 만족 실현에 맞추어진다.

④ 고객 만족 경영은 시장 점유율 확대나 원가 절감과 같은 단기 성과가 아닌, 장기적으로 고객을 만족시켜 지속적인 수익을 창출하는 구조를 구축하는 데 목적이 있다.

⑤ 고객 만족이 실천되면 고정 고객층이 형성되고, 호의적인 구전 효과를 통해 신규 고객 유입이 가능해져 기업의 이익과 시장 점유율이 함께 증대된다.

(3) 고객 만족 경영의 역사

시대	경영 패러다임	주요 내용
1980년대	기업 중심 경영	• 굿맨(Goodman) 이론 발표로 고객 만족 개념의 이론적 기반 마련 • 1981년 스칸디나비아 항공사, MOT(Moment of Truth) 개념 적용 • 1980년대 후반 일본 기업을 중심으로 고객 만족 경영(CSM) 도입
1990년대	고객 중심 경영	• 1992년 LG, '고객 가치 창조' 개념 도입 • 1993년 삼성, 신경영 발표로 고객 중심 경영 강화 • 공기업(KT·철도청) 및 민간 기업으로 고객 만족 경영(CSW) 확산 • 1997년 IMF 외환 위기로 고객 만족 경영 일시적 침체
2000년대	고객 감동 경영	• 전 산업으로 고객 만족 경영 확산 • 고객 만족을 넘어 고객 감동을 지향하는 경영으로 발전 • 내부 고객 만족(종업원 만족)에 대한 관심 증대
2010년대	고객 가치 경영	• 고객 만족 경영의 평준화로 고객 개별 가치에 주목 • 고객 맞춤형 서비스 전략 강화 • 고객 생애 가치(CLV) 중심의 장기적 관계 관리 강조

2 P-S-P 철학에 근거한 고객 만족 경영의 선순환

(1) P-S-P(People-Service-Profit) 철학 ✿

P(People)	기업이 내부 고객인 직원을 존중하고 공정하게 대우하며 만족도를 높이면, 직원은 조직에 대한 신뢰와 몰입을 형성하게 된다.
S(Service)	만족한 내부 고객인 직원은 자신의 직무인 서비스를 보다 적극적이고 열정적으로 수행하게 되며, 이는 서비스 품질의 향상으로 이어진다.
P(Profit)	직원의 열정적인 서비스를 경험한 외부 고객은 높은 만족을 느끼게 되고, 그 결과 지속적인 재구매와 충성도로 연결되어 기업의 수익성이 향상된다.

(2) 고객 만족 경영의 선순환

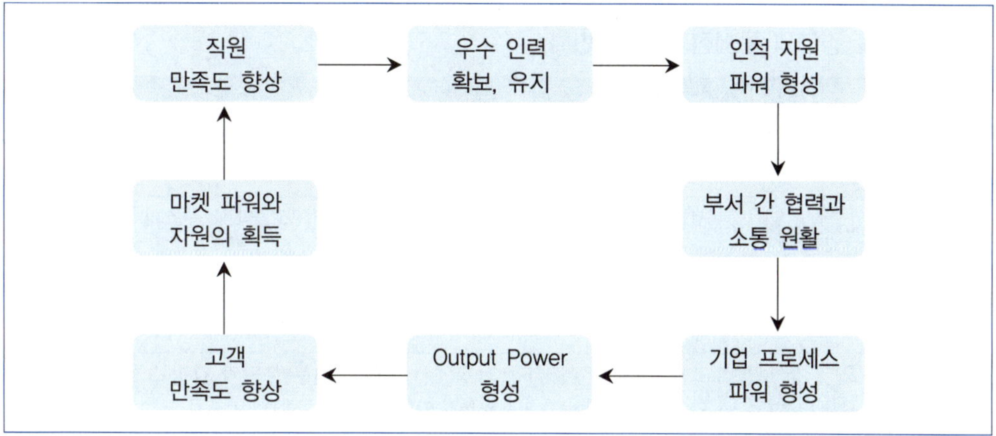

(3) 고객 만족 경영의 성공 요인 ✿✿

성공 요인	주요 내용
최고 경영자의 리더십	최고 경영자의 확고한 의지와 지속적인 관심을 바탕으로 고객 만족 경영이 전사적으로 추진됨.
고객 중심의 조직 문화	조직 구성원 모두가 고객을 최우선 가치로 인식하고 행동하는 문화 형성
충분한 보상과 지원	성과에 대한 공정한 평가와 적절한 보상 및 지원을 통해 고객 만족 활동에 대한 동기 강화
혁신적 프로세스 기법	업무 절차와 서비스 전달 과정을 지속적으로 개선하여 고객 가치 증대
지속적인 고객 요구 파악	변화하는 고객의 기대와 욕구를 지속적으로 조사·분석하여 경영 전략에 반영
직원의 만족	직원 만족도 향상을 통해 서비스 품질을 제고하고 고객 만족으로 연결

(4) 고객 만족의 효과 ✿✿✿

효과	주요 내용
고객 충성도 향상	서비스에 만족한 고객은 기업과 서비스에 대해 긍정적인 이미지를 형성하며, 이는 재구매와 지속적인 이용으로 이어진다.
비용 절감 효과	고객 만족은 기존 고객을 충성 고객으로 전환시켜 신규 고객 확보보다 낮은 비용으로 수익 창출이 가능하게 한다.
불만족 고객의 활용	불만족 고객을 개선 대상으로 삼아 적극적으로 대응하면 서비스 품질 향상과 기업 성장의 기반이 된다.
광고·마케팅 효과 증대	만족한 충성 고객은 구전을 통해 신규 고객을 창출하며, 전환비용 증가로 재구매를 활성화하고 마케팅 효과를 높인다.

(5) 고객 만족 경영의 문제점과 환경 변화

문제점 및 환경 변화	주요 내용
고객 요구의 고도화	고객의 요구가 점점 다양하고 구체화되면서 이에 대응하기 위한 비용이 지속적으로 증가하고 있다.
경쟁 심화와 수익성 악화	서비스 경쟁이 심화되면서 가격 압박이 커지고, 마진 구조가 전반적으로 악화되고 있다.
고객 만족 평가의 한계	고객 만족의 평가 요소에는 주관성과 불합리성이 포함되어 있어 평가 결과에 대한 수용도가 낮아지고 있다.
직원 피로와 감정 노동 문제	고객 만족을 강조하는 과정에서 직원의 업무 부담과 감정 노동이 증가하여 피로 누적과 피해가 발생하고 있다.
서비스 혁신 요구 증가	새로운 경험을 요구하는 고객이 증가함에 따라 창의적이고 차별화된 서비스 혁신에 대한 요구가 높아지고 있다.
성과의 불명확성	고객 만족 경영에 대한 기업의 활동은 확대되었으나, 그 성과는 명확하게 측정되지 않는 경우가 많다.
인과 관계의 모호성	어떤 활동이 실제로 고객 만족과 성과에 영향을 미치는지에 대한 인과 관계가 불분명하다.

(6) 고객 만족 경영의 변화 요소 ✫

구분	변화 요소	주요 내용
기업 환경	경쟁 환경의 변화	인터넷의 발달로 기업 간 경쟁이 심화되었으며, 시장에서 요구하는 서비스 품질 수준이 전반적으로 상승하였다.
	고객 만족의 한계인식	기업의 고객 만족 활동은 증가하였으나, 고객 만족 수준은 비례적으로 증가하지 않는 현상이 나타나고 있다.
소비자	소비 가치관의 변화	소비에 대한 가치관이 변화하여 필수적 소비에서 선택적 소비 중심으로 관점이 전환되었다.
	소비 형태의 다양화	구매 후 소유 중심의 단순한 소비에서 경험·공유·사용 중심의 다양한 소비 행태로 변화하였다.
	소비자 역할의 변화	소비자는 기업과 대등한 관계를 원하며, 수동적 소비자에서 능동적·참여형 소비자로 변화하였다.
마케팅	마케팅 목표의 변화	마케팅 성공의 기준이 우수한 제품 생산에서 고객이 만족하는 경험 제공으로 전환되었다.
	마케팅 범위의 확장	기업 내부 자원 중심의 마케팅에서 벗어나, 고객의 니즈 충족을 위해 기업 외부 자원까지 활용하게 되었다.
	고객 가치 중심 접근	고객의 사용 가치를 높이는 데 관심이 집중되며, 고객 중심적 마케팅의 필요성이 강조되고 있다.

(7) 고객 만족 경영의 전략

① 고객 만족 경영의 성공 요건

　㉠ 고객 만족 경영에 대한 최고 경영자의 명확한 의지와 목표를 전사적으로 공유한다.

　㉡ 고객 만족을 최우선 가치로 하는 조직 문화를 형성하고, 구성원의 행동 기준으로 정착시킨다.

　㉢ 주기적이고 지속적인 고객 만족도 조사를 통해 변화하는 고객의 니즈와 기대에 대응한다.

　㉣ 공정한 성과 평가 체계를 구축하고, 직원의 성과에 따른 충분한 보상과 지원을 제공한다.

　㉤ 고객과 직접 접촉하는 핵심 순간인 MOT(Moment of Truth)를 중심으로 서비스 프로세스를 설계한다.

　㉥ 서비스 품질 향상을 위해 업무 절차와 서비스 전달 과정을 지속적으로 혁신한다.

② 고객 만족 경영의 3원칙

　㉠ MOT 최우선 원칙 : 고객 접점에서의 서비스 품질을 고객 만족 경영의 최우선 관리 대상으로 한다.

　㉡ 경영자 주도 원칙 : 고객 만족 경영은 최고 경영자의 주도하에 전사적으로 추진되어야 한다.

　㉢ 정기적·정량적 조사 원칙 : 고객 만족도는 정기적이고 정량적인 조사를 통해 체계적으로 측정·관리한다.

③ 서비스 마케팅 삼각형(Service Marketing Triangle)

서비스 마케팅 삼각형은 기업-직원-고객 간의 관계를 설명하는 모형이다. 기업은 내부 고객인 직원과 외부 고객에게 각각의 서비스를 약속하며, 직원은 기업의 약속을 서비스 수행을 통해 고객에게 전달한다. 고객과 직원은 이러한 약속 이행 과정을 통해 상호 신뢰를 형성하게 되며, 이는 고객 만족과 기업 성과로 연결된다.

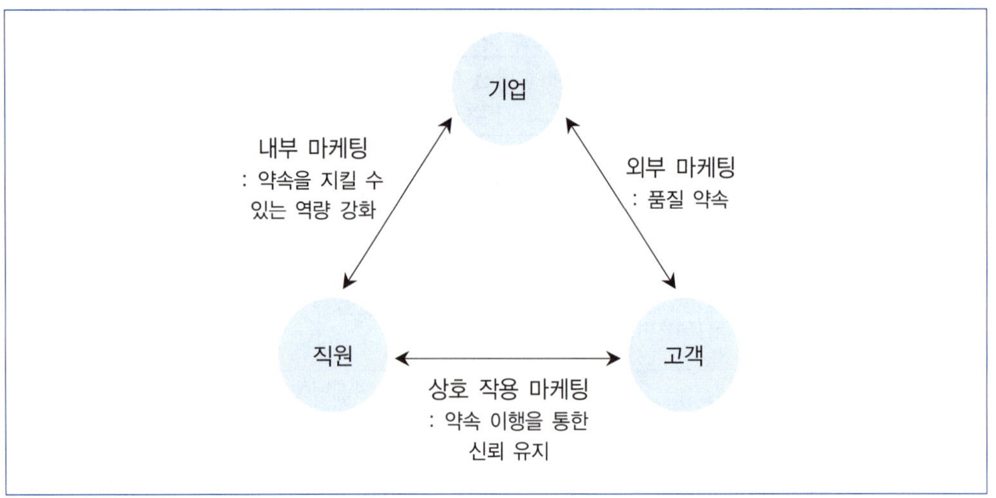

내부 마케팅	내부 고객인 직원을 대상으로 교육·훈련·성장 기회를 제공하고, 성과에 따른 보수·승진·복지 제도를 통해 서비스 수행 역량과 동기를 강화하는 활동
외부 마케팅	외부 고객을 대상으로 제품 및 서비스 정보를 제공하고 차별화 전략을 통해 고객을 확보·유지하며, 고객 가치를 증진시키는 마케팅 활동
상호 작용 마케팅	직원과 고객 간의 직접적인 서비스 접점에서 신뢰, 존중, 예의, 사후 서비스(A/S) 등을 통해 약속된 서비스를 실제로 전달하는 활동

⑻ **고객 만족 경영 체계**

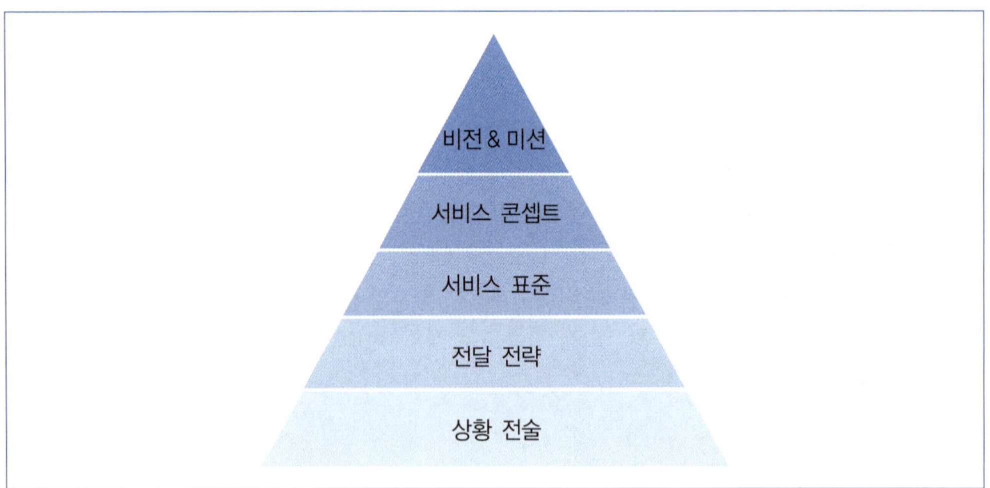

구분	내용
비전 & 미션	비전은 조직이 지향하는 바람직한 고객 만족 경영의 가치와 방향을 의미하며, 미션은 고객 만족 경영이 존재하는 이유와 목적을 나타낸다.
서비스 콘셉트	비전과 미션을 실현하기 위해 고객에게 제공하고자 하는 서비스의 핵심 방향과 차별화된 가치이다.
서비스 표준	서비스 콘셉트를 실천하기 위해 바람직한 서비스 수행 수준을 계량화한 목표와 기준이다.
전달 전략	서비스 표준을 효과적으로 달성하기 위해 인적·물적 자원을 집중하고 운영하는 일련의 서비스 전달 활동이다.
상황 전술	고객 접점별로 발생하는 다양한 상황에 맞추어 서비스 표준을 유연하게 적용하는 구체적인 행동 전략이다.

① 고객 만족 경영 체계의 올바른 방향

고객 만족 경영의 비전과 미션	• 비전과 미션은 조직이 지향해야 할 바람직한 미래 모습과 고객 만족 경영의 존재 목적을 의미한다. • 고객 만족 경영을 통해 설정되는 비전과 미션은 지속적인 성장, 서비스 혁신, 그리고 안정적인 경영 기반 구축을 핵심 방향으로 한다.	
	성징	산업 평균을 상회하는 수준의 성과가 지속적으로 유지·확대되어야 한다.
	혁신	탁월한 운영을 기반으로 새로운 서비스와 고객 가치가 지속적으로 창출되어야 한다.
	기반	고객 만족 경영의 주체인 기업, 종업원, 고객 간의 시민의식과 시민 행동을 통해 안정적으로 구축되어야 한다.
서비스 콘셉트	• 서비스 콘셉트는 비전 실현을 위해 서비스가 지향해야 할 핵심 방향과 가치를 제시한다. • 서비스 콘셉트는 명확한 개발 방향을 바탕으로 체계적으로 설정되어야 한다.	
	소비자 중심 콘셉트	제품 및 서비스의 속성과 편익, 이미지, 사용 상황, 사용자 특성을 중심으로 설계되는 콘셉트이다.
	경쟁자 대응 콘셉트	경쟁자의 전략과 서비스 수준을 분석하여 이에 대응하거나 차별화를 목적으로 설정되는 콘셉트이다.
	재콘셉트	기존 서비스 콘셉트가 경쟁 우위를 상실하거나 환경 변화로 적합하지 않게 되었을 경우, 이를 새롭게 재정립하는 콘셉트이다.

② 서비스 콘셉트의 도출 과정

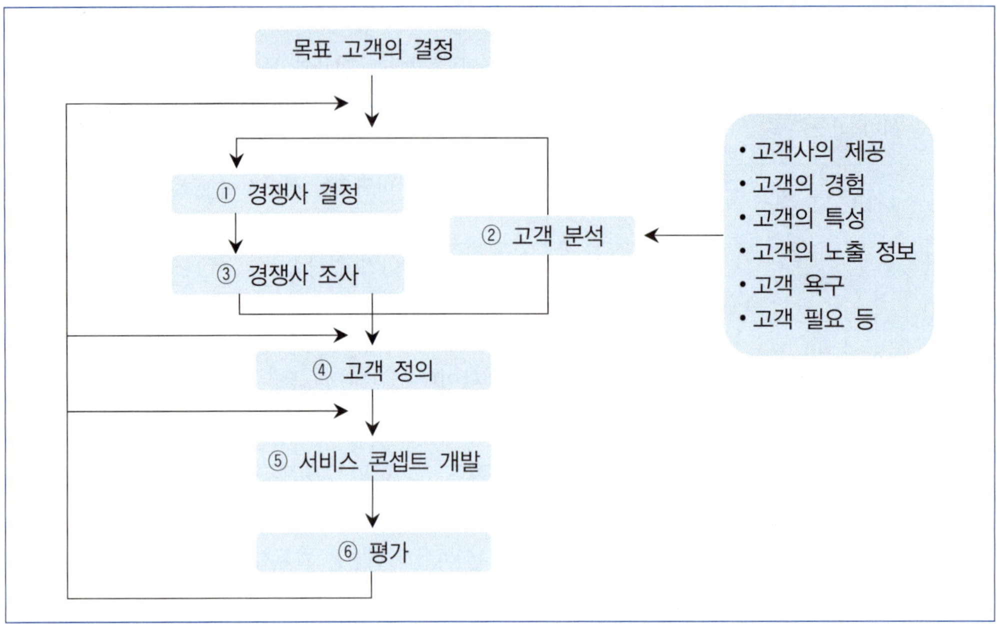

(9) 고객 만족 모델 ☆☆

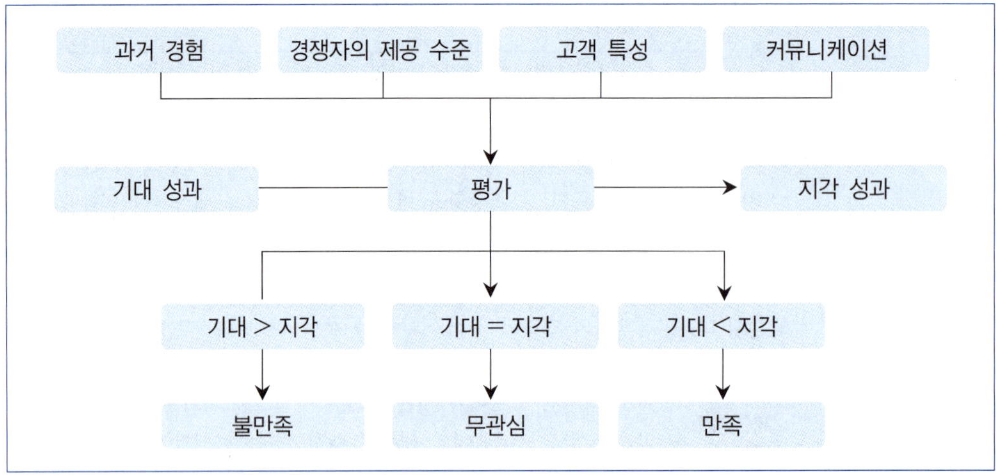

① 고객 만족 모델의 특징

 ㉠ 고객 만족은 기대와 실제 성과 간의 차이를 중심으로 설명하는 기대 불일치 패러다임에 기반한다.

 ㉡ 고객 만족 경영의 범위는 전통적인 경영 활동을 넘어, 고객의 기대 관리 영역까지 확대된다.

 ㉢ 고객의 기대가 형성되는 다양한 채널에 대한 이해와 체계적인 관리가 필요하다.

⑽ 고객 만족 경영의 실행

① 고객 만족 경영 매트릭스

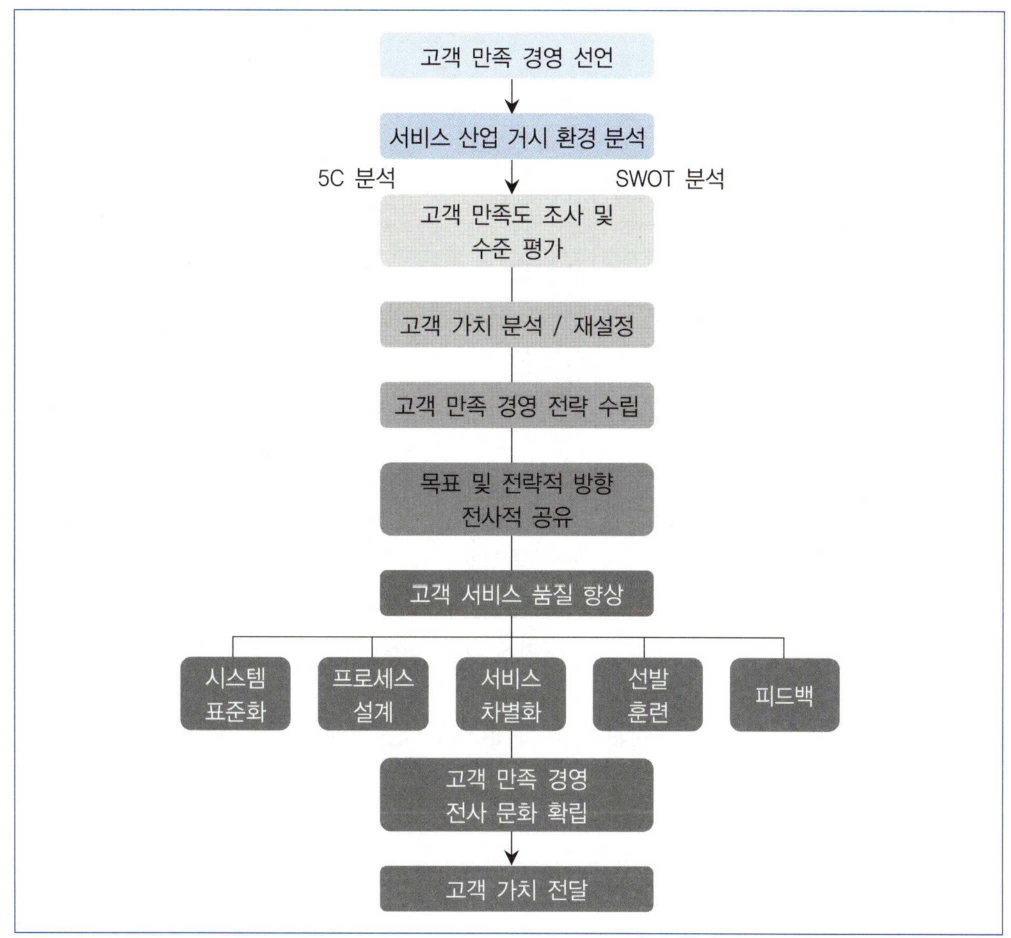

② 핵심 지표

구분	핵심 지표	주요 내용
경영자 역량	리더십 및 전략 역량	리더십(통솔력), 기업 철학·비전과 미션의 확립
	전문성 및 혁신 문화	사업에 대한 지식 및 경험 수준, 혁신적 조직 문화 조성
직원 역량	고객 만족 인식 수준	직원의 고객 만족 경영에 대한 이해 정도
	직무 및 서비스 역량	직원의 직무 만족도 수준, 서비스 전달 역량
관리 시스템	인적 자원 관리 역량	직원 선발·교육·훈련에 대한 관리 역량
	성과 관리 체계	객관적인 성과 지표 개발 및 분석 역량, 혁신적 성과 평가 시스템
	보상 제도	공정하고 차등적인 성과 보상 프로그램 구축
서비스 디자인	서비스 콘셉트 및 품질	콘셉트 선정의 타당성, 생산성과 고객 가치 기반의 프로세스 품질
	프로세스 혁신	혁신적 프로세스 개발 및 실행, 고객 중심의 MOT 설계
	차별화 전략	차별화된 서비스 개발
고객 채널	접점 및 정보 관리	다양한 고객 접점 관리, 고객 정보 수집·분석·활용 역량(CRM·CEM·VOC 시스템 구축 및 활용)
성과 관리	성과 평가 및 개선	프로세스 평가 및 성과 관리, 고객 만족 달성 수준, 고객 만족 경영 개선 활동

③ 문제점

  ㉠ 고객의 요구가 세분화되고 다양해짐에 따라, 이에 대응하기 위한 기업의 비용과 부담이 증가하고 있다.

  ㉡ 기업 간 경쟁이 심화되면서 매출 대비 수익 구조가 악화되는 문제가 발생하고 있다.

  ㉢ 고객 접점 업무의 부담과 피로도가 높아지면서 직원들의 감정 노동과 그에 따른 피해가 심화되고 있다.

  ㉣ 고객 만족 평가에는 주관적이고 비합리적인 요소가 포함되어 있어 평가 결과의 신뢰성이 저하될 수 있다.

  ㉤ 기업의 고객 만족 경영 활동이 항상 객관적이고 산술적인 수익성으로 직접 환원되지는 않는다.

  ㉥ 새로운 경험을 요구하는 고객이 증가함에 따라, 창의적 서비스 제공과 지속적인 혁신의 필요성이 커지고 있다.

④ 실패 요인

  ㉠ 최고 경영자의 고객 만족 경영에 대한 의지와 관심이 약화되거나 상실된다.

  ㉡ 경영진이 고객과 고객 만족의 의미를 잘못 인식하는 인식 오류가 존재한다.

  ㉢ 부서 간 및 개인 간 협업과 공감의 문화가 부족하다.

  ㉣ 고객 만족 경영을 장기 전략이 아닌 단기적 성과 중심으로 인식하는 분위기가 확산되어 있다.

  ㉤ 기업의 재정 여건을 고려하지 않은 비용 중심의 투자는 지속적인 고객 만족 경영에 부담으로 작용할 수 있다.

⑤ 지속적인 고객 유지를 위한 고객 만족 경영 기법
  ㉠ 고객 서비스 이용과 관련된 정보를 명확하고 원활하게 제공하여 고객의 이해와 신뢰를 높인다.
  ㉡ 내부 고객인 직원에게 제공되는 서비스 수준을 향상시켜 서비스 수행의 질을 제고한다.
  ㉢ 직원이 자발적으로 고객 중심 서비스를 실천할 수 있도록 적절한 권한과 책임을 부여한다.
  ㉣ 위험을 감수하더라도 새로운 아이디어 창출을 장려하는 기업 문화를 조성하고, 모든 의사 결정과 시스템, 공정을 고객의 욕구와 기대에 초점을 맞추어 운영한다.
  ㉤ 고객이 단순한 소비자를 넘어 경영의 참여자로서 활동할 수 있는 기회를 제공한다.

03 충성 고객

1 충성 고객의 의미

(1) 충성 고객이란 기업의 고객 만족 경영 성과에 만족하여 제품이나 서비스를 반복적으로 재구매하거나 지속적으로 이용하는 고객을 의미한다.

(2) 충성 고객은 기업을 대신하여 타인에게 기업 또는 브랜드를 자발적으로 추천하는 고객이다.

(3) 충성 고객은 경쟁 기업의 마케팅 활동이나 유인 전략에 쉽게 동요하지 않으며, 전환이나 이탈 가능성이 낮다.

(4) 충성 고객은 기업이 출시한 새로운 상품이나 서비스의 가격 변화에 상대적으로 덜 민감한 특성을 보인다.

(5) 충성 고객은 한 기업이 제공하는 다양한 제품과 서비스를 포괄적으로 구매하는 경향이 있다.

2 고객 만족과 충성 고객

(1) 고객 유지 효과는 고객 수의 증가와 같은 양적 측면뿐만 아니라, 고객 관계의 질을 높이는 질적 측면에서도 모두 중요하다.

(2) 고객의 이탈과 경쟁사로의 전환은 기업의 장기적인 수익성과 성장에 매우 큰 영향을 미친다.

(3) 체계적인 고객 이탈 관리를 통해 신규 고객 확보 과정에서 발생하는 손실을 기존 고객의 유지와 확대로 보완할 수 있다.

⑷ 충성 고객을 육성하기 위해서는 고객 만족 수준에 대한 지속적인 피드백 수집과 관리가 필요하다.

⑸ 고객과의 지속적인 관계 유지를 통해 고객 정보가 축적되며, 이를 활용하여 차별화된 서비스를 제공함으로써 충성 고객을 형성할 수 있다.

③ 고객 충성도에 따른 단계별 고객 행동

단계	고객 유형	내용
무관심 단계	잠재 고객	아직 기업이나 브랜드에 대한 관심은 없으나, 향후 고객으로 전환될 가능성을 지닌 대상이다.
인지 및 탐색 단계	가망 고객	상품의 필요성을 인식하고 광고나 개인적 정보 원천을 통해 기업·브랜드·상품을 인지하며 관련 정보를 탐색하고 학습하는 단계이다.
친밀감 형성 단계	신규 고객	고관여 행동을 통해 상품과 서비스에 익숙해지고, 기업과의 상호작용에서 형성된 신뢰를 바탕으로 첫 구매가 이루어지는 단계이다.
공헌 단계	충성 고객	기업 또는 브랜드가 제공하는 가치에 만족하여 고객 로열티가 형성되고, 기업과의 애착 관계를 바탕으로 반복 구매와 신규 고객 추천을 통해 수익 창출에 기여하는 단계이다.
분리 단계	이탈 고객	기업의 경영 활동이나 상품·서비스에 대한 실망으로 인해 기업과의 관계를 종료하거나 경쟁 업체로 전환하는 단계이다.

④ 충성 고객의 확보 전략

⑴ 고객 관리는 표준화된 프로세스가 아닌, 고객의 특성과 니즈를 반영한 고객화(Customized) 프로세스를 지향한다.

⑵ 제품 및 서비스의 생산 과정에 고객의 참여를 유도하고, 고객의 의견을 적극적으로 수용한다.

⑶ 고객의 비즈니스 성과 향상과 라이프스타일의 변화를 이해하고, 이를 지원하는 방향으로 관계를 구축한다.

⑷ 기존 고객과의 거래 관계를 단순한 비즈니스 차원을 넘어, 신뢰와 유대가 형성된 친밀한 관계로 전환하여 유지한다.

⑸ 고객의 생일이나 결혼기념일 등 개인적인 경조사를 기억하고 축하함으로써 정서적 유대감을 강화한다.

Key Insight

고객 순추천 지수(NPS : Net Promoter Score) ☆

① 순 추천 지수는 기업이 얼마나 많은 충성 고객을 보유하고 있는지를 측정하기 위한 지표이다.

② 순 추천 지수는 고객이 제품이나 서비스, 그리고 기업 브랜드를 타인에게 추천하고자 하는 의지의 정도를 수치화한 지수이다.

③ 기업 성과를 판단함에 있어 단순한 고객 만족도보다 고객의 추천 의도가 더 중요한 의미를 가진다.

④ 순 추천 지수가 높은 기업은 충성 고객의 비율이 높으며, 경쟁 기업에 비해 상대적으로 낮은 마케팅 비용으로 성과를 창출하고 있음을 의미한다.

구분	항목	내용
개념	NPS 정의	"이 회사를 친구나 동료에게 추천할 의사가 있습니까?"라는 단일 질문으로 고객 충성도를 측정하는 지표
	측정 척도	0~10점(11점 척도)
산출 방식	계산식	NPS = 추천 고객 비율(%) − 비추천 고객 비율(%)
	점수 범위	−100점~+100점
도입 필요성	성과 연계성	고객 만족도와 실제 성과(고객 유지율) 간의 간극 보완
	성장 지표	HBR 연구에 따르면 기업의 3년 성장률과 비례 관계
	활용 용이성	질문이 단순하고 측정·관리 용이
고객 유형	추천고객 (Promoters)	•9~10점 •반복 구매 및 적극적 추천 •충성도 높음.
	중립 고객 (Neutrals)	•7~8점 •만족은 있으나 추천 행동 미약 •전환 관리 필요
	비추천 고객 (Detractors)	•0~6점 •부정적 경험 •이탈·부정적 구전 가능성
활용 시사점	관리 전략	추천 고객 확대, 비추천 고객의 중립 전환, 중립 고객의 가치 제고
	경영 활용	고객 행동(재구매·추천·이탈) 예측을 통한 성장 진단 지표

Key Insight

순 추천 지수의 측정

> 순 추천 지수 = 추천 비용 − 비추천 비율

• 질문 문항 : "현재 거래하고 있는 회사를 친지나 주변 사람에게 추천할 의향이 얼마나 있는가?"
• 질문 문항에 대해 0~10점으로 측정한다.
• 비추천(0~6점), 중립(7~8점), 추천(9~10점)으로 응답을 구분한다.
• 순 추천 지수는 −100점에서 +100점까지 분포한다.

04 고객 가치 창조

1 고객 가치 창조 ✿

(1) 고객 가치(Customer Value, CV) 창조란 고객에게 제공되는 가치는 높이고, 고객이 부담하는 비용은 낮추는 방향으로 가치를 설계하고 제공하는 활동을 의미한다.

(2) 고객 가치 창조를 위한 혁신은 가치 혁신과 비용 혁신으로 구분되며, 고객 가치를 극대화하기 위해서는 두 가지 혁신을 동시에 추구해야 한다.

가치 혁신	고객에게 현재 제공되고 있는 기업의 가치와 혜택을 더욱 향상시키는 활동이다.
비용 혁신	서비스 품질 수준은 유지하면서 고객이 지불해야 하는 비용을 줄이는 활동이다.

(3) 고객 가치는 고객이 인식한 혜택에서 고객이 지불한 비용을 차감한 결과로 정의된다.

Key Insight

가치

가치 = 혜택 − 비용

① 가치는 고객이 재화나 서비스를 이용하는 과정에서 인식하는 혜택의 수준을 의미한다.
② 고객 만족의 관점에서 고객은 자신이 지불한 비용을 초과하는 혜택을 느낄 때 가치를 인식한다.
③ 기업이 제공하는 혜택이 경쟁사보다 우수하거나 차별화되어 있고 가격이 동일하다면, 고객은 더 높은 가치를 지각하게 된다.
④ 동일한 혜택이 제공되더라도 더 낮은 가격이 제시될 경우, 고객은 상대적으로 더 높은 가치를 인식한다.

2 고객 가치 창조의 실행 원리 ✿

구분	내용
고객 관점에서 출발	고객에 대한 깊은 통찰을 바탕으로, 기업이 아닌 고객의 관점에서 가치 창조를 시작한다.
미 충족 고객니즈 해결	아직 충족되지 않은 고객의 니즈를 해결함으로써 고객이 체감하는 실질적인 가치를 증대시킨다.
상대적 가치 추구	가치 창조는 절대적 수준이 아니라, 경쟁사 또는 기존 수준보다 더 나은 성과를 달성하는 상대적 가치의 향상에 초점을 둔다.
고객을 위한 혁신	경쟁사 대응 중심의 혁신이 아니라, 고객의 편익과 경험을 개선하기 위한 고객 중심의 혁신이 중요하다.
고객 중심의 문제 해결	경영 효율 중심의 접근이 아닌, 고객의 문제를 출발점으로 한 해결 방식을 통해 지속적인 가치를 창출한다.
B2B 접근법	B2B 환경에서는 직접적인 거래 대상뿐만 아니라 최종 사용자와 고객의 고객 관점까지 고려한 가치 창조가 중요하다.

③ 고객 가치 증진 접근법 ✿

(1) 고객 가치 증진의 개념

① 고객 가치 증진이란 고객이 인식하는 가치를 높이는 활동을 의미한다.

② 지각된 고객 가치를 향상시키기 위해 기존의 제품이나 서비스 속성에 부가적인 혜택을 제공한다.

③ 제품이나 서비스의 혜택 속성과 경쟁 속성을 분석하고, 경쟁자와의 비교를 통해 상대적으로 우수한 수행을 달성하는 것을 목표로 한다.

④ 고객 가치 증진은 절대적인 가치 수준보다는 고객이 인식하는 상대적 가치를 높이는 데에 중점을 둔다.

(2) 고객 가치 증진 접근법 프로세스

단계	구분	내용
1단계	주요 혜택 도출	제품과 서비스가 제공하는 핵심 혜택을 도출한다.
2단계	경쟁사 비교 분석	도출된 주요 혜택을 기준으로 경쟁사와의 상대적 수준을 비교·분석한다.
3단계	핵심 혜택 선정	주요 혜택 중 고객에게 강한 혜택 인식을 형성할 수 있는 요소를 선택한다.
4단계	가치 증진 프로그램 실행	선정된 핵심 혜택을 중심으로 고객 가치 증진 프로그램을 실계·시행한다.
5단계	고객 인식 평가	고객 가치 증진 프로그램에 대한 고객의 인식과 반응을 평가한다.

④ 고객 가치 연장 접근법

(1) 고객 가치 연장의 개념

① 고객 가치 연장이란 고객이 가치를 인식하는 접점을 기존 단계에 국한하지 않고, 서비스 이용 전·이용 후 단계로 확장하는 것을 의미한다.

② 고객 가치 연장은 고객 충성도와 밀접한 관련이 있으며, 반복 구매 고객을 충성 고객으로 전환하기 위해서는 지속적으로 새로운 혜택을 제공하는 전략이 필요하다.

③ 서비스 이용 전·중·후의 접점 전반에서 추가적으로 제공할 수 있는 혜택을 파악하고, 이를 통해 고객이 인식하는 가치를 지속적으로 증대시키는 것이 핵심이다.

(2) 고객 가치 연장 시 고려할 점 ✿

① 고객이 체감할 수 있는 새로운 혜택을 지속적으로 추가해야 한다.

② 서비스 전환 시 발생하는 전환 비용(Switching Cost)을 전략적으로 높일 필요가 있다.

③ 기업과 고객이 함께 이익을 얻을 수 있는 공동 이익 구조를 추구해야 한다.

④ 기존 고객을 대상으로 한 교차 판매(Cross-selling) 기회를 적극적으로 제공해야 한다.

⑤ 시간의 흐름에 따라 변화하는 고객 기대의 진화를 지속적으로 파악해야 한다.

⑥ 고객이 제품이나 서비스를 사용하는 과정에서 얻는 사용 가치에 대한 깊은 이해가 필요하다.

(3) 고객 가치 연장에서 주의할 점

① 고객의 실제 행동 데이터 분석을 기반으로 새로운 혜택을 개발해야 한다.

② 고객 행동 분석을 통해 기존에 충분히 충족되지 못한 요구를 발견하고, 이를 우선적으로 충족시키는 순서로 접근해야 한다.

③ 서비스 개발이 고객 행동이 아닌 기업 내부 자원 중심으로 이루어질 경우, 추가적인 서비스는 제공될 수 있으나 고객이 이를 실질적인 혜택으로 인식하지 못할 가능성이 있다.

05 서비스 지향성

1 시장 지향성의 개념

시장 지향성이란 시장의 욕구와 기회를 파악하기 위해 고객과 경쟁자에 관한 정보를 지속적으로 획득·창출하고, 수집된 정보를 기업 전체에 공유하여 시장 변화에 대응할 수 있는 해결책을 마련하는 데 조직의 역량을 집중하는 것을 의미한다.

(1) 시장 지향성의 하위 차원

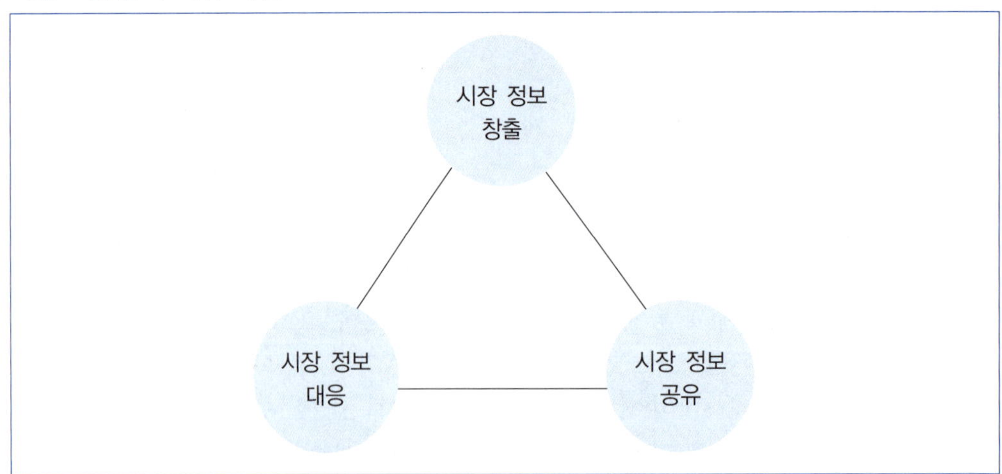

구분	핵심 내용
시장 정보 창출	시장 정보는 마케팅이나 서비스 접점에 국한되지 않고, 전사적인 관점에서 체계적으로 창출되어야 한다.
시장 정보 공유	창출된 시장 정보는 전사적으로 공유되어야 하며, 이를 위해 지식 경영 시스템과 같은 체계적인 정보 공유 시스템이 필요하다. 또한 시장과 고객 정보는 업무 수행의 중요한 기준으로 인식되어야 한다.
시장 정보 대응	공유된 시장 정보는 전사적 관점에서 대응되어야 하며, 모든 부서와 직원의 업무는 시장과 고객 요구에 대한 대응 활동으로 인식되어야 한다.

2 서비스 지향성의 개념

(1) 서비스 지향성의 핵심 개념과 특징

구분	내용
개념	서비스 지향성이란 시장 정보에 대한 전략적 반응으로, 탁월한 서비스 제공이 최우선 가치라는 조직 전체의 공유된 믿음을 의미한다.
전략적 성격	서비스 지향성은 절대적 기준이 아닌 경쟁자와의 상대적 우위를 통해 평가되는 개념이다.
범위	우수한 내부 서비스 품질이 외부 서비스 품질로 연결되므로, 접점과 비접점을 모두 포함한 전사적 관점에서 파악해야 한다.
가치 제공 방식	탁월한 서비스를 제공하는 핵심은 고객에게 핵심 가치를 일관되게 전달하는 것이다.
실패 인식	서비스 실패에 대한 인식과 책임은 개인 차원이 아닌 전사적 관점에서 공유되어야 한다.

(2) 서비스 지향성에 영향을 미치는 조직 가치

구분	내용
고객 중심 지향	모든 의사 결정과 행동의 기준을 고객 가치에 두는 조직 문화
직원 만족	직원 만족을 내부 서비스 품질의 핵심 요소로 인식
내부 갈등 조절	부서 간·개인 간 갈등을 조정하고 협업을 중시하는 문화
혁신성	서비스 개선과 새로운 가치 창출을 장려하는 조직 분위기
체계적 노력	서비스 품질 향상을 위한 지속적이고 구조화된 노력

(3) 서비스 지향성의 평가 요소

구분	평가 요소
만족도	고객 만족도 및 직원 만족도
서비스 품질	외부 서비스 품질 및 내부 서비스 품질
조직 요인	조직 몰입도
접점 관리	접점에서의 반응 속도, 서비스 실패에 대한 회복률
프로세스	서비스 전달 프로세스의 대응성

Key Insight

탁월성

① 고객 만족 경영에서의 탁월성이란 내부 지향적인 업무 비중을 축소하고, 시장과 고객을 중심으로 한 외부 지향적인 업무 비중을 확대하는 것을 의미한다.

② 외부 지향적인 업무는 주로 시장 변화와 고객 요구를 파악하고 대응하는 활동을 포함한다.

③ 서비스 전략은 고객 지향을 기반으로 수립되어야 하며, 조직의 시스템과 프로세스는 고객 중심으로 설계되어야 한다.

④ 직원의 업무 수행이 고객 지향적이고 고품질 서비스 기준에 따라 이루어질 때, 고객 만족 경영의 탁월한 성과를 달성할 수 있다.

Chapter 02 고객 만족(CS)의 평가 지표

01 고객 만족 지수(CSI)의 이해

1 고객 만족 지수의 개념

고객 만족 지수(CSI : Customer Satisfaction Index)는 현재 생산·판매되고 있는 제품 및 서비스의 품질에 대해, 이를 직접 이용한 고객이 지각한 만족 수준을 모형에 근거하여 측정·계량화한 지표이다. CSI는 만족에 영향을 미친 기업의 경영 활동 과정과 그 결과를 고객의 관점에서 체계적으로 평가하는데 목적이 있다.

고객 만족 지수는 다음과 같은 요건을 충족해야 한다.

> ① 고객 만족 지수는 단순한 조사 결과가 아니라, 기업의 고객 만족 수준을 지속적으로 관리·개선하기 위한 관리 지표로 활용될 수 있어야 한다.
> ② 고객 만족도와 이를 구성하는 주요 요소 간의 인과관계를 파악할 수 있어야 한다.
> ③ 고객 만족 지수는 고객 충성도와 고객 불만 행동을 설명할 수 있는 지표여야 한다.
> ④ 고객 만족 지수는 기업의 성장성과 성과에 대한 미래 예측이 가능해야 한다.

2 고객 만족 지수의 필요성

(1) 고객 만족 지수는 수익성과 밀접한 관계를 지닌 고객 유지율을 제고하는 데 기여한다.

(2) 제품 및 서비스 품질 향상을 위해 기업의 업무 프로세스 개선 방향을 제시한다.

(3) 시간의 흐름에 따른 고객 만족 성과의 변화 원인을 체계적으로 파악할 수 있다.

(4) 자사의 경쟁력과 연계된 품질 성과를 분석·연구하는 데 활용할 수 있다.

(5) 고객의 기대를 충족시키지 못하는 취약 영역을 진단하고 평가할 수 있다.

(6) 고객 만족 지수는 고객이 수용 가능한 제품 및 서비스 가격 인상 범위를 판단하는 참고 지표로 활용될 수 있다.

(7) 고객 만족 수준을 통해 잠재적인 시장 진입 장벽을 분석할 수 있다.

(8) 고객 유지율 평가를 바탕으로 투자 대비 수익률(ROI)을 예측할 수 있다.

(9) 경쟁사와의 비교 분석을 통해 차별화된 전략 수립의 근거 자료를 제공한다.

3 고객 만족 지수의 측정 원칙

(1) 고객 만족 지수는 고객 유지율과 추천 의향을 함께 측정할 수 있어야 한다.

(2) 각 지수 간에 상호 영향을 미치는 연관성을 함께 측정하여 인과관계를 파악할 수 있어야 한다.

(3) 제품 및 서비스의 품질 요인뿐만 아니라 고객 충성도와 경제적 성과까지 종합적으로 측정해야 한다.

계속성의 원칙	• 고객 만족 조사는 일회성이 아니라 정기적으로 실시되어야 한다. • 단 한 번의 조사만으로는 고객 만족 수준을 향상시키는 데 한계가 있다. • 조사 결과는 체계적인 개선 활동에 지속적으로 반영되어야 한다.
정량성의 원칙	• 고객 만족 조사는 비교 가능하도록 정량적인 방식으로 수행되어야 한다. • 조사의 주요 목적은 이전 결과와 비교하여 얼마나 개선되었는가를 파악하는 것이므로, 항목별 정량적 비교가 가능해야 한다.
정확성의 원칙	• 고객 만족 조사는 신뢰성과 타당성을 확보할 수 있도록 정확하게 실시되어야 한다. • 조사 대상의 표본 추출 방법이 적절한지 검토해야 한다. • 조사 항목이 기업의 경영 상태와 고객 경험을 충분히 반영하고 있는지 확인해야 한다. • 조사 방법이 이론적·실무적으로 타당한지 점검해야 한다.

Key Insight

미스터리 쇼퍼(Mystery Shopper)

미스터리 쇼퍼란 일반 고객으로 가장한 조사원이 실제 고객의 입장에서 제품이나 서비스를 이용하며, 서비스 제공 과정과 품질을 객관적인 기준에 따라 평가하는 조사 기법을 말한다. 기업은 이를 통해 표준화된 서비스가 현장에서 실제로 어떻게 실행되고 있는지를 점검하고, 고객 만족 수준과 서비스 품질의 문제점을 파악할 수 있다.

미스터리 쇼퍼의 특징

① 사전에 공개되지 않은 상태여서 조사가 이루어져 현장의 실제 서비스 수준을 파악할 수 있다.
② 서비스 태도, 응대 절차, 매장 환경 등 서비스 전반을 종합적으로 평가한다.
③ 고객 만족도 조사(CSI), 내부 평가 자료와 함께 활용되어 서비스 품질 개선의 근거 자료로 사용된다.
④ 미스터리 쇼퍼의 활용목적은 서비스 표준 이행 여부 점검, 고객 접점(MOT)관리 수준 평가, 직원 교육 및 서비스 개선 방향 도출을 위해 사용된다.

미스터리 쇼퍼가 유의할 점

구분	내용
일반 고객으로서의 자연스러운 행동 유지	조사 목적이나 평가 의도가 드러나지 않도록 실제 고객과 동일한 행동과 태도를 유지해야 한다.
사전 평가 기준의 명확한 이해	평가 항목과 기준을 충분히 숙지하고, 개인적 감정이나 주관적 판단이 개입되지 않도록 한다.
사실 중심의 객관적 기록	느낌이나 추측이 아닌, 관찰된 사실과 행동을 중심으로 구체적이고 정확하게 기록해야 한다.
서비스 전 과정의 일관된 관찰	접점 순간(MOT)뿐만 아니라 서비스 이용 전·중·후 전 과정에 걸쳐 일관되게 관찰해야 한다.
비교 가능성 확보	다른 미스터리 쇼퍼의 평가 결과와 비교가 가능하도록 동일한 기준과 방식으로 평가해야 한다.
윤리성과 비밀 유지	조사 결과와 관련 정보는 외부에 유출하지 않으며, 평가 대상 직원의 인격을 존중해야 한다.
평가 목적 인식	미스터리 쇼퍼의 목적은 직원 처벌이 아니라, 서비스 품질 개선과 고객 만족 향상임을 인식해야 한다.

02 국가 고객 만족 지수(NCSI)

1 국가 고객 만족 지수의 개념

국가 고객 만족 지수(NCSI : National Customer Satisfaction Index)는 국내·외에서 생산되어 국내 최종 소비자에게 판매되는 제품과 서비스에 대해, 이를 직접 이용한 고객이 지각한 만족 수준을 모형에 근거하여 측정·계량화한 국가 차원의 지표이다. NCSI는 개별 기업의 고객 만족 수준을 넘어, 산업 및 국가 전체의 품질 경쟁력을 평가하는 데 목적이 있다.

(1) 국가 고객 만족 지수(NCSI)는 미국 미시간대학교(University of Michigan) 경영대학원 산하 국가품질연구센터(National Quality Research Center)가 개발하여 1994년부터 발표하고 있는 ACSI(American Customer Satisfaction Index)의 측정 방법론과 모델을 기반으로 하고 있다.

(2) 한국생산성본부(KPC)는 1997년 미국 미시간대학교 국가품질연구센터와 공동으로 NCSI를 개발하였으며, 1998년부터 현재까지 분기별로 측정·발표하고 있다.

(3) NCSI는 단순한 고객 만족도 측정 지표가 아니라, 기업과 산업의 질적 경쟁력을 평가할 수 있는 성과 지표로 활용된다.

⑷ NCSI의 측정 방법론은 미국(ACSI), 싱가포르(CSISG), 터키(TCSI), 일본(JCSI) 등 13개국과 EU 16개국에서 활용되고 있는 국제적 기준인 EPSI(Extended Performance Satisfaction Index) 와 연계되어 있어, 국가 간 고객 만족 수준과 품질 경쟁력을 비교·분석하는 데 활용된다.

② 국가 고객 만족 지수의 개발 배경

구분	개발 배경 내용
거시 경제 측면	기존의 생산성 지표는 기업·산업·국가 차원의 경쟁력을 평가하는 기본 지표로 활용되었으나, 생산 활동의 효율성만을 측정할 뿐 품질과 같은 질적 요인을 충분히 반영하지 못하였다.
	이에 따라 국가 경쟁력을 보다 실질적으로 평가하기 위해 품질과 고객 만족을 반영한 새로운 지표의 필요성이 제기되었다.
기업 측면	기존 측정 방법은 측정 변수 간 인과관계와 고객 만족도가 수익성에 미치는 영향을 충분히 설명하지 못하는 한계가 있었다.
	분석 모델이 체계적으로 구축되어 있지 않아, 측정 결과의 신뢰도가 낮다는 문제점이 존재하였다.
	개별 기업의 주요 관심 영역인 고객 만족도의 변화가 고객 유지율로 연결되고, 나아가 수익성에 어떤 영향을 미치는지를 통계적으로 설명할 수 있는 방법론과 분석 모델의 개발 필요성이 대두되었다.

③ 국가 고객 만족 지수의 개발 목적

국가 고객 만족 지수(NCSI)는 개별 기업, 산업, 경제 부문, 나아가 국가 차원의 품질 경쟁력을 향상시키기 위한 목적에서 개발되었다. 국가 경제 차원에서는 품질을 단순한 관리 요소가 아닌 경제적 수익과 연결되는 핵심 지표로 인식하도록 하고, 기업 차원에서는 품질을 경제적 성과로 연계하여 분석할 수 있는 방법론을 제공하는 데 그 목적이 있다.

4 국가 고객 만족 지수(NCSI)의 기능 ✿

기능	주요 내용
동종·이업종 간 고객 만족도 비교	• NCSI는 품질 요소를 단순 합산하는 방식이 아니라, 고객 만족을 전반적·포괄적으로 측정하여 동종 업계뿐 아니라 이업종 간 비교가 가능하다. • 업종 간 벤치마킹을 용이하게 하여 고객 만족(CS) 개선을 위한 다양한 시각과 정보를 제공한다.
고객 만족 향상 전략 수립	• NCSI를 통해 자사와 경쟁사의 고객 만족 수준에 대한 강점과 약점을 진단할 수 있다. • 문제 요인을 규명하여 고객 만족 향상을 위한 전략 수립이 가능하다.
마케팅 전략 수립 지원	• 고객 기대 수준, 인지 품질, 인지 가치 등 고객 만족의 선행 변수 영향을 분석하여 자원의 효율적 배분을 가능하게 한다. • 업종 전체의 CS 수준을 다차원적으로 분석하여 개별 기업에 유용한 전략 정보를 제공한다.
미래 수익성 예측	• 시간의 흐름에 따른 고객 만족 수준 변화와 그 원인을 추적할 수 있다. • 고객 만족이 고객 충성도와 고객 유지율에 미치는 영향을 분석하고, 이를 재무 성과와 연계하여 미래 수익률 예측에 활용할 수 있다.
고객의 구매 의사결정 영향	• 소비자들은 NCSI 결과를 참고하여 제품 및 서비스를 선택하는 경향이 있다. • 소비자 측면에서는 소비자 주권 보호와 삶의 질 향상에 기여하고, 기업과 산업 측면에서는 품질 경쟁력 강화를 유도한다.

03 NCSI의 체계

1 NCSI 모델

NCSI 모델의 주요 목적은 현재와 미래의 사업 성과(Business Performance)를 평가하는데 있어 핵심 구성 개념인 고객 충성도를 체계적으로 설명하고 분석하는 데 있다.

◆ NCSI(국가 고객 만족 지수) 모델

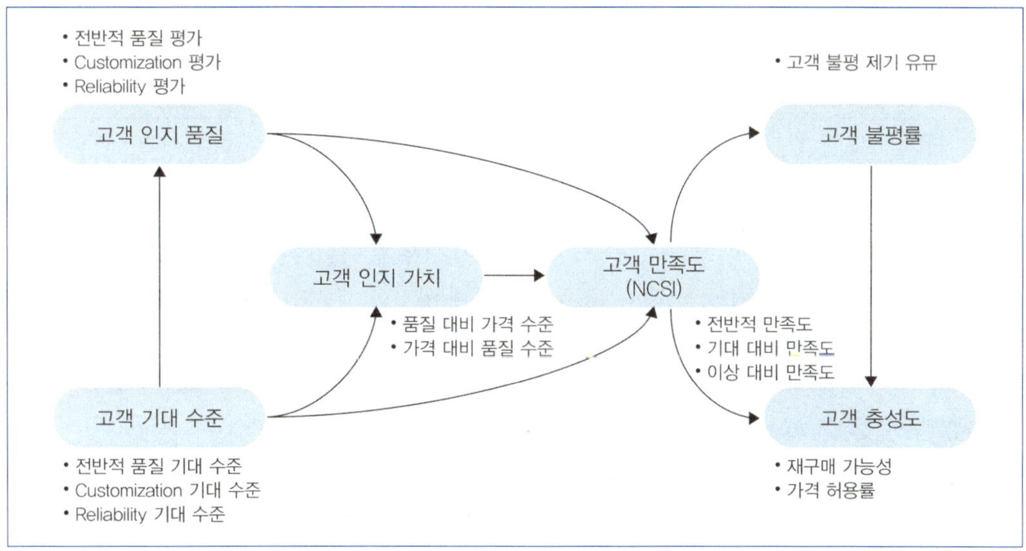

2 NCSI 선행 변수 – 시장 품질 성과 지표로서의 기능

(1) NCSI 모델에서 고객 만족도에 영향을 미치는 세 가지 선행 잠재 변수(Leading Variables)는 고객 기대 수준(Customer Expectations), 고객 인지 품질(Perceived Overall Quality), 고객 인지 가치(Perceived Value)이다.

(2) 이 세 가지 잠재 변수는 고객 만족도에 영향을 미치는 선행 요인인 동시에, 고객 만족도에 어느 정도 영향을 미쳤는지를 판단할 수 있는 시장 품질 성과 지표로 활용된다.

◈ NCSI 선행 변수 - 시장 품질 성과 지표

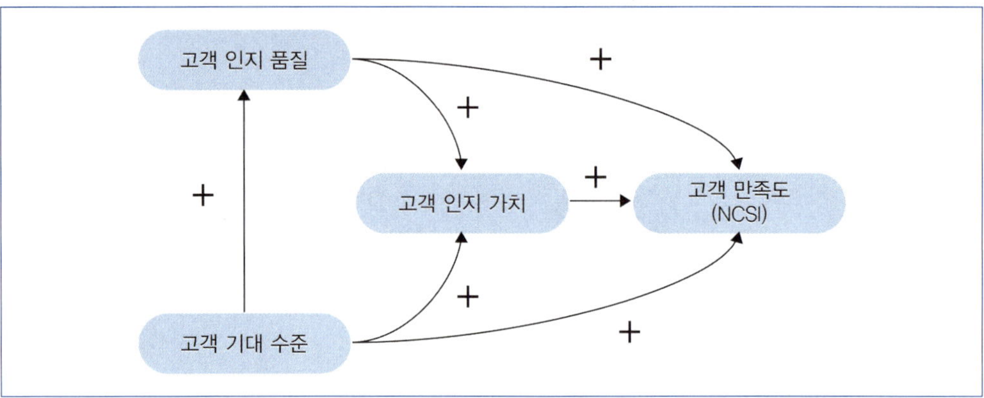

③ NCSI 후행 변수 - 수익성 예측 지표로서의 기능

(1) 고객 만족에 대한 기업의 궁극적인 목표는 고객에게 양질의 제품과 서비스를 제공함으로써 재구매와 고객 유지로 이어지는 행동을 유도하고, 이를 통해 안정적이고 지속적인 수익을 창출하는 데 있다. 따라서 NCSI의 후행 변수는 고객 만족의 결과가 기업의 수익성과 성과로 어떻게 연결되는지를 예측하는 지표로서 중요한 기능을 수행한다.

◈ NCSI 후행 변수 - 수익성 예측 지표

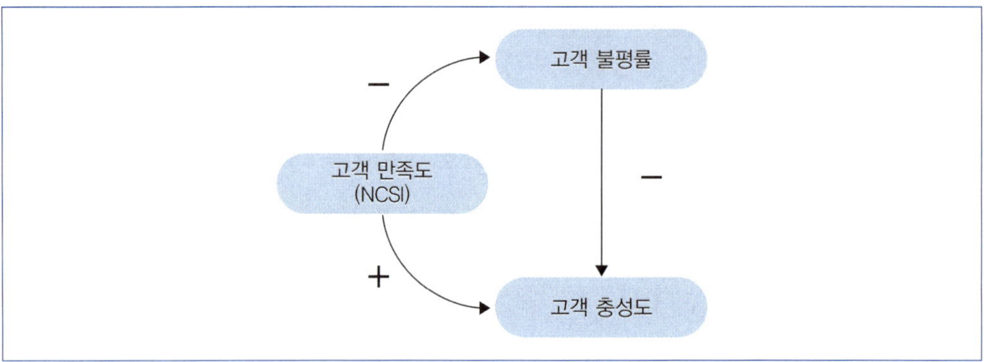

04 NCSI의 측정

1 조사 설문 문항 ✿

NCSI 모델에서는 고객 만족도를 측정하기 위해 총 17개의 핵심 설문 문항을 사용한다. 또한 응답자의 특성을 파악하기 위해 8가지 인구통계학적 항목에 대한 질문을 함께 포함하고 있다.

◈ NCSI 모델의 조사 설문 문항

설문 번호	측정 변수		잠재 변수
1 2 3	구입 전 평가	• 전반적 품질(Overall Quality) 기대 수준 • 고객의 개인적 요구 충족도(Customization) 기대 수준 • 제품의 예상 고장 및 문제 발생 빈도(Reliability) 기대 수준	고객 기대 수준
4P* 5P* 6P*	구입 후 평가	• 전반적 제품 품질(Overall Product Quality) 평가 • 고객의 개인적 제품 요구 충족도(Customization) 평가 • 제품의 예상 고장 및 문제 발생 빈도(Reliability)	고객 인지 제품 품질
4S* 5S* 6S*	구입 후 평가	• 전반적 서비스 품질(Overall Service Quality) 평가 • 고객의 개인적 서비스 요구 충족도(Customization) 평가 • 서비스상의 문제 발생 빈도(Reliability)	고객 인지 서비스 품질
8 9	• 가격 대비 품질 수준(Price given Quality) • 품질 대비 가격 수준(Quality given Price)		고객 인지 가치
10 11 12	• 종합 만족도(Overall Satisfaction) • 기대 수준 대비 만족 수준(Confirm / Disconfirm Expectation) • 이상적인 제품 / 서비스 대비 만족 수준(Comparison with Ideal)		고객 만족(NCSI)
13	고객의 공식 / 비공식적 제품 및 서비스에 대한 불평(Complaints)		고객 불평률
15 16 17	• 재구매 가능성 평가(Repurchasing Likelihood) • 재구매 시 가격 인상 허용률(High Price Tolerance) • 재구매 유도를 위한 제품의 가격 인하 허용률(Low Price Tolerance)		고객 충성도

*P: 제품 / S: 서비스 / *: 제조업·내구재의 경우 제품과 서비스 품질을 측정함.

2 조사 방법

(1) NCSI는 특정 제품이나 브랜드 단위의 만족도를 측정하는 것이 아니라, 기업이 생산·판매하는 전반적인 제품과 서비스에 대한 기업 차원의 고객 만족도를 측정한다.

(2) NCSI의 조사 대상 기업은 재무 자료가 공시되어 활용 가능한 기업을 중심으로 선정되며, 일반적으로 해당 산업 내에서 시장 점유율이 높은 주요 기업들이 포함된다.

(3) NCSI 설문 조사는 해당 제품 또는 서비스를 실제로 경험한 고객을 대상으로 하며, 조사 방법은 일대일 개별 면접 방식(Face-to-Face Interview)을 원칙으로 한다.

(4) 표본 수는 조사 결과의 정확성과 신뢰성을 확보하기 위해 기업별 평균 278명을 기준으로 하며, 산업 특성에 따라 기업별 100~500명 수준으로 탄력적으로 배분된다.

Key Insight

고객 만족 평가 지표의 종류

지표명	주관 기관	평가 대상	주요 특징
국가 고객 만족 지수 (NCSI)	한국생산성본부(KPC)	국내·외 기업의 제품 및 서비스 공공·민간 서비스	• 기업·산업·국가 차원의 고객 만족도 비교 가능 • 국제 비교 가능한 국가 수준 지표
한국 서비스 품질 지수 (KS-SQI)	한국표준협회(KSA)	서비스 산업 전반	• 국내 최초 서비스 품질 지수 • SERVQUAL·SERVPERF 기반 • 성과 품질과 과정 품질을 균형 있게 평가
한국 산업의 고객 만족도 (KCSI)	한국능률협회컨설팅 (KMAC)	국내 주요 산업의 제품 및 서비스	• 산업·기업별 고객 만족 수준 진단 • 불만 요인 분석을 통한 CS 전략 수립에 활용
서울시 서비스 지수 (SSI)	서울특별시	서울시 행정 서비스	• 고품질 시정 구현 목적 • 공공 행정 서비스 품질 평가 지표
공공기관 고객 만족도 지수 (PCSI)	정부(기획재정부 등)	공기업·정부 산하기관	• 공공 부문 특성 반영 평가 모델 • 선행 요인 – 만족 – 성과 변수를 통합적으로 측정

Chapter 03 경영 전략의 기본 이론

01　경영 전략

(1) 경영 전략의 의미

경영 전략이란 기업이 지속적인 경쟁 우위를 확보하기 위해 수립하는 경영 활동의 종합적 계획으로, 기업이 현재 보유한 역량과 위치를 객관적으로 인식하고 무엇을 할 수 있으며 무엇을 해야 하는가를 판단하여 경쟁자와의 차별화를 추구하는 반복적·체계적 과정을 의미한다.

경영 전략을 효과적으로 수립하고 실행할 경우 기업은 다음과 같은 역량을 확보할 수 있다.

① 기업의 경영 방향과 목표를 명확하게 설정할 수 있다.
② 경쟁 기업과의 비교를 통해 자사의 강점과 약점을 체계적으로 파악할 수 있다.
③ 기업이 보유한 핵심 역량과 주요 기능을 중심으로 한 프로젝트에 한정된 자원을 전략적으로 배분할 수 있다.
④ 징치·경제·사회·기술 등 급격하게 변화하는 외부 환경 요인을 분석하고 대응 방향을 규명할 수 있다.
⑤ 시장 내에서 주요 경쟁자와 그들의 전략적 행동을 인식하고 대비할 수 있다.

(2) 경영 전략의 개념 및 수준

경영 전략이란 기업이 사명과 목표를 달성하고 외부 환경과의 관계를 효과적으로 관리하며 지속적인 경쟁 우위를 확보하기 위해 전략을 수립하고 실행하는 전반적인 과정을 의미한다.

경영 전략은 기업 내 의사결정 수준에 따라 다음과 같이 구분된다.
① 기업 전략(Corporate Strategy)
　㉠ 기업 전체 차원에서 기업의 사명과 장기적 방향을 설정하고, 사업 전략 및 기능 전략에서 제안된 내용을 종합·조정하는 전략이다.
　㉡ 복수의 사업 단위 간 연계성과 시너지 창출 가능성을 검토하며, 전략적 우선순위에 따라 자원 배분에 관한 핵심 의사결정을 다룬다.
② 사업 전략(Business Strategy)
　㉠ 개별 사업 단위 차원에서 해당 사업의 경쟁적 위치를 강화하기 위한 전략이다.
　㉡ 외부 환경의 기회와 위협을 분석하고, 기업 전략에 따라 배분된 자원을 활용하여 경쟁 기업과 차별화할 수 있는 구체적인 경쟁 방향과 방법을 수립한다.
③ 기능 전략(Functional Strategy)
　㉠ 사업 전략이 효과적으로 실행될 수 있도록 각 기능 부서 단위에서 수행할 세부 전략을 규정하고 구체화하는 전략이다.
　㉡ 인사, 연구개발, 재무, 생산, 마케팅 등 기능별 조직에서 제품 기획, 영업 활동, 자금 조달 등 실행 수준의 구체적인 활동 방안을 결정한다.

02 ▶ 거시적 산업 환경 분석의 프레임

1 거시적 산업 환경 분석의 개념

거시적 산업 환경 분석(일반 환경 분석)이란 기업이 제품과 서비스를 기획하고 경영 전략을 수립·선택하는 데 영향을 미치는 외부 환경 요인을 체계적으로 파악하는 과정이다. 이는 경제, 사회, 정치, 기술, 법률 등 기업이 직접 통제할 수 없는 광범위한 환경 변화와 동향을 분석함으로써, 기업의 장기적인 사업 방향 설정, 지속적 경쟁 우위(SCA) 확보, 그리고 핵심 성공 요인(CSF) 도출을 목적으로 수행된다.

인구 통계학 분석	• 인구의 증감 추이, 연령 구조, 성비 등 인구 구성 요소 분석 • 가족 구성 형태, 직업 구조, 소득 수준, 교육 수준 등의 변화 파악 • 라이프스타일 연구를 기반으로 미래 소비자 행동 및 수요 예측
경제 환경 분석	• 거시 경제 동향과 미시적·구체적 경제 환경에 대한 분석 • 시계열 분석, 회귀 분석 등을 활용한 예측 가능한 통계 자료 개발 • 산업 구조 변화 및 세계 경제 환경 변화에 대한 대응 전략 마련
사회 문화 분석	• 사회 계층 구조 변화에 따른 신규 고객층 발굴 • 사회 각 분야 이해관계자의 요구와 활동 분석 • 사회·문화적 가치관의 다양화와 소비 트렌드 변화 파악 • 각종 권익 단체 및 이익 집단 간의 동향 분석
정치 환경 분석	• 정부 정책의 방향성과 정책 변화 분석 • 기업 활동과 관련된 법률·제도적 환경의 변화 파악 • 자유 시장 경제 체제 내에서 공정하고 지속 가능한 경쟁 환경 확보 방안 모색
기술 환경 분석	• 신기술 도입에 따른 사회적·산업적 장점과 한계 분석 • 기술 환경 변화에 따른 기업의 대응 필요성 검토 • 기술 발전의 방향성과 산업 전반에 미치는 영향 연구

2 일반 환경 분석의 모형

(1) S-C-P 모형 ✿✿

    ① S-C-P 모형은 특정 산업이 평균 이상의 이익을 창출할 수 있는 조건을 분석하기 위한 이론적 틀로, 산업 구조(Structure) - 기업 행동(Conduct) - 성과(Performance) 모형이라고 한다.

    ② 이 모형은 산업 내에서 구조(Structure)가 기업의 행동(Conduct)에 영향을 미치고, 그 결과가 산업 및 기업의 성과(Performance)로 이어지는 관계를 설명하며, 경쟁을 저해하는 요인을 파악하고 개선하기 위해 개발되었다.

S(산업 구조)	• 산업 내 경쟁 기업의 수, 제품 및 서비스의 유사성(차별화 수준), 시장 진입 및 철수 비용 • 시장 집중도 및 경쟁 강도
C(기업 행동)	• 가격 전략, 마케팅 전략, 연구개발 활동 • 차별화 전략, 비용 우위 전략 등 경쟁 우위 확보를 위한 기업의 전략적 행동
P(성과)	기업의 경쟁 우위와 수익성, 생산과 분배의 효율성, 고용 수준, 소비자 후생 등 사회 전체의 성과

3 마이클 포터의 5가지 산업 구조 분석 모형(Five-Force Model) ☆☆☆

(1) 마이클 포터(Michael Porter)는 1979년 경제학의 산업조직론(Industrial Organization Theory)을 바탕으로, 산업 구조가 기업의 수익성에 미치는 영향을 분석하기 위해 이를 기업 경영에 적용하기 용이한 형태로 체계화한 '5가지 산업 구조 분석 모형(Five-Force Model)'을 제시하였다.

(2) 포터의 5가지 산업 구조 분석 모형은 산업 환경에 영향을 미치는 다섯 가지 경쟁 요인으로 구성되며, 이는 잠재적 신규 진입자의 위협, 대체재의 위협, 구매자의 협상력, 공급자의 협상력, 기존 경쟁자 간의 경쟁 강도를 의미한다.

잠재적 신규 진입	• 신규 기업의 진입 가능성은 산업의 수익성에 직접적인 영향을 미친다. • 진입 장벽이 낮을수록 경쟁이 심화되어 산업 전체의 수익성은 감소한다. • 진입 장벽의 주요 결정 요인은 다음과 같다. 　− 규모의 경제 　− 절대적 비용 우위(특허, 독자적 기술 등) 　− 제품 차별화 수준 　− 유통 채널 접근 가능성 　− 정부 규제 및 제도적 진입 장벽
대체재의 위협	• 대체재란 특정 산업이 충족시키는 소비자의 욕구를 유사하게 충족시켜 줄 수 있는 다른 산업의 상품이나 서비스를 의미한다. • 고객이 해당 기업의 제품이나 서비스를 사용하지 않을 경우 대체할 수 있는 선택지가 존재하는가의 문제이다. • 대체재가 많을수록 구매자의 선택 폭이 넓어져 구매자의 협상력이 강화되고 산업 수익성은 낮아진다.
구매자의 협상력	• 구매자가 가격이나 거래 조건에 영향을 미칠 수 있는 힘을 의미한다. • 구매자의 협상력은 다음과 같은 경우에 강해진다. 　− 구매 규모가 크고 거래 비중이 높은 경우 　− 공급자를 변경할 때 발생하는 전환 비용이 낮은 경우 　− 해당 산업의 제품이 구매자 최종 상품의 품질에 큰 영향을 미치지 않는 경우 　− 구매자가 산업과 제품에 대한 정보와 지식을 많이 보유한 경우

공급자의 협상력	• 공급자가 가격, 품질, 공급 조건을 결정할 수 있는 영향력을 의미한다. • 공급자의 협상력은 다음과 같은 경우에 강화된다. 　– 해당 산업이 공급자에게 중요하지 않은 경우 　– 공급자의 제품에 대체재가 거의 없고 구매 기업에게 필수적인 경우 　– 공급자가 강력한 제품 차별화를 보유한 경우 　– 공급자를 변경하는 데 높은 비용이 발생하는 경우
기존 사업자 간 경쟁 강도	• 산업 내 기존 기업들 간의 경쟁 정도를 의미한다. • 경쟁 강도는 다음과 같은 상황에서 높아진다. 　– 산업 내 경쟁 기업 수가 많고 경쟁이 집중된 경우 　– 제품 차별화가 미흡한 경우 　– 초과 설비를 해소하지 못하는 경우 　– 퇴거 장벽(비용, 시간, 인력 등)이 높은 경우

(3) Five-Force 모형의 핵심 요소와 분석 요소

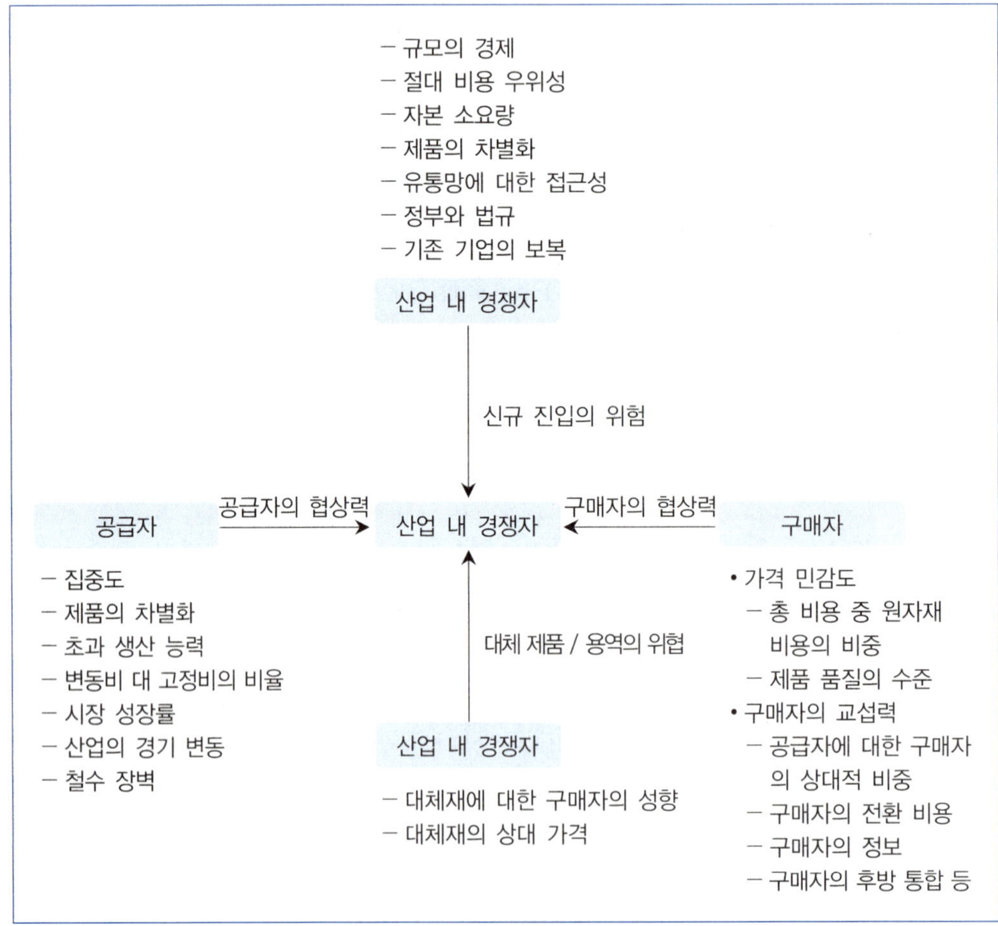

(4) 서비스 산업에서 경쟁이 높아지는 원인 ✿

① 상대적으로 낮은 진입 장벽으로 인해 신규 기업의 시장 진입이 용이하다.
② 규모의 경제를 실현할 기회가 제한적이어서 비용 우위 확보가 어렵다.
③ 수요의 불규칙성으로 인해 수요 예측과 자원 운영의 효율성이 낮다.
④ 소규모 기업 중심의 산업 구조로 경쟁 주체의 수가 많다.
⑤ 제품 혁신에 따른 서비스의 대체 가능성이 존재한다.
⑥ 고객 충성도의 하락으로 가격 및 서비스 경쟁이 심화된다.
⑦ 퇴출 장벽이 낮아 시장 진입과 퇴출이 빈번하게 발생한다.

03 기업 차원의 미시적 분석

1 SWOT 분석 ✿✿✿

(1) 목적

SWOT 분석은 기업의 내부 역량과 외부 환경 요인을 체계적으로 분석하여, 기업이 보유한 강점과 약점을 파악하고 외부의 기회와 위협을 인식함으로써 미래 사업 전략 수립에 활용하는 분석 기법이다.

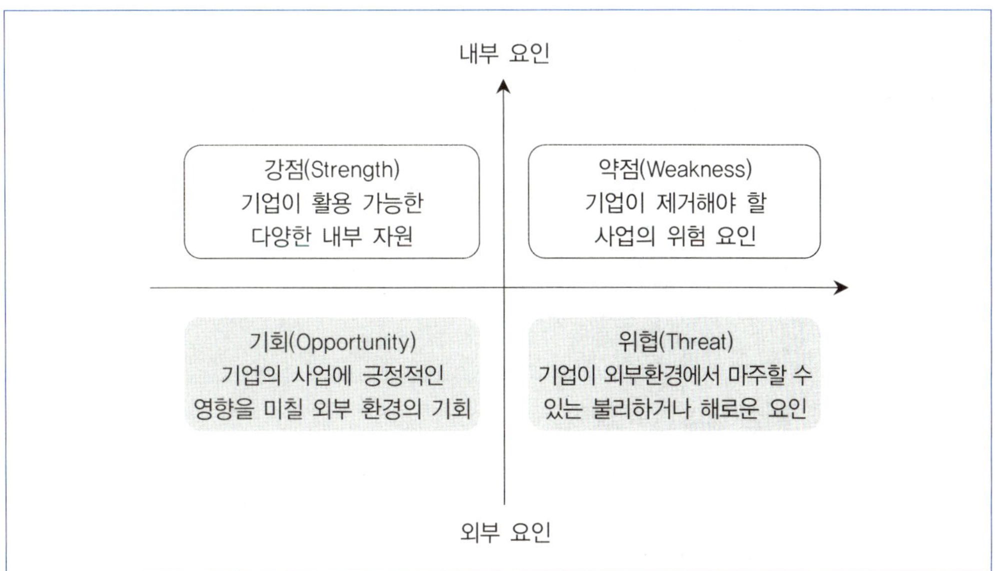

(2) SWOT 분석 전략

전략 유형	전략 의미	핵심 목적	대표 사례
SO 전략 (강점 – 기회)	기업의 강점을 활용하여 시장 기회를 적극 확대	성장·확장	브랜드 인지도가 높은 호텔 기업이 관광 수요 증가를 기회로 신규 지역에 호텔을 출점
ST 전략 (강점 – 위협)	기업의 강점을 활용하여 외부 위협을 최소화	방어·차별화	기술 경쟁력을 보유한 기업이 경쟁 심화에 대응해 제품 고급화와 지속적 혁신 추진
WO 전략 (약점 – 기회)	약점을 보완하여 외부 기회를 활용	보완·도약	오프라인 중심 기업이 온라인 시장 성장에 대응해 이커머스 사업에 진출
WT 전략 (약점 – 위협)	약점과 위협을 동시에 줄이기 위한 방어적 전략	축소·철수	수익성이 낮은 사업 부문을 정리하고 원가 절감 및 사업 구조 조정 실시

(3) SWOT 매트릭스

구분		내부 요인	
		강점(S)	약점(W)
외부 요인	기회(O)	S – O Max – Max 전략	W – O Min – Max 전략
	위협(T)	S – T Max – Min	W – T Min – Min 전략

(4) SWOT 분석 전략 방향

S – O 전략	• Max – Max 전략 • 기업의 내부적 강점을 극대화하여 외부 기회를 최대로 활용하는 전략
W – O 전략	• Min – Max 전략 • 기업 내부의 약점을 극복하여 외부 기회를 최대로 활용하는 전략
S – T 전략	• Max – Min 전략 • 기업 내부 강점을 극대화하여 외부 위협을 극복하는 전략
W – T 전략	• Min – Min 전략 • 기업 내부 약점을 극복하여 외부 위협을 극복하는 전략

2 기업 경쟁력 위상(Position)분석 ✿

기업 경쟁력 위상(Position) 분석이란 기업이 경쟁사와의 상대적 경쟁 수준을 파악하고, 이를 바탕으로 벤치마킹과 개선 전략을 수립하기 위해 활용하는 분석 기법이다. 핵심 경쟁 요인을 기준으로 기업의 현재 위치를 시각적으로 파악하여 향후 전략 방향을 도출한다.

🔷 기업 경쟁력 위상(Position) 분석 절차

단계	절차 내용	핵심 포인트
1단계	경쟁력 평가에 영향을 미치는 여러 요인 중 두 가지 핵심 요인 선정	가격·품질, 서비스 수준·혁신성 등
2단계	선정된 핵심 요인을 기준으로 X축 − Y축 매트릭스 구성	2차원 포지셔닝 맵
3단계	자사 및 경쟁사의 역량 수준을 매트릭스에 표시	상대적 위치 비교
4단계	매트릭스 내 자사의 위상을 분석하여 미래 전략 방향 도출	유지·강화·이동 전략

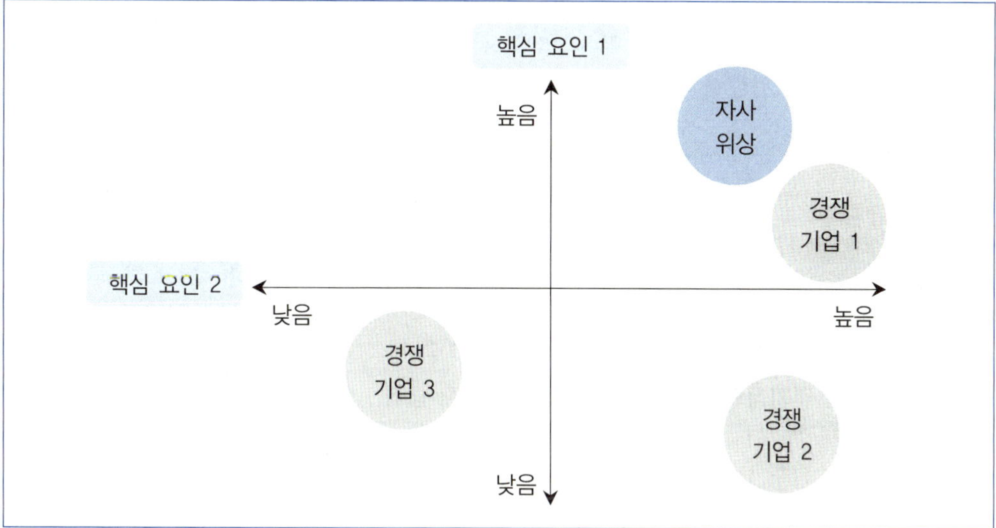

3 분포분석(Portfolio 분석)

(1) 분포분석(Portfolio 분석)이란 기업이 보유한 상품이나 서비스가 시장 내에서 어떻게 분포되어 있는지를 체계적으로 파악하기 위해 수행하는 분석 기법이다.

(2) 이 분석은 현재의 상품·서비스 구성 현황을 바탕으로 분포를 개선하거나 조정하기 위한 전략적 방향을 설정하고, 자원의 적절한 배분 비율을 결정하는 데 목적이 있다.

🔷 분석 방법

단계	내용
1단계	전체 상품·서비스의 분포를 파악할 수 있도록 매트릭스 또는 지도(Map) 형태의 분포도를 구성한다.
2단계	분포도 위에 각 비즈니스 또는 상품을 동그라미 형태로 표시하여 상대적 위치를 나타낸다.
3단계	동그라미의 크기는 매출액, 자원 투입 규모, 투자 비용 등 주요 지표를 기준으로 달리 표현하여 각 비즈니스의 비중을 시각적으로 비교할 수 있도록 한다.

4 동태 분석(Dynamism 분석)

(1) 동태 분석이란 시간의 흐름에 따라 분석 대상이 되는 요인의 상태가 어떻게 변화하는지를 파악하는 분석 기법이다.

(2) 동태 분석은 단순한 시간 경과뿐 아니라 시장 규모, 수요 변화, 경쟁 강도 등 다양한 요인의 변화량을 기준으로도 활용될 수 있다.

(3) 이 분석은 분석 대상의 변화 방향, 변화 속도(변화율), 중·장기적인 성장성 및 경쟁력에 초점을 두고 수행된다.

(4) 동태 분석을 통해 시장 진입 또는 퇴출과 관련된 전략적 의사결정 주제를 다룰 수 있다.

(5) 특히 제품 수명 주기(Product Life Cycle) 관점에서 시장 진입 시점과 퇴출 시점을 결정하는 데 유용하게 활용된다.

◈ 분석 방법

시간 축	월간, 분기, 연간, 상품 수명 주기(PLC) 등
분석 요인	매출액, 기술력, 자본 상태, 인적 규모, 시장 점유율 등
활용 목적	시장 진입 및 퇴출 전략 수립
활용 내용	분석 요인의 상황 변화 파악, 중·장기적 경쟁력 및 성장성 평가

◈ 제품 수명 주기상의 진입 − 퇴출 전략의 3가지 방향

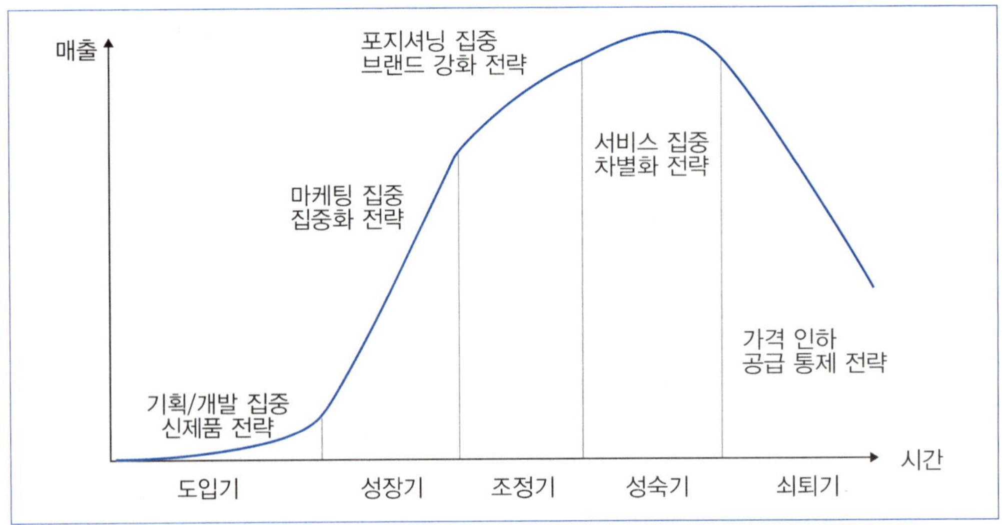

전략 유형	진입·퇴출 시점	전략 설명	장점	단점
조기 진입 – 후기 퇴출	도입기 진입 쇠퇴기 퇴출	제품 수명 주기 초기부터 참여하여 전 기간에 걸쳐 시장에 잔존	브랜드 이미지 선점 시장 표준 주도 가능	수명 주기 단계별로 서비스·프로세스 변경 비용 증가
조기 진입 – 조기 퇴출	도입기 진입 성장기 후반~ 성숙기 초반 퇴출	초기 시장 기회를 활용한 후 비교적 빠르게 철수	• 초기 선점 이익 확보 • 프로세스 변경 비용 부담이 낮음.	• 시장 불확실성 및 위험이 큼. • 규모의 경제 효과 제한
후기 진입 – 후기 퇴출	성장기 진입 쇠퇴기 퇴출	시장이 안정된 이후 후발 기업으로 진입	시장 위험이 낮은 시점에 진입 가능	후발 진입에 따른 대규모 자본 투자 필요

04 경영 전략

1 경영 전략의 개념 ✿

(1) 경영 전략이란 급변하는 기업 환경 속에서 기업의 존속과 성장을 도모하기 위해, 환경 변화에 대응하여 기업의 활동을 전체적이고 계획적으로 조정·적응시켜 나가는 전략적 방향과 행동 체계를 의미한다.

(2) 경영 전략은 기업이 보유한 한정된 경영 자원을 어디에, 어떻게 배분할 것인가에 대한 기본 원리를 제시한다.

(3) 경영 전략은 기업의 경영 목적을 달성하기 위한 포괄적인 수단으로서, 환경 변화에 적응하는 기능을 수행하며, 기업이 장차 직면하게 될 전략적 문제와 전략적 기회를 탐색·발견하는 기능을 가진다.

(4) 조직의 규모가 작은 경우에는 단일한 전략 수준을 가지는 경우가 많으나, 기업의 규모가 확대되고 조직 구조가 복잡해질수록 전략은 기업 수준(Corporate Level), 사업 수준(Business Level), 기능 수준(Functional Level)으로 구분되어 수립·운영된다.

2 경영 전략의 수준 ✿✿

(1) 기업 전략

① 기업 전략은 기업의 주력 사업이 경쟁할 산업과 사업 범위를 결정하고, 신규 사업의 시장 진출에 대한 목표와 방향을 설정하는 전략이다.

② 기업 차원에서 어떤 사업 또는 제품 분야를 선택하고 이를 어떻게 조직·관리할 것인가가 핵심 내용이 된다.

③ 본업 중심 전략, 사업 다각화 전략, 본업의 이동 및 전환 전략 등이 이에 해당한다.

(2) 사업 전략

① 사업 전략은 기업 전략에서 확정된 각 사업 또는 제품 분야 내에서의 경쟁 방법을 규정하는 전략이다.

② 특정 사업 단위를 대상으로 표적 시장에서의 경쟁 방안, 목표 고객 설정, 시장 활동 수준, 자원 확보 및 배분 방식 등을 결정한다.

③ 원가 우위 전략, 차별화 전략, 집중화 전략 등 본원적 경쟁 전략이 대표적이다.

④ 시장 점유율 확대, 성장 추구, 이익 극대화, 자본 축소, 사업 축소, 철수 전략 등이 포함된다.

(3) 기능 전략

① 기능 전략은 생산, 마케팅, 재무, 인적 자원 관리 등 기능 부문별로 수행되는 전략이다.

② 사업 전략에서 설정된 전략 목표를 효과적으로 달성하기 위해 하위 기능 활동을 구체화하고 조정하는 실행 중심의 전략이다.

Chapter 04 경영 우위 전략과 서비스 마케팅 전략

01 경쟁 우위 전략

1 원가 우위 전략 ☆☆

(1) 원가 우위 전략의 개념

① 원가 우위 전략이란 경쟁 기업보다 낮은 원가로 재화와 서비스를 생산·제공함으로써 가격 경쟁에서 우위를 확보하려는 전략이다.

② 기업은 대량 생산, 규모의 경제, 공정 효율화, 비용 통제 등을 통해 낮은 원가 구조를 구축하며, 이를 바탕으로 원가 선도 기업(Cost Leader)으로 시장을 주도할 수 있다.

③ 특히 산업이 성숙기에 접어들어 가격 경쟁이 심화되는 경우, 원가 우위 전략을 보유한 기업은 가격 인하 여력이 커 경쟁 기업 대비 유리한 위치를 차지하게 된다.

(2) 원가 우위 전략의 한계점

구분	주요 내용
목표 고객 발견	가격 민감도가 높으면서도 최소한의 품질과 서비스를 요구하는 고객군을 정확히 설정하기가 어렵다.
서비스 시설 투자	대량 생산·표준화를 위한 자동화 설비, 시스템 구축 등 초기 시설 투자 부담이 크며 수요 예측 실패 시 위험이 발생한다.
원가 관리와 비용 통제	인건비, 원자재 가격 상승 등 외부 환경 요인으로 인해 장기적인 원가 우위 유지가 어렵다.
저가 전략의 위험성	가격 인하 중심 전략은 서비스 품질 저하와 브랜드 이미지 약화를 초래하고, 출혈 경쟁으로 이어질 수 있다.
적용 범위의 제한성	표준화·대량화가 가능한 시장에만 효과적이며, 맞춤형·고급 서비스 시장에는 적용이 어렵다.

⑶ 서비스 기업에서의 원가 주도 전략

구분	주요 내용
서비스 표준화	서비스 제공 절차와 내용을 표준화하여 변동성을 줄이고 운영 효율을 높여 원가를 절감한다.
개인적 요소 축소	종업원의 재량과 개인적 응대를 최소화하여 인건비 부담을 줄이고 서비스 제공 비용을 통제한다.
네트워크 비용 감소	중간 유통 단계, 복잡한 서비스 전달망을 축소하여 관리·운영 비용을 절감한다.
오프라인 서비스 운영 활용	자동화 기기, 셀프 서비스, 오프라인 중심 운영을 통해 서비스 제공 비용을 낮춘다.
저가격 고객 확보	가격 민감도가 높은 고객을 주요 표적 시장으로 설정하여 대량 수요를 확보한다.

2 차별화 전략 ✫✫

⑴ 차별화 전략의 개념

① 차별화 전략이란 경쟁 기업과 구별되는 재화나 서비스를 제공함으로써 시장에서 독특한 차별성을 구축하고, 이를 통해 경쟁 우위를 확보하려는 전략이다.

② 기업은 기능, 품질, 디자인, 기술, 마케팅 방식, 브랜드 이미지 등에서 차별화를 추구하며, 고객에게 대체 불가능한 가치를 인식시키는 것을 목표로 한다.

③ 일반적으로 고객은 차별화된 가치에 대해 프리미엄 가격을 기꺼이 지불하려는 성향을 보이므로, 차별화 전략은 원가 우위 전략에 비해 상대적으로 높은 수익성을 기대할 수 있다.

④ 차별화는 제품 및 서비스의 품질, 디자인, 기술 혁신, 마케팅 역량, 브랜드 파워, 기업 이미지 등을 통해 실현된다.

⑤ 다만 차별화에 투입되는 서비스 비용 수준은 고객이 차별화된 가치에 대해 지불하고자 하는 추가 비용의 한계를 초과해서는 안 되며, 이를 초과할 경우 수익성이 저하될 위험이 있다.

⑵ 서비스 기업에서 차별화 전략

전략 요소	내용
무형적 요소의 유형화	무형적인 서비스를 시설, 장비, 시각적 단서 등 유형적 요소로 표현하여 서비스 가치를 명확히 인식하도록 한다.
표준 제품의 고객화	기본 서비스는 표준화하되, 고객의 요구에 맞게 일부 요소를 조정하여 맞춤형 서비스로 차별화를 실현한다.
인식된 위험 감소	서비스 이용 전 정보 제공, 브랜드 신뢰, 보증 제도 등을 통해 고객이 느끼는 불확실성과 위험을 낮춘다.
종업원 숙련과 훈련	서비스 종업원의 전문성, 응대 능력, 문제 해결 역량 강화를 통해 서비스 품질의 차별화를 달성한다.
품질 통제	서비스 제공 과정과 결과에 대한 지속적인 품질 관리로 일관된 고품질 서비스를 유지한다.

3 집중화 전략 ☆☆

(1) 집중화 전략의 개념

① 집중화 전략이란 전체 시장을 대상으로 경쟁하는 것이 아니라, 특정 시장·특정 소비자 집단·특정 제품 또는 서비스·특정 지역 등 한정된 표적 시장에 집중하여 경쟁 우위를 확보하려는 전략이다.

② 원가 우위 전략과 차별화 전략이 전체 시장을 대상으로 하는 전략인 반면, 집중화 전략은 선택된 특정 시장만을 집중적으로 공략한다는 점에서 차이가 있다.

③ 기업은 제한된 자원과 역량을 효율적으로 활용하여, 표적 시장 내에서 원가 우위 전략 또는 차별화 전략 중 하나를 선택해 추구함으로써 경쟁력을 강화한다.

(2) 집중화 전략의 전개

유형	설명
원가 우위에 의한 집중화	목표하는 특정 시장을 대상으로 가격 경쟁력과 원가 우위를 확보하여, 표적 시장 내에서 비용 효율성을 기반으로 경쟁 우위를 달성한다.
차별화에 의한 집중화	특정 시장의 한정된 범위를 대상으로 제품과 서비스의 차별화를 추구함으로써, 전체 시장을 대상으로 하는 대규모 차별화 기업에 비해 더 적은 비용으로 빠른 혁신과 차별화를 실현한다.

4 다각화 전략

(1) 다각화 전략의 개념

다각화 전략이란 기업이 기존 핵심 비즈니스는 유지하면서, 동시에 시장 내 다른 사업분야로 진입하여 사업 영역을 확장하는 전략을 의미한다.

(2) 다각화 전략의 목적

① 기존 사업과의 시너지 효과를 통해 기업 성장과 우수한 경영 성과를 달성하고자 한다.

② 새로운 사업 또는 시장 개척을 통해 단일 사업에 대한 자산 집중 위험을 분산한다.

③ 수익 구조의 다변화를 통해 경기 변동과 산업 사이클에 따른 위험을 완화하고 안정적인 사업 운영을 도모한다.

(3) 다각화 전략의 전개

① 기존 사업과 관련성이 높은 신사업에 진출하는 관련 다각화 전략

② 기존 사업 영역과 관련성이 낮거나 전혀 다른 사업 영역에 진출하는 비관련 다각화 전략

5 틈새 시장 전략

(1) 틈새 시장 전략 개념

틈새 시장 전략이란 전체 시장이 아닌 특정 상품이나 서비스가 소수의 고객 수요를 집중적으로 충족시키는 전략으로, 기존 비즈니스 시장에서 충분히 공략되지 않았던 새로운 사업분야에 진입하는 전략을 의미한다. 일반적으로 대량 생산, 대규모 브랜드 홍보, 대중적 마케팅 캠페인이 어려운 중소기업이나 소규모 기업이 주로 활용하는 전략이다.

(2) 틈새 시장 전략의 긍정적 효과

① 과도한 경쟁을 회피함으로써 불필요한 마케팅 비용을 절감할 수 있다.

② 신규 사업 아이템의 개발과 성장을 통해 시장 선도자로서의 경쟁 우위를 확보할 수 있다.

③ 사업 개시에 필요한 초기 자본과 투입 자원의 규모를 상대적으로 낮출 수 있다.

④ 사업 아이템의 시험적 운영(샘플링 테스트)을 통해 향후 신제품 개발에 유용한 정보를 확보할 수 있다.

(3) 틈새 시장 전략의 한계

① 시장 규모가 제한적이어서 초기 매출 확대에 어려움이 발생할 수 있다.

② 사업성이 검증될 경우 자본력이 큰 대기업의 시장 진입으로 경쟁이 심화될 가능성이 있다.

③ 유행이나 사회적 요구 변화에 민감하여 사업의 지속성이 저해될 위험이 존재한다.

02 서비스 마케팅 전략

1 마케팅의 개념

(1) 마케팅이란 기업이 고객의 니즈와 욕구를 파악하고, 이에 부합하는 제품과 서비스를 기획·가격 결정·홍보·유통하는 일련의 과정을 체계적으로 설계하고 실행하는 활동을 의미한다.

(2) 현대 사회에서 마케팅의 대상인 외부 고객은 단순히 제품을 직접 구매하는 소비자에 한정되지 않으며, 직접 구매는 하지 않지만 제품이나 서비스를 사용하는 간접 고객, 그리고 잠재 고객을 포함한 사회 전반으로 확대되고 있다.

(3) 전통적인 제조 중심 사회에서는 마케팅의 목적이 상품 판매와 시장 점유율 확보에 있었으나, 현대 마케팅은 단순한 상품 홍보를 넘어 기업이 제공하고자 하는 가치와 고객이 요구하는 가치의 상호 교환, 나아가 고객 참여를 통한 새로운 가치의 공동 창출에 중점을 두고 있다.

2 시장 조사와 소비자 분석

시장 조사와 소비자 분석은 마케팅 전략 수립의 기초가 되는 핵심 활동이다. 시장 조사는 시장 전체에 대한 거시적 정보를 확보하는 데 목적이 있으며, 소비자 분석은 개별 소비자의 특성과 행동 패턴을 심층적으로 이해하기 위해 정보를 수집·분석하는 활동이다.

(1) 시장 조사(Market Research)

시장 조사란 비즈니스가 이루어지고 있는 시장의 구조, 특성, 현황 등에 관한 정보를 체계적으로 수집·분석하여 마케팅 의사결정에 활용할 수 있도록 가공하는 활동을 의미한다. 이를 통해 기업은 시장 환경을 종합적으로 이해하고, 향후 전략 수립의 방향성을 설정할 수 있다.

① 시장 점유율 분석
② 시장 규모 및 성장성 분석
③ 지역별·상권별 특성 조사
④ 점포 및 입지 조사
⑤ 시장 잠재력 및 가능성 평가

(2) 소비자 분석(Consumer Reseach)

소비자 분석이란 소비자의 특성, 욕구, 구매 동기 및 행동 패턴을 파악하여 기업이 목표로 삼을 주요 소비층과 소비 행동을 이해하는 활동이다. 특히 소비자의 구매 의사결정 과정과 소비 행동에 영향을 미치는 요인을 분석함으로써 보다 정교한 마케팅 전략 수립이 가능해진다.

① 목표 소비층의 특성 및 라이프스타일 분석
② 소비자의 구매 동기와 태도 분석
③ 소비자 의사결정 과정 분석
④ 소비 행동에 영향을 미치는 개인적·사회적·심리적 요인 분석

🔷 소비자 행동 분석 및 구매 결정 과정

구분	세부 유형	행동 순서 / 내용	설명
소비자 행동	배분 행동	경제적 자원의 배분	소비자가 소득, 시간, 노력 등 제한된 자원을 어떻게 배분하는지를 분석
	구매 행동	욕구 인식 → 정보 탐색 → 대안 평가 → 구매	소비자의 구매 의사결정 과정 전반을 분석
	사용 행동	사용 환경·맥락·상황	제품이나 서비스를 사용하는 방식, 환경, 상황에 대한 행동 분석
구매 결정 과정	L-F-D 유형	Learning → Feel → Do	학습과 정보 탐색 후 감정이 형성되고, 구매 행동으로 이어지는 유형
	F-L-D 유형	Feel → Learning → Do	감정적 반응이 먼저 나타난 후 정보 탐색을 거쳐 구매 행동으로 이어지는 유형
	D-L-F 유형	Do → Learning → Feel	사용이나 행동이 먼저 이루어진 후 학습과 감정이 형성되는 유형

> **Key Insight**
>
> **마케팅 조사**
>
> 마케팅 조사란 현재 마케팅 활동의 성과와 문제를 분석하는 데 필요한 정보를 체계적으로 수집·분석하여 소비자와 고객, 나아가 시장의 현황을 기업의 마케팅 의사결정과 연결하는 기능을 수행하는 활동이다. 마케팅 조사를 통해 확보된 정보는 마케팅 행동의 수립과 수정, 평가 및 성과 모니터링에 활용되며, 이를 통해 기업의 마케팅에 대한 이해와 전략적 판단 능력을 향상시킨다. 또한 마케팅 조사는 문제 해결에 필요한 정보를 명확히 설정하고, 정보 수집 방법을 설계한 후 데이터 수집 과정을 관리·실행하며, 수집된 자료를 분석하여 그 결과와 의미를 의사 결정자에게 전달하는 일련의 체계적인 과정을 포함한다.

3 5C 분석

5C 분석은 기업을 둘러싼 내·외부 환경을 종합적으로 진단하여 효과적인 마케팅 전략 수립을 돕는 분석 도구로, 고객(Customer), 기업(Company), 환경(Context), 협력자(Collaborators), 경쟁자(Competitors)의 다섯 가지 요소로 구성된다.

구분	분석 요소	주요 내용
Customer	고객	기업의 현재 고객과 미래 잠재 고객의 특성, 욕구, 구매 행동을 분석
Company	기업	기업이 보유한 자원, 핵심 역량, 경쟁 우위 요소를 분석
Context	환경	기업이 직면한 거시적 환경 요인과 시장 변화, 주요 문제점 분석
Collaborators	협력자	공급업체, 유통업체 등과의 협력 관계를 통해 상호 가치 창출 가능성 분석
Competitors	경쟁자	경쟁자의 수, 시장 점유율, 시장 진입 장벽, 차별적 경쟁 우위 분석

> **Key Insight**
>
> **벤치마킹**
>
> 벤치마킹이란 특정 분야에서 우수한 성과를 보이는 기업이나 조직을 표적으로 삼아, 자사와의 성과 차이를 비교·분석하고, 그 격차를 극복하기 위해 상대 조직의 우수한 운영 프로세스와 관리 기법을 학습하여 혁신을 추구하는 경영 기법을 의미한다.

(I) 특징

① 목표 지향적: 명확한 개선 목표를 설정하고 수행된다.

② 외부적 관점: 자사 내부가 아닌 외부 우수 사례를 기준으로 삼는다.

③ 평가 기준 중심: 객관적인 성과 지표와 기준에 근거하여 분석한다.

④ 정보 집약적: 다양한 정성·정량 정보를 체계적으로 수집·활용한다.

⑤ 객관적 행동 지향: 주관적 판단이 아닌 사실과 데이터에 기반하여 실행한다.

⑵ 기능

① 전략 계획 수립 과정에서 다양한 경영 및 시장 정보를 수집하는 도구로 활용된다.
② 벤치마킹 결과를 통해 시장 변화와 경쟁 환경을 예측할 수 있다.
③ 타 기업의 우수 사례를 바탕으로 새로운 아이디어 창출이 가능하다.
④ 경쟁 기업 또는 초우량 기업과의 비교를 통해 자사의 경쟁력 수준과 서비스 개선 방향을 파악할 수 있다.
⑤ 조직이 추구해야 할 적절한 목표 설정에 도움을 준다.

⑶ 유형

유형	설명
내부 벤치마킹	동일 기업 내 서로 다른 사업장, 부서, 사업부 간의 성과와 프로세스를 비교하는 벤치마킹
경쟁 벤치마킹	동일한 고객을 대상으로 제품이나 서비스를 제공하는 경쟁 기업 간의 벤치마킹
기능 벤치마킹	특정 기능이나 프로세스에서 우수한 성과를 보이는 선도 조직을 대상으로 한 벤치마킹
포괄 벤치마킹	산업이나 사업 영역과 관계없는 전혀 다른 기업을 대상으로 한 벤치마킹

4 STP(Segmentation, Targeting, Positioning) 전략 ☆☆☆

STP 전략은 시장 조사와 소비자 분석 결과를 토대로, 시장과 고객을 체계적으로 이해하고 효과적인 목표 시장을 선정한 후 차별적인 가치를 인식시키기 위한 전략 수립과정을 의미한다. 즉, 시장 세분화 → 목표 시장 선택 → 포지셔닝의 단계적 절차를 통해 마케팅 전략의 기준을 설정한다.

❖ STP 전략의 구성요소

단계	주요 내용
시장 세분화 (Segmentation)	• 전체 시장을 여러 개의 세분 시장으로 구분하기 위한 기준을 설정한다. • 각 세분 시장의 특성과 욕구를 분석·기술한다. • 효과적인 세분화를 위해 세분 시장은 적정 규모 이상이어야 하며, 서로 다른 니즈를 지녀야 한다.
목표 시장 선택 (Targeting)	• 세분화된 각 시장의 매력도를 평가한다. • 매력도를 기준으로 기업이 집중적으로 공략할 시장을 선정한다. • 선정된 시장을 표적 시장(Target Market)이라 한다.
포지셔닝 (Positioning)	• 목표 시장 내 고객에게 인지되고자 하는 위치를 결정한다. • 경쟁 기업과 대비한 상대적 위치와 차별적 이미지를 설정한다. • 고객은 누구이며(표적 시장), 어떤 이미지와 가치(서비스 콘셉트)를, 어떤 방법(마케팅 전략)으로 인식시킬 것인지를 결정한다.

5 4P's

(1) 마케팅 믹스(Marketing Mix)의 개념

마케팅 믹스란 기업이 목표 시장에서 원하는 반응을 유도하기 위해 활용하는 통제 가능한 마케팅 전략 요소의 조합을 의미하며, 전통적으로 제품(Product), 가격(Price), 유통(Place), 촉진(Promotion)의 4가지 요소로 구성된다.

(2) 4P's 마케팅 믹스의 구성

마케팅 믹스	전략 유형	주요 분석 요소
제품(Product)	서비스 전략	서비스 종류, 서비스 특성, 서비스 상표(브랜드)
가격(Price)	가격 전략	가격 설정, 가격 조정 및 변경
유통(Place)	유통 전략	유통 형태, 유통 경로, 물류 관리
촉진(Promotion)	촉진 전략	광고, 홍보, 인적 판매원 관리

(3) 마케팅 믹스로서 4P's의 문제점

① 변화된 마케팅 환경을 충분히 반영하지 못한다.
② 무형성과 동시성 등 서비스의 특성을 반영하는 데 한계가 있다.
③ 공급자 중심의 시각에서 설계된 개념으로, 고객 관점이 상대적으로 부족하다.

(4) 새로운 마케팅 믹스의 추가 : 3P's

서비스 산업의 특성을 반영하기 위해 기존 4P's에 프로세스(Process), 물적 증거(Physical Evidence), 사람(People)이 추가되어 7P's 마케팅 믹스로 확장되었다.

마케팅 믹스	전략 유형	주요 분석 요소
프로세스(Process)	프로세스 전략	서비스 흐름, 서비스 단계, 고객 참여
물적 증거 (Physical Evidence)	물적 표시 전략	설비·장비 설계, 공간 표시, 복장, 명함, 서류 등
사람(People)	인적 전략	종업원 선발과 훈련, 고객 지원, 고객 학습

6 IMC(Intergrated Marketing Communications, 통합 마케팅 커뮤니케이션)

IMC란 기존 마케팅 믹스 개념을 확장하여, 기업의 모든 커뮤니케이션 활동을 하나의 일관된 전략으로 통합·관리하는 마케팅 접근 방식을 의미한다.

(1) IMC는 광고, 홍보, 인적 판매, 판촉 등 다양한 마케팅 수단을 개별적으로 운영하는 것이 아니라, 통합된 개념 아래에서 일관된 메시지와 이미지를 형성하는 것을 목적으로 한다.

(2) 즉, 여러 마케팅 활동이 서로 분절되지 않고 상호 연계되어 고객에게 명확하고 통일된 인식을 전달하도록 계획·실행하는 전략이다.

(3) IMC는 전술적 관점에서 광고, PR, 인적 판매, 판촉 등 다양한 커뮤니케이션 수단을 통합적으로 활용하는 실행 방법을 포함한다.

⑷ 최근에는 브랜드의 중요성이 강조됨에 따라 IMC는 브랜드 이미지를 중심으로 고객과의 모든 접점을 관리하는 '통합적 브랜드 커뮤니케이션'의 개념을 확장되고 있다.

🔷 단계별 IMC 활동 수준

단계	구분	핵심 내용
1단계	일관된 메시지의 전달	• 마케팅 커뮤니케이션 전 과정에서 일관된 메시지를 전달하는 단계 • 고객이 브랜드 광고를 쉽게 인지할 수 있도록 하나의 콘셉트로 커뮤니케이션 활동을 연결 • TV 광고 콘셉트를 잡지, 옥외 광고, 웹사이트 비주얼, 배너 등 다양한 매체에 동일하게 적용
2단계	소비자 시각에서 전달	• 서비스 사용 과정에서 다양한 고객층과의 상호 작용을 개발·관리하는 단계 • 고객 개개인의 브랜드 가치 인식, 라이프 사이클, 문화 코드를 분석하여 마케팅 전략에 활용 • 최근에는 LCM(Life Cycle Management) 관점으로 설명됨. • 웰빙, 파티 문화, 디지털 세대의 문화 코드 등을 반영한 마케팅 활동
3단계	기존 마케팅과 통합하여 시너지 창출	• 정보기술(IT)을 활용하여 매스 마케팅과 통합함으로써 시너지 효과를 창출하는 단계 • 1·2단계 활동이 복합적으로 활용되며, IT 기반 커뮤니케이션이 보편화 • 채널 특성은 더욱 세분화되는 동시에 다채널 통합 현상이 나타남.
4단계	모든 활동의 전략적 구현	• 단계별 IMC 활동이 전략적으로 구현되어 성공적인 IMC를 완성하는 수준 • 무조건적인 통합이 아닌 상황에 따른 선택과 집중, 비용 효율성을 고려한 집행이 핵심 • 다양한 커뮤니케이션 채널을 넘나드는 하이브리드(Hybrid) 마케팅이 활발히 전개

03 동태적 전략

1 지속적 경쟁 전략(SCA : Sustainable Competitive Advantage) 전략 ✿

(1) 원가 절감이나 핵심 기능 강화와 같은 전통적인 경쟁 우위 전략은 단기적으로는 효과적일 수 있으나, 환경 변화에 유연하게 대응하는 데에는 한계가 있다.

(2) 지속적 경쟁 우위(SCA)전략이란 경쟁 기업이 제품의 핵심 요소를 모방하거나 가격 경쟁으로 추격하더라도, 장기간에 걸쳐 경쟁 관계에서 우위를 유지·강화할 수 있는 전략을 의미한다.

(3) 이는 단순한 비용 우위나 차별화를 넘어, 모방이 어렵고 대체가 제한적인 자원과 역량을 기반으로 형성된다.

🔷 지속적 경쟁 우위를 위한 노력

핵심 노력	주요 내용
고객화된 서비스 인프라 구축	고객 특성과 니즈를 반영한 맞춤형 서비스 인프라를 구축하여 경쟁사가 쉽게 모방할 수 없는 운영 기반을 형성한다.
대체가 어려운 서비스 프로그램 확보	경쟁 기업이 쉽게 대체하거나 모방할 수 없는 차별화된 서비스 프로그램을 개발·운영한다.
새롭고 창의적인 서비스 가치 창출	기존 서비스 개선을 넘어 새로운 경험과 의미를 제공하는 창의적 서비스 가치를 지속적으로 창출한다.
진입 장벽이 높은 서비스 제공	기술, 노하우, 브랜드 신뢰, 고객 관계 등을 통해 시장 진입 장벽이 높은 서비스 구조를 형성한다.

2 서비스 확산 분석 ✿

(1) 서비스 확산 분석의 개념

① 서비스 확산 분석이란 고객에게 제공되는 새로운 서비스가 시장에서 어떠한 경로와 방식으로 확산되는지, 그리고 확산의 방향성과 속도를 분석하는 것으로, 서비스 전략 수립에 있어 핵심적인 요소이다.

② 이는 신규 서비스가 시장에 미치는 파급 효과와 영향 과정을 체계적으로 조사·연구·분석하는 활동을 의미한다.

③ 서비스 확산은 새로운 서비스에 대한 정보 교류 과정에서 원활한 의사소통을 가능하게 하는 다양한 커뮤니케이션 채널(Channel)의 존재를 전제로 한다.

④ 확산은 주로 다음의 세 가지 채널을 통해 이루어진다.

　㉠ 기업의 광고 및 영업 활동, 외부 전문가 의견 등 외부 채널을 통한 거래 결정

　㉡ 개인적 관계를 기반으로 한 구전 활동 등 내부 채널을 통한 거래 결정

　㉢ 외부 채널과 내부 채널이 복합적으로 작용하여 이루어지는 거래 결정

(2) Bass 모형

① Bass 확산 모형은 새로운 서비스나 혁신이 시간의 흐름에 따라 시장에 어떻게 확산되는지를 설명하는 대표적인 확산 모형으로, 신서비스 확산 분석에 유용하게 활용된다.

② 이 모형에서는 새로운 서비스를 채택하는 소비자가 두 가지 영향 채널의 영향을 받는다고 가정한다.
   ㉠ 외부적 영향: 광고, 판촉, 전문가 의견
   ㉡ 내부적 영향: 주변 사람들의 사용경험과 구전 효과 등

③ Bass 확산 모형은 이러한 영향의 차이에 따라 소비자를 혁신자(Innovators)와 모방자(Imitators)의 두 집단으로 구분하며, 혁신자 계수(p)와 모방자 계수(q)가 서로 다르다고 가정한다.

④ 이를 통해 신서비스가 초기에는 혁신가에 의해 도입되고, 이후 모방자의 증가에 따라 확산 속도가 가속화되는 과정을 설명한다.

혁신자(Innovator)	광고, 판촉, 전문가 의견 등 외부 채널의 영향을 받아 서비스를 채택하며, 타인의 행동과 무관하게 개인적·독자적 판단에 따라 구매 결정을 내리는 집단
모방자(Imitator)	주변 사람들의 사용 경험, 추천, 구전 등 내부 채널의 영향을 받아, 다른 사람들의 구매 행동을 따라 서비스를 채택하는 집단

$$n(t) = \frac{dN(t)}{dt} = p[m - N(t)] + \frac{q}{m}N(t)[m - N(t)]$$

㉠ 아직 서비스를 채택하지 않은 고객의 규모가 확산 속도와 변화 폭을 결정한다.
㉡ $p[m - N(t)]$는 채택한 고객의 수인 $N(t)$의 영향을 받지 않는 혁신자의 채택이라고 한다.
㉢ $q/mN(t)[m - M(t)]$는 채택자 수인 $N(t)$의 영향을 받는 모방자의 채택이라고 한다.

🔷 **새로운 수용자(New Adopters)**

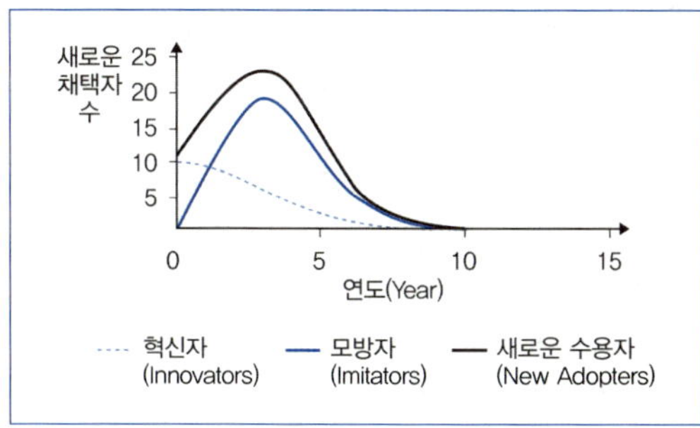

🔷 **수용자(Adopters)**

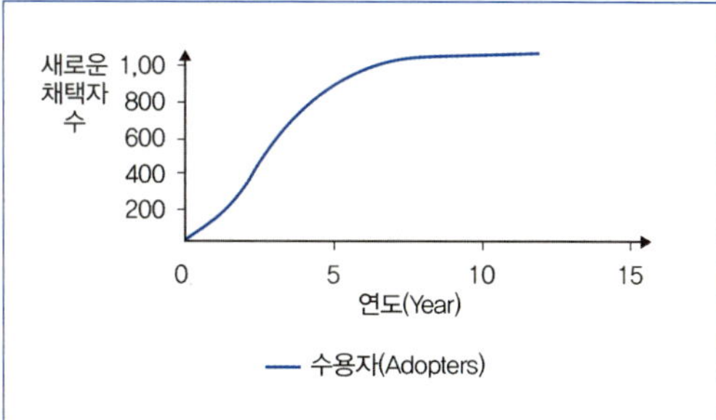

Key Insight

수리적 모형

서비스 확산의 비율은 모집단 내에서 서비스를 이미 채택한 고객과 아직 채택하지 않은 고객의 규모가 시간에 따라 어떻게 변화하는가에 의해 결정된다.

Bass 모형의 기본식에 대한 설명

$$n(t) = \frac{dN(t)}{dt} = p[m - N(t)] + \frac{q}{m} N(t)[m - N(t)]$$

① 서비스 확산의 비율은 모집단 안에서 서비스를 채택한 고객과 아직 채택하지 않은 고객의 크기 변화에 의해 결정된다.
② 특히 아직 채택하지 않은 고객의 규모(m-N)는 확산의 변화율을 결정하는 핵심요인이며, 서비스 확산의 여지가 충분할 때는 빠른 속도로 확산되다가, 확산 가능한 여지가 감소할수록 확산 속도는 점차 둔화된다.
③ Bass 모형은 외부 채널의 영향을 받는 혁신자와 내부 채널의 영향을 받는 모방자가 서로 다른 계수를 가진다고 가정한다.
④ p항은 이미 서비스를 채택한 고객 수(N)의 영향을 받지 않는 혁신자의 채택을 의미한다.
⑤ q항은 이미 서비스를 채택한 고객 수(N)의 영향을 받아 발생하는 모방자의 채택을 의미한다.
⑥ 따라서 p는 혁신 계수, q는 모방 계수로 정의된다.
⑦ Bass 모형에 포함된 세 가지 모수인 혁신 계수(p), 모방 계수(q), 잠재 시장의 규모는 일반적으로 과거 확산 데이터를 수집한 후 회귀 분석을 통해 추정된다.

③ 제품 – 서비스 통합 전략

(1) 제품 – 서비스 통합 전략이란 제품과 서비스를 개별적으로 제공하는 것이 아니라, 이를 하나의 패키지로 결합하여 고객에게 통합된 가치로 제공하는 전략을 의미한다.

(2) 제품의 효용과 기능은 단순히 품질이나 성능의 우수성에 의해 평가되는 것이 아니라, 고객이 기대하는 서비스를 얼마나 효과적으로 함께 제공할 수 있는가에 따라 결정된다. 즉, 고객은 제품 자체보다 제품을 사용하는 과정에서 제공되는 서비스 경험을 중시한다.

(3) 고객 만족을 극대화하기 위해 기업은 내부 자원에 의존한 제품-서비스 결합을 넘어, 공급업체, 유통업체, 전문 서비스 기업 등 외부 조직과의 협력을 확대하며 제품과 서비스의 융합 범위를 지속적으로 넓혀가고 있다.

제품 – 서비스 시스템(PSS : Product – Service System)의 유형

제품 중심의 PSS	제품의 판매 또는 사용을 촉진하기 위해 부가적인 서비스가 함께 제공되는 형태이다. 제품이 중심이 되며, 서비스는 보조적 역할을 수행한다.
사용 중심의 PSS	제품을 직접 판매하지 않고, 제품의 사용이나 기능에 대한 접근권을 제공하는 형태이다. 고객은 소유가 아닌 사용에 가치를 둔다.
결과 중심의 PSS	사용 중심 PSS에서 한 단계 발전한 형태로, 제품의 사용이나 기능이 아닌 최종 결과와 성과를 제공하는 형태이다. 고객에게 전달되는 것은 기능의 사용이 아니라 결과와 경험이라는 서비스 결과물이다.

PART **05**

예상문제

일반형

01 다음 중 전략 수립 과정에 포함되는 내용에 대한 설명으로 적절하지 <u>않은</u> 것은?

① 사업전략은 기업의 장기적 방향을 제시하며, 기업이 사명을 어떻게 달성할 것인지를 구체적으로 안내한다.

② 경쟁 우선순위를 설정한 뒤, 외부환경 평가와 기업의 강·약점 분석을 바탕으로 기업 전략을 수립한다.

③ 외부환경 평가는 조직 외부 요인을 분석하여 기회와 위협을 파악하고, 이들이 기업에 미치는 직·간접적 영향을 검토한다.

④ 조직의 핵심역량을 발견한다는 것은 내부 자원과 능력을 경쟁자와 비교하여 상대적 강·약점을 파악하고, 차별적 역량이 발휘될 수 있는지를 판단하는 과정이다.

⑤ 기업 사명은 조직이 존재하는 이유와 기본 방향을 제시하며, 사업 영역과 목표 고객, 그리고 생존·성장·수익성에 관한 기본적 신념을 포함한다.

02 다음 중 고객 만족도 측정 지표로 가장 적절하지 <u>않은</u> 것은?

① 재구매 의향　　　　　　　　② 전반적 만족도
③ 차원 / 속성 중요도　　　　　④ 차원 / 속성 만족도
⑤ 타인에게 추천할 의향

03 고객 만족 경영의 체계 중에서 고객 서비스의 존재 목적, 이유, 가치, 철학을 무엇이라 하는가?

① 비전(Vision)

② 사명(Mission)

③ 서비스 컨셉(Service Concept)

④ 서비스 스탠다드(Service Standard)

⑤ 서비스 전달전략(Service Delivery Strategy)

04 경영전략의 거시적 분석의 틀로서 '일반 환경(General Environment) 분석'의 여섯 가지 상호 관련 요소에서 적절하지 <u>않은</u> 것은?

① 기술적 변화
② 경제적 환경
③ 인구 통계적 동향
④ 법적·정치적 상황
⑤ 소비자들의 의식수준

05 다음 중 Noriaki Kano의 카노 모델(Kano Model)에 대한 설명으로 옳지 않은 것은 무엇인가?

① 반대적 품질 요소는 제공할수록 오히려 불만족을 증가시키는 요소이다.
② 매력적 품질 요소는 기대하지 않았던 기능이 제공될 때 만족도가 크게 증가한다.
③ 무관심적 품질 요소는 품질 수준이 향상될수록 고객 만족이 증가하는 특성을 지닌다.
④ 일원적 품질 요소는 품질이 좋아질수록 만족이 증가하고 나빠질수록 불만족이 커진다.
⑤ 필수적 품질 요소는 충족되어도 큰 만족은 없으나, 미충족 시 강한 불만족을 유발한다.

06 SWOT 분석 시 외부환경은 기회(O), 내부환경은 강점(S)일 때 어떠한 전략을 쓰는 것이 적절한가?

① 철수 전략
② 시장 침투 전략
③ 제품 확장 전략
④ 전략적 제휴 전략
⑤ 시장 기회 선점 전략

07 다음 중 고객 만족 경영(CSM)에 대해 바르게 설명한 것은?

① 고객에게 더 높은 가치를 더 낮은 비용으로 고객에게 제공하고자 하는 활동이다.

② 경쟁사보다 더 큰 가치로 대응할 수 있는 해결책을 만들기 위해 전사적으로 역량을 결집시키는 것이다.

③ 시장과 고객을 여러 영역으로 나누고 그 가운데 집중적으로 공략할 영역을 선택하여 집중적으로 위치화하는 것이다.

④ 고객의 기대와 만족 수준을 조사하고 이를 바탕으로 불만족 수준을 찾아내고 개선하여 고객의 만족을 높이는 경영활동이다.

⑤ 제공하는 제품이나 서비스의 혜택이 경장사에서 제공하는 것보다, 훌륭하거나 차별화되면서도 동일 가격 대로 제공하여 고객에게 더 나은 가치를 제공하는 것이다.

08 제품 − 서비스 시스템(Product−Service System)의 한 유형인 사용 중심의 PSS에 대한 설명 중 적절하지 <u>않은</u> 것은?

① 제품의 관리 유지, 보수는 공급자가 맡아서 해야 한다.

② 고객에게 자동화와 기계화에 대한 적절한 학습을 제공해야 한다.

③ 제품을 판매하는 대신에 '사용 및 기능'을 판매하는 형태를 의미한다.

④ 제품이 아닌 기능을 제공하지 때문에 소유권은 고객에게 이전되지 않는다.

⑤ 고객이 구매하는 것은 유형적인 제품이 아니라 그 제품이 제공하는 기능이다.

09 마케팅믹스에서 가장 흔히 사용되는 4P's에 해당하는 요소는?

① 제품 − 가격 − 사람 − 판매촉진

② 제품 − 가격 − 유통 − 판매촉진

③ 가격 − 사람 − 판매촉진 − 물적증거

④ 가격 − 프로세스 − 유통 − 판매촉진

⑤ 유통 − 판매촉진 − 사람 − 프로세스

10 다음 중 '고객 가치 창조'의 실행 원리와 가장 거리가 먼 것은?

① 고객의 입장에서 출발한다.

② 충족되지 못한 고객 니즈를 해결한다.

③ 절대적 가치보다 고객이 느끼는 상대적 가치를 고려한다.

④ 고객 가치 창조를 위해 경쟁사 벤치마킹에 집중한다.

⑤ 고객 중심에서 문제를 해결하고 개선하려고 노력한다.

11 알브레이트가 고객 만족 경영을 위한 탁월한 운영의 기본 철학을 제시한 모형으로 서비스 전략, 직원, 시스템이 고객지향성에 기반을 두어 수립되어야 함을 제시한 모형은?

① Bass 모형   ② s-c-p 모형

③ 시장 지향성   ④ 서비스 지향성

⑤ 서비스 삼각형

12 다음 중 마이클 포터 교수가 개발한 Five-Force 모형에 대한 설명으로 적절하지 <u>않은</u> 것은?

① Five-Force 모형은 서비스 비지니스 투자에 대한 의사결정이나 전략적 대응방안의 수립 등에 적용 할 수 있다.

② 상대적으로 진입장벽이 낮아 잠재적 진입자가 해당 산업 내로 진입할 수 있는 위협은 위협요소로 검토해야 할 것이다.

③ Five-Force 모형은 산업을 분석하는데 있어 중요한 요인 중 하나인 규제(Regulation)도 분석요소 중 하나로 설명하고 있다.

④ 산업 내에 생산 및 거래되는 대체 서비스의 수와 다양성의 정도에 따른 위협요소도 Five-Force 모형의 분석요소 중 하나이다.

⑤ Five-Force 모형의 분석요소 중 구매자의 교섭력은 공급자들이 많아 구매자가 가격인하 를 요구하는 교섭력이 강화된다면 산업의 매력도 저하를 가져올 수 있다.

13 NCSI(국가고객 만족지수)의 주요 순기능에 대한 설명이다. 가장 적절하지 <u>않은</u> 것은?

① 품질 경쟁력 평가 척도
② 공급자의 신제품 의사결정 지원
③ 고객만족 향상을 통한 미래 수입 변화 전망과 예측을 제공
④ 개별기업의 고객만족 향상을 위한 마케팅 전략 수립에 유용한 정보 제공
⑤ 이(異)업종 간 고객만족도 비교를 통한 CS개선의 다각적인 시각과 정보제공

14 다음 중 고객만족경영의 효과로 가장 거리가 <u>먼</u> 것은?

① 재구매 고객 창출
② 마케팅 비용 절감
③ 임직원 이직률 감소
④ 고객 전환 비용 최소화
⑤ 고객에 의한 구전

15 다음 중 고객을 계속 유지하기 위한 방법으로 가장 적절하지 <u>않은</u> 것은?

① 고객 서비스에 대한 정보를 원활하게 전달한다.
② 내부 고객(임직원)에게 제공하는 서비스를 향상시킨다.
③ 종업원이 표준화된 서비스를 제공하도록 자율성을 제한한다.
④ 위험을 감수하고 새로운 아이디어를 창출할 수 있는 기업문화를 조성한다.
⑤ 모든 의사결정과 시스템, 공정을 고객의 욕구와 기대에 맞추어 운영한다.

O / X형

[16~20] 다음 문항을 읽고 옳고(O), 그름(X)을 선택하시오.

16 동태 분석은 시간에 따른 분석 요인의 변화를 분석하고 미래 사업 성장을 예측할 수 있다.

(① O   ② X)

17 ICT의 발전과 더불어 기존의 마케팅 믹스인 4C를 4P로 대체하자는 주장이 있다.

(① O   ② X)

18 PSS 전략은 제품과 서비스 상품을 분리해서 특화시키는 방법을 의미한다.

(① O   ② X)

19 기술의 흐름과 시장의 흐름 그리고 세계 경제의 흐름 변화를 실시간으로 파악으로 조사분석 활동을 마켓 센싱(Market Sensing)이라 한다. (① O ② X)

20 지속적 경쟁우위는 초기의 경쟁 전략에 덧붙여 새롭게 개발한 경쟁력이나 기존의 서비스를 바꾸면서 만들어낸 경쟁력을 의미한다. (① O ② X)

연결형

[21~25] 다음 설명에 적절한 〈보기〉를 찾아 각각 선택하시오.

| 보기 |
① P-S-P ② 고객화 ③ STP 전략
④ IMC ⑤ 전사적 품질경영(TQM)

21 고객의 욕구 충족 및 관심 사항을 우선적으로 고려하여 고객의 다양한 요구에 효과적으로 응대하도록 하는 프로세스 설계 방법 (   )

22 기업의 경쟁 우위를 확보하고 최고경영자를 중심으로 전 조직원과의 의식 개혁을 통하여 품질 중심의 기업문화를 창출하고 고객 만족을 지향하는 시스템으로 변화하기 위한 활동 (   )

23 마케팅 믹스에서 확장된 개념으로 마케팅의 한 부분인 광고 및 홍보, 판촉, 판매 등을 온라인 오프라인의 다양한 마케팅 채널을 바탕으로 통합적으로 사용하고 관리할 수 있는 전술적 개념이다. (   )

24 직원이 자긍심과 만족감을 느낄 때 고객에 대한 서비스가 향상되고 회사의 이익이 창출된다는 경영 철학으로 People, Service, Profit을 의미한다. (   )

25 시장 또는 고객을 다양한 영역으로 세분화하여 타깃 고객을 선정하여 브랜드 이미지를 고객에게 각인시키는 마케팅 기법을 말한다. (   )

26 다음은 전략적 상황 분석에 의한 SWOT 전략 수립 방법 중 사례와 잘 연결된 전략은?

> A : 미국 최대 서적 체인점인 A사는 최근 디지털 컨텐츠 시장의 급신장으로 온라인 시장에
> 진출하려 한다. 그러나 온라인 시장에서의 낮은 인지도와 고객 DB의 열세로, 경쟁사인
> D사가 독점하는 온라인 시장을 잠식하기에는 역부족이다.
>
> B : B전자는 휴대폰 시장의 선도기업이다. 최근 시장 수요가 감소되고 후발 주자의 거센 추
> 격으로 위협을 받고 있다. 특히 중국업체 중 W사, L사의 저가 가격공세가 거세다. 그럼
> 에도 불구하고 B전자는 2020년 비전달성을 위해 내년 매출목표 10% 성장을 목표로 하
> 고 있다.
>
> C : C오일은 국내 4대 정유회사 중 하나로, 지속되는 수요부진과 원유가격의 영향으로 매출
> 및 수익이 감소하고 있다. 최근 최대 주주인 E의 적극적인 투자자원에 힘입어 저부가가
> 치 제품 생산구조에서 고부가가치 제품 생산구조로 전환하고 ODC 투자를 확대할 예정
> 이다.

	A	B	C
①	시장침투 전략	시장기회선점 전략	제품다각화전략
②	시장기회선점 전략	시장침투 전략	전략적 제휴 전략
③	제품다각화 전략	기장침투 전략	시장기회선점 전략
④	전략적 제휴 전략	시장침투 전략	제품다각화 전략
⑤	전략적 제휴 전략	시장기회선점 전략	제품다각화 전략

27 다음 사례를 읽고 고객만족경영의 어떤 개념을 설명하는지 고르시오.

> 해외 출장을 자주 다니는 A는 장시간 비행 후 지친 모습으로 중요한 비즈니스 고객을 만나
> 는 것이 바람직하지 않다고 느낀다. 이를 해결하기 위해 A는 짧은 시간이라도 화장을 정리
> 하고 의복을 다림질할 수 있는 호텔을 이용하고자 한다.
> K항공사는 A와 같은 고객의 불편을 해결하기 위해 샤워부스와 화장을 고칠 수 있는 공간을
> 마련하고, 다림질 서비스를 제공하여 큰 호응을 얻고 있다.

① 고객가치 연장　　　　　　② 고객가치 증진
③ 고객 만족 연장　　　　　　④ 충성 고객 증대
⑤ 반복구매 유도

28 기업의 서비스 원가를 절감하기 위한 방안으로 가장 적절한 의견을 제시한 직원은?

> 김철수 부장: 지금부터 ○○기업의 내년도 원가 절감 방안 마련 미팅을 시작하겠습니다. 여러
> 분들께서 평소 생각하셨던 의견을 자유롭게 제시해 주십시오.
> 박민아 주임: 고객들이 이용하는 서비스 프로세스를 조금 더 복잡하게 하면 고객들이 서비
> 스 이용을 포기해 서비스 투입 비용을 줄일 수 있습니다.
> 유경영 과장: 유지비만 많이 들고 불필요한 시설을 고객들의 편의 시설로 대체하면 고정비
> 를 줄일 수 있습니다.
> 주수지 사원: 고객들이 서비스에 참여하다 보니 일의 효율성이 떨어지는 것 같습니다. 서비스
> 직원을 늘려 일의 효율을 높이면 생산성이 높아져 원가가 절감될 것 같습니다.
> 김다희 대리: 고객 맞춤형으로 서비스를 각각의 서비스 상품으로 세분화하면 좋겠습니다.
> 김선영 차장: 서비스 직원들을 위한 교육을 줄이면 교육비 감소로 원가가 줄어들 것 같습니다.

① 박민아 주임
② 유경영 과장
③ 주수지 사원
④ 김다희 대리
⑤ 김선영 차장

29 다음 상황에 대해 SWOT 전략 수립 방법 중 사례와 잘 연결된 전략은?

> 한식 프랜차이즈 기업 A는 "건강하고 친숙한 한국 음식"이라는 점을 바탕으로, 해외에서
> 불고기, 김치 등 K-푸드의 인기에 힘입어 글로벌 시장에 진출하고 있다. 그런데 최근 세계
> 외식 시장에서는 로컬 음식 수요가 감소하고, 글로벌 브랜드 간의 경쟁이 더욱 치열해지고
> 있다. 이에 A기업은 자체 브랜드력을 키우고 현지화된 메뉴를 개발하여 이러한 위협을 최소
> 화하는 전략을 실행하고 있다.

① SO 전략
② WO 전략
③ WT 전략
④ ST 전략
⑤ WS 전략

30 다음 A사의 고객만족도 개선을 위한 임원회의 내용에 등장하는 '고객만족도 측정 3원칙'
에 대한 설명으로 가장 적절하지 않은 것은?

> 사　장 : 고객만족도를 개선하기 위한 방안이 있으면 말씀해 주십시오.
> 임원 1 : 고객만족도 지수(CSI) 평가를 받아보고, 문제점을 찾아 개선하는 것이 좋겠습니다.
> 임원 2 : '측정할 수 없으면 개선할 수도 없다'는 말처럼, 이번 기회에 우리 회사의 고객만족
> 　　　　도를 정확히 측정해 보는 것도 필요하다고 생각합니다.
> 임원 1 : 측정을 제대로 해야 문제의 원인을 진단하고, 개선 방향을 설정할 수 있으며, 종업
> 　　　　원들에게도 회사의 기대를 명확히 전달할 수 있습니다.
> 사　장 : 그렇다면 금년도에 한 번만 조사하면 충분합니까?
> 임원 1 : 그렇지 않습니다. 고객만족도 측정에는 계속성, 정량성, 정확성의 3원칙을 지켜야
> 　　　　합니다.

① 일정한 시기에 일정한 방법으로 지속적으로 조사하는 것이 중요하다.
② 변화가 빠른 시장일수록 조사 횟수를 늘려 신속하게 대응하는 것이 바람직하다.
③ 같은 내용을 조사한다면 시기·표본·방법이 달라도 결과는 대체로 비슷하게 나온다.
④ 조사 결과를 수치로 나타내면 전년도와의 비교나 추세 분석이 용이하다.
⑤ 조사 횟수가 많아지면 고객의 변화 추이를 파악할 수 있지만 비용과 노력이 증가한다.

통합형

[31~32] 다음을 읽고 물음에 답하시오.

> 교육 업체 : 안녕하세요. 지난번에 서비스 경영과 관련해 저희 기관 강사님이 수업을 진행했는데, 강의에 대한 피드백을 요청드리고자 연락드렸습니다.
>
> 담당 팀장 : 덕분에 좋은 교육을 받았습니다.
>
> 교육 업체 : 다행이네요. 강사님도 교육 분위기가 너무 좋았다고, 회사에 대해 칭찬을 많이 하시더라고요
>
> 담당 팀장 : 저희가 더 감사드리죠. 강사님께서 다른 분들과 달리 작은 선물부터 교육에 필요한 소품까지 직접 준비해 오셔서 저도, 직원들도 더 즐겁게 참여할 수 있었던 것 같습니다.
>
> 교육 업체 : 정말요? 저희는 미처 몰랐네요. 강사님께 따로 감사 인사를 꼭 드려야겠어요. 혹시 이번 교육에 점수를 주신다면, 0점부터 10점까지 중에서 몇 점을 주시겠습니까?
>
> 담당 팀장 : 10점을 드리고 싶은데, 강의비가 부담 되어 8점을 드리겠습니다.
>
> 교육 업체 : 그렇군요. 아무래도 강사님 숙식비, 교육생 간식, 교육 도구 비용까지 포함되다보니 부담이 되실 수 있겠네요. 다음 차수 교육에서는 강사님을 출퇴근하도록 하고, 교육생 간식은 생략해서 비용 부담을 줄여 드리겠습니다.
>
> 담당 팀장 : 아닙니다. 제가 그런 의도로 말씀드린 건 아닙니다. 그렇게 줄이다가 교육의 품질이 떨어지는 것은 원하지 않습니다. 다른 방법을 찾아봐야 할 것 같습니다.

31 위 사례에서 교육 업체 직원이 질문을 통해 조사하고자 한 것은?

① 고객 불만 사항   ② 고객 서비스 지수

③ 고객 이탈 지수   ④ 고객 서비스 품질 지수

⑤ 고객 순추천 지수

32 위 사례에 대한 설명으로 옳지 <u>않은</u> 것은?

① 담당 팀장은 교육 업체 강사에 대해 높은 교육 평가를 주었다.

② 담당 팀장은 표준화 서비스보다 고객화 서비스를 선호하고 있다.

③ 교육 업체는 교육 피드백 통해 고객사의 만족도를 파악하고자 하였다.

④ 교육 업체는 서비스 생산성보다 고객 가치를 우선적으로 생각하고 있다.

⑤ 교육 업체는 서비스 생산에 필요한 투입 비용을 줄여 원가를 절감하려고 하였다.

부록

부록 01   핵심 키워드 총정리

PART 01   서비스 산업 개론

무형성	• 눈에 보이거나 만질 수 없는 행위·경험·성과로 제공되며, 제공 이전에 사전 판단이 어려움. • 과정의 심리·경험적 요소가 만족도에 큰 영향을 미치는 서비스의 특성 **무형적 가치 / 사전 품질 판단 불가 / 경험 중심 / 심리적 영향**
이질성	서비스는 사람의 행동과 상호작용을 통해 생산되므로 동일한 품질을 완전히 재현하기 어렵고, 종업원 역량·고객 참여·제공 환경에 따라 결과가 달라짐 **품질 편차 / 종업원 역량 / 고객 참여 / 맞춤형 기회**
비분리성	서비스는 생산과 소비가 동시에 이루어지며, 고객의 참여와 고객·종업원 간 상호작용이 서비스 품질과 결과에 직접적인 영향 **생산·소비 동시 / 고객 참여 / 상호 작용 / 현장성**
소멸성	서비스는 저장·보관·재판매가 불가능하여 제공 시점이 지나면 가치가 소멸되므로, 수요 예측과 예약·가격 정책을 통한 용량 관리가 중요 **저장 불가 / 재고 불가 / 수요 변동 / 용량 관리**
레빗(Levitt)서비스 이론	• 현대 기업은 제조업과 서비스업의 구분이 의미 없으며, 모든 기업은 고객 가치 제공을 중심으로 서비스 활동의 비중에 따라 구분되어야 함. • 제조기업과 서비스기업 모두 서비스 기능을 핵심 경쟁력으로 내재화 **서비스 중심 경영 / 제주-서비스 융합 / 고객 가치 / 서비스 비중**
서비스 패키지	특정 환경에서 서비스·재화·정보가 결합되어 고객에게 하나의 통합된 가치로 제공되는 묶음으로, 무형적인 서비스를 구조화하여 일관된 고객 경험을 제공하기 위한 개념 **통합된 가치 / 핵심 서비스 / 부가서비스 / 일관된 서비스 경험 / 패키지 설계**
서비스 패키지 구성요소	**서비스 경험, 명시적 서비스, 묵시적 서비스, 정보, 지원 설비, 보조용품**
필립 코틀러 서비스 마케팅 삼각형	• **내부적 마케팅 :** 내부 고객·직원 만족·교육·훈련·동기부여·조직문화 • **외부적 마케팅 :** 고객 욕구·서비스 약속·설계·디자인·브랜드 기대 • **상호작용적 마케팅 :** 고객 접점·서비스 전달·진실의 순간·직원 — 고객 상호작용
러브락 서비스 유형	서비스 행위의 성격에 따른 분류, 고객과 서비스 조직의 관계 유향에 따른 분류, 서비스 변화(맞춤형)정도 & 종업원의 재량 정도에 따른 분류, 수요와 공급의 관계에 따른 분류, 서비스 제공 방식에 따른 분류

호로비츠 서비스 분류	상호작용의 밀도, 서비스 접점의 빈도와 지속 시간
호로비츠 서비스 유형	일반화된 서비스, 안정적인 서비스, 개인화된 서비스, 사려 깊은 서비스
싱글맨 서비스 기능 분류	유통 서비스, 생산자 서비스, 사회적 서비스, 개인 서비스
크리스토퍼 거래 프로세스별 서비스	거래 전 서비스, 거래 중 서비스(현장 서비스), 거래 후 서비스
서비스 경제	국가 경제에서 서비스 산업이 GDP와 고용의 중심이 되며, 산업 발전과 함께 서비스 중심 구조로 전환·고도화되는 경제 체계를 의미 **서비스 산업 중심 / GDP 비중 확대 / 산업 구조 전환 / 서비스 고도화**
서비스 혁명	새로운 서비스 빠르게 생성·확산되며, 산업혁명보다 빠른 속도로 사회·경제 구조를 변화시키고, 물질 중심에서 고객 경험과 가치 중심 경제로의 전환을 가속화하는 현상 **서비스 급속 확산 / 고객 경험 중심 / 가치 중심 경제 / 구조적 변화 / 고속 전환**
리들(Riddle) 서비스 주도 경제 성장	서비스 경제 전반에 유기적으로 연결되어 사회 시스템을 유지하는 기반 역할을 한다고 주장 **사업 서비스 / 유통 서비스 / 사회 기간 서비스 / 개인 서비스 / 공공 행정 서비스**
서비스 패러독스	서비스의 양적 확대와 질적 고도화에도 불구하고, 소비자가 체감하는 서비스 품질과 만족도는 오히려 낮아지는 현상 **서비스 고도화 / 체감 품질 저하 / 기대 상승 / 만족도 괴리 / 인식의 차이**
서비스 생태계 패러다임	서비스 생태계는 높은 개방성과 유연성 속에서 다양한 참여자들이 연결·상호 작용하며 가치를 공동으로 창출하는 구조를 의미 **개방성 / 유연성 / 참여자 간 상호작용 / 가치 공동 창출 / 네트워크 구조**
제공물(Offerings)	고객 문제 해결 중심의 서비스 제공 가치
자원(Resources)	서비스 생산·전달에 필요한 모든 자원
고객관계(Relationships)	수평적·자발적 관계 기반 가치 공동창출
수익모델(Revenue Models)	확장된 수익 구조 운영 방식
사고방식(Mindset)	서비스 혁신을 이끄는 사고·정서 기반
JIT(Just In Time) 적시 공급 시스템	필요한 시점에 필요한 만큼 생산·공급
유연 생산 시스템	생산 라인의 다변화 및 유연화
융합 상품(PSS)	Product Service System, 제품 − 서비스 통합 시스템
서비타이젠이션 (Servitization)	제품과 서비스를 결합하거나, 서비스 자체를 상품화하거나, 기존 신규 서비스를 통합하여 제공하는 모든 융합적 비즈니스 현상을 포괄하는 개념
융합 상품의 실패 원인	제공자의 목적만 고려, 기업 내부 자원 중심 개발, 비용 절감 중심 융합, 가치 확장 없는 기능 추가
융합 상품의 성공 조건	사용가치 중심 개발, 고객 혜택 증가, 토털 솔루션 제공, 이종업종·협업 기반 창의적 접근

PART 02 서비스 프로세스 설계 및 품질관리

서비스 프로세스	서비스 목적 달성을 위해 수행되는 일련의 단계와 절차로, 고객에게 제공되는 가치는 이 프로세스를 통해 생성된다는 관점 **단계적 절차 / 가치 창출 / 고객 중심 / 프로세스 관리 / 서비스 흐름**
가치 흐름에 따른 서비스 프로세스 설계 단계	목표 고객의 기대와 행동을 기준으로 업무를 연결하고, 가치 중심의 프로세스를 정의·측정한 뒤 피드백을 통해 지속적으로 개선하는 과정 **고객 가치 분석 / 프로세스 정의 및 표현 / 성과 측정 및 분석 / 피드백 및 개선**
슈매너의 서비스 프로세스 매트릭스	노동 집약도와 고객 접촉·맞춤화 수준을 기준으로 서비스 유형을 분류하여 서비스 운영 방식과 관리 전략의 차이를 설명하는 모형 **노동 집약도 / 고객 접촉 수준 / 서비스 유형 분류 / 운영 전략 / 프로세스 특성**
슈매너의 서비스 프로세스 매트릭스 영역	**서비스 공장 / 대량 서비스 / 서비스 숍 / 전문 서비스**
대량 서비스	노동 집약도와 종업원 의존도가 높아, 종업원의 전문 역량과 판단 능력이 서비스 성과를 좌우하는 서비스 유형 ex 병원 진료 서비스, 법률 서비스(변호사), 회계, 컨설팅, 건축 설계, 교육 서비스 **높은 노동 집약도 / 종업원 역량 의존 / 전문성 / 맞춤형 서비스 / 고객 접촉 높음**
전문 서비스	상호작용과 고객화 수준이 높고 노동 집약도 또한 높아, 종업원의 전문성과 판단이 서비스 성과를 결정하는 서비스 유형 ex 의료 서비스, 법률 서비스, 회계·세무 서비스, 컨설팅·교육 서비스 **높은 고객 접촉 / 고객화 수준 높음 / 노동 집약적 / 전문성 의존 / 맞춤형 서비스**
서비스 공장	상호작용·고객화 수준과 노동 집약도가 모두 낮아, 설비·시스템 중심의 표준화된 운영으로 효율성과 대량 처리를 중시하는 서비스 유형 ex 항공사, 트럭 운송, 대형 호텔, 물류 허브, 정유·발전 서비스 **낮은 고객 접촉 / 표준화 / 설비 중심 / 자동화 / 규모의 경제**
서비스 숍	상호작용과 고객화 수준은 높지만 노동 집약도는 낮아, 표준화된 설비와 전문 프로세스를 바탕으로 고객 맞춤 서비스를 제공하는 유형 ex 병원, 자동차 정비소, 수리 서비스 센터, IT 유지보수 센터, 전문 클리닉 **고객 접촉 높음 / 고객화 / 설비 중심 / 전문 프로세스 / 효율적 맞춤화**
표준화	서비스 전달 과정과 절차를 일정하게 설계해 모든 고객에게 동일하고 일관된 서비스 제공
고객화	고객 요구·관심·기대수준을 반영하여 각 고객에게 적합한 방식으로 서비스 설계
서비스 디자인	서비스 전달 과정을 하나의 프로세스로 인식하고, 이를 시각화·모형화하여 고객 경험과 서비스 성과를 사전에 예측·개선하는 설계 활동 **서비스 프로세스 설계 / 시각화 / 흐름 이해 / 사전 예측 / 고객 경험 개선**

기계적 접근법	서비스를 제품처럼 인식하여 기능과 절차 중심으로 설계하고, 업무 단위별 프로세스를 표준화함으로써 효율성과 일관성을 추구하는 서비스 설계 방식 **기능 중심 / 절차 표준화 / 효율성 / 업무 단위 설계 / 프로세스 통제**
전체적 접근법	고객, 직원, 공간, 장비, 시스템 등 인적·물적 요소와 서비스 흐름 전체를 하나의 통합된 시스템으로 설계하는 서비스 디자인 방식 **시스템 관점 / 서비스 흐름 통합 / 고객 경험 / 요소 간 연결 / 전 과정 설계**
통합적 접근법	기계적 접근법과 전체적 접근법을 결합하여, 표준화된 절차를 기반으로 효율성을 확보하면서도 차별화된 고객 경험을 동시에 설계하는 서비스 디자인 방식 **표준화 + 경험 / 부분 효율 / 전체 경험 / 고객화 / 통합 설계**
가치 중심성	서비스 디자인을 가치의 창출과 전달을 중심으로 설계하여, 프로세스를 따라 다양한 가치 요소가 연결되고 고객 경험을 통해 가치가 결합·확장되도록 하는 관점 **가치 창출 / 가치 전달 / 고객 경험 / 가치 결합 / 프로세스 연계**
관계 지향성	고객·제공자·자원·시스템 간의 관계 네트워크를 중심으로 가치가 전달되며, 개별 서비스가 결합되어 더 복합적이고 확장된 서비스로 구성되는 관점 **관계 네트워크 / 참여자 연결 / 자원 연계 / 가치 전달 / 서비스 확장**
지속성	서비스의 가치가 단발적 제공에 그치지 않고, 서비스 전 과정에 걸쳐 순환·발전하며 장기적인 고객 경험과 관계 형성을 지향하는 관점 **가치 순환 / 장기적 경험 / 관계 형성 / 지속적 상호 작용 / 서비스 축적**
서비스 사파리	조사자가 실제 고객의 입장이 되어 현장을 체험하며, 서비스 제공 과정에서의 긍정적·부정적 경험을 그대로 관찰·기록하는 현장 조사 방법 **고객 관점 체험 / 현장 관찰 / 실제 경험 기록 / 서비스 접점 분석 / 경험 기반 조사**
쉐도잉	조사자가 관찰자의 입장에서 고객과 직원의 행동을 따라가며, 서비스 전반에서 인지되지 않았던 문제점을 파악하는 현장 관찰 기법 **관찰자 관점 / 행동 추적 / 잠재 문제 발견 / 전·후방 프로세스 / 서비스 흐름 분석**
고객 여정 지도	사용자가 서비스와 상호작용하는 다양한 터치포인트를 발견·연결하여, 전체 서비스 경험을 시간의 흐름에 따라 시각적으로 표현하는 도구 **터치포인트 / 서비스 경험 시각화 / 고객 관점 / 여정 흐름 / 경험 분석**
서비스 청사진	서비스 전달 전 과정을 단계·참여자·절차·자원별로 시각화하여, 고객 접점과 내부활동을 한눈에 파악하고 서비스 설계·품질 개선·혁신을 지원하는 도구 **서비스 전달 과정 시각화 / 고객 접점 / 전·후방 프로세스 / 실패 요인 예측 / 서비스 품질 개선**
서비스 청사진의 주요 용도	신서비스 개발과 기존 서비스 프로세스의 개선을 지원하며, 서비스 표준화와 매뉴얼 작성을 통해 일관된 서비스 운영을 가능하게 하는 도구 **신서비스 개발 / 프로세스 개선 / 서비스 표준화 / 매뉴얼 작성 / 운영 일관성**
서비스 표준	기업 내부 기준이 아니라 고객이 기대하고 인식하는 기준을 바탕으로, 종업원의 직무 수행 목표와 서비스 제공 기준을 설정하는 것을 의미 **고객 기준 / 기대 수준 / 서비스 목표 / 직무 수행 기준 / 고객 중심**

서비스 프로세스 개선 6단계	해결 과제 선정, 프로세스 Flow chart 작성, 프로세스 As-is분석, Fishbone 원인 분석, New Process, 개선 결과 평가 6단계
데밍(Deming)의 서비스 프로세스 개선	**계획 단계(Plan) / 실행 단계(Do) / 확인 단계(Check) / 개선 단계(Act)**
스캠퍼(SCAMPER) 접근법	기존 제품 서비스 프로세스를 대체, 결합, 수정 등 7가지 질문 기법으로 재구성하여 창의적 개선과 혁신 아이디어를 도출하는 방법 **창의적 사고 / 질문 기법 / 서비스 개선 / 아이디어 발상 / 문제 해결**
서비스 흐름도	서비스 프로세스의 업무 단계와 처리 순서를 표준화된 기호로 시각화하여, 전체 구조와 문제 지점을 한눈에 파악하고 개선 방향을 도출하는 도구 **프로세스 시각화 / 단계·순서 표현 / 병목 지점 / 중복 업무 / 개선 분석 도구**
피쉬본 다이어그램	서비스 문제의 원인을 체계적으로 분류·분석하여, 복잡한 문제 속에서 핵심 원인을 도출하기 위한 원인 분석 도구 **근본 원인 분석 / 문제 구도화 / 8Ps관점 / 핵심 원인 도출 / 개선 집중**
파레토 차트	발생 빈도나 영향력이 큰 서비스 문제를 시각적으로 분석하여, 개선 효과가 큰 핵심 과제를 우선적으로 선정하는 통계적 도구 **우선순위 결정 / 중요 소수 / 80 / 20법칙 / 영향도 분석 / 개선 효과 극대화**
서비스 R&D	새로운 서비스 모델을 개발하거나 기존 서비스 전달 체계를 개선하기 위해 기술·문화·인간·사회적 지식을 창의적으로 활용하는 연구개발 활동 **서비스 혁신 / 전달 체계 개선 / 지식 융합 / 창의적 연구 / 서비스 모델 개발**
서비스 품질 삼박자 (Service Quality Trilogy)	고객 요구를 반영한 품질 계획(SQP), 실행 결과를 관리하는 품질 통제(SQC), 성과 차이를 개선하는 품질 개선(SQI)이 순환적으로 연계되어 서비스 품질을 지속적으로 향상시키는 관리 체계 **품질 계획 / 품질 통제 / 품질 개선 / 고객 요구 반영 / 지속적 품질 향상**
예방 비용	서비스 품질 저하를 사전에 예방하기 위한 품질 정책 수립, 교육, 매뉴얼 개발 등에 소요되는 비용
평가 비용	제공되는 서비스가 품질 기준을 충족하는지 점검·검증하기 위해 발생하는 비용
내부 실패 비용	고객에게 제공되기 전 단계에서 서비스 오류나 문제를 발견·수정하는 데 발생하는 비용
외부 실패 비용	서비스 제공 이후 고객 접점에서 발생하는 품질 문제(불만·컴플레인 등)를 해결하기 위한 비용
유형 비용	눈에 보이는 명확한 품질 결함(ex 시설·장비 손상 등)으로 인해 추가적으로 발생하는 비용
무형 비용	직접 확인되기 어려운 손실(ex 재작업, 비효율적인 프로세스로 인한 시간·자원 낭비 등)로 발생하는 간접적 비용
불량 품질 비용(PQC)	서비스 품질 관리 실패로 인해 발생하는 총비용으로, 가시적인 손실뿐 아니라 고객 불만, 신뢰 하락 등 무형의 비용까지 포함하는 개념 **품질 관리 실패 / 가시적 비용 / 무형 비용 / 고객 불만 / 신뢰 손실**

PART 03 | 서비스 공급 및 수요 관리

서비스 수요 관리	시간대별로 크게 변동하는 서비스 수요를 사전에 예측·조절·통제하여, 고객이 원하는 시기에 안정적으로 서비스를 제공하고 고객 이탈을 방지하는 활동 **수요 변동성 / 성수기·비수기 / 사전 예측 / 수요 조절 / 고객 이탈 방지**
수요 예측	언제, 어느 정도의 서비스가 이용·판매될지를 미리 전망하여 수요량과 수요 시점을 예측하고, 이를 바탕으로 적정한 공급 계획을 수립하는 활동 **수요량 예측 / 수요 시점 / 공급 계획 / 과잉·부족 예방 / 경영 연쇄 영향**
정성적 예측 방법	소수의 고객과 전문가 의견을 중심으로, 경영자 판단·시장조사·마케팅 정보를 종합하여 미래 서비스 수요를 주관적으로 예측하는 방식 **전문가 판단 / 경영자 의견 / 주관적 예측 / 시장 정보 종합 / 초기 수요 예측**
정량적 예측 방법	과거의 구매·이용 데이터를 기반으로 통계적·계량적 기법을 활용하고, 대표성 있는 표본에 대한 구조화된 설문을 통해 미래 수요를 예측하는 방법 **과거 데이트 / 통계 분석 / 계량적 기법 / 구조화 설문 / 객관적 예측**
지명집단기법	8~12명의 내부 부서 담당자, 외부 전문가, 주요 고객이 참여하여 토론과 투표를 통해 의견을 구조화하고 미래 수요를 추정하는 집단 의사결정 기법 **전문가 집단 / 토론·투표 / 구조화된 의견 수렴 / 수요 추정 / 집단 의사결정**
델파이기법	다수의 전문가에게 익명으로 반복적인 의견을 수집하고, 통계적으로 분석·환류하여 점진적으로 합의된 수요 예측 결과를 도출하는 방법 **익명성 / 반복 조사 / 전문가 의견 / 통계적 환류 / 합의 도출**
시장 조사법	인터뷰와 설문조사를 통해 시장과 고객에 대한 데이터를 직접 수집하는 방법으로, 정확성은 높지만 시간과 비용, 조사 자원이 많이 소요되는 방식 **인터뷰 / 설문조사 / 1차 자료 수집 / 정확성 높음 / 비용·시간 소요**
사다리 기법	제품 속성에서 출발해 그 이유와 결과를 단계적으로 질문함으로써, 고객의 숨겨진 동기와 심리적 가치를 탐색하는 조사 기법 **속성 / 이유 / 결과 / 가치 / 심층 질문 / 숨겨진 동기 / 고객 심리 / 가치 탐색**
이동 평균법	시계열 분석의 한 방법으로, 시간의 흐름에 따라 가장 최근 자료를 기준으로 평균을 계속 계산하여 수요의 추세를 예측하는 기법 **시계열 분석 / 최근 자료 중심 / 평균 계산 / 추세 파악 / 단기 예측**
지수 평활법	실제 수요와 기존 예측치에 서로 다른 가중치(α, $1-\alpha$)를 부여한 지수적 평균을 통해 미래 수요를 예측하는 정량적 시계열 기법 **지수적 가중 평균 / 시계열 분석 / α(지수 평활 상수) / 최근 실적 반영 / 수요 예측**
수요 추구형 전략	예측된 수요량에 맞추어 공급 규모를 탄력적으로 조정하며, 수요 변화에 즉각적으로 대응하는 공급 운영 전략 **수요 중심 / 공급 탄력 조정 / 예측 기반 / 변동 대응 / 실시간 운영**
공급 평준화 전략	수요 변동과 관계없이 일정한 고용 수준과 공급량을 유지하며 운영하는 전략으로 재고 부족을 허용하는 경우와 허용하지 않는 경우로 구분 **공급 일정 유지 / 고용 안정 / 수요 변동 무관 / 재고 부족 허용 / 비허용 / 운영 안정성**

주문 공급 모형	자체 공급 능력이 부족한 기업이 외부 공급자를 활용하여, 언제 주문할 것인지와 얼마나 주문할 것인지를 결정해 필요한 공급량을 조달하는 운영 모형 **외부 공급자 활용 / 주문 시기 / 주문량 결정 / 고정 주문량 / 고정 주문 간격**
고정 주문량 모형	주문할 때마다 동일한 주문량을 유지하고, 수요와 재고 수준에 따라 재주문 시점을 결정하는 주문 방식 **주문량 고정 / 재주문 시점 결정 / 재고 모니터링 / 수요 변화 대응 / 통제 시스템**
고정 주문 간격 모형	주문 간격은 일정하게 유지하고, 각 주문 시점마다 재고 부족분에 따라 주문량을 유연하게 결정하는 주기적 통제 방식의 주문 모형 **주문 간격 고정 / 주문량 변동 / 주기적 재고 점검 / POQ(주기적 주문량) 리드타임 일정**
서비스 대기 관리	고객이 서비스를 받을 준비가 된 시점부터 실제 서비스가 개시되기까지의 대기 시간을 효과적으로 관리하여 고객 불만을 줄이고 만족도를 높이는 활동 **대기 시간 / 고객 인식 관리 / 대기 불만 감소 / 서비스 개시 시점 / 만족도 향상**
혼잡성	주어진 공간에서 고객이 느끼는 주관적 밀도와 불편감으로, 실제 사람 수보다 고객이 인지하는 심리적 체감 밀도가 서비스 경험과 만족도에 더 큰 영향을 미치는 상태 **심리적 체감 밀도 / 주관적 인식 / 물리적 밀도≠만족도 / 불편감 / 서비스 경험**
혼잡성에 영향을 미치는 요소들	**환경적 단서, 구매 동기, 고객의 제약 조건, 혼잡에 대한 기대**
혼잡성이 미치는 영향	**정보 처리 제한, 대인 커뮤니케이션 감소, 구매 가능성 감소, 점포 이미지 악화, 만족도 감소**
고객 모집단	서비스를 이용하고자 하는 잠재적 고객의 집합으로, 서비스 수요를 유발하는 기본 단위이며 상황에 따라 유한하거나 무한할 수 있음. **잠재 고객 집합 / 수요의 기본 단위 / 유한 모집단 / 무한 모집단 / 고객 정의**
서비스 채널	서비스를 실제로 처리하는 인력이나 시설을 의미하며, 채널의 수가 많아질수록 서비스 시스템의 처리 능력은 증가 **서비스 처리 능력 / 인력 / 시설 / 단일 채널 / 다중 채널 / 시스템 용량**
선착순 규칙	대기 중인 고객을 도착한 순서대로 서비스하는 가장 기본적이고 공정성이 높은 대기 관리 규칙 **도착 순서 / 공정성 / 대기 관리 / 기본 규칙 / FCFS**
최단 작업 시간 규칙	처리 시간이 가장 짧은 고객이나 작업을 우선적으로 서비스하여 평균 대기 시간을 최소화하려는 대기 관리 규칙 **처리 시간 기준 / 평균 대기 시간 최소화 / 효율성 / 작업 우선 순위 / SPT**
푸아송 분포	단위 시간(또는 단위 공간)동안 특정 사건이 발생하는 횟수를 확률적으로 나타내는 분포 **단위시간 / 사건 발생 횟수 / 확률 분포 / 무작위 발생 / 대기 이론**
지수 분포	사건과 사건 사이에 걸리는 시간(대기 시간 또는 서비스 시간)이 어떻게 분포되는지를 나타내는 확률 분포 **대기 시간 / 사건 간 시간 / 연속 확률 분포 / 기억 없음 성질 / 서비스 시간 분석**

리틀의 법칙 (Little's Law)	시스템 내 평균 고객 수는 평균 도착률과 평균 체류 시간의 곱으로 결정된다는 대기 이론의 기본 법칙 / ($L = \lambda \times W$) **평균 고객 수 / 도착률 / 체류 시간 / 대기 이론 / 시스템 관계식**
수율관리	가용 능력이 제한된 서비스에서 수요·공급·가격을 전략적으로 조절하여, 예약·초과예약·수요 분할 등을 통해 수익을 극대화하는 종합적 관리 기법 **가용 능력 한계 / 수익 극대화 / 예약 초과 예약 / 수요 분할 / 가격 조정**
초과 예약	노쇼(No-show) 발생을 고려하여 실제 수용 가능 인원보다 많은 예약을 받아, 빈 좌석·객실로 인한 수익 손실을 최소화하고 수익을 극대화하는 기법 **노쇼 관리 / 수익 손실 최소화 / 가용 능력 활용 / 초과 예약 전략 / 수율 관리**
평균법	과거 노쇼(No-show) 데이터를 분석하여 산출된 평균 노쇼 수만큼 초과 예약을 설정하는 방식으로 계산은 간단하지만 보상 비용과 고객 불만 위험을 충분히 반영하지 못하는 한계가 있는 방법 **평균 노쇼 수 / 과거 데이터 분석 / 계산 간단 / 적용 용이 / 비용 위험 미반영**
전자계산지법	발생 가능한 모든 수요, 노쇼 시나리오에 대해 재고 과잉 비용과 재고 부족 비용을 함께 고려하여 기대비용을 계산하고, 이를 기준으로 최적의 초과 예약 수준을 결정하는 방법 **기대 비용 분석 / 초과 예약 결정 / 재고 과잉 비용 / 재고 부족 비용 / 데이터 기반 의사결정**
한계 비용 접근법	추가되는 초과 예약 1단위에서 발생하는 기대수입이 그로 인한 기대손실(보상, 불만 비용)보다 크거나 같은 범위까지 초과 예약을 허용하여 수익을 극대화하는 방법 **한계수입 / 한계비용 / 기대수입 / 기대손실 / 초과 예약 한계 / 수익 극대화**
이상적 서비스	고객이 특정 서비스에 대해 가장 바람직하다고 인식하는 최고 수준의 기대 서비스로, 현실적으로는 항상 충족되기 어렵고 추가 비용이 필요할 수 있음을 고객도 인지하는 수준 **최고 기대 수준 / 궁극적 바람 / 비현실적 기준 / 추가 비용 인식 / 고객 기대**
희망 서비스	고객이 실제로 제공받기를 바라는 서비스 수준으로, 스스로 받을 수 있고 받아야 한다고 믿는 개인적 바람과 소망이 반영된 기대 수준 **실제 희망 수준 / 개인적 기대 / 받아야 한다는 인식 / 바람과 소망 / 기대 기준**
예측된 서비스	고객이 서비스 기업으로부터 실제로 제공받을 것이라고 예상하는 서비스 수준으로 과거 경험, 기업 이미지, 정보 노출에 의해 형성되며 이상적 서비스와 적정 서비스 사이에 위치하는 기대 수준 **실제 예상 수준 / 과거 경험 / 기업 이미지 / 정보 노출 / 기대 형성**
허용 영역	희망 서비스와 적정 서비스 사이의 범위로 서비스 성과에 차이가 있더라도 고객이 불만을 명확히 표출하지 않고 받아들일 수 있는 기대 허용 구간 **희망 서비스 / 적정 서비스 / 기대 허용 범위 / 불만 미발생 / 상황 / 개인 차이 / 감동 / 실망 경계**
적정 서비스	여러 조건을 고려했을 때 고객이 서비스를 받았다고 인정할 수 있는 최소한의 기대 수준으로, 고객이 수용 가능한 기대의 하한선 **최저 기대 수준 / 수용 가능한 최소 성과 / 기대 하한선 / 불만 발생 기준 / 서비스 인정선**

PART 04 서비스 인적 자원 관리

인적 자원 관리	조직의 경영 목적 달성을 위해 인력을 확보·개발·유지하고 동기를 부여하는 활동을 통합적·체계적으로 관리하여 서비스 품질과 조직 성과를 향상시키는 관리 체계 **인력 확보 / 개발 유지 / 동기부여 / 통합적 관리 시스템 / 서비스 품질 영향**
직무 중심주의 원칙	직무기술서·직무명세서 등 직무 정보를 기준으로 인재를 확보하고, 교육·훈련·배치·이동·승진 등 인적 자원 관리 활동을 수행하는 원칙 **직무 기준 / 직무기술서 / 직무명세서 / 적합 인재 확보 / 체계적 인사관리**
전인주의 원칙	직원을 단순한 노동력이 아닌 인간으로 존중하고, 인간성 실현과 자율성을 중시하는 민주적·인간 존중형 인적 자원 관리 원칙 **인간성 존중 / 전인적 관점 / 민주적 인사관리 / 권위주의 탈피 / 자율성**
능력주의 원칙	학력·연령·근속연수 등 연공 요소가 아닌, 직원의 능력과 성과·역량을 기준으로 공정한 인사 처우를 실현하는 원칙 **성과 중심 / 역량 기준 / 공정 보상 / 연공 배제 / 성과주의**
공정성의 원칙	인적 자원 관리의 절차와 결과를 공정하게 운영하여, 근로 조건과 인사 처우 전반에 대한 신뢰와 수용성을 확보하는 원칙 **절차 공정성 / 결과 공정성 / 신뢰 확보 / 공평한 평가 / 인사 정당성**
정보공개주의 원칙	직무 분석·평가 결과와 인사 고과 등 인사 정보를 공개하여 배치·이동·승진이 공정하게 이루어지도록 하는 원칙 **인사 정보 공개 / 투명성 / 직무 평가 / 인사 고과 / 공정한 처우**
참가주의 원칙	인사 방침과 제도 운영 과정에 구성원의 참여와 의견 수렴을 확대하여 경영의 민주화를 추구하는 인적 자원 관리 원칙 **구성원 참여 / 의견 수렴 / 경영 민주화 / 공동 의사결정 / 참여 경영**
마일즈-스노우 전략 유형별 인적 자원 관리	방어형 전략은 기존 제품과 시장을 중심으로 안정성과 효율성을 중시하는 전략으로, 인적 자원 관리는 직무 중심·내부 육성·공식적이고 체계적인 인력 계획과 내적 공정성을 강조 **안정성 / 효율성 / 직무 중심 / 내부 육성**
	혁신형 전략은 신제품·신시장 개척을 통해 환경 변화에 능동적으로 대응하는 전략으로 인적 자원 관리는 유연한 인력 운영과 외부 인재 영입, 성과 중심 보상 체계를 중시 **혁신 / 유연성 / 외부 인재 / 성과급 중심 / 외적 경쟁성 / 실행 중심**
	분석형 전략은 방어형과 혁신형 전략을 혼합하여 안정성과 혁신을 동시에 추구하는 전략으로, 인적 자원 관리는 내부 육성과 외부 영입을 병행하며 공정성과 경쟁성을 균형 있게 운영 **안정＋혁신 / 선택적 혁신 / 내부·외부 병행 / 균형적 HRM / 혼합 전략**
선발	조직의 직무 수행에 필요한 적성과 능력을 갖춘 인재를 공정한 기준과 절차에 따라 평가·선발하여 조직 구성원으로 유입시키는 핵심 인적 자원 관리 활동 **적합 인재 선발 / 직무 적합성 / 공정한 평가 / 인적 자원 유입 / 조직 성과 기반**
직무 평가	직무기술서와 직무명세서를 기초로 각 직무의 중요성·책임성·난이도 등을 비교·분석하여 조직 내 직무 간 상대적 가치를 체계적으로 결정하는 활동 **직무 간 상대적 가치 / 직무 분석 기반 / 중요성 / 난이도 / 공헌도 평가 / 조직 특성 반영**

직무 평가의 목표	직무의 상대적 가치를 기준으로 공정한 임금 체계를 확립하고, 인적 자원 관리의 합리화와 노사 간 임금 협상의 객관적 기준을 마련 **공정한 임금 체계 / 직무급 기초 / 인사관리 합리화 / 객관적 기준 / 노사 협상 자료**
직무 평가의 요소	각 직무가 요구하는 숙련, 노력, 책임, 작업 조건을 기준으로 직무 수행의 난이도와 공헌도를 체계적으로 비교·평가하기 위한 핵심 판단 기준 **숙련(Skill) / 노력(Effort) / 책임(Responsibility) / 작업 조건(Working Conditions) / 직무 난이도**
서열법	직무를 전체적·포괄적으로 상호 비교하여 순위를 결정하는 방법
분류법	사전에 설정한 등급(직무군)에 직무를 판정하여 배치하는 방법
점수법	직무 요소별로 점수를 부여하고 이를 합산하여 직무 가치를 평가하는 방법
요소 비교법	기준 직무의 평가 요소와 다른 직무의 요소를 비교하여 상대적 가치를 결정하는 방법
인사 고과	직원 개인의 업무 수행 능력과 근무 태도를 객관적으로 평가하여 현재 역량과 잠재력을 파악하고, 공정한 보상과 합리적인 인적 자원 개발의 기초 자료를 제공하는 관리 기법 **개인 중심 평가 / 업무 성과 / 근무 태도 / 잠재 능력 / 보상 / 개발 기준**
정서적 몰입	조직에 대한 개인의 참여 열망과 애착, 일체감을 바탕으로 자발적으로 몰입하는 유형
규범적 몰입	조직을 자아의 핵심으로 인식하고, 조직에 남아야 한다는 의무감에 의해 형성되는 몰입
지속적 몰입	조직을 삶의 중심에 두고, 조직을 떠날 경우 발생하는 비용을 고려하여 지속적으로 근무하고자 하는 몰입
노동 조합	임금 근로자가 근로 조건의 유지·개선을 목적으로 자발적으로 단결하여 결성한 지속적인 단체로, 사용자와 대등한 교섭력을 확보하고 사회·경제 전반에 영향력을 행사하는 조직 **근로 조건 개선 / 임금 근로자 단체 / 자발적 결성 / 집단적 교섭력**
단체 교섭	대표적 노동 조합과 사용자(또는 사용자 단체)가 임금과 근로 조건에 대해 평화적 협상을 통해 협정을 체결하는 공식적 절차로, 노동 조합 목적을 실현하는 핵심 수단 **노사 협상 / 임금 / 근로 조건 / 공식 절차 / 평화적 타협 / 조직력 실현**
노사 협의 제도	경영자와 근로자가 대등한 입장에서 단체 교섭 대상 외의 공통 이해관계 사항을 협의하여 상호 이해를 증진하고 협력적 노사 관계를 형성하기 위한 공동 협의 제도 **노사 공동 협의 / 공통 이해 관계 / 단체 교섭 보완 / 상호 이해 증진 / 협력적 노사관계**
직무 설계	여러 과업을 체계적으로 결합하여 한 사람이 수행할 직무의 내용·범위·방법을 구성하는 과정 **과업 결합 / 직무 구성 / 업무 범위 설정 / 작업 구조화 / 직무 내용 설계**
직무 재설계	기존 직무를 구성하던 여러 과업을 새롭게 재구성하여 한 사람이 수행하는 직무의 내용과 범위를 변경하는 과정 **과업 재구성 / 직무 변경 / 업무 구조 개선 / 직무 효율성 / 동기 부여**

직무 순환	직원이 하나의 과업에 고정되지 않고 여러 과업이나 직무를 일정 기간마다 순환하며 수행하도록 하는 제도 **주기적 이동 / 다기능 인력 / 직무 경험 확대 / 단조로움 감소 / 역량 개발**
직무 확대	개인이 수행하는 과업의 양과 종류를 늘려 직무 범위를 넓힘으로써 업무의 다양성을 높이는 직무 설계 기법 **과업 수 증가 / 직무 범위 확대 / 수평적 확대 / 단조로움 완화 / 업무 다양성**
직무 충실화	직무에 자율성과 책임을 확대하여 의사결정·참여·성과 환류를 강화함으로써 개인의 성장과 성취감을 높이는 수직적 직무 확대 기법 **수직적 직무 확대 / 자율성 / 책임감 강화 / 참여 / 의사결정 / 성장 / 성취감**
직무 특성화 모델	직무를 구성하는 핵심 특성이 종업원의 심리적 상태에 영향을 미쳐 동기 부여, 직무 만족, 성과를 높이고 이직률·결근률을 낮춘다고 설명하는 이론 **직무 특성 / 심리적 상태 / 동기 부여 / 직무 만족 / 성과 / 이직률 / 결근률 감소**
목표 갈등	동시에 달성하기 어려운 여러 목적들 사이에서 선택이나 의사 결정을 내리지 못해 발생하는 심리적·조직적 갈등 상태 **목적 간 충돌 / 의사 결정 곤란 / 선택 갈등 / 우선순위 문제 / 갈등 상황**
상호 관계상의 갈등	분노·증오·서운함과 같은 부정적 감정이나 의사소통 장애, 오해·편견 등 상대에 대한 부정적 인식에서 발생하는 대인 관계 갈등 **부정적 감정 / 의사소통 장애 / 오해·편견 / 대인 갈등 / 감정 충돌**
복리 후생	기업이 임금 외에 직원에게 부가적으로 제공하는 급여로, 직원의 경제적 안정과 생활의 질 향상을 통해 근로 의욕과 조직 만족도를 높이기 위한 제도 **부가 급여 / 임금 외 보상 / 경제적 안정 / 생활의 질 향상 / 근로 의욕 증진**

PART 05 고객 만족 경영 전략

고객 만족 모델	고객이 사전에 형성한 기대와 서비스 이용 후 지각한 실제 성과를 비교하여 만족 또는 불만족을 판단한다는 기대 불일치 이론에 기반한 모형 **기대 불일치 / 기대 수준 / 지각된 성과 / 만족 / 불만족 판단 / 기대 관리**
핵심 가치	고객이 기대하는 제품 및 서비스의 본원적 기능이 제대로 수행되는 가치로, 기본적인 성능과 효용에서 비롯 **기본 기능 / 본원적 성능 / 기본 효용 / 필수 가치 / 최소 기대 충족 / 기능적 가치**
공유 가치	동일한 제품이나 브랜드를 이용하는 개인 또는 집단 간의 동질성, 소속감, 공감에서 형성되는 심리적 가치 **동질성 / 소속감 / 공감 / 집단 정체성 / 커뮤니티 / 브랜드 유대감 / 사회적 가치**
비용 가치	제품 또는 서비스를 이용하기 위해 고객이 감내해야 하는 경제적 지출이 적정하다고 인식되는 가치 **가격 적정성 / 경제적 부담 / 지불 대비 효용 / 가성비 / 비용 효율성 / 금전적 합리성**
서비스 가치	제품이나 서비스의 가치 획득 과정에서 제공되는 서비스 수준이 지불한 비용에 비해 적절하다고 지각되는 가치 **서비스 수준 / 비용 대비 만족 / 응대 품질 / 경험 가치 / 지각된 가치 / 고객 체감 품질**
확장 가치	제품 구매나 서비스 이용 이후에도 지속적인 관리와 관심을 받고 있다고 느끼는 이용의 계속성 가치 **사후 관리 / 지속적 관계 / 이용 계속성 / 장기적 만족 / 관계 유지 / 고객 케어 / 로열티 형성**
P-S-P 철학	P-S-P 철학이란 직원(People)의 만족과 몰입이 서비스(Service) 품질 향상으로 이어지고, 이는 고객 만족과 충성도를 통해 기업의 수익(Profit) 창출로 연결된다는 선순환 경영 철학 **직원 만족 / 조직 몰입 / 내부 고객 / 서비스 품질 / 고객 만족 / 고객 충성도 / 선순환 구조 / 수익 창출**
서비스 마케팅 삼각형	기업 — 직원 — 고객 간의 상호 관계 속에서 서비스 약속의 형성, 전달, 이행 과정을 통해 고객 만족과 기업 성과가 창출되는 구조를 설명하는 모형 **기업 - 직원 - 고객 / 서비스 약속 / 약속의 형성 / 약속의 전달 / 약속의 이행**
내부 마케팅	내부 고객인 직원을 대상으로 교육·훈련·성장 기회를 제공하고, 성과에 따른 보수·승진·복지 제도를 통해 서비스 수행 역량과 동기를 강화하는 활동 **내부 고객 / 직원 대상 / 교육 / 훈련 / 성장 기회 / 동기 부여 / 서비스 역량 강화 / 보상 / 승진 / 복지 제도 / 몰입 증진**
외부 마케팅	외부 고객을 대상으로 제품 및 서비스 정보를 제공하고 차별화 전략을 통해 고객을 확보·유지하며, 고객 가치를 증진시키는 마케팅 활동 **외부 고객 / 제품 / 서비스 정보 제공 / 차별화 전략 / 고객 확보 / 고객 유지 / 고객 가치 증진 / 브랜드 커뮤니케이션 / 시장 경쟁력**

부록

상호 작용 마케팅	직원과 고객 간의 직접적인 서비스 접점에서 신뢰, 존중, 예의, 사후 서비스(A/S) 등을 통해 약속된 서비스를 실제로 전달하는 활동 **직원 – 고객 접점 / 직접 상호작용 / 서비스 전달 / 약속 이행 / 신뢰 형성 / 존중 / 예의 / 서비스 경험 / 사후 서비스(A/S) / 고객 만족**
고객 만족 경영 매트리스	고객의 기대 수준과 실제 서비스 성과 수준을 기준으로 만족·불만족 상태를 체계적으로 분류하여, 서비스 개선 우선순위와 경영 전략을 도출하는 분석 도구 **기대 수준 / 성과 수준 / 만족 / 불만족 구분 / 개선 우선순위 / 전략 도출**
고객 순추천 지수(NPS)	고객이 기업·제품·서비스를 타인에게 추천하려는 의지를 수치화하여, 충성 고객의 비율과 기업의 성장 가능성을 판단하는 지표 **고객 추천 의도 / 충성 고객 / 브랜드 신뢰 / 재구매 가능성 / 마케팅 효율성 / 기업 성과 지표**
순 추천 지수(NPS)측정	고객의 추천 의도를 0~10점으로 측정한 뒤, 추천 비율에서 비추천 비율을 차감하여 충성 고객 수준을 수치화한 지표 **추천 의도 / 추천자 / 중립자 / 비추천자 / 비율 차감 / –100 ~ +100 / 충성 고객 지표**
고객 가치 창조	고객이 인식하는 혜택은 극대화하고 고객이 부담하는 비용은 최소화하도록 가치 혁신과 비용 혁신을 동시에 추구하여 고객 가치를 높이는 활동 **혜택 극대화 / 비용 최소화 / 가치 혁신 / 비용 혁신 / 고객 인식 가치 / CV = Benefit – Cost**
고객 가치 증진 접근법	제품·서비스의 속성에 부가적 혜택을 더하고 경쟁자 대비 상대적 우위를 강화하여, 고객이 인식하는 지각된 가치를 높이는 접근법 **지각된 가치 / 부가 혜택 제공 / 속성 분석 / 경쟁자 비교 / 상대적 우위 / 가치 인식 강화**
고객 가치 연장	고객이 가치를 인식하는 접점을 서비스 이용 중에만 국한하지 않고, 이용 전·이용 후 단계까지 확장하여 고객 충성도를 강화하는 전략 **가치 접점 확장 / 이용 전·중·후 / 추가 혜택 / 지속적 가치 제공 / 고객 충성도 / 반복 구매**
시장 지향성	고객과 경쟁자에 관한 정보를 지속적으로 획득·공유하고 이를 조직 전체의 대응 행동으로 연결하여 시장 변화에 효과적으로 대응하려는 조직 역량 **고객 정보 / 경쟁자 정보 / 정보 획득 / 공유 / 시장 변화 대응 / 조직 역량 / 시장 대응 전략**
탁월성	내부 지향적 업무를 최소화하고 시장과 고객 중심의 외부 지향적 활동을 강화하여, 고객 지향 전략·시스템·서비스 수행을 통해 지속적인 우수 성과를 창출하는 상태 **고객 중심 / 외부 지향성 / 시장 변화 대응 / 고객 요구 반영 / 서비스 품질 기준 / 지속적 성과**
고객 만족 지수(CSI)	고객이 직접 이용한 제품·서비스의 품질에 대해 지각한 만족 수준을 모형에 근거해 계량화하고, 기업의 경영 활동 성과를 고객 관점에서 체계적으로 평가하는 지표 **고객 지각 만족 / 품질 평가 / 계량화 지표 / 고객 관점 / 경영 성과 분석 / CSI 모델**

미스터리 쇼퍼	일반 고객으로 가장한 조사원이 실제 서비스 이용 과정을 체험하며, 표준화된 기준에 따라 서비스 제공 수준과 품질을 객관적으로 평가하는 조사 기법 **일반 고객 가장 / 현장 체험 평가 / 서비스 품질 점검 / 표준 이행 여부 / 고객 만족 분석**
국가 고객 만족 지수 (NCSI)	국내 최종 소비자가 이용한 제품·서비스에 대해 지각한 만족 수준을 모형에 근거해 계량화하여, 기업·산업·국가 차원의 품질 경쟁력을 평가하는 국가 지표 **국가 차원 지표 / 고객 지각 만족 / 품질 경쟁력 / ACSI 기반 / KPC / 산업 비교 / 국제 비교(EPSI)**
NCSI 모델	고객 만족이 고객 충성도로 이어지고, 이를 통해 현재와 미래의 사업 성과를 설명·예측하기 위한 국가 고객 만족 분석 모형 **고객 만족 → 고객 충성도 / 사업 성과 평가 / 현재·미래 성과 / 구조적 모형 / 성과 예측**
경영 전략	기업이 보유한 역량과 환경을 객관적으로 분석하여 지속적인 경쟁 우위를 확보하기 위해 목표·방향·자원 배분·차별화 방안을 체계적으로 수립하고 실행하는 종합적 경영 계획 **지속적 경쟁 우위 / 차별화 / 전략적 자원 배분 / 환경 분석 / 경쟁자 인식 / 경영 방향 설정**
S-C-P모형 (Structure - Conduct - Performance Model)	산업 구조가 기업의 행동을 결정하고, 이러한 행동의 결과가 산업 및 기업의 성과로 이어진다는 인과 관계를 통해 평균 이상의 이익 창출 조건을 분석하는 이론적 틀 **산업 구조 / 기업 행동 / 경영 성과 / 인과 관계 / 경쟁 분석 / 평균 초과 이익**
Five-Force 모형	산업 내·외부의 다섯 가지 경쟁 압력이 기업의 수익성과 경쟁 강도를 어떻게 결정하는지를 분석하는 전략 분석 도구 **산업 구조 / 경쟁 강도 / 수익성 / 진입 장벽 / 협상력 / 대체재 / 경쟁 압력**
SWOT 분석	내부 환경(S·W)과 외부 환경(O·T)을 동시에 고려하여 전략적 선택의 방향을 제시하는 종합 환경 분석 기법 **내부 환경 / 외부 환경 / 강점 / 약점 / 기회 / 위협 / 전략 도출 / 환경 분석**
기업 경쟁력 위상 분석	기업 경쟁력 위상 분석은 핵심 경쟁 요인을 기준으로 경쟁사 대비 자사의 상대적 위치를 시각화하여 전략적 포지셔닝과 개선 방향을 도출하는 기법 **경쟁력 비교 / 상대적 위치 / 포지셔닝 / 벤치마킹 / 핵심 경쟁 요인 / 전략 방향 도출**
분포 분석 (Portfolio 분석)	기업의 상품·서비스가 시장에서 차지하는 분포와 비중을 분석하여 전략적 조정과 자원 배분 방향을 결정하는 기법 **포트폴리오 관리 / 분포 진단 / 자원 배분 / 전략적 조정 / 상품 / 서비스 구성**
동태 분석 (Dynamism 분석)	시간의 흐름에 따른 시장·수요·경쟁 환경의 변화를 분석하여 전략적 진입과 퇴출 시점을 판단하는 기법 **시간 흐름 / 변화 방향 / 변화 속도 / 성장성 분석 / 전략적 의사결정 / 제품 수명 주기**

부록

C

원가 우위 전략	낮은 원가 구조를 기반으로 가격 경쟁에서 우위를 확보하여 시장을 선도하는 전략 **원가 절감 / 규모의 경제 / 공정 효율화 / 비용 통제 / 원가 선도 기업 / 가격 경쟁력**
차별화 전략	고객이 인정하는 독특한 가치를 통해 가격 경쟁을 회피하고 경쟁 우위를 확보하는 전략 **차별성 / 대체 불가능한 가치 / 프리미엄 가격 / 브랜드 파워 / 가치 경쟁 / 고객 인식**
집중화 전략	특정 표적 시장에 자원을 집중하여, 그 시장 안에서 원가 우위 또는 차별화를 통해 경쟁 우위를 확보하는 전략 **표적 시장 / 틈새시장 / 자원 집중 / 전문화 / 원가 집중 / 차별화 집중**
다각화 전략	기존 사업을 기반으로 새로운 사업 분야에 진출하여 성장 기회를 확대하고 위험을 분산하는 기업 성장 전략 **기존 사업 유지 / 신규 사업 진입 / 사업 영역 확장 / 위험 분산 / 시너지 / 성장 전략**
틈새 시장 전략	소수 고객의 특화된 욕구를 집중적으로 공략하여 제한된 자원으로 경쟁 우위를 확보하는 전략 **소수 시장 / 세분 시장 / 특화된 고객 욕구 / 집중 전략 / 중소기업 전략 / 경쟁 회피**
시장 조사	시장 환경에 대한 정보를 체계적으로 분석하여 마케팅 전략 수립의 기초 자료를 제공하는 활동 **시장 환경 분석 / 정보 수집 / 의사결정 지원 / 전략 수립 / 경쟁 환경 / 시장 구조**
소비자 분석	소비자의 욕구와 행동을 이해하여 목표 고객과 마케팅 전략을 구체화하는 활동 **소비자 행동 / 구매 동기 / 욕구 분석 / 의사결정 과정 / 목표 고객 / 마케팅 전략**
마케팅 조사	시장·소비자 정보를 체계적으로 분석하여 마케팅 의사결정을 지원하는 활동 **정보 수집 / 데이터 분석 / 마케팅 의사결정 / 성과 평가 / 전략 수정 / 문제 해결**
벤치마킹	우수 기업의 성과와 프로세스를 학습하여 자사의 경쟁력을 향상시키는 경영 기법 **성과 비교 / 모범 사례 / 프로세스 학습 / 격차 분석 / 지속적 개선 / 경영 혁신**
STP전략	시장을 세분화하고 표적 시장을 선정한 후 차별적 이미지를 구축하는 마케팅 전략 **시장 세분화 / 표적 시장 / 포지셔닝 / 차별화 / 고객 가치 / 마케팅 전략**
시장 세분화 (Segmentation)	전체 시장을 유사한 욕구를 지닌 고객 집단으로 나누는 과정 **시장 구분 / 세분 기준 / 고객 니즈 / 동질성 / 차별성 / 전략 기초**
목표 시장 선택 (Targeting)	목표 시장 선택은 세분 시장 중 기업이 집중 공략할 시장을 결정하는 단계 **시장 매력도 / 표적 시장 / 선택과 집중 / 자원 배분 / 경쟁 전략**
포지셔닝 (Positioning)	포지셔닝은 목표 고객의 인식 속에 차별적 위치와 이미지를 구축하는 전략 **인지 위치 / 차별화 / 경쟁 비교 / 브랜드 이미지 / 서비스 콘셉트 / 고객 인식**

4P's	4P's는 목표 시장에서 고객 반응을 유도하기 위해 제품·가격·유통·촉진을 전략적으로 조합하는 마케팅 전략 **제품(Product) / 가격(Price) / 유통(Place) / 촉진(Promotion) / 마케팅 믹스 / 4P's / 통제 가능 요소 / 전략적 조합 / 고객 반응 / 경쟁 우위**
4C's	4C's는 기존의 4P's를 고객 관점에서 재구성한 고객 중심 마케팅 전략 **Customer(고객) / Cost(비용) / Convenience(편익) / Communication(소통)**
7P's	기존의 마케팅 믹스의 개념에 물적 증거(Physical Evidence), 프로세스(Process), 사람(People)을 포함한 확장된 마케팅 믹스
통합 마케팅 커뮤니케이션 (Intergrated Marketing Communications, IMC)	IMC는 기업의 모든 마케팅 커뮤니케이션을 하나의 일관된 메시지로 통합하는 전략 **통합 커뮤니케이션 / 메시지 일관성 / 브랜드 이미지 / 광고 / PR 통합 / 고객 접점 관리**
지속적 경쟁 우위 (Sustainable Competitive Advantage, SCA)	지속적 경쟁 우위 전략은 모방이 어려운 핵심 자원을 기반으로 장기적 경쟁 우위를 확보하는 전략 **지속성 / 모방 곤란성 / 핵심 역량 / 대체 불가능성 / 장기 경쟁력 / 전략적 자원**
서비스 확산 분석	서비스 확산 분석은 신규 서비스가 시장에 퍼지는 경로와 속도를 분석하는 전략적 도구 **서비스 확산 / 확산 속도 / 커뮤니케이션 채널 / 외부 채널 / 내부 채널 / 구전 효과 / 파급 효과**
Bass 확산 모형	Bass 모형은 혁신자와 모방자의 상호 작용을 통해 신서비스가 확산되는 과정을 설명하는 모형 **서비스 확산 / 혁신자 / 모방자 / 외부 영향 / 내부 영향 / p계수 / q계수 / 구전 효과**

부록 02 | 파이널 모의고사

일반형

01 다음 중 서비스업에 대한 내용으로 가장 적절한 것은?

① 서비스는 제조업체의 입장에서는 필요악이다.
② 도시화의 가속은 서비스업 성장이 저해 요인이다.
③ 새로운 직업의 대부분이 서비스에 의해 창출되고 있다.
④ 임대의 개념으로 서비스를 보는 관점은 적절하지 않다.
⑤ 첫 구매의 경우, 유형재로서의 제품에 비해 서비스의 경우 고객 기대관리가 더욱 용이하다.

02 서비스 패러독스가 발생하는 원인과 거리가 먼 것은?

① 고객의 기대 수준이 점점 높아지고 있다.
② 경쟁적인 서비스 환경이 차별성을 잃게 만들고 있다.
③ 서비스의 획일화, 즉 지나친 표준화로 서비스의 개별성이 상실되고 있다.
④ 기술의 단순화로 고객이 서비스를 정확하게 인지하고 있다.
⑤ 서비스 제공 과정에서 자동화된 기계·기술 기반 고객 셀프서비스가 확대되고 있다.

03 다음 중 러브락(Lovelock)의 서비스 분류 형태로 옳지 <u>않은</u> 것은?

① 고객과의 관계 유형에 따른 분류
② 고객별 서비스 변화와 재량 정도에 따른 분류
③ 서비스 기능에 의한 분류
④ 수요와 공급의 관계에 따른 분류
⑤ 서비스 제공 방식에 따른 분류

04 서비스의 3개 기본속성 중 상담, 수술, 법률서비스, 금융투자 등 서비스를 경험한 후에도 평가하기 어려운 속성은 무엇인가?

① 탐색 속성　　　　　　　② 신뢰 속성
③ 경험 속성　　　　　　　④ 기대 속성
⑤ 무형적 속성

05 다음 중 서비스 품질 측정이 어려운 이유로 적절하지 <u>않은</u> 것은?

① 서비스 품질은 주관적이기 때문에 측정이 어렵다.
② 서비스는 제공되기 이전에 시험·검증하기가 어려운 특성이 있다.
③ 고객으로부터 서비스 품질에 대한 데이터를 수집하기가 어렵다.
④ 고객은 서비스 프로세스의 일부이며, 변화 가능성이 있는 요인이다.
⑤ 자원이 고객과 분리되어 이동하므로, 고객이 자원의 변화를 파악하기 어렵다.

06 갭 모형에서 고객의 기대에 대한 경영자의 지각과 조식의 서비스 품질 디자인 명세서의 차이를 의미하는 것은?

① Gap 1   ② Gap 2
③ Gap 3   ④ Gap 4
⑤ Gap 5

07 다음 중 서비스 품질 갭(Gap)에 대한 설명으로 가장 적절한 것은?

① 기대한 서비스와 경험(인지)한 서비스의 차이는 경영자 인지 격차이다.
② 기대된 서비스와 고객 기대에 대한 경영진의 인식 차이는 서비스 전달 격차이다.
③ 서비스 전달과 경영진 인지의 품질명세화의 차이는 경영자 품질명세 격차이다.
④ 서비스 전달과 고객에 대한 외적 커뮤니케이션의 차이는 시장 커뮤니케이션 격차이다.
⑤ 경영 인식의 품질명세화와 고객 기대에 대한 경영진의 인식 차이는 경험한 서비스 격차이다.

08 서비스 프로세스 설계와 관련된 설명으로 가장 적절하지 <u>않은</u> 것은?

① 서비스 프로세스 설계시 고객에 대한 인식이 중요하다.
② 내부 프로세스를 수행하는 종업원은 기능적 사고를 갖는 것이 필요하다.
③ 서비스 제공자와 내부고객의 체인은 고객지향적 방식으로 관리되어야 한다.
④ 내부 서비스가 불량하면 외부고객에게 제공되는 서비스의 품질이 저하될 수 있다.
⑤ 서비스 프로세스 설계시, 고객은 내부고객과 외부고객으로 구분할 수 있다.

09 다음 중 서비스 프로세스 재설계 과정에 해당하지 <u>않는</u> 것은 무엇인가?

① 편의성과 전달 기능을 향상시키기 위해, 서비스 프로세스 중 물리적 요소를 재설계한다.

② 고객별 서비스 종류를 줄이고, 일관된 서비스를 제공하여 다양성을 확보한다.

③ 서비스 속도를 높이고 접근성을 향상시키기 위해 셀프서비스를 활용한다.

④ 편의성과 접근성을 높이기 위해, 고객에게 서비스를 직접 전달하는 새로운 과정을 창출한다.

⑤ 서비스 효율성과 제공 속도를 높이기 위해, 부가가치를 창출하지 않는 서비스 전달 단계를 제거한다.

10 다음 중 서비스 혁신의 유형이 <u>아닌</u> 것은?

① 급진적 혁신 ② 파괴적 혁신

③ 존속적 혁신 ④ 기본적 혁신

⑤ 협력적 혁신

11 서비스 수요의 특성으로 옳지 않은 것은?

① 서비스는 재고의 저장이 불가능하거나 어렵다.

② 서비스는 시간과 공간의 제약이 따르는 경우가 많다.

③ 서비스 수요량이 공급량을 넘어서면 넘치는 수요는 포기해야 한다.

④ 대부분의 서비스 수요는 눈에 보이지 않고 만들어지면 바로 소비된다.

⑤ 서비스 수요는 즉시 제공되지 못해도 수요 자체가 사라지지는 않는다.

12 다음 서비스 수요를 예측하는 기법들 중 나머지와 성격이 가장 <u>다른</u> 하나는?

① 델파이법 ② 시장 실험법

③ 구매 의도 조사법 ④ 시계열 분석법

⑤ 판매원 의견 통합법

13 서비스 수요 예측 방법 중 정성적 예측 방법에 대한 설명으로 옳지 <u>않은</u> 것은?

① 정성적 예측 방법의 장점은 단순성과 명확성이다.
② 고객 이외의 환경적 요인의 변화를 파악하기 쉽다.
③ 대표적으로 지명 집단 기법, 델파이기법 등이 있다.
④ 근시안적 정보만 가지고 접근하는 경우가 있어 결과가 전체 시장을 대표하지 못한다.
⑤ 경영자의 판단, 전문가의 의견, 마케팅 부문의 정보와 경험, 시장 조사 결과 등을 참고하여 주관적으로 미래의 수요를 예측하는 방법을 통창하는 개념이다.

14 다음 중 가격 경쟁이 심해지는 경우로 적절하지 <u>않은</u> 것은?

① 경쟁자의 수가 증가할 때
② 대체재의 수가 증가할 때
③ 경쟁자 혹은 대체재의 분포가 좁아질 때
④ 산업 내의 생산 능력이 과도하게 증가할 때
⑤ 서비스 표준화가 명확하고 가격이 유일한 비교 대상이 되는 업종일 때

15 다음 중 서비스 고객 기대 관리에 대한 설명으로 옳지 <u>않은</u> 것은?

① 고객의 서비스에 대한 기대는 서비스 성과에 대한 평가의 준거점으로 활용할 수 있다.
② 서비스가 고객의 허용 구간 하한선 수준보다 떨어지면 고객은 실망하거나 불만을 가질 수 있다.
③ 고객이 상황 등에 따라 달라질 수 있는 서비스의 이질성을 지각하고 수용할 수 있는 한계를 허용구간이라 한다.
④ 고객은 현실적으로 희망하는 서비스의 최고점보다 낮은 '수용할 만한 서비스' 수준의 기대를 가진다.
⑤ 같은 기업으로부터 같은 서비스를 받은 각각의 고객은 향후 해당 기업에 대하여 동일한 수준의 기대를 가질 것이다.

16 인적 자원 관리의 목표로 옳지 <u>않은</u> 것은?

① 공정한 보상
② 생산성과 품질 향상, 고객 만족
③ 핵심 인력의 육성 및 개발
④ 고용 관리의 체계 구축
⑤ 조직 내 커뮤니케이션 활성화

17 직무평가의 요소에 해당되지 <u>않는</u> 것은?

① 작업조건 ② 노력
③ 숙련 ④ 책임
⑤ 동기

18 다음 중 보상에 대한 설명으로 <u>틀린</u> 것은?

① 보상은 금전적 보상과 비금전적 보상으로 구성되어 있다.
② 금전적 보상에는 직접 보상과 간접 보상이 있다.
③ 기본급, 성과급은 직접 보상에 해당한다.
④ 근무환경, 근무 시간, 근무 제도는 간접 보상에 해당한다.
⑤ 비금전적 보상의 직무 자체는 직원이 맡은 업무 자체가 의미있고 도전적일 때 느껴지는 만족과 동기부여이다.

19 단체교섭의 기능으로 거리가 <u>먼</u> 것은?

① 근로자의 임금, 근로조건, 복지 등 물질적 이익을 개선하는 기능
② 노사 간 대립과 충돌을 협상으로 조정하거나 예방하는 기능
③ 조직 내 근로관계의 기준을 정립하여 노사 간 규칙을 설정하는 기능
④ 노사 간 공동체 의식 조성과 근로자 불만을 해소하는 기능
⑤ 노사 간 갈등 예방과 평화적 해결

20 복리후생의 목적으로 거리가 <u>먼</u> 것은?

① 직원의 충성심이 높아져 이직률과 결근율이 감소한다.
② 근로자의 불만이 줄어들어 노조의 영향력이 감소한다.
③ 직원 내부의 문제가 외부로 유출될 가능성이 낮아져서 기업 정보 통제 가능성이 약해진다.
④ 직원의 근로 의욕과 업무 만족도를 높여 조직 생산성이 향상된다.
⑤ 직원의 생활 안정과 복지를 보장하여 근로자의 생계를 지원한다.

21 고객 만족도를 결정하는 요소로 옳지 <u>않은</u> 것은?

① 제품과 서비스 품질 ② 고객 성향
③ 귀인 행동 ④ 공평성
⑤ 구전

22 고객 만족 경영의 효과에 대한 설명으로 **틀린** 것은?

① 전환비용 감소　　　　　　　　② 매출 및 이익 증대
③ 지속적인 경쟁우위 유지　　　　④ 마케팅 효과 증진
⑤ 고객 충성도 향상

23 고객 만족지수의 측정 원칙으로 **옳은** 것은?

① 연속성, 공정성, 계속성　　　　② 계속성, 정량성, 정확성
③ 객관성, 정량성, 정확성　　　　④ 통합성, 객관성, 연속성
⑤ 공정성, 객관성, 정보성

24 BCG 매트릭스에 대한 설명으로 **틀린** 것은?

① BCG 매트릭스란 기업 내 여러 사업의 경쟁력과 시장 매력도를 평가하여 각 사업의 투자, 유지, 철수 여부를 결정하는 데 활용되는 전략 도구이다.
② 기업의 여러 사업이나 제품을 시장 성장률과 상대적 시장 점유율의 두 축으로 나누어 평가한다.
③ 매트릭스 유형 중 '별(Star)'은 성장성은 높지만 점유율이 낮아 불확실성이 크다.
④ 매트릭스 유형 중 '개(Dog)'는 성장성과 점유율이 모두 낮아 사업 축소 또는 철수를 고려해야 한다.
⑤ 매트릭스 유형 중 '현금창출원(Cash Cow)'는 시장 성장성은 낮지만, 안정적인 수익을 창출하여 자금 확보에 활용된다.

O / X형

[25~29] 다음 문항을 읽고 옳고(O), 그름(X)을 선택하시오.

25 패스트푸드점과 같이 서비스가 반복적으로 제공되는 업종에서는 서비스 운영 절차가 체계적으로 정립되어 있어야 하며, 표준화된 업무 지침이 서비스 품질 유지에 핵심적이다.

(① O ② X)

26 서비스 청사진상에 존재하는 고객이 경험할 수 있는 전방과 고객이 눈으로 볼 수 없는 직원 활동 및 후방 지원 프로세스를 구분하기 위한 표시선을 상호작용선이라고 한다.

(① O ② X)

27 명절과 같은 특정 시기에 한 번에 집중되는 수요를 다룰 때 사용하는 일회성 주문 모델에서는 언제 주문하느냐보다 얼마나 주문할 것인가를 결정하는 것이 핵심이다.

(① O ② X)

28 보상관리는 직접 보상과 간접 보상으로 구분된다. 연봉 또는 월급은 직접 보상에 해당하며, 상여금은 간접 보상에 해당한다. (① O ② X)

29 고객에게 새로운 가치를 제공하기 위한 혁신 유형은 두 가지로 분류된다. 하나는 가치혁신이고 다른 하나는 절차혁신이다. (① O ② X)

연결형

[30~34] 다음 설명에 적절한 〈보기〉를 찾아 각각 선택하시오.

┤ 보기 ├
① 트리클다운   ② Gap 모형   ③ Five-Force 모형   ④ 직무순환   ⑤ S-C-P 모형

30 정부 자금을 유입시키면 그것이 중소기업과 소비자에게까지 영향을 끼쳐 경기를 자극한다는 이론으로, 기대 이상으로 서비스가 제공되었을 때 발생하는 효과   (   )

31 경력 발전 등을 위해 한 구성원이 여러 직무를 차례로 경험하도록 한 과업에서 다른 과업으로 주기적으로 이동하는 인사관리 방법   (   )

32 서비스 품질의 구조를 진단하는 대표적인 모형으로, 기대된 서비스와 실제 지각된 서비스 결과의 차이를 결정변수로 삼는 모형   (   )

33 이 모형이 개발된 목적은 산업내 경쟁을 저해하는 요인을 찾아냄으로써 정부가 이 요인을 제거하여 산업 내 경쟁을 유도하는 정책을 펼 수 있도록 하는 데 있다. (   )

34 기업이 직면하게 되는 환경적 위협에 대한 요인을 찾아내고, 그 위협의 크기를 결정짓는 상황을 설명하는 모형으로, 그 분석요소로는 산업 내 경쟁자, 잠재 진입, 공급자, 구매자, 대체재가 있다.   (   )

35 다음은 A 가구 회사의 서비스에 대한 품질 비용의 설명으로 가장 옳은 것은?

> 직원 1: 저희 회사가 직원들에 대한 교육 프로그램 중 가구의 설치 및 운반 능력 향상 교육 등을 다양화하고 횟수도 종전보다 30% 가량 늘린 결과, 직원들이 가구를 설치하고 운반하는 과정에서 고객들의 만족도가 높아진 것 같습니다.
>
> 직원 2: 그뿐만이 아니라, 실제로 가구를 납품하고 설치한 후에 문제가 있어 고객의 클레임을 처리하거나 A/S를 하는 비용이 실제로 감소하였습니다.

① 직원 1의 발언은 서비스에 대한 품질 비용 중 평가 비용과 관련이 깊다.
② 직원 2의 발언은 서비스에 대한 품질 비용 중 예방 비용과 관련이 깊다.
③ 직원 1의 발언은 서비스에 대한 품질 비용 중 내부 실패 비용과 관련이 깊다.
④ 직원 2의 발언은 서비스에 대한 품질 비용 중 외부 실패 비용과 관련이 깊다.
⑤ 서비스 품질 관리가 우수한 기업의 품질 비용은 일반적으로 A가구 회사와 같이 서비스 실패 사전 방지를 위한 비용의 비중이 낮다.

36 다음의 커피 전문점 S사의 서비스 프로세스에 관한 내용 중 가장 옳지 <u>않은</u> 것은?

> 커피 전문점의 대표적인 S사는 일정한 가격으로 한정된 종류의 커피 등을 판매한다. 구매를 원하는 고객은 카운터에서 정해진 메뉴 내에서 직접 주문, 계산한 후 주문한 음료가 나오면 이를 받아 자신이 원하는 자리에서 음료를 마시거나 테이크아웃 하여 나간다. 이러한 서비스 프로세스를 적용하기 위하여 종업원을 위한 메뉴얼 형태의 업무 방법이 존재한다.

① 사례에서 S사의 서비스 프로세스는 매우 표준화된 프로세스를 제공하고 있다.
② 사례와 같은 서비스 프로세스를 주로 적용하는 경우는 검증된 효율적인 방법이 존재할 가능성이 높다.
③ 사례의 S사와 같은 경우 이질적인 태도와 능력을 지닌 종업원들의 업무수행을 균질화하기 위한 노력이 필요하다.
④ 고객의 요구가 다양하고 이질적인 경우에는 상당히 정형화된 사례와 같은 프로세스만을 제공할 경우 바람직하지 못한 성과로 나타날 수 있다.
⑤ S사와 같이 모든 고객에게 동일한 서비스 프로세스가 제공하는 경우, 서비스 제공자에게 많은 판단력이 요구되므로 종업원의 능력 수준이 높아야 한다.

37 다음은 유럽 ○○항공사의 경쟁우위 확보를 위한 서비스 마케팅 전략들을 설명하는 사례이다. 가장 관련이 적은 것은?

> ○○항공사는 항공시장에서 경쟁이 심화하면서 한때 큰 위기를 맞았었다. 그 이후 ○○항공사는 당일 출장이 가능하도록 이른 새벽과 늦은 항공편을 증편하고, 대형 항공사가 취항하지 않는 노선에 신규 취항하였고, 대형 항공사와의 경쟁노선에서는 낮은 가격의 상품을 출시하는가 하면, ★★사를 인수하여 렌터카, 크루즈 여행, 영화관 등을 항공상품과 연계하는 전략을 구사하면서 제2의 전성기를 구가하고 있다.

① 차별과 전략
② 원가우위 전략
③ 틈새시장 전략
④ 다각화 전략
⑤ 집중화 전략

38 다음은 백화점에서 진행되는 백화점 매장별 직원들 사이의 대화이다. 다음 중 옳지 <u>않은</u> 것은?

> 모피 매장 직원: 요즘 7월이라 한창 더운 여름이지만, 저희 매장은 대대적인 모피 할인 행사를 통해 고객을 끌어들이고 있어요. 겨울에 구입하는 것보다 할인 혜택이 커서 여름에도 모피를 사러 오시는 분들이 많습니다.
>
> 빙수 매장 직원: 아, 그렇군요. 저희 빙수 매장은 여름철이 되면서 빙수를 찾는 고객 수가 하루 기준으로 두 배 정도 늘어났어요. 그래서 일시적으로 파트타임 아르바이트생을 몇 명 더 채용했어요.
>
> 명품 매장 직원: 저희 매장에 있는 이 가방은 현재 일시 품절 상태라, 해외 본사에서 재고가 입고될 때까지 고객 요청 시 예약만 받고 있어요
>
> 곰탕 매장 직원: 저희 매장은 여름철에는 상대적으로 손님이 적은 편이라, 직원들이 주로 여름휴가를 이 시기에 많이 갑니다.
>
> 화장품 매장 직원: 그런데 저도 여름휴가를 가려고 알아보니, 호텔이 손님으로 붐벼서 그런지 평소보다 훨씬 비싼 가격을 받더라고요.

① 모피 매장은 비수기의 수요를 촉진하기 위한 전략에 해당한다.
② 빙수 매장은 성수기의 수요를 대응하기 위한 전략에 해당한다.
③ 명품 매장은 성수기 수요를 감소시키기 위한 전략에 해당한다.
④ 곰탕 매장은 비수기에 맞추어 공급을 조정하는 전략에 해당한다.
⑤ 호텔은 성수기 수요를 조절하기 위한 전략에 해당한다.

39 다음 사례의 부서에서 계획하고 있는 방법으로 팀원을 모집했을 때의 설명으로 가장 적절하지 <u>않은</u> 것은?

> 부서장 : 우리 팀이 맡은 대형 프로젝트가 계속 늘어나면서 업무가 과중해지고 있습니다. 그래서 팀원을 새로 충원하려고 하는데, 어떤 방식으로 선발하는 것이 좋을지 의견이 있으면 말씀해 주세요.
>
> 직원 1 : 제 생각에는 외부 경력자를 채용하는 방법도 있겠지만, 회사 내 다른 본부에 있는 사람을 선발하는 것이 더 효율적일 것 같습니다.
>
> 직원 2 : 저도 동의합니다. 예를 들어 마케팅 3팀의 김 과장은 이미 우리 업무를 해 본 경험이 있기 때문에 보다 효율적으로 일할 수 있을 것입니다.

① 훈련과 조직 적응에 필요한 시간을 줄일 수 있다.
② 능력과 성과가 이미 검증된 인력을 채용할 수 있다.
③ 시간과 비용이 많이 드는 충원 방식이라는 단점이 있다.
④ 재직자의 개발 동기를 높이고, 장기 근속을 유도할 수 있다.
⑤ 조직 내부 이동이 연쇄적으로 발생하면서 일시적인 혼란이 생길 수 있다.

40 아래는 상사(강 팀장)와 부하(이 대리)의 대화이다. 부하가 상사의 지시를 따르게 되는 현상을 설명한 개념은?

> 상사 : 이대리, 우리 회사가 지금 얼마나 어려운지 알지?
>
> 부하 : 네, 팀장님. 잘 알고 있습니다.
>
> 상사 : 최근 시민단체에서 우리 기업의 서비스 환경 개선을 요구하고 있는데 그러려면 비용이 많이 발생하거든. 그래서 말인데, 환경개선에 투자하지 않고 시민단체를 설득할 수 있는 방법 좀 찾아봐.
>
> 부하 : 네, 무슨 말씀인지 잘 알겠습니다. 다만 제가 알기로 시민단체가 관련 법 위반을 근거로 저희에게 서비스 개선을 요구하는 것으로 알고 있습니다. 나중에 더 큰 문제가 발생할 수도 있을 것 같습니다.
>
> 상사 : 잘 알지. 하지만 서비스를 개선하는 데 막대한 자금을 투자해서 서비스 환경을 개선하는 것보다 다른 부분에 투자하는 것이 사회를 위해서 더 낫다는 이야기야. 시민단체가 원하는 것이 결국은 사회를 위해 기업을 경영해 달라는 것 아니겠어?
>
> 부하 : 알겠습니다. 방법을 찾아보겠습니다.

① 장 이론(field theory)   ② 유인 – 퇴출이론
③ 인지부조화이론   ④ 사회적 비교이론
⑤ 공정성이론

41 다음은 MAT 회사 내에서 갈등을 겪고 있는 서경영 사원의 사례이다. 갈등의 유형 중 어디에 속하는가?

> 서경영 사원: 과장님, 이번 프로젝트 우리 부서가 힘겹게 성공했는데 어떠한 보상도 없어서 저는 고민입니다.
> 김 과장 : 그래 서경영 사원의 마음 나도 이해하네.
> 서경영 사원: 솔직히 저는 프로젝츠 성공하면 진급할 줄 알았습니다. 대리 자리도 공석이고 해서요.
> 김 과장 : 나도 서경영 사원 능력은 인정하지만 어쩌겠나. 회사 방침이 그러한 것을...
> 서경영 사원: 아! 네...
> (이 회사는 프로젝트를 성공해도 보상이 없구나. 내가 원하는 걸 이룰 수 없겠어.)

① 목표 갈등　　　　　　　　　② 역할 갈등
③ 욕구좌절의 갈등　　　　　　④ 대인적 갈등
⑤ 조직 간 갈등

※ 다음은 부서장 회의에서 직원의 만족도와 관련해 나눈 대화이다. ESI 회사의 부서장들이 모여 최근 퇴사율이 높아지는 원인과 해결방안에 대해 의논한 내용을 읽고 물음에 답하시오.

> 부서장 1: 최근 직원들의 퇴사율이 높아지고 있어 직원 만족도를 조사해 보니 전년 대비 5% 정도 만족도가 떨어졌습니다. 원인이 무엇일까요?
> 부서장 2: 올해 복리후생비를 줄인 것이 영향이 있었던 것 같습니다.
> 부서장 3: 제 생각에는 직원들에게 회사의 비전을 충분히 공유하지 못해서 그런 것 같습니다.
> 부서장 1: 저도 같은 생각입니다. 직원들에게 회사의 비전과 미션을 공유하면 조직이 활성화될 것으로 예상됩니다.
> 부서장 4: 네, 거기에 더해 우리 부서장들이 적절한 리더십을 발휘해야 할 때라고 생각합니다.
> 부서장 5: 제 생각에는, 직원들이 회사의 일원으로 참여의식을 느끼고 동기를 부여받는 것도 중요한 요인이라고 생각합니다.

42 부서장 5가 설명한 직원만족의 환경적 요인은?

① 기업문화 및 커뮤니케이션 전략　　② 성과평가관리
③ 보상 및 보수체계　　　　　　　　④ 인사체계
⑤ 교육 및 역량개발

43 다음은 서비스의 기본적 특징 중 어떤 특성을 가장 많이 염두에 둔 대화인가?

> H 호텔 관리자 : 예약이 전혀 없는 다음 한 주의 손실을 최소화할 수 있는 좋은 방안이 있으
> 면 제안해 주시기 바랍니다.
> H 호텔 지배인 : 빈 방으로 한 주를 그냥 보낼 바에는 차라리 유지 보수에 필요한 비용이 상
> 쇄되는 선에서 저렴하게 단체 투숙객을 받는 건 어떻겠습니까?

① 무형성 ② 소멸성
③ 일회성 ④ 이질성
⑤ 비분리성

44 다음은 이웃들 간의 대화이다. 대화에 관한 내용 중 가장 옳지 않은 것은?

> A : "이번에 이사를 가야 해서 이삿짐센터를 알아보고 있는데, 어디가 좋은지 잘 모르겠어
> 요. 업체도 너무 많고, 업체마다 고객들의 평가도 제각각이더라고요."
> B : "맞아요. 저도 지난번에 우수업체라고 소개받아 이용했는데 막상 이사할 때는 일하시는
> 분들이 성의 없이 대충 하는 것 같아서 다시는 이용하고 싶지 않더라고요."
> C : "그래서 저는 이삿짐센터를 고를 때, 단순히 업체 이름만 보고 선택하지 않고 그 업체
> 에서 실제로 일하는 팀(팀장) 중 기존 고객 평가가 좋은 분을 찾아서 맡기고 있어요."

① A의 말은 서비스 품질 판단이 개인 경험과 평가에 따라 달라져 표준화 · 객관적 측정이
어렵다는 점을 시사한다.
② B의 말은 서비스 품질이 이용(경험) 이전에는 충분히 검증되기 어렵다는 점을 시사한다.
③ C의 말은 서비스 품질 관리를 위해 기존 고객 평가 데이터의 수집 · 활용이 필요할 수
있음을 시사한다.
④ 서비스 품질에서 고객은 서비스를 받는 주체일 뿐, 서비스 제공 과정(프로세스)에는 영
향을 미치지 않는다.
⑤ 이사 서비스는 제공 과정에서 생산과 소비가 동시에 일어나는 비분리성(동시성)의 성격
을 가진다.

통합형

[45~46] 다음을 읽고 물음에 답하시오.

- 한때 젊은이들 사이에서 SONY의 워크맨은 개인용 음원 재생 장치로서 최고의 인기를 누렸다. 그러나 애플(Apple)이 아이튠스(iTunes)를 출시하고, 앱스토어를 통해 음원을 저렴한 가격으로 다운로드 할 수 있는 서비스를 시작하면서 워크맨은 점차 사양길에 접어들었다.
- 국내 굴지의 정수기 제조회사인 U사는 정수기를 판매하는 방식에서 나아가 정수기 임대 서비스를 도입·확대하여 큰 반향을 일으켰다.

45 애플의 아이튠스와 아이팟의 서비스 제품 융합방식은?

① 제품의 서비스화　　　　　　② 서비스의 제품화
③ 제품 + 제품의 융합　　　　　④ 제품 + 서비스의 융합
⑤ 서비스 + 서비스의 융합

46 정수기 제조사가 정수기를 렌탈하는 서비스로 전환하는 형태의 융합상품 개발 방식은?

① 제품의 서비스화　　　　　　② 서비스의 제품화
③ 제품 + 제품의 융합　　　　　④ 제품 + 서비스의 융합
⑤ 서비스 + 서비스의 융합

[47~48] 다음을 읽고 물음에 답하시오.

> 교육 서비스를 제공하는 다양한 사례를 살펴보면, 각 상황에서 중요하게 고려해야 할 요소가 서로 다르다는 것을 알 수 있다. 예를 들어, 학교를 선택하는 경우와 학원을 선택하는 경우, 그리고 개인 교습을 받기 위해 선생님을 찾는 경우에는 동일한 기준으로 판단하지 않는다. 마찬가지로 서비스를 제공하는 경우에도 고객의 요구에 맞게 상황을 조정하다 보면 고객들이 서로 다른 기대와 요구를 가지고 있음을 발견하게 된다. 따라서 서비스를 설계하는 과정에서는 이러한 요구의 차이를 충분히 반영하려는 노력이 필요하며, 이를 위해 서비스를 체계적으로 분석하는 절차 또한 중요하다.

47 다음 중 서비스 프르세스 매트릭스에 대한 설명으로 옳지 <u>않은</u> 것은?

① 서로 다른 서비스의 성격 차이를 고객화 수준과 자본·노동 집약도의 정도로 이해할 수 있다.

② 서비스 프로세스 매트릭스는 서비스를 서비스 공장, 대량서비스, 서비스 샵, 전문 서비스 등으로 구분한다.

③ 서비스 프로세스 매트릭스에서 구분된 서비스 유형은 다른 유형과 완전히 구별되는 고유한 특성을 지닌다고 단정할 수 있다.

④ 인력 의존도가 높은 서비스는 서비스 제공자의 지식과 경험에 대한 의존이 커지므로 서비스 변동성에 대한 관리가 중요하다.

⑤ 서비스 프로세스 매트릭스를 활용하면 장비 의존도가 높은 서비스와 인력 의존도가 높은 서비스를 구분하여 전략 수립에 활용될 수 있다.

48 위의 상황을 서비스 프로세스 매트릭스를 활용하여 해결할 수 있는 방법을 설명한 내용 중 옳지 <u>않은</u> 것은?

① 학원에서 수업을 듣는 것은 고객화가 높은 서비스에 해당되므로 서비스 샵에 해당되는 서비스가 된다.

② 과외와 같은 교육 서비스는 서비스 제공자의 노동 집약도가 높은 전문 서비스 영역에 속하는 서비스이다.

③ 인터넷으로 강의를 듣는 교육서비스는 다른 교육 서비스에 비해 서비스 공장의 성격을 가지고 있는 서비스이다.

④ 대학에서 제공되는 대단위 강의는 모든 학생의 요구를 수용할 수 없는 구조이므로 대량 서비스에 해당하는 서비스이다.

⑤ 교육서비스는 대량 서비스에 해당되므로 모든 교육 서비스는 대량 서비스의 틀 속에서 성격의 차이를 찾는 노력이 필요하다.

[49~50] 다음을 읽고 물음에 답하시오.

> 고령인력을 적극적으로 활용하고, 고령인력에 대한 인건비를 적절하게 관리하기 위하여 M기업은 임금피크제를 도입하기로 결정하였다. M기업의 임금피크제 도입 및 운영안을 정리하면 아래와 같다.
>
> (1) M기업의 현재 정년은 58세이다.
> (2) 내년부터 60세까지 근무하도록 허용하되, 58세와 60세 대비 80%와 60% 임금을 지급하기로 하였다.
> (3) 업무는 기존 업무가 아닌 새로운 업무를 부여하고 기존 직책(본부장)과는 다른 직책을 부여하였다.
> (4) 퇴직금 지급 시기는 60세이며, 통상임금이 아닌 평균임금을 기준으로 퇴직금을 지급하였다.
> (5) 임금피크제 도입을 위하여 노동조합과 협의를 진행하였다.
> (6) 임금피크제 적용 대상자 중 업무성과가 뛰어난 경우, 60세 이후 촉탁직으로 재고용하기로 하였으며, 재고용시 다시 임금피크제를 적용하는 것을 원칙으로 하였다.

49 임금피크제 유형을 세가지로 구분할 때 M기업이 도입하고 있는 임금피크제의 유형 2가지는?

① 정년연장형 + 고용연장형
② 정년연장형 + 고용보장형
③ 정년보장형 + 정년연장형
④ 고용연장형 + 고용보장형
⑤ 고용연장형 + 정년보장형

부록 C

50 M사의 임금피크제 도입 및 운영 방안 중 일부 잘못된 부분이 있다. 아래 보기 중 M사가 잘못 운영하고 있는 내용은?

① 임금피크제 대상자를 다시 재고용한다.
② 임금피크제 대상자에게 퇴직금을 60세에 지급한다.
③ 퇴직금 산정기준을 통상임금이 아닌 평균임금으로 책정한다.
④ 임금피크제 대상자에게 기존 업무가 아닌 새로운 업무를 부여한다.
⑤ 임금피크제 대상자에게 기존 직책이 아닌 새로운 직책을 부여한다.

SMAT
Module C
서비스 운영전략

정답 및 해설

정답 및 해설

PART 01 예상문제   P. 48

01	①	02	③	03	①	04	③	05	③
06	①	07	④	08	⑤	09	④	10	③
11	⑤	12	⑤	13	③	14	⑤	15	②
16	①	17	①	18	②	19	①	20	①
21	①	22	⑤	23	②	24	③	25	④
26	④	27	①	28	②	29	③	30	⑤
31	③	32	①						

01 ▶ ①

서비스는 통제 불가능한 다양한 요인으로 인해 계획과 일치하는지를 확인하기 어렵다.

02 ▶ ③

오늘날 소비자는 유형적 제품의 기능적 가치뿐 아니라 삶의 질을 높이기 위한 무형적 활동의 가치 역시 중요하게 생각한다.

03 ▶ ①

문제는 서비스 부문이 성장하게 된 배경 요인과 관련성이 가장 낮은 것을 묻고 있다.
②, ③, ④, ⑤는 모두 서비스 산업 성장과 밀접한 관련이 있는 요인이다.

04 ▶ ③

서비스 혁명(Service Innovation)이란 서비스 경제에서 새로운 서비스가 탄생되어 파급되는 속도의 범위가 산업 혁명보다 빠르게 진행되어 경제가 급진적으로 변화하는 현상을 말한다.

05 ▶ ③

서비스는 종업원이 어떻게 전달하느냐에 따라 전혀 다른 서비스가 되기도 한다.

06 ▶ ①

러브락의 서비스 분류는 서비스 행위의 성격에 따른 분류, 고객과의 관계 유형에 따른 분류, 고객별 서비스 변화와 재량 정도에 따른 분류, 수요와 공급의 관계에 따른 분류, 서비스 제공방식에 따른 분류가 있다.

07 ▶ ④

안내원이 담당하던 안내 업무를 단말기가 대신하는 것은 서비스의 제품화이다. 서비스를 강화하기 위해 제품을 부가하거나 서비스를 자동화하여 서비스를 대량생산하는 제조업화를 추구하는 형태이다.

08 ▶ ⑤

인터넷몰의 장보기는 직원과의 대면 접촉점이 줄어드는 서비스 유형에 해당한다.

09 ▶ ④

서비스는 무형성, 생산·소비의 동시성, 이질성(비표준성), 소멸성 등의 공통 특성을 갖지만, 서비스 기업들은 고객 접점 방식·고객 참여 정도·서비스 제공 시스템이 매우 다양하기 때문에 전략 수립이 어렵고 복잡하다.

10 ▶ ③

내부마케팅은 고객과의 기업과 직원 사이의 마케팅을 말하며, 고객과의 약속을 지키고자 하는 기업 내부의 노력을 말한다.

11 ▶ ⑤

서비스 패러독스의 극복 방안으로는 고객의 기대수준 파악, 과대 포장 주의, 고객 측면의 SSTs 도입, 고객교육, 사회적 기능을 들 수 있다.

12 ▶ ⑤

서비스 패러독스(Service Paradox)는 기술 발전과 서비스 자동화가 오히려 고객 만족을 떨어뜨리거나 역효과를 내는 현상을 의미한다. 대표적인 원인은 다음과 같다.

> • 고객이 기술을 따라가지 못해 오히려 불편을 느끼는 경우(①)
> • 서비스가 표준화되며 개별적 / 맞춤형 요소가 사라지는 경우(②)
> • 셀프서비스 기술 도입으로 인간적 접촉이 감소하고 불친절하게 느껴지는 경우(③)
> • 접점 직원의 전문성 부족으로 서비스 품질이 저하되는 경우(④)

13 ▶ ③

호로비츠(Horovitz)의 서비스 유형 분류에서 '사려 깊은 서비스(Considerate Service)'는 주로 다음과 같은 특징을 가진다 ; 고객 문제 해결 능력, 고객 상황에 대한 배려, 인간적 교류 능력, 대화 능력 및 친절성, 반복적 접점에서의 응대 품질

14 ▶ ⑤

각 효용 개념을 살펴보면, 편의적 효용 : 고객의 편리함을 높여주는 서비스, 장소적 효용 : 서비스를 제공받는 장소나 이동을 통한 효용, 경제적 효용 : 경제적 부담 감소, 비용 효율성 증가, 심리적 효용 : 안심, 신뢰, 만족감 등 심리적 안정 제공, 시간적 효용 : 고객의 시간을 절약해주는 서비스

15 ▶ ②

서비스 패키지의 정석적 정의로, 서비스 운영관리와 서비스 마케팅에서 제시하는 5가지 구성요소를 정확히 말하고 있다.
① 서비스 패키지는 '재화 묶음'이 아니라, 서비스 경험 전체를 이루는 요소들의 결합이다.
③ 핵심 서비스가 부가서비스를 촉진하는 것이 아니라, 부가서비스가 핵심 서비스 이용을 돕는다.
④ 모든 요소를 다 넣는 것이 중요한 것이 아니라, 고객 니즈에 맞게 선택 · 집중하는 것이 중요하다.
⑤ 서비스 패키지는 이질성 때문에 만든 것이 아니라, 서비스 경험 전체를 체계적으로 설계하기 위한 개념이다.

16 ▶ ①

제품의 서비스화는 제조업자가 제품에 서비스를 결합해 새로운 가치를 창출하고 매출을 확대하는 전략을 의미한다. 특히 제품 수명주기(PLC)가 성숙기나 쇠퇴기에 접어들었을 때 서비스 요소를 더해 수익을 유지 · 증대하는 전략으로 널리 활용된다.

17 ▶ ①

패스트푸드와 같은 일반화 · 대량제공 서비스는 서비스 표준화, 매뉴얼화, 반복성과 일관성 확보가 매우 중요하다. 이유는 고객이 어느 지점에서나 동일한 품질 · 속도의 서비스를 기대하기 때문이다.

18 ▶ ②

후크스는 GNP의 절반(50%) 이상이 서비스 부문에서 생산되는 경제를 서비스 경제라고 정의하였다.

19 ▶ ①

장비 커뮤니케이션(기계 · IT · 네트워크 기술)의 발전은 서비스를 표준화 · 자동화 · 패키지화를 할 수 있게 만들어 무인 키오스크, 자동 응답 시스템(ARS), 온라인 예약 · 결제, 원격 진단 모니터링 서비스처럼 서비스를 제품처럼 설계 · 판매 · 관리할 수 있게 한다. 따라서 장비 커뮤니케이션 기술은 서비스의 제품화를 촉진하는 중요한 촉매제 역할을 한다.

20 ▶ ①

의료관광은 의료 서비스와 관광 서비스를 결합하여 고객에게 치료 · 건강관리와 여행 경험을 동시에 제공하는 형태로, 고객 혜택을 중심으로 이루어진 서비스 융합(콘버전스) 상품에 해당한다.

21 ▶ ①

22 ▶ ⑤

23 ▶ ②

24 ▶ ③

25 ▶ ④

26 ▶ ④

기술적으로 가능하지만 접수 직원 B는 "안 된다" 라고 판단했고, 조리원 C는 가능함을 알지만 말하지 않았다. 결과적으로 조직 내 권한 부족 · 소통 부재 · 고객 지향성 부족이 드러났다. 이 상황에서 직원이 상황에 맞게 판단하고 고객에게 최선의 해결책을 제공하도록 권한을 부여하는 임파워먼트, 그리고 종사원 사기관리가 필요하다. 조리원 C가 "기술적으로 가능한데도" 아무 말도 하지 않은 것은 협력 부족, 책임 회피, 의사소통 단절, 조직 문화의 사기 저하 등을 보여준다.

27 ▶ ①

문장에서 사원 2가 말한 전략은 제품에 서비스를 결합하여 새로운 가치를 만드는 것, 즉 Servitization (제품의 서비스화) / Product−Service System(PSS) 이다. 즉, 기존 제품(재화)에 서비스 요소를 추가해 패키지로 제공하는 것이 핵심이다.

28 ▶ ②

서비스의 기본적 특징 중 소멸성은 서비스는 재고로 보관할 수 없고, 생산과 동시에 소비되지 않으면 손실이 발생한다는 것을 의미한다.

29 ▶ ③

서비스 패키지는 숙박, 음식, 편의시설뿐만 아니라 고객에게 제공되는 안내 · 정보 요소까지 포함되어야 한다. 그러나 제시된 호텔 패키지 설명에는 이용 방법, 유의 사항, 서비스 이용 안내 등과 같은 정보 제공에 대한 내용이 언급되지 않았다. 따라서 서비스 패키지의 구성 요소로 보기에는 적절하지 않다.

30 ▶ ⑤

점원과 손님 사이에서 특별 요청이 발생(재료 변경)했지만, 이미 미리 준비된 음식(사전 조리)으로 인해 요청 수용이 어렵다는 것이 제시된 상황이다.

고객 참여가 서비스 생산 과정(조리)에 영향을 미치지만, 대응이 제한된 점이므로, 이를 해결하는 프로세스 내 고객개입에 대한 반응을 해결해야 한다.

31 ▶ ③

서비스의 특성 중 동시성이란, 서비스의 생산과 소비가 동시에 이루어져야 한다는 제약을 의미한다. 따라서 전통적인 서비스는 고객과 제공자가 같은 장소에서 직접 만나야만 제공되는 경우가 많았다. 그러나 인터넷 쇼핑에서는 고객과 판매자가 직접 만나지 않아도 되고, 서로 다른 시간과 장소에서도 거래가 가능하며, 주문, 결제, 배송이 분리되어 진행된다. 즉 인터넷 쇼핑은 동시성의 제약을 극복하여 시간과 공간의 한계를 크게 줄이면서 빠르게 발전하게 되었다.

32 ▶ ①

인터넷 쇼핑은 비대면 서비스이기 때문에, 상품을 직접 보고 확인할 수 없고, 판매자를 직접 만날 수도 없으며, 결제 · 배송 · 교환 과정이 모두 온라인으로 이루어진다. 따라서 소비자가 가장 중요하게 인식하는 요소는 신뢰성이다. 반면, 유형성 : 시설 · 외관 등 물리적 요소, 확신성 : 종업원의 전문성 · 예의, 공감성 : 고객 이해와 배려는 중요하지만, 인터넷 쇼핑의 본질적 위험을 설명하는 핵심 요소는 아니다.

PART 02 예상문제 P. 95

01	⑤	02	③	03	⑤	04	③	05	③
06	①	07	⑤	08	⑤	09	⑤	10	①
11	②	12	⑤	13	⑤	14	①	15	①
16	②	17	①	18	②	19	①	20	②
21	③	22	⑤	23	①	24	②	25	④
26	②	27	⑤	28	③	29	⑤	30	④
31	③	32	④						

01 ▶ ⑤

기대가 낮으면 만족할 가능성은 커질 수 있지만, 기대가 낮다고 해서 항상 만족도가 높아지는 것은 아니다.

02 ▶ ③

프로세스란 투입물(Input)을 제품 또는 서비스라는 산출물(Output)로 전환하기 위해 연결된 일련의 부가가치 활동의 흐름을 의미한다.

03 ▶ ⑤

① SERVPERF가 SERVQUAL을 단순화한 모형이다.
② SERVQUAL은 '기대–성과의 차이'를 보는 것이지 상대성 자체를 측정하기 위한 도구는 아니다.
③ 지나치게 포괄적이고, 특정 방법을 설명하는 문항이 아니므로 정답이 될 수 없다.
④ SERVPERF는 모든 차원을 성과 중심으로 측정할 뿐이다.

04 ▶ ③

SERVQUAL의 5가지 Gap(격차)별 핵심 원인과 해결방안은 다음과 같다.

> • Gap 1 : 경영자 인지 격차(고객 기대 vs 경영자 인식)
> ⇨ 해결방안 : 고객 니즈 조사, VOC 수집, 시장조사 강화
> • Gap 2 : 품질 명세 격차(경영자 인식 vs 서비스 설계 · 명세)
> ⇨ 해결방안 : 서비스 설계 / 표준화 강화, 명확한 품질 기준 수립
> • Gap 3 : 서비스 전달 격차(서비스 설계 vs 실제 서비스 제공)
> ⇨ 해결방안 : 직원 교육훈련, 권한 부여, 내부 커뮤니케이션 강화
> • Gap 4 : 서비스 커뮤니케이션 격차(홍보 vs 실제 서비스)
> ⇨ 해결방안 : 과장 없는 솔직한 커뮤니케이션, 일관된 메시지 관리
> • Gap 5 : 경험한 서비스 격차(고객 기대 vs 지각된 서비스)
> ⇨ 해결방안 : 고객 만족도 향상 활동 전반

05 ▶ ③

노동집약도 낮음 + 고객화 · 상호작용 낮음 → 서비스 공장(Service Factory)

06 ▶ ①

이 둘을 연결하는 것은 '가시선(Line of Visibility)'이다. "커뮤니케이션으로 연결된다"는 표현은 서비스 청사진 개념과 맞지 않다.

07 ▶ ⑤

가장 대표적인 벤치마킹 정의이다.

08 ▶ ⑤

상호작용과 고객화 수준이 높고, 노동집약도도 높은 영역은 전문 서비스에 해당된다. 이 영역은 고객별 요구가 다양하므로 표준화보다 맞춤형 서비스와 종사원의 전문성이 더 중요하다. 따라서 ⑤번의 설명은 적절하지 않다.

09 ▶ ⑤

카노(Kano) 모델의 품질 유형 중 매력적 품질(Attractive Quality)은 충족되면 고객에게 큰 만족을 준다. 불충족되더라도 고객이 불만족을 느끼지 않는다.

10 ▶ ①

서비스 품질의 삼박자(3대 활동)는 일반적으로 문제의 진단 → 목표 설정 → 개선 → 실행계획 수립의 흐름으로 구성된다. 반면, 해결방안 제시는 이미 분석이 끝난 후의 실행 단계(Activity Phase)에서 이루어진다.

11 ▶ ②

내부 상호작용 경계(Line of Internal Interaction)는 고객과 후방 직원 사이에서 형성되는 것이 아니라, 후방 직원과 지원 프로세스(내부 시스템) 간의 상호작용을 구분하는 경계선이다. 따라서 ②번은 적절하지 않은 설명이다.

12 ▶ ⑤

서비스 프로세스 개선을 위한 벤치마킹은 우수 기업의 성과뿐 아니라 그 성과를 만들어낸 프로세스, 방법, 시스템을 배우는 것을 의미하며, 동종 산업뿐 아니라 타 산업까지 폭넓게 비교 · 분석하여 개선 포인트를 찾는 활동이다.

13 ▶ ⑤

⑤번은 프로그램의 흐름을 도식화한 블록 다이어그램(플로차트)에 대한 설명으로, 피시본 다이어그램과는 무관하다.

14 ▶ ①

가치 공동 창조(Value Co-Creation)는 고객과 기업이 상호작용을 통해 함께 가치를 만들어가는 개념이다.

15 ▶ ①

전환 장벽(Switching Barriers)은 고객이 기존 서비스나 제품에서 다른 대안으로 이동하기 어렵게 만드는 요인을 말한다. 따라서 전환 비용이 클수록 전환 장벽은 높아진다.

16 ▶ ②

서비스 청사진(Service Blueprint)에서 고객 접점 직원과 지원 업무 직원 간의 상호작용을 구분하는 선은 내부 상호작용선(Line of Internal Interaction)이다.

17 ▶ ①

서브퀄은 고객의 실제 서비스 경험에서 기대했던 서비스를 빼서 평가하는 차이 점수 등식을 사용한다.

18 ▶ ②

서비스 품질 갭 모형(SERVQUAL Gap Model)에서 갭(Gap)이 크다는 것은 '문제가 크다'는 의미이다. 갭이 클수록 서비스 품질은 낮아지고, 갭이 작을수록(0에 가까울수록) 고객의 기대와 실제 서비스가 일치하여 품질이 우수함을 의미한다. 따라서 '갭이 클수록 품질이 좋다'는 잘못된 설명이다.

19 ▶ ①

피시본 다이어그램(Fishbone Diagram, 이시카와 다이어그램)은 문제의 원인(Cause)과 결과(Effect)의 인과관계를 분석하고, 특정 문제에 대해 가능한 많은 원인을 찾아 구조화하는 데 매우 효과적인 도구이다.

20 ▶ ②

총체적 품질 경영(TQM, Total Quality Management)은 전 조직 구성원의 참여와 의식 수준 향상을 매우 중요하게 생각한다. 품질 개선은 시스템 + 직원들의 태도·의식·문화가 함께 개선될 때 가능하다. 직원의 품질 의식이 낮으면 아무리 시스템이 좋아도 품질 향상은 한계가 있다.

21 ▶ ③

COQ란 품질을 확보하고 유지하기 위해 투입되는 모든 비용으로 예방 비용, 평가비용, 내부 실패 비용, 외부 실패 비용이 있다.

22 ▶ ⑤

새로운 제품이나 서비스를 찾는 데 필요한 시간과 노력, 비용에 대한 부담을 탐색 비용이라고 한다.

23 ▶ ①

PQC란 불량 품질 비용으로 제품이나 서비스가 기준 품질 수준에 미달했을 때 발생하는 모든 직접적, 간접적 손실 비용이다.

24 ▶ ②

예방 비용에는 직원 품질 교육 비용, 품질 관리 시스템 구축 비용 등이 있다.

25 ▶ ④

서비스 프로세스 개선 도구 중, PDCA 사이클은 '데밍 사이클'이라고 불리며 '계획 − 실행 − 점검 − 조치'의 4단계를 반복함으로써 지속적인 개선을 유도한다.

26 ▶ ②

이 문항의 핵심은 제품 자체보다 '제품 서비스(애프터 서비스)'가 더 큰 가치와 수익을 창출한다는 점이다. 따라서 '제품 품질만이 경제적 거래의 핵심'이라는 ②번은 지문 내용과 맞지 않는다.

27 ▶ ⑤

S사(대표적 커피전문점)의 서비스 프로세스는 메뉴가 정해져 있고, 주문 → 결제 → 음료 수령이라는 표준화된 절차를 가지고 있다. 테이크아웃 중심으로 이루어지며, 고객과의 상호작용이 많지 않다. 종업원은 매뉴얼에 따라 일관된 방식으로 서비스를 제공한다. 따라서 표준화·단순화된 서비스 프로세스에서는 직원에게 높은 판단력이나 전문성이 많이 요구되지 않는다. 오히려 매뉴얼을 잘 지키는 것이 핵심이다.

28 ▶ ③

Gap 모델(Gap Theory)에서 Gap 2는 경영자가 인지한 고객 기대(Management Perception of Customer Expectations) vs. 서비스 품질 명세서(Service Quality Specifications)를 의미한다. 즉, 고객이 원하는 것을 알고 있지만, 그것을 서비스 설계·표준·프로세스로 제대로 반영하지 못하는 격차이다. "고객 기대와 이에 대한 경영자의 지각 간의 차이"는 Gap 1이다.

29 ▶ ⑤

디즈니 사례의 핵심은 고객이 어떤 직원에게든 질문했을 때 정확하고 일관된 안내가 가능하도록 교육을 강화했다는 점이다.

30 ▶ ④

고객은 서비스 과정의 한 요소이며, 이사 서비스와 같은 서비스는 고객 행동이 서비스 프로세스에 큰 영향을 미친다.

31 ▶ ③

문제는 서비스 프로세스가 형식적으로 굳어지고 진부화될 때 나타나는 신호를 묻고 있다. 프로세스가 진부화되면 보통 다음과 같은 현상이 나타난다.

> • 예외가 자꾸 늘어난다. → 규정이 현실을 따라가지 못함.
> • 서비스 실패가 증가한다. → 오류·불만이 잦아짐.
> • 유용하지 않은 데이터가 쌓인다. → 수집은 하지만 쓰이지 않음.
> • 통제 활동이 과도하게 늘어난다. → 규칙·점검이 계속 추가됨.

③의 '많은 양의 정보 교환'은 필연적으로 진부화를 의미하지 않는다. 오히려 협업이나 소통 강화의 결과일 수도 있어, 프로세스 재설계가 필요하다는 징후로 보기 어렵다.

32 ▶ ④

문제 사례에서 A → B → C → … → "이것이 병원 정책이다"라는 잘못된 정보가 전달되었다. 이는 공식 정책이 없는데 비공식적으로 형성된 규범이 반복·전달되면서 서비스 프로세스가 진부화되는 원인이 된다.

PART 03	예상문제							P. 150	
01	②	02	②	03	②	04	①	05	⑤
06	⑤	07	②	08	⑤	09	③	10	①
11	④	12	①	13	①	14	④	15	③
16	①	17	①	18	②	19	②	20	①
21	②	22	③	23	①	24	⑤	25	④
26	③	27	②	28	⑤	29	③	30	⑤
31	④	32	②						

01 ▶ ②

대기 심리(Waiting Psychology)의 기본 법칙에 따라 '설명이 없는 기다림은 더욱 길게 느껴진다'가 가장 적절한 설명이다.

02 ▶ ②

• 경제적 주문량(EOQ) 공식 :
$$EOQ = \sqrt{\frac{2DS}{H}}$$
• 연간수요 $D = 100$
• 주문비용 $S = 8$
• 연간 재고 유지비용 $H = 4$
$$EOQ = \sqrt{\frac{2 \times 100 \times 8}{4}} = \sqrt{\frac{1600}{4}} = \sqrt{400} = 20$$

03 ▶ ②

• 수율(Yield) 계산 공식 :
$$수율 = \frac{실제\ 매출}{최대\ 가능\ 매출}$$
• 최대 좌석 수 = 300석
• 정상 가격 = 50,000원
• 이벤트 판매가격 = 30,000원
• 실제 판매량 = 280명
 - 실제 매출 : 280 × 30,000 = 8,400,000원
 - 최대 가능 매출(모두 정상가 판매 시) : 300 × 50,000 = 15,000,000원
 - 수율
$$\frac{8,400,000}{15,000,000} = 0.56$$

04 ▶ ①

지속적으로 제공되는 무형서비스라도 '모든 기간에 걸쳐 서비스 능력과 수요가 완전히 일치해야 한다'는 것은 불가능하다. 서비스는 수요 변동이 크고, 동시에 재고가 불가능하기 때문에 완전 일치는 현실적으로 어렵다. 보통 수요 관리, 대기 관리, 가격 조정 등으로 조절한다.

05 ▶ ⑤

대기행렬이론(Queuing Theory)에서는 고객 도착 간격은 포아송 분포(또는 지수분포)를, 서비스 시간은 지수분포를 따르는 것으로 가정한다. 따라서 서비스 시간이 포아송 분포를 따른다는 ⑤번은 잘못된 설명이다.

06 ▶ ⑤

성장기업은 인력 수요가 빠르게 늘어나고, 내부 인력만으로 충원이 어렵기 때문에 사내공모제만으로 인력을 충당하기가 쉽지 않다. 또한 조직이 아직 안정되지 않아 내부 인재 풀도 충분하지 않아 도입이 어렵다.

07 ▶ ②

이 경우에는 정성적 기법이 아니라 정량적 기법(인과모형, 회귀분석 등)이 더 적합하다. 정성적 기법은 단일 변수에 의한 수요 결정 상황에 적합하지 않다.

08 ▶ ⑤

마이스터(Maister)의 서비스 대기 관리 원칙에 따르면 사람들은 아무것도 하지 않고 기다릴 때 시간이 더 길게 느껴진다. 즉, 무언가를 하고 있을 때 대기 시간이 더 짧게 느껴진다.

09 ▶ ③

나머지 보기들은 모두 정성적(qualitative) 예측 기법이다.

10 ▶ ①

선착순(FCFS) 규칙의 가장 큰 장점은 단순하고 공정성(Fairness)을 확보할 수 있다는 점이다. 누가 먼저 오느냐에 따라 처리되므로 고객이 느끼는 형평성이 높다.

11 ▶ ④

"장기 수요예측에서는 수요의 크기, 추세, 순환변동 등 모든 사항을 명확히 예측하여 의사결정을 하여야 한다." → 장기예측은 본질적으로 불확실성이 높기 때문에 '명확한 예측'은 불가능하며, 대략적인 방향성과 추세 중심으로 판단해야 한다.

12 ▶ ①

고정 주문 간격 모형(Periodic Review System, P-system)의 핵심은 주문 시점은 일정(주기적으로 점검)하지만 주문량은 일정하지 않고 매번 변동된다(T − 재고수준만큼 주문). 따라서 ① "주기적 주문량이 매번 일정하다"는 설명은 잘못된 진술이다.

13 ▶ ①

🔷 **지수평활법(단순지수평활) 공식**

> • 다음 달 예측 = α(직전월 실제수요) + (1−α)(직전월 예측)
> • α = 0.4
> • 1월 예측 = 50
> • 1월 실제 = 50
> • 2월 실제 = 40

14 ▶ ④

순환효과는 계절효과와 달리 수년(2~10년) 단위로 반복되는 경기적 변동이다. 보기에서는 "계절효과처럼 반복되는 변동이며 1년 미만의 기간"이라고 했는데, 이는 계절효과의 특성이지 순환효과가 아니다.

15 ▶ ③

경쟁자 혹은 대체재의 분포가 넓어질 때 가격 경쟁이 심해진다.

16 ▶ ①

서비스 경영에서 수율(Yield)은 가용한 서비스 제공 능력 대비 실제로 판매되거나 사용된 서비스의 비율을 의미한다.

17 ▶ ①

대기행렬이론(Queuing Theory)에서 고객의 도착률(도착 간격)은 일반적으로 포아송 분포(Poisson Distribution)를 따른다고 가정한다. 이는 많은 서비스 시스템에서 무작위 도착 패턴을 잘 설명하기 때문이다.

18 ▶ ②

원가 중심의 가격 결정 방식(Cost-Based Pricing)은 공공 서비스, 하청, 제조업 등에서 널리 사용되며, 가격을 산정할 때 고정비와 변동비 모두 포함하여 원가를 계산한다.

19 ▶ ②

실제 수익 = 실제 사용량 × 실제 가격

20 ▶ ①

서비스 품질 기대 수준에는 희망 서비스(Desired Service), 적정 서비스(Adequate Service), 허용 영역(Zone of Tolerance) 세 가지가 있다. 이 중 희망 서비스와 적정 서비스 사이의 범위를 '허용 영역(Zone of Tolerance)'이라고 부르며, 이 영역은 서비스 실패가 쉽게 드러나지 않는 구간(미발각 지대)이다.

21 ▶ ②

경제적 주문량 모형에 대한 설명으로 주문량을 결정하는 기준은 다양하지만, 가장 오래전부터 사용되어 온 대표적인 기준은 경제적 주문량이다.

22 ▶ ③

지명집단기법에서 '지명'이라는 단어는 모든 참가자의 의견이 고르게 반영되도록 균등한 발언 기회를 부여한다는 의미이다.

23 ▶ ①

델파이 기법은 시간과 노력이 많이 들며, 장기적인 예측에 주로 사용된다.

24 ▶ ⑤

수율관리란 수익관리라는 표현으로도 사용되며, 서비스의 공급량이 제한적일 때, 고객의 수요에 따라 가격을 유연하게 조정하여 최대한 많은 수익을 얻는 방법이다.

25 ▶ ④

선착순 규칙에 대한 설명으로 공정하고 단순한 규칙이지만 긴급 상황이나 효율성 향상의 측면에서는 부적합할 수 있다.

26 ▶ ③

손님이 불만을 제기한 이유는 "우리가 먼저 주문했는데 왜 그쪽이 먼저 나오냐?"라는 순서 관련 공정성 문제 때문이지 '공정한 대기 시스템이 적용되고 있다고 생각했기 때문'은 아니다. 오히려 공정하지 않다고 느꼈기 때문에 질문·불만을 제기한 것이다.

27 ▶ ②

B의 경우는 성수기에 가격을 인상하거나 할인하지 않음으로써 예약을 쉽게 늘리지 못하게 하는 방식으로 수요를 통제하는 전략이다. 이는 성수기 수요를 '감소'시키려는 것이 아니라, 가격 정책을 통해 과도한 수요를 제한·조절하는 것이므로 '성수기 수요 감소 전략'이라고 보기는 어렵다.

28 ▶ ⑤

직원들의 대화는 경쟁사 가격을 그대로 따라가는 방식(경쟁기반 가격결정, 경쟁지향적 가격결정)이다. 이 방식은 과점 시장(몇 개 업체만 존재하는 시장)에서 흔히 나타나는 특징이다.

29 ▶ ③

- 직원 1: 수요 맞춤형 제작(사후 제작, Make-to-Order, MTO)
- 장점: 재고 부담 최소화, 불필요한 재고 비용 절감
- 단점: 주문이 들어온 후 제작하므로 제품 제공까지 시간이 소요 → 고객이 대기하거나 취소 가능

30 ▶ ⑤

대화에서 A는 복사할 분량이 적고, B는 복사할 분량이 많음을 서로 확인하고 있다. 결국, 작업 시간이 짧은 A가 먼저 처리되고, 작업 시간이 긴 B가 뒤에 처리된다. 이는 대기행렬에서 처리 시간이 짧은 작업부터 먼저 처리하는 최단처리시간 규칙(SPT)에 해당한다.

31 ▶ ④

문제는 불가피한 대기 상황을 효율적으로 관리하기 위해 조직이 운영 시스템을 개선한 사례를 묻고 있다. ①, ②, ③, ⑤는 모두 대기시간을 분산·축하거나 공정성 인식을 높이도록 설계된 운영 개선 사례이다. 그러나 ④는 대기 관리를 위한 운영 개선이 아니라, 보안 수준을 완화하는 조치로서 서비스 안정성과 직결되는 문제를 야기할 수 있으며, 대기관리 전략이라고 보기는 어렵다.

32 ▶ ②

문제는 고객이 기다려야 하는 상황에서, 조직이 데이비드 마이스터(David Maister)의 기다림 관리 원칙을 적용하여 대기 상황을 보다 효과적으로 관리한 사례를 묻고 있다. ①, ③, ④, ⑤는 모두 고객의 체감 대기시간을 줄이거나, 불안·불공정을 완화하도록 설계된 대기 관리 사례이다. 그러나 ②는 단일대기열을 다중대기열로 변경하는 사례로, 대기 체감 공정성을 낮추고, '내 줄만 더 느리다.'는 불만을 유발할 가능성이 있으며, 마이스터의 기다림 관리 원칙을 적용했다고 보기 어렵다.

PART 04 예상문제

P. 191

01	①	02	①	03	③	04	⑤	05	②
06	③	07	①	08	①	09	④	10	②
11	②	12	④	13	③	14	①	15	①
16	①	17	②	18	①	19	①	20	②
21	③	22	④	23	⑤	24	②	25	①
26	①	27	③	28	④	29	④	30	③
31	③	32	③						

01 ▶ ①

부하평가는 부하가 상사를 평가하는 것을 의미하지만, 일반적인 인사고과의 기본유형으로 분류되지는 않는다.

02 ▶ ①

후광오류(halo effect)는 어떤 한 긍정적 특성의 인상이 다른 항목의 평가에도 영향을 미쳐 전반적으로 높은(또는 낮은) 점수를 주는 오류이다.

03 ▶ ③

조직 외부와의 갈등(예: 경쟁사, 외부 압력, 외부 위협)은 내부 구성원을 하나로 묶어 결속력을 강화하는 효과가 종종 나타난다.

04 ▶ ⑤

입사시험 점수가 직무성과를 예측하는지 확인한 결과, 성적과 성과 사이에 관련성이 없었다. 일부에서는 성적이 낮은 사람이 더 좋은 성과를 보이기도 했다. 따라서 이 선발 도구는 미래 성과를 예측하는 데 적절하지 않다.

05 ▶ ②

인적 자원 관리(HRM)의 본질적 목적은 조직의 목표 달성과 구성원의 역량·성과를 극대화하는 것이다. 따라서 HRM은 인건비를 줄이거나, 정규직과 비정규직을 차별적으로 관리하는 수단이 아니다. 오히려 구성원의 공정한 관리와 개발을 통해 조직성과를 지속적으로 높이는 데 초점을 둔다.

06 ▶ ③

직무평가는 조직의 전략, 구조, 보상체계, 중요하게 여기는 가치 등에 따라 기준이 달라진다.

07 ▶ ①

인력계획(Manpower Planning)은 미래의 인력 수요 예측, 인력 확보 및 활용 계획을 세우는 활동이다.

08 ▶ ①

평균임금은 퇴직금 산정의 기준이 되는 임금으로, 퇴직 직전 3개월 동안 받은 임금 총액을 그 기간의 총 일수로 나눈 금액을 의미한다.

09 ▶ ④

카페테리아 복리후생 프로그램(Cafeteria Benefit Program)은 직원 개인의 필요와 선호에 따라 다양한 복리후생 항목 중에서 선택할 수 있도록 한 제도이다.

10 ▶ ②

인적 자원 관리(HRM)의 목적은 사람을 비용이 아닌 전략적 자원으로 인식하고, 그들의 역량을 개발·활용하여 조직의 성과를 극대화하는 데 있다. 따라서 인건비 절감이나 고용 형태에 따른 차별적 운영이 HRM의 본래 목적은 아니다.

11 ▶ ②

인적 자원 관리에서 보상은 금전적 보상(임금, 상여 등)뿐 아니라 비금전적 보상(칭찬, 인정, 직무 만족, 소속감, 성장 기회 등)까지 모두 포함한다.

12 ▶ ④

④ 현재 직장을 떠날 경우 발생할 손실을 고려하여 이직을 회피한다.
① 고객에 대한 애착은 고객지향성 또는 관계 몰입 개념이다.
② 회사 가치에 대한 공감은 정서적 몰입이다.
③ 규범·의무감은 규범적 몰입이다.
⑤ 사명감·자발적 노력은 정서적 몰입 성향이다.

13 ▶ ③

새로운 지식과 기술을 체계적으로 학습시키기 위해서는 현장을 잠시 벗어나 진행되는 Off-JT(직장 외 교육)가 더 효과적이다. 교실식 교육, 워크숍, 세미나 등과 같이 계획된 교육 환경에서 집중적으로 학습할 수 있기 때문이다.

14 ▶ ①

SMART 기준은 목표관리(MBO)에서 바람직한 목표 설정 원칙이다.

S	Specific — 구체적이어야 함.
M	Measurable — 측정 가능해야 함.
A	Achievable — 달성 가능해야 함.
R	Relevant 또는 Result-oriented — 결과 지향적이어야 함.
T	Time-bound — 기한이 명확해야 함.

15 ▶ ①

갈등의 해결 방법으로 문제해결, 상위 목표 제시, 설득, 협상, 자원의 확보, 구조적 변수의 조정 등이 포함된다. 따라서 '하위 목표 제시'는 갈등 해결 방법으로 보기 어렵다.

16 ▶ ①

조직 및 집단 수준의 갈등은 무조건 부정적인 것이 아니며, 적절한 수준의 갈등은 경우에 따라 순기능을 가질 수 있다.

17 ▶ ②

내용은 이직 관리가 아니라 경력 관리(Career Management)에 대한 설명이다.

18 ▶ ①

노사협의제도(근로자 참여 및 협력증진에 관한 법률)는 사업장 내에서 근로자 대표와 사용자가 근로자의 복지 증진과 기업의 생산성 향상을 위해 서로의 입장을 교환하고 협력 방안을 논의하는 제도적 협의 기구를 말한다.

19 ▶ ①

단체교섭은 근로자의 집단적 의사를 사용자에게 전달하고 협의하여, 노사가 서로 수용 가능한 조건을 정하는 제도적 과정이며 단체교섭이 원만히 이루어진 경우에 단체협약을 체결한다.

20 ▶ ②

직원 만족도는 직원이 회사에 대해 느끼는 전반적인 만족도를 수치화한 지표이다. 이를 통해 직무, 조직 문화, 보상 등 다양한 요소에 대한 만족 수준을 측정할 수 있다.

21 ▶ ③

직무 재설계는 변화하는 조직 환경이나 새로운 요구사항에 맞추어 기존 직무의 구조·내용·방법 등을 재조정하고 최적화하는 활동을 의미한다.

22 ▶ ④

23 ▶ ⑤

24 ▶ ②

25 ▶ ①

26 ▶ ③

문제의 상황은 조직 내부 인력 이동(내부 충원)을 통해 새로운 팀원을 선발하려는 경우이다.

27 ▶ ③

사례에서 사용된 인사평가 방식은 상향평가(Upward Appraisal) 혹은 부하평가(Subordinate Rating)이다. 즉, 부하 직원이 상사를 평가하는 방식이다.

28 ▶ ④

문제의 사례에서는 다음과 같은 변화가 나타난다.

> • 가격 할인 권한 부여 → 권한과 책임 증가
> • 데이터 입력 + 업체 리스트 작성 → 업무의 자율성·책임성 증가
> • 하위 사원이 1차 면접 수행 → 권한 부여 + 직무 의미성 증가

이 모든 변화는 직무에 권한·자율성·책임·의미를 부여해 직무의 질을 향상시키는 직무 충실화(Job Enrichment) 특징과 일치한다.

29 ▶ ④

스트레스 면접은 공격적인 질문으로 피면접자의 전문 지식과 식견, 감정의 안정성과 인내성 등을 평가하는 면접으로 압박감이 심한 직무의 적성을 평가하기에 적합하다.

30 ▶ ③

노조가 사용자와 임금·근로조건·고용안정·안전 인력 확보 등을 요구하며 단체교섭에 나서는 것을 설명하고 있다. 단체교섭의 '주된' 주제는 근로조건의 유지·개선(임금·근로시간·복지·고용 등)을 말한다. 생산성 향상과 같은 공통 이해 사항은 노사협의회(NC)의 주요 주제이며, 노사협의회는 법정 협의기구이고 단체교섭과는 목적이 다르다.

31 ▶ ③

문제는 성수기(수요가 몰리는 시간대)에 공급 능력을 늘리는 전략을 묻고 있다.
③ 바쁘지 않은 시간대 인센티브 제공은 수요를 성수기에서 비수기로 분산시키는 전략으로, 성수기 공급 증대가 아니라 성수기 수요 감소(분산) 전략에 해당한다.
① 교차훈련 → 다기능 인력 확보로 처리량 증가
② 시설확충 → 설비·좌석·조리능력 증대
④ 파트타임 투입 → 혼잡 시간대 인력 집중
⑤ 근무시간 조정·사전 준비 → 성수기 작업 부담 완화

32 ▶ ③

문항은 '지각된 대기시간'에 영향을 주는 원칙을 묻고 있다. 마이스터에 따르면,

> • 설명이 없는 대기 → 더 길게 느껴짐.
> • 원인이 설명된 대기 → 불안이 줄고, 더 짧게 느낌.
> • 구매 전 대기, 혼자 기다림, 무료한 대기 등은 실제 시간보다 길게 체감됨.

따라서 보기 ③처럼 '원인을 설명해 줄수록 더 길게 느껴진다.'는 마이스터의 원칙과 반대이다.

PART 05 예상문제
P. 253

01	②	02	③	03	②	04	⑤	05	③
06	⑤	07	④	08	②	09	②	10	④
11	⑤	12	③	13	②	14	④	15	③
16	①	17	②	18	②	19	①	20	①
21	②	22	⑤	23	④	24	①	25	③
26	④	27	①	28	②	29	④	30	③
31	⑤	32	④						

01 ▶ ②

경쟁 우선순위는 전략을 먼저 도출한 이후, 또는 전략을 실행하는 과정에서 설정하는 것이 적절하다. 따라서 경쟁 우선순위를 먼저 정하고 그다음에 전략을 수립한다고 보기는 어렵다.

02 ▶ ③

차원 / 속성 중요도는 고객이 무엇을 중요하게 생각하는지를 묻는 것이지 만족도 자체를 측정하는 지표가 아니다.

03 ▶ ②

고객 만족 경영에서 고객 서비스가 왜 존재하는지, 어떤 가치를 추구하는지, 어떤 철학을 바탕으로 하는지를 규정하는 것은 바로 사명(Mission)이다.

04 ▶ ⑤

소비자들의 의식수준은 '사회문화적 환경' 안에 포함될 수 있는 요소이지만, 일반적으로 독립된 6대 요인 중 하나로 분류되지는 않는다.

05 ▶ ③

무관심적 품질 요소는 품질 수준이 변하더라도 고객의 만족이나 불만족에 거의 영향을 미치지 않는다. 따라서 품질이 향상될수록 만족이 증가한다고 설명한 ③번은 옳지 않다.

① 반대적 품질 요소는 고객이 원하지 않는 기능이나 속성으로, 제공 수준이 높아질수록 오히려 불만족이 증가하므로 제거 또는 최소화가 필요한 요소이다.

② 매력적 품질 요소는 고객이 사전에 기대하지 않았던 기능이 제공될 경우 만족도가 크게 상승하는 특성을 지니며, 제공되지 않더라도 불만족으로 이어지지는 않는다.

④ 일원적 품질 요소는 품질 수준이 높아질수록 고객 만족이 증가하고, 품질이 낮아질수록 불만족이 커지는 특성을 가지는 요소이므로 옳은 설명이다.

⑤ 필수적 품질 요소는 서비스 제공 시 기본적으로 갖추어야 할 요인으로, 충족되더라도 만족 증가는 크지 않지만 충족되지 않을 경우 강한 불만족을 유발하므로 옳은 설명이다.

06 ▶ ⑤

내부 강점(S)을 활용하여 외부의 기회(O)를 적극적으로 공략하는 전략이다.

07 ▶ ④

고객 만족 경영(CSM)은 고객의 의견, 기대, 만족도를 분석하고 개선하는 경영 전반의 활동을 말한다.

08 ▶ ②

사용 중심 PSS(Use-oriented PSS)는 제품을 '판매'하지 않고 대여·리스·공유(쉐어링)와 같이 제품의 사용권을 제공하는 형태를 말한다. 이 경우 소유권은 공급자에게 남아 있으며, 고객은 제품 자체가 아니라 사용권 또는 기능을 이용하게 된다. 또한 유지보수와 관리는 공급자가 책임지며, 고객에게 제공되는 것은 '제품'이 아니라 그 제품이 수행하는 기능과 서비스이다. 따라서 ②의 설명은 사용중심 PSS의 개념과 맞지 않는다.

09 ▶ ②

마케팅 믹스의 가장 대표적인 기본 구성은 4P는 Product(제품), Price(가격), Place(유통), Promotion(판매촉진)이다.

10 ▶ ④

고객 가치 창조의 핵심은 경쟁사 중심이 아니라 '고객 중심'에서 출발하는 것이다. 따라서 실행 원리는 다음과 같다.

- 고객의 관점에서 문제를 바라본다.
- 충족되지 않은 고객 니즈(불편·불만·미충족 욕구)를 해결한다.
- 고객이 체감하는 상대적 가치(가격 대비, 시간 대비, 편익 대비)를 높인다.

반면, ④ 경쟁사 벤치마킹에 집중하는 것은 고객 가치보다 경쟁자 대응에 초점을 두는 접근으로, 고객 가치 창조의 핵심 원리와는 거리가 멀다.

11 ▶ ⑤

알브레이트(Albrecht)가 제시한 고객만족경영을 위한 탁월한 운영 철학으로, 서비스 전략(Strategy) — 직원(Employee) — 시스템(System)이 고객지향성(Customer Orientation)을 중심으로 유기적으로 연결되어야 한다고 강조한 모형은 바로 서비스 삼각형(Service Triangle)이다.

12 ▶ ③

마이클 포터(Michael Porter)의 Five-Force Model은 산업의 경쟁 정도와 매력도를 판단하는 대표적 산업 구조 분석 도구로, 다음 5가지 요인으로 구성된다.

- 기존 경쟁자 간 경쟁(Rivalry among Existing Competitors)
- 잠재적 진입자의 위협(Threat of New Entrants)
- 대체재의 위협(Threat of Substitutes)
- 구매자의 교섭력(Bargaining Power of Buyers)
- 공급자의 교섭력(Bargaining Power of Suppliers)

13 ▶ ②

NCSI(National Customer Satisfaction Index, 국가고객만족도)는 국가 차원에서 제품·서비스에 대한 고객 만족도를 측정해 기업과 산업의 품질 경쟁력, 고객 충성도, 미래 수익성 예측 등에 활용되는 지수이다.

14 ▶ ④

고객만족 경영에서의 고객은 내부 고객을 포괄하는 개념이며, 적극적인 관계 마케팅을 통한 전환 비용 극대화를 통해 고객의 재구매를 활성화시킬 수 있다.

15 ▶ ③

지나친 표준화와 자율성의 제한은 직원의 창의성과 상황에 맞는 고객 맞춤 응대 능력을 떨어뜨려, 오히려 고객 불만과 이탈을 초래할 수 있다.

16 ▶ ①

동태 분석(Dynamic Analysis)은 시간의 흐름에 따른 변화 추세를 분석하여 시간을 X축, 분석요인은 Y축으로 하여 과거 시간에 따른 분석 요인의 변화를 분석하고 미래 사업 성장을 예측하는 기법이다.

17 ▶ ②

ICT의 발전과 고객 중심 경영이 강화되면서 나타난 흐름은 4P를 4C로 대체하자는 주장이지, 4C를 다시 4P로 대체하자는 주장이 아니다.

18 ▶ ②

PSS(Product-Service System) 전략은 제품과 서비스를 분리해서 특화하는 개념이 아니라, 제품 + 서비스를 통합하여 하나의 가치로 제공하는 융합 전략이다.

19 ▶ ①

마켓 센싱(Market Sensing)은 기업이 시장 변화, 기술 변화, 경쟁 환경, 세계 경제 흐름 등을 지속적으로 관찰하고 분석하여 빠르게 대응하기 위한 활동을 말한다.

20 ▶ ①

지속적 경쟁우위(Sustainable Competitive Advantage)는 잠깐 생기는 일시적 우위가 아니라, 오랜 기간 유지될 수 있는 독보적 경쟁력을 의미한다.

21 ▶ ②

22 ▶ ⑤

23 ▶ ④

24 ▶ ①

25 ▶ ③

26 ▶ ④
- A 사례 분석 → 전략적 제휴 전략(W − O 전략)
- B 사례 분석 → 시장침투 전략(S − T 전략)
- C 사례 분석 → 제품다각화 전략(S − O 전략)

27 ▶ ①

사례에서 K항공사는 비행 후 고객이 겪는 피로, 흐트러진 외모 등과 같은 불편을 줄이기 위해 샤워부스, 화장을 고칠 수 있는 공간, 다림질 서비스 등을 제공하고 있다. 이는 항공 운송이라는 핵심 서비스가 끝난 이후에도 고객이 느끼는 편의와 만족을 계속 이어지도록 만드는 활동으로, 고객가치를 '연장'하는 개념에 해당한다.

28 ▶ ②

불필요한 시설을 고객 편의시설로 대체하여 고정비 절감, 불필요한 자산·설비를 줄이는 것은 기업의 대표적인 서비스 원가 절감 전략에 해당한다. 고객의 편의는 유지하면서 고정비 절감 효과가 있어 가장 타당한 의견이다.

29 ▶ ④

ST : 강점을 활용해 위협을 최소화
- Strength(강점)
  − "건강하고 친숙한 한국 음식"이라는 브랜드 아이덴티티
  − K-푸드 인기로 글로벌 시장에서의 인지도 상승
- Threat(위협)
  − 글로벌 외식 시장에서 로컬 음식 수요 감소
  − 글로벌 브랜드 간 경쟁 심화

30 ▶ ③

문제는 고객만족도(CSI)를 측정할 때 적용해야 하는 계속성, 정량성, 정확성의 3원칙에 대한 이해를 묻고 있다. ①, ②, ④, ⑤는 모두 조사를 지속적으로 반복하고, 결과를 숫자로 비교 가능하게 만들며, 변화 추이를 파악하려는 취지에 부합한다. 그러나 ③은, 조사 시기, 표본, 방법이 달라도 결과가 유사하다고 전제하고 있는데, 고객만족도 조사는 동일한 조건에서 반복 측정해야만 비교와 해석이 가능하다. 조건이 달라지면 결과가 달라질 수 있어 정확성이 떨어진다.

31 ▶ ⑤

"0점부터 10점 중에서 몇 점을 주시겠습니까?" 라는 질문은 고객이 해당 서비스를 주변 사람에게 추천할 의향이 얼마나 되는지를 묻는 것으로, 이는 NPS(고객 순추천지수, Net Promoter Score)를 측정할 때 사용하는 대표적인 질문 방식이다.

32 ▶ ④

교육 업체는 교육의 품질(고객 가치)보다 숙식·간식·교육 도구 등을 줄여 비용을 낮추는 생산성 개선을 먼저 고려하고 있다. 따라서 ④번의 설명은 옳지 않다.

부록 파이널 모의고사 P. 280

01	③	02	④	03	③	04	②	05	⑤
06	②	07	④	08	②	09	②	10	④
11	⑤	12	④	13	②	14	③	15	⑤
16	④	17	⑤	18	④	19	⑤	20	③
21	③	22	①	23	②	24	③	25	①
26	②	27	①	28	②	29	①	30	①
31	④	32	②	33	⑤	34	③	35	④
36	⑤	37	⑤	38	②	39	③	40	③
41	③	42	①	43	③	44	④	45	④
46	①	47	③	48	⑤	49	①	50	③

01 ▶ ③

① 현대 경제에서는 서비스가 부가가치를 창출하고 기업 경쟁력을 높이는 핵심 요소로 여겨진다.
② 오히려 도시화는 서비스업 성장에 긍정적 요인이다.
④ 서비스는 본질적으로 무형의 임대 개념으로 이해할 수 있다.
⑤ 서비스는 무형이므로 기대 관리가 더 어렵다.

02 ▶ ④

서비스 개선이나 품질 향상이 실제로는 이루어졌음에도 불구하고, 고객 만족이나 기업 성과가 기대만큼 향상되지 않는 현상을 의미한다.

◈ 주요 원인

- 고객 기대 수준 상승 → 개선된 서비스가 당연하게 느껴짐(①).
- 서비스의 기계화 / Self Service Technologies → 인간적 접점 감소(②)
- 경쟁 환경의 차별화 상실 → 서비스 개선의 효과가 덜 느껴짐(③).
- 서비스 표준화 / 획일화 → 개별화 서비스 상실(⑤)

03 ▶ ③

러브락의 서비스 분류 형태는 서비스 행위의 성격에 따른 분류, 고객과의 관계 유형에 따른 분류, 고객별 서비스 변화와 재량 정도에 따른 분류, 수요와 공급의 관계에 따른 분류, 서비스 제공방식에 따른 분류이다.

04 ▶ ②

서비스의 3대 기본 속성 중 신뢰 속성은 서비스를 경험해도 소비자가 제대로 평가하기 어려운 속성이다(ex 수술, 법률 자문, 금융 투자 성과 등).

05 ▶ ⑤

서비스에서는 자원이 고객과 함께 이동하거나 고객과 함께 사용되므로, 고객이 자원의 변화를 직접 관찰하고 체감할 수 있다. 따라서 "자원이 고객과 분리되어 이동하므로 파악하기 어렵다." 는 설명은 맞지 않다.

06 ▶ ②
① Gap 1: 고객 기대와 경영자의 지각 간 차이
② Gap 2: 경영자의 지각과 서비스 품질 설계·명세서 간 차이
③ Gap 3: 서비스 설계·명세서와 실제 서비스 제공 간 차이
④ Gap 4: 서비스 제공과 외부 커뮤니케이션 간 차이
⑤ Gap 5: 최종적으로 고객이 느끼는 서비스 품질과 기대 간 차이

07 ▶ ④
서비스 품질 갭 모형(Parasuraman 등)은 고객이 느끼는 서비스 품질이 떨어지는 이유를 여러 가지 "차이(Gap)"로 설명한다. 그중, 서비스 전달(실제로 제공된 서비스) vs 광고·홍보·약속 등 외적 커뮤니케이션 사이에서 발생하는 차이를 시장 커뮤니케이션 격차라고 한다. 즉 광고에서는 "최고의 서비스"라고 약속했는데, 실제 서비스는 그 수준에 미치지 못할 때 생기는 격차다. 따라서 ④번 설명이 가장 적절하다.

08 ▶ ②
내부 프로세스를 수행하는 종업원에게 필요한 것은 단순한 기능적 사고가 아니라, 고객의 입장에서 과정을 바라보고 조정할 수 있는 고객지향적 사고이다. 서비스 설계에서 기능 중심으로만 사고하면 고객 경험이 단절되고 만족도가 낮아질 수 있다.

09 ▶ ②
서비스 프로세스 재설계(Redesign)는 서비스 효율성을 높이고, 고객의 편의성과 접근성을 향상시키며, 부가가치가 없는 불필요한 단계를 제거하고 필요할 경우 셀프서비스를 도입·확대하는 것을 포함한다. ②번처럼 "고객별 서비스 종류를 줄여 일관성을 확보"하는 것은 재설계의 기본 목적과는 거리가 있다.

10 ▶ ④
서비스 혁신의 유형으로는 급진적 혁신, 점진적 혁신, 존속적 혁신, 파괴적 혁신, 협력적 혁신이 있다.

11 ▶ ⑤
서비스 수요는 즉시 제공되지 못하면 대부분 사라지거나 기회 손실로 이어진다.

12 ▶ ④
시계열 분석법 → 정량적 예측 기법, 과거 데이터를 기반으로 수치적 추세를 분석

13 ▶ ②
정성적 예측 방법(Qualitative Forecasting)은 정량적 데이터가 부족하거나, 신규 서비스·제품의 수요를 예측할 때 주로 활용된다.
고객과 전문가의 의견, 시장조사 결과 등 주관적 판단에 의존하기 때문에 환경적 요인의 변화를 객관적으로 파악하는 데에는 한계가 있다. 따라서 ②번의 설명은 옳지 않다.

14 ▶ ③
"경쟁자 혹은 대체재의 분포가 좁아질 때"는 경쟁자와 대체재의 선택 폭이 줄어드는 상황이므로, 오히려 가격 경쟁이 완화될 가능성이 크다. 따라서 ③번은 가격 경쟁이 심해지는 경우로 보기에 적절하지 않다.

15 ▶ ⑤
서비스 고객의 기대는 개인마다 경험, 요구, 상황, 선호에 따라 달라지기 때문에 같은 기업, 같은 서비스라도 고객마다 기대 수준은 다를 수 있다.

16 ▶ ④
인적 자원 관리의 목표에는 고용 관리의 유연성이 해당한다.

17 ▶ ⑤
직무평가는 직무(Job) 자체의 가치와 난이도를 평가하는 것으로, 동기(Motivation)는 직무나 직무 수행자의 심리적 / 행동적 속성이며, 직무 자체의 가치 평가 요소로는 포함되지 않는다.

18 ▶ ④

HRM(인적자원관리)에서 보상(Compensation)은 일반적으로 두 가지 큰 범주로 나뉜다.

> • **금전적 보상(Monetary Compensation)**
>   − 직접보상 : 기본급, 성과급, 상여금 등 직접 현금으로 지급되는 보상이 포함된다.
>   − 간접보상 : 법적 / 복리후생성 보상(보험, 연차수당, 휴가 등) 등이 있다.
> • **비금전적 보상(Non-Monetary Compensation)**
>   직무 자체 만족, 도전감, 인정, 성장 기회, 직무의 의미 등 금전 외 가치 제공이 포함된다.

19 ▶ ⑤

노사 간 갈등 예방과 평화적 해결은 노사협의제도의 목적에 해당한다.

20 ▶ ③

복리후생 제도의 목적은 직원 지원, 만족도 향상, 조직 성과 개선 등이지, 기업 정보 통제나 내부 문제 은폐 같은 행위는 복리후생의 목적과 관련이 없다.

21 ▶ ③

귀인 행동(Attribution Behavior)은 소비자가 만족 또는 불만족 경험의 원인을 어떻게 해석하느냐를 설명하는 심리학적 이론이며, 고객 만족도를 직접적으로 결정하는 표준적 요인으로 널리 인정되는 개념은 아니다.

22 ▶ ①

전환비용은 고객이 현재 공급자를 떠나 다른 공급자로 이동할 때 드는 비용(금전적 / 시간적 / 심리적 비용)을 의미하는 개념이다. 고객 만족 경영이 좋을 경우 고객이 떠나지 않고 머무를 가능성은 커지지만, 이 자체가 전환비용을 감소시키는 효과로 작용한다는 설명은 일반적이지 않다.

23 ▶ ②

고객 만족지수(CSI, Customer Satisfaction Index)나 고객 만족도 측정에서 사용하는 기본적인 원칙은 다음과 같다.

> • 계속성의 원칙 − 만족도 조사는 일정 기간 동안 지속적으로 반복되어야 하며, 과거와 현재, 미래의 만족도를 비교할 수 있어야 한다.
> • 정량성의 원칙 − 고객 만족도를 수치화하여 비교 가능하게 만들고 분석할 수 있어야 한다.
> • 정확성의 원칙 − 만족도 측정은 정확한 데이터 수집과 해석을 통해 신뢰할 수 있는 결과를 제공해야 한다.

24 ▶ ③

"별(Stars)"은 시장 성장률이 높고 상대적 시장 점유율도 높은 사업을 의미한다. 이들은 향후 현금창출원으로 성장할 가능성이 크며, 성장성·점유율 모두 큰 특징이 있기 때문에 단순히 불확실성만 큰 사업으로 보기 어렵다.

25 ▶ ①

패스트푸드와 같은 일반화되고 반복적인 서비스는 서비스 생산 과정이 표준화되어 있어야 하며, 누가 수행하더라도 동일한 품질을 제공할 수 있도록 명확한 매뉴얼과 절차가 필수적이다.

26 ▶ ②

서비스 청사진에서 상호작용선(Line of Interaction)이란 고객 행동과 종업원(접점 직원) 행동 사이를 구분하는 선이고, 가시선(Line of Visibility)이란 고객에게 보이는 활동과 보이지 않는 활동(후방)을 구분하는 선을 말한다. 문제에서는 "고객이 볼 수 없는 직원 활동과 전방 활동을 구분하는 선"이라고 했으므로 이는 가시선(Line of Visibility)을 의미한다.

27 ▶ ①

일회 주문 모형(Newsboy Model, 단일기간 재고 모형)은 명절, 행사, 특정 시즌처럼 일회성 수요가 몰리는 상황에서 사용된다. 언제 주문하느냐(주문 시점)보다 얼마나 주문하느냐(주문량 결정)가 더 중요하다.

정답 및 해설

28 ▶ ②

보상관리는 직접 보상(Direct Compensation)과 간접 보상(Indirect Compensation)으로 나뉜다. 직접 보상에는 연봉, 월급, 상여금(보너스), 인센티브가 있고, 간접 보상에는 복리후생(휴가, 보험, 식대, 교육 지원 등)이 있다. 따라서 문제에서 연봉 / 월급 → 직접 보상(맞음), 상여금 → 간접 보상(틀림, 실제는 직접 보상)

29 ▶ ①

고객 가치 창조를 위한 혁신은 일반적으로 다음 두 가지로 구분된다.

> • **가치혁신(Value Innovation)** : 고객에게 제공되는 가치 자체를 새롭게 창출하거나 크게 높이는 혁신
> • **절차혁신(Process Innovation)** : 서비스를 제공하는 방법·절차·프로세스를 개선하여 효율성과 품질을 높이는 혁신

30 ▶ ①

31 ▶ ④

32 ▶ ②

33 ▶ ⑤

34 ▶ ③

35 ▶ ④

직원 2의 내용은 클레임, A/S의 감소로 외부 실패 비용과 연결된다.

36 ▶ ⑤

표준화 서비스의 핵심은 판단의 자율성을 줄이는 것이고, 숙련된 판단력을 요구하기보다 절차를 따르게 하는 것이다. 표준화가 잘 되어 있으면 종업원에게 오히려 많은 판단력이 요구되지 않는다.

37 ▶ ⑤

'집중화 전략'은 원가우위 / 차별화 전략을 특정 세분 시장에 좁게 적용하는 것으로 세부시장에만 집중하는 전략이다. ○○항공사는 오히려 다양한 고객·노선·서비스로 영역을 넓히고 있으며, 특정 세분시장에만 집중한다는 의미와는 거리가 있다.

38 ▶ ②

빙수 매장은 여름철이라는 성수기에 고객이 급증하므로, 수요를 더 늘리는 것보다 성수기에 맞춰 공급을 확대하는 전략(인력 보강, 운영시간 확대 등)을 활용해야 한다.

39 ▶ ③

이 사례에서 부서가 계획하고 있는 방법은 내부 모집(내부 충원)에 해당한다. 내부 모집은 필요한 인력을 신속하게 충원할 수 있고, 교육·채용 비용 등 충원 비용을 절감할 수 있다는 장점이 있다. 따라서 ③번과 같은 설명은 부적절하다.

40 ▶ ③

인지부조화이론은 사람이 자신의 태도·신념과 행동 사이에 모순이 있을 때 심리적 불편(부조화)을 느끼고, 이를 해소하기 위해 태도나 행동을 변경하거나 합리화함을 설명하는 것이다.

41 ▶ ③

위의 사례는 목표를 달성할 수 없게 될 때 욕구좌절에 빠지게 되는 개인적 갈등 내 욕구좌절의 갈등이다.

42 ▶ ①

②,③,④,⑤ 직원만족의 직접적 요인과 관련된 요인이다.

43 ▶ ③

서비스는 저장, 재판매되거나 되돌려 받을 수 없는 소멸성을 갖는다. 따라서 호텔 객실도 시간이 지나면 소멸되는 특성 때문에 시간이 경과하면 호텔이 줄 수 있는 서비스 편익도 사라지게 된다.

44 ▶ ④

서비스는 생산과 소비가 분리되지 않는 비분리성(동시성)을 가지며, 고객은 서비스 과정에 참여하는 공동생산자로서 서비스 수행과 결과에 영향을 줄 수 있다. 따라서 "고객이 서비스 프로세스에 영향을 미치지 않는다."는 ④번은 옳지 않다. 나머지 보기 ①, ②, ③, ⑤는 대화 내용이 시사하는 서비스의 특성 및 품질관리 관점과 부합한다.

45 ▶ ④

두 요소가 결합되어 강력한 생태계를 만들어 성공했기 때문에 → 제품 + 서비스 융합(Product-Service Integration)

46 ▶ ①

제품(Product)을 서비스(Service) 형태로 확장한 것 → 제품의 서비스화(Servitization)

47 ▶ ③

서비스 프로세스 매트릭스에서 구분된 서비스 유형들은 서로 완전히 다른 고정된 특성을 지닌 것이 아니라, 스펙트럼상에서 상대적인 위치를 가지는 것으로 이해해야 한다. 즉, 서비스들은 유형 간에 겹치는 특성을 가질 수 있으며 상황과 전략에 따라 위치가 이동할 수도 있다.

48 ▶ ⑤

교육서비스는 종류가 매우 다양하다. 따라서 교육서비스 전체가 대량 서비스에 해당한다는 것은 틀린 설명이다.

49 ▶ ①

임금피크제는 보통 다음 3가지 유형으로 나뉜다.

> • **정년보장형** : 정년은 그대로 두고 일정 연령 이후 임금을 단계적으로 감액 / 정년 연장 없음.
> • **정년연장형** : 정년을 연장하면서 임금은 점진적으로 감액 / 기존 정년보다 더 오래 일하게 해 주는 방식
> ex M기업 : 정년 58세 → 60세까지 연장 → 정년연장형
> • **고용연장형** : 정년 이후 기간제·촉탁직 등으로 추가 고용. 정년 후 다시 일할 수 있도록 하는 방식
> ex M기업 : 60세 이후 촉탁직 재고용 → 고용연장형

50 ▶ ③

임금피크제를 적용하더라도, 퇴직금은 감액된 임금을 기준으로 계산해서는 안 된다. 퇴직금은 법에서 정한 산정 기준(평균임금 산정 방식에 따른 적정 기준)에 따라 정상적으로 계산되어야 하며, 임금피크제 적용을 이유로 부당하게 불리하게 책정해서는 안 된다. 따라서 ③번이 잘못된 운영 사례에 해당한다.

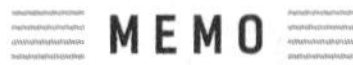
MEMO

하진영 교수

주요 약력

- 세종대학교 관광대학원 호텔경영학 석사
- 경기대학교 이벤트, 국제회의학 박사

現

- 비티엠써비스(주) 서비스아카데미 원장
- 박문각 SMAT 전담강사
- 한국생산성본부 E-9비자 외국인 취업교육 강사
- 신구대학교 호텔관광과 겸임교수
- 경희사이버대학교 외식조리학과 객원교수
- 한국열린사이버대학교 교양학부 특임교수
- (사)한국호텔전문경영인협회 이사

前

- 연성대학교 관광과 관광중국어전공 조교수
- 한국농어촌공사 농어촌자원개발원 자문위원
- 호텔업 등급평가위원
- HOTEL LOTTE 식음팀
- 청와대 국빈서비스 담당
- 한국외식산업연구소 교육팀 팀장
- 경기대학교, 숭실대학교, 청운대학교, 수원여자대학교, 동남보건대학교 및 기업체 다수 강의

주요 저서

- 2026 박문각 SMAT Module A 비즈니스 커뮤니케이션(박문각)
- 2026 박문각 SMAT Module B 서비스 마케팅·세일즈(박문각)
- 2026 박문각 SMAT Module C 서비스 운영전략(박문각)
- 영화로 보는 매너와 에티켓(파워북)
- 사례로 배우는 마케팅(파워북)
- 외식서비스실무(파워북)
- 지역축제(대왕사)
- 외식서비스실무(백산출판사)
- 호스피탈리티 식음료관리론(신화출판사)
- 외식경영실무(신화출판사)

논문

- 체험마케팅의 전략적 체험 모듈, 만족도 그리고 지지도에 대한 관광객의 반응
- 통일전망대의 방문동기 간 영향관계 및 세분시장별 방문객의 특성 비교
- 한옥마을에서의 총체적 체험 요소, 태도 그리고 지지도 간 영향 관계분석
- 축제브랜드 개성, 브랜드 동일시, 러브마크와 고객자산 간 관계 연구 외 다수의 논문

초판 인쇄 2026년 2월 2일   **초판 발행** 2026년 2월 5일

편 저 자 하진영   **발 행 인** 박 용

발 행 처 (주)박문각출판   **등 록** 2015. 4. 29. 제2019-000137호

주 소 06654 서울시 서초구 효령로 283 서경 B/D 4층

전 화 교재 주문 (02)6466-7202   **팩 스** (02)584-2927

저자와의 협의하에 인지생략

이 책의 무단 전재 또는 복제행위를 금합니다.

정가 18,000원

ISBN 979-11-7519-737-4